2026

메가랜드
공인중개사

표준 이론서

1차 | 민법 및 민사특별법

민법은 그 양이 매우 방대하고, 모든 법의 기초가 되는 모법(母法)이기 때문에 학습이 쉽지 않은 과목입니다. 바로 이런 점 때문에 민법이 들어가는 시험에서 "민법이 끝나면 절반이 끝났다."라고 이야기하기도 합니다.

공인중개사 시험이 여러 해를 거쳐 치러지는 동안 시험의 출제경향은 상당히 변화하였고, 지금도 여전히 변화하고 있습니다. 시험 초반에는 단순 암기와 단답형의 문제들로 구성되었다면, 현재는 기본적인 이해를 필요로 하는 응용문제가 주를 이루고 있기 때문에 표준 이론서를 통해 전략적으로 학습하고, 꾸준히 반복 학습하는 것이 매우 중요합니다.

메가랜드의 민법 표준 이론서는 다음과 같이 만들었습니다.

첫째 최신 개정법령과 중요판례를 꼼꼼하게 반영하여 변화하는 시험의 흐름에 대비하였습니다.

둘째 민법의 방대한 양을 효율적으로 학습할 수 있도록 불필요한 부분은 과감하게 삭제하고, 시험에 꼭 출제되는 중요내용만 충실히 담았습니다.

셋째 기본이론을 학습하는 데 도움이 되도록 민법의 기본인 조문을 필요한 부분에 적절하게 수록하여 보다 쉽게 이론을 이해할 수 있도록 구성하였습니다.

넷째 기본이론과 더불어 추가적으로 학습에 필요한 내용은 보조단의 참고, 핵심, 보충 등 다양한 코너로 구성하여 학습에 도움이 될 수 있도록 하였습니다.

다섯째 학습을 하고 있는 지금, 수험생 스스로 무엇을 알고, 무엇을 모르는지 정확하게 파악하여 효율적인 학습을 할 수 있도록 메가랜드만의 메타인지 학습법을 기반으로 중요 내용을 전략적으로 구성하였습니다.

본서는 그 무엇보다 수험생의 합격을 최우선으로 하여 집필하였습니다.

수험생 여러분의 따뜻하고 애정 어린 시선과 관심을 부탁드리며, 수험생의 눈높이에 맞지 않거나 오류가 있는 부분, 그리고 추가로 반영하여야 하는 최신법령의 개정 등은 편저자와 메가랜드가 늘 책임지고 수정 및 보완해 드릴 것을 약속드립니다.

마지막으로 공인중개사 시험을 준비하시는 모든 수험생 여러분께 본서가 합격에 한 걸음 더 다가가는 계기가 되기를 기원합니다.

메가랜드 부동산교육연구소
편저자 일동

공인중개사 시험요강

공인중개사 자격시험 Licensed Real Estate Agent

국토교통부에서 소관하고 한국산업인력공단이 시행하는 공인중개사 자격시험은 부동산 중개업을 건전하게 지도·육성하고, 공정하고 투명한 부동산 거래질서를 확립함으로써 국민경제에 이바지함을 그 목적으로 합니다.

- **연 1회** 10월 31일 예정
- **1·2차 동시** 응시 가능
- **절대평가** 평균 60점
- **객관식** 5지 선택형

시험 일정

원서 접수	시험일	합격자 발표
2026년 8월 3일~ 8월 7일 예정	2026년 10월 31일 예정	2026년 11월 말 예정

* 2021년부터 원서 접수기간 및 방식이 변경되었습니다(정기 접수 5일 및 빈자리 접수 2일).
* 정확한 시험 일정은 한국산업인력공단(www.q-net.or.kr) 홈페이지에서 확인 가능합니다.
* 원서 접수기간 중에는 24시간 접수 가능하며(단, 마지막 날은 18시까지), 접수기간 종료 후에는 응시원서 접수가 불가합니다.

응시 자격 제한 없음

* 단, ①「공인중개사법」 제4조의3에 따라 시험 부정행위로 처분받은 날로부터 시험시행일 전일까지 5년이 경과되지 않은 자, ② 제6조에 따라 공인중개사 자격이 취소된 후 3년이 경과하지 않은 자, ③ 시행규칙 제2조에 따른 기자격취득자는 응시할 수 없음

시험과목 및 방법

구분	시험과목	문항 수	시험시간	시험방법
제1차 1교시 2과목	1. 부동산학개론(부동산감정평가론 포함) 2. 민법 및 민사특별법 중 부동산 중개에 관련되는 규정	과목당 40문항 1번~80번	100분 (09:30~11:10)	객관식 5지 선택형
제2차 1교시 2과목	1. 공인중개사의 업무 및 부동산 거래신고 등에 관한 법령 및 중개실무 2. 부동산공법 중 부동산 중개에 관련되는 규정	과목당 40문항 1번~80번	100분 (13:00~14:40)	
제2차 2교시 1과목	부동산공시에 관한 법령(부동산등기법, 공간정보의 구축 및 관리 등에 관한 법률) 및 부동산 관련 세법	40문항 1번~40번	50분 (15:30~16:20)	

합격 기준

절대평가

- **1차 시험:** 매 과목 100점을 만점으로 하여 매 과목 40점 이상, 전 과목 평균 60점 이상 득점
- **2차 시험:** 매 과목 100점을 만점으로 하여 매 과목 40점 이상, 전 과목 평균 60점 이상 득점

* 당해 연도 1차 시험 합격자는 다음 연도 1차 시험이 면제되며, 1·2차 시험 응시자 중 1차 시험에 불합격한 자의 2차 시험은 무효로 함(「공인중개사법 시행령」 제5조 제3항)

원서 접수

PC Q-net(www.q-net.or.kr) 홈페이지 또는 모바일 Q-net(APP)을 통하여 접수

- 공단 지역본부 및 지사에서 인터넷접수 도우미서비스를 제공받을 수 있습니다.
- 내방시 준비물: 신분증, 사진(3.5*4.5) 1매, 전자결제 수단(신용카드, 계좌이체, 가상계좌)
- 수험자는 응시원서에 반드시 본인 사진을 첨부하여야 하며, 타인의 사진 첨부 등으로 인하여 신분 확인이 불가능할 경우 시험에 응시할 수 없습니다.
- 응시수수료(제36회 시험 기준)

• 1·2차 시험 동시 응시자	28,000원
• 1차 시험 응시자	13,700원
• 2차 시험 응시자(전년도 1차 시험 합격자)	14,300원

자격증 교부는 응시원서 접수시 입력한 인터넷 회원정보 화면의 주민등록상 주소지의 시·도지사 명의로, 시·도지사가 교부합니다(회원가입시 등록한 최종 합격자의 사진 파일을 공단에서 시·도로 발송하여 자격증용 사진으로 활용).

* 시·도별로 준비물이 다를 수 있습니다.

출제경향 및 학습방법

편	장	제32회	제33회	제34회	제35회	제36회	합계	비율
민법총칙	권리의 변동	3	2	3	1	2	11	25.0%
	의사표시	1	1	1	4	3	10	
	법률행위의 대리	3	4	3	2	2	14	
	법률행위의 무효와 취소	2	2	2	2	2	10	
	법률행위의 부관	1	1	1	1	1	5	
	소계	10	10	10	10	10	50	
물권법	물권법 서론	2	2	2	2	2	10	35.0%
	물권의 변동	2	0	2	2	2	8	
	점유권	1	2	1	1	0	5	
	소유권	3	3	2	2	3	13	
	용익물권	3	3	3	3	4	16	
	담보물권	3	4	4	4	3	18	
	소계	14	14	14	14	14	70	
계약법	계약법 총론	5	5	3	8	5	26	25.0%
	계약법 각론	5	5	7	2	5	24	
	소계	10	10	10	10	10	50	
민사특별법	주택임대차보호법	2	1	1	1	1	6	15.0%
	상가건물 임대차보호법	1	1	1	2	1	6	
	집합건물의 소유 및 관리에 관한 법률	1	2	1	1	1	6	
	가등기담보 등에 관한 법률	1	1	1	1	1	5	
	부동산 실권리자명의 등기에 관한 법률	1	1	2	1	2	7	
	소계	6	6	6	6	6	30	
총계		40	40	40	40	40	200	100.0%

제36회 총평

수험생 여러분, 정말 고생 많으셨습니다.

결과를 떠나 그동안 쏟으신 열정과 노고에 존경의 마음을 담아 박수를 보냅니다.

이번 제36회 시험은 전체적으로 조금 평이하게 출제되었습니다.

뒷부분인 민사특별법이 어렵게 출제되긴 했으나 앞부분에서 쉽게 출제되어 합격점수를 받을 수 있었을 것으로 생각됩니다.

1. 민법총칙에서 10문제, 물권법에서 14문제, 계약법에서 10문제, 민사특별법에서 6문제가 출제되었습니다.

2. 민법총칙, 물권법, 계약법은 기본적인 내용을 알고 있는지를 묻는 문제를 출제하였고, 민사특별법은 상당히 세부적인 판례까지 출제하였습니다.

판례 중심의 출제경향은 최근의 흐름이고 앞으로도 그러할 것입니다. 다만, 항상 당부드리는 것은 판례가 많이 출제되었다고 하여 판례만 읽어서는 득점에 큰 도움이 되지 않습니다. 기본이론이 바탕이 되지 않는 판례학습은 큰 의미가 없습니다. 조문과 이론, 판례는 항상 같이 학습하시길 권합니다. 또한, 박스문제가 많이 출제되는 것이 최근의 출제경향입니다. 박스문제에 당황하지 않도록 모의고사 등을 통해 꾸준히 연습하시길 권합니다.

학습방법

핵심적인 내용을 먼저 학습하자.
민법은 기본법이므로 양이 방대하고 매우 추상적인 부분도 포함되어 있습니다. 처음부터 이 모든 것을 이해하려고 한다면 이해가 안 될 뿐만 아니라 흥미까지 잃어버릴 수 있으므로 처음에는 중요 부분을 위주로 학습한 후, 추가적으로 자세한 내용을 덧붙여 나가는 방식으로 학습하는 것이 좋습니다.

모르는 부분은 과감하게 넘기고, 반복해서 복습하자.
처음 학습을 하다 보면 도저히 이해가 안 되는 부분들이 나오기 마련입니다. 그렇다고 하여 포기하거나 멈추면 안 되고, 그런 부분은 과감하게 체크해 두고 다음으로 넘어가는 것도 하나의 방법입니다. 민법은 매우 유기적인 과목이어서 처음과 끝이 부드럽게 연결되므로 일단 1순환이 되면 바라보는 시각이 달라지고, 그 변화된 시각으로 2순환 때 저절로 해결되기도 하기 때문입니다.

기본이론을 바탕으로, 판례를 정복하자.
판례가 많이 출제된다고 하여 판례만 학습하여서는 득점에 큰 도움이 되지 않는다는 점에 주의하여야 합니다. 기본이론이 바탕이 되지 않은 판례학습은 큰 의미가 없기 때문입니다. 기본이론, 조문과 판례는 항상 같이 학습하길 권하며, 고득점의 비결은 어려운 부분을 학습하는 것이 아니라 주요 기본이론과 판례를 명확하게 이해하는 것이라는 점을 다시 한번 강조합니다.

메타인지 학습법

메가랜드만의 메타인지 학습법을 완벽하게 실행할 수 있도록
❶ 계획 ⋯ ❷ 실행 ⋯ ❸ 피드백 과정을 미리보기 ⋯ 본문 ⋯ 메타인지 학습체크로 재구성하였습니다.

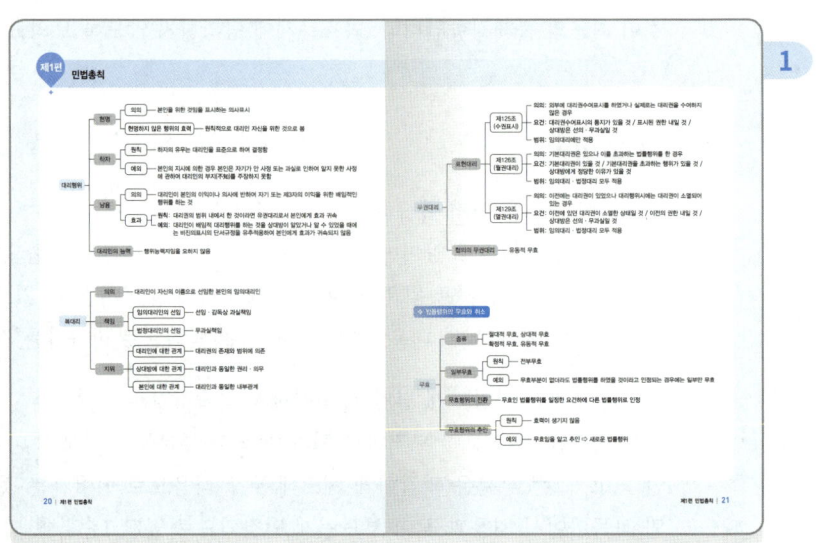

1 계획 - 미리보기

단원을 학습하기 전, 미리보기를 통해 전반적인 이론 체계와 핵심내용을 쉽고 빠르게 한눈에 파악하고, 학습 방향을 올바르게 설정할 수 있습니다.

2 실행 - 본문

높은 가독성과 짜임새 있는 구성으로 학습효과를 극대화하였으며, 다양한 학습요소를 통해 핵심내용을 전략적으로 학습할 수 있습니다.

3 피드백 - 메타인지 학습체크

학습이 끝나면 자신이 현재 무엇을 알고 무엇을 모르는지 '메타인지 학습체크'를 통해 점검하고, 자신의 학습 정도를 파악하여 아직 완벽하게 숙지되지 않은 부분을 집중 학습할 수 있습니다.

이 책의 구성 및 특징

단원열기
학습 시작 전, 단원열기를 통해 중점적으로 학습해야 할 내용을 확인할 수 있도록 함으로써 학습의 방향을 제시하였습니다.

일러스트 및 도표
이해하기 어려운 이론을 일러스트, 그래프, 도표 등을 통해 알기 쉽게 표현하여 학습의 재미와 능률을 높였습니다.

효율적 구성
본문을 2단으로 구성함으로써 보조단에 배치된 풍부한 학습요소들을 통해 본문의 내용을 다시 한번 정리하고 반복학습할 수 있도록 하였습니다.

제2장 의사표시

회독 Check 1회 2회 3회

- 법률행위의 핵심이 되는 의사표시에 관한 단원으로서 비정상적 의사표시를 중심으로 이해해야 하며, 사례문제에 대비하여 깊이 있는 정리를 하여야 한다.
- 대리권의 범위와 예외적으로 자기계약·쌍방대리가 허용되는 경우, 현명하지 않은 행위의 효력, 대리인의 능력과 관련한 법률행위의 효력을 이해하여야 하고, 표현대리의 개념을 잘 이해하며, 무권대리는 전형적인 사례유형으로 출제되기 때문에 이에 대비하여 학습하여야 한다.

제1절 | 비정상적인 의사표시

```
                                      ┌ 비진의표시(제107조)
                      ┌ 의사와 표시의 ┼ 통정허위표시(제108조)
비정상적인 의사표시   │    불일치     └ 착오(제109조)
(제107조~제110조) ┤
                      └ 하자(瑕疵) 있는 ┬ 사기(제110조)
                           의사표시     └ 강박(제110조)
```

1 진의 아닌 의사표시(비진의표시) 제32회, 제36회

제107조【진의 아닌 의사표시】 ① 의사표시는 표의자가 진의 아님을 알고 한 것이라도 그 효력이 있다. 그러나 상대방이 표의자의 진의 아님을 알았거나 이를 알 수 있었을 경우에는 무효로 한다.
② 전항의 의사표시의 무효는 선의의 제3자에게 대항하지 못한다.

(1) 의의
① 진의 아닌 의사표시: 표의자가 자신의 내심의 의사(진의)와 표시가 일치하지 않는다는 사실을 스스로 알면서 하는 의사표시를 말한다.
② 진의: 표의자가 진정으로 마음속에서 바라는 사항을 뜻하는 것이 아니라 특정한 내용의 의사표시를 하고자 하는 표의자의 생각을 말하는 것이다.

> Tip 🖐 '~할 생각 없이, ~할 의사 없이'라고 되어 있으면 비진의표시라고 판단하면 된다.
>
> Tip 🖐 상대방과 통정 없이 단독으로 한다는 점에서 통정허위표시와 구별되며, 의사와 표시의 불일치를 알고 한다는 점에서 착오와 구별된다.

50 | 제1편 민법총칙

🔨 **판례** 비진의표시에서 '진의'의 의미

1. 비진의의사표시에 있어서 진의란 특정한 내용의 의사표시를 하고자 하는 표의자의 생각을 말하는 것이지 표의자가 진정으로 마음속에서 바라는 사항을 뜻하는 것은 아니라고 할 것이므로, 비록 재산을 강제로 뺏긴다는 것이 표의자의 본심으로 잠재되어 있었다 하여도 표의자가 강박에 의하여서나마 증여를 하기로 하고 그에 따른 증여의 의사표시를 한 이상 증여의 내심의 효과의사가 결여된 것이라고 할 수는 없다(대판 92다41528).
2. 표의자가 의사표시의 내용을 진정으로 마음속에서 바라지는 아니하였다고 하더라도 당시의 상황에서는 그것이 최선이라고 판단하여 그 의사표시를 하였을 경우에는 이를 내심의 효과의사가 결여된 진의 아닌 의사표시라고 할 수 없다(대판 2000다51919, 51926).

(2) 요건
① 법률효과의 발생을 의욕하는 의사표시가 있어야 한다. 배우가 무대 위에서 하는 대사는 법률효과와 관계가 없으므로 의사표시가 아니다.
② 의사와 표시가 불일치하여야 한다.
③ 표의자 스스로 의사와 표시의 불일치를 알고 있어야 한다.

(3) 효과

🔨 **판례** 비진의표시의 효력(유효)

물의를 일으킨 **사립대학교 조교수**가 사직원이 수리되지 않을 것이라고 믿고 사태수습을 위하여 형식상 이사장 앞으로 사직원을 제출하였던바, 의외로 사직원이 수리된 경우에 사직원 제출이 비진의표시라 하더라도 학교법인이나 이사회에서 그러한 사실을 알았거나 알 수 있었던 경우가 아니라면 그 의사표시에 따라 효력을 발생하는 것이다(대판 79다2168).

📋 **참고** 통정허위표시는 표의자가 의식적으로 진의와 다른 표시를 한다는 것을 상대방이 알았다는 것만으로는 성립하지 않는다.

📝 **예제**

등기청구권의 법적 성질이 다른 것은? (다툼이 있으면 판례에 따름) 제22회
① 매수인의 매도인에 대한 등기청구권
② 청구권 보전을 위한 가등기에 기한 본등기청구권
③ 매매계약의 취소로 인한 매도인의 매수인에 대한 등기청구권
④ 시효취득에 의한 등기청구권
⑤ 중간생략등기에 있어서 최종 양수인의 최초 양도인에 대한 등기청구권

해설 ③ 계약의 취소로 인한 매도인의 매수인에 대한 등기청구권의 성질은 물권적 청구권이며, 나머지는 등기청구권의 성질이 채권적이다.　　　　　　　　**정답** ③

제2장 의사표시 | **51**

1달 완성 학습플래너

기본학습이 어느 정도 진행된 수험생이라면, 학습의 방향을 정하고 학습능력과 상황에 맞게 '1달 완성' 계획표를 직접 작성하여 메가랜드 강의와 함께 학습해 보세요.

Sample Plan

Day 1	Day 2	Day 3	Day 4	Day 5	Day 6	Day 7
개론 제1편~ 제2편	민법 제1편 제1장 ~제4장	중개 제1편 제1장 ~제3장	공법 제1편 제1장 ~제3장	공시 제1편 제1장~ 제3장 세법 제1편~	복습	…

Self Plan

Day 1	Day 2	Day 3	Day 4	Day 5	Day 6	Day 7

Day 8	Day 9	Day 10	Day 11	Day 12	Day 13	Day 14

Day 15	Day 16	Day 17	Day 18	Day 19	Day 20	Day 21

Day 22	Day 23	Day 24	Day 25	Day 26	Day 27	Day 28

Day 29	Day 30	Day 31				

합격 키워드 확인하기

편	장	합격 키워드
제1편	제1장	권리변동, 원시취득, 승계취득, 법률행위의 종류, 법률행위의 목적, 반사회적 법률행위, 부동산 이중매매, 불공정한 법률행위, 법률행위의 해석
	제2장	사기·강박으로 인한 의사표시, 비진의표시, 통정허위표시, 의사표시의 효력발생, 착오로 인한 의사표시
	제3장	대리권, 표현대리, 대리행위, 협의의 무권대리, 복대리
	제4장	유동적 무효, 무효행위의 추인, 취소권자, 취소의 효력, 취소행위의 추인, 법정추인, 제척기간
	제5장	조건의 의의와 종류, 조건을 붙일 수 없는 법률행위, 조건부 법률행위의 효력, 기한부 법률행위의 효력, 기한의 이익
제2편	제1장	물권과 채권의 비교, 물권의 종류, 일물일권주의, 물권적 청구권
	제2장	부동산물권변동에서 등기 여부, 가등기, 중간생략등기, 등기청구권, 등기의 추정적 효력, 물권의 소멸
	제3장	간접점유, 점유의 종류, 점유의 추정적 효력, 점유자와 회복자의 관계, 점유보호청구권
	제4장	상린관계, 주위토지통행권, 점유취득시효, 등기부 취득시효, 첨부, 공유, 구분소유적 공유, 합유, 총유
	제6장	지상권, 분묘기지권, 구분지상권, 법정지상권, 지역권, 전세권의 취득과 존속기간, 전세권 소멸의 효과
	제6장	담보물권의 성질, 유치권의 성립요건, 유치권자의 권리와 의무, 저당권의 성립, 저당권의 효력, 제3취득자, 근저당권의 효력, 피담보채권의 확정
제3편	제1장	계약의 종류, 계약의 성립, 계약체결상 과실책임, 동시이행의 항변권, 위험부담, 제3자를 위한 계약, 해제와 구별되는 제도, 법정해제권의 발생, 해제의 효과
	제2장	매매의 성질, 매매의 예약, 계약금, 매매의 효력, 매도인의 담보책임, 환매, 교환, 임대차의 효력, 부속물 매수청구권, 지상물매수청구권, 임차권의 양도와 전대
제4편	제1장	대항력, 우선변제권, 소액보증금의 최우선변제권, 존속기간의 보장, 계약갱신요구권
	제2장	보증금, 존속기간의 보장, 차임증감청구권, 보증금의 회수, 임차권등기명령, 계약갱신요구권
	제3장	구분소유, 전유부분, 공용부분, 대지사용권, 관리단, 관리인, 관리단집회, 재건축
	제4장	「가등기담보 등에 관한 법률」의 적용범위, 귀속청산(권리취득에 의한 실행)
	제5장	양자간 명의신탁, 3자간 등기명의신탁, 계약형 명의신탁

제 1 편 민법총칙

◆ 제 1 장 권리의 변동
제 1 절	권리의 변동	28
제 2 절	법률행위의 종류	30
제 3 절	법률행위의 성립요건과 유효요건	33
제 4 절	법률행위의 목적	35
제 5 절	법률행위의 해석	44

◆ 제 2 장 의사표시
제 1 절	비정상적인 의사표시	50
제 2 절	의사표시의 효력발생	67

◆ 제 3 장 법률행위의 대리
제 1 절	대리제도	72
제 2 절	대리권 – 대리인과 본인의 관계	73
제 3 절	대리행위 – 대리인과 상대방의 관계	77
제 4 절	대리효과 – 본인과 상대방의 관계	80
제 5 절	복대리	81
제 6 절	무권대리	84

◆ 제 4 장 법률행위의 무효와 취소
제 1 절	법률행위의 무효	96
제 2 절	법률행위의 취소	102

◆ 제 5 장 법률행위의 부관
제 1 절	조건	110
제 2 절	기한	114

제 2 편 물권법

◆ 제 1 장 물권법 서론
- 제 1 절 물권의 의의와 성질 — 124
- 제 2 절 물권법정주의 — 127
- 제 3 절 물권의 효력 — 129

◆ 제 2 장 물권의 변동
- 제 1 절 부동산물권의 변동 — 138
- 제 2 절 물권의 소멸 — 153

◆ 제 3 장 점유권
- 제 1 절 점유제도 — 160
- 제 2 절 점유의 관념화(점유제도의 예외) — 161
- 제 3 절 점유의 종류 — 164
- 제 4 절 점유권의 효력 — 167

◆ 제 4 장 소유권
- 제 1 절 상린관계 — 180
- 제 2 절 소유권의 취득 — 185
- 제 3 절 소유권에 기한 물권적 청구권 — 198
- 제 4 절 공동소유 — 199

◆ 제 5 장 용익물권
- 제 1 절 서설 — 214
- 제 2 절 지상권 — 214
- 제 3 절 지역권 — 229
- 제 4 절 전세권 — 233

◆ 제 6 장 담보물권
- 제 1 절 서설 – 담보물권의 성질 — 248
- 제 2 절 유치권 — 249
- 제 3 절 저당권 — 257

제3편 계약법

◆ 제1장 계약법 총론
제 1 절 서론 284
제 2 절 계약의 성립 288
제 3 절 쌍무계약의 효력 296
제 4 절 계약의 해제와 해지 306

◆ 제2장 계약법 각론
제 1 절 매매 324
제 2 절 교환 342
제 3 절 임대차 343

제4편 민사특별법

- **제1장** 주택임대차보호법 — 368
- **제2장** 상가건물 임대차보호법 — 384
- **제3장** 집합건물의 소유 및 관리에 관한 법률 — 397
- **제4장** 가등기담보 등에 관한 법률 — 412
- **제5장** 부동산 실권리자명의 등기에 관한 법률 — 422

제 1 편
민법총칙

◆ 최근 5개년 출제경향 분석

- 제 1 장 | 권리의 변동
- 제 2 장 | 의사표시
- 제 3 장 | 법률행위의 대리
- 제 4 장 | 법률행위의 무효와 취소
- 제 5 장 | 법률행위의 부관

제1편 민법총칙

❖ 권리의 변동

❖ 법률행위

제1편 민법총칙

❖ 의사표시

```
                    ┌─ 비진의표시 ─┬─ 요건 ─┬─ 의사표시가 있을 것
                    │             │        ├─ 의사와 표시가 불일치할 것
                    │             │        └─ 표의자가 불일치를 알고 할 것
                    │             └─ 효력 ─ 원칙: 유효(선의 그리고 무과실)
                    │                       예외: 무효(악의 또는 과실)
        ┌─ 의사와 표시가 ─┼─ 통정허위표시 ─┬─ 요건 ─┬─ 의사표시가 있을 것
        │  불일치하는 경우 │               │        ├─ 의사와 표시가 불일치할 것
        │                 │               │        ├─ 표의자가 불일치를 알고 할 것
        │                 │               │        └─ 상대방과 통정(합의)할 것
        │                 │               └─ 효력 ─ 무효
        │                 └─ 착오 ─┬─ 요건 ─┬─ 법률행위 내용의 착오일 것
비정상적 │                         │        ├─ 중요부분에 해당할 것
의사표시 │                         │        └─ 표의자에게 중과실이 없을 것
        │                         └─ 효력 ─ 취소
        │
        └─ 의사에 하자가 ─ 사기·강박 ─┬─ 요건 ─┬─ (2단의) 고의가 있을 것
           있는 경우                   │        ├─ 기망 또는 강박행위가 있을 것
                                     │        ├─ 위법성이 있을 것
                                     │        └─ (주관적) 인과관계가 있을 것
                                     └─ 효력 ─ 상대방의 사기·강박: 언제든지 취소 가능
                                              제3자의 사기·강박: 상대방의 악의 또는 과실이 있는
                                                              경우 취소 가능
```

❖ 법률행위의 대리

제1편 민법총칙

❖ 법률행위의 무효와 취소

제1편 민법총칙

❖ 법률행위의 부관

제1장 권리의 변동

회독 Check 1회 2회 3회

법률행위의 성립요건과 효력요건을 파악하고, 반사회적 법률행위에 대한 판례의 입장과 부동산 이중매매에 대한 사례를 정리하여야 한다.

제1절 | 권리의 변동

❶ 권리변동의 모습

참고 승계취득은 전(前) 권리의 하자 및 제한을 승계하나, 원시취득은 종전의 제한적 권리는 원칙적으로 소멸한다.

1. 권리의 발생

(1) 절대적 발생(원시취득)

선점(제252조), 습득(제253조), 시효취득(제245조 이하), 선의취득(제249조 이하), 건물을 신축하는 경우의 건물소유권의 취득 또는 매매계약을 통한 채권의 취득 등이 해당된다.

(2) 상대적 발생(승계취득)

① 이전적 승계: 타인의 권리가 그 동일성을 유지하면서 그대로 특정인에게 승계되는 것을 말한다.
   ㉠ 특정승계: 매매, 교환, 증여 등이 해당된다.
   ㉡ 포괄승계: 상속, 포괄유증, 회사의 합병 등이 해당된다.
② 설정적 승계: 구 권리자의 권리는 그대로 존속하면서 그 권리 내용의 일부에 새로운 권리를 취득하는 경우를 말한다(예 지상권·전세권·저당권 등의 설정).

2. 권리의 변경

(1) 주체의 변경

권리가 승계되어 주체가 변경되는 것을 말한다.

(2) 내용의 변경

① 질적 변경: 물건의 인도채권이 손해배상채권으로 변경하는 것, 물상대위 등이 해당된다.
② 양적 변경: 물건의 부합, 제한물권의 설정·소멸로 인한 소유권의 증감 등이 해당된다.

(3) 작용(효력)의 변경

저당권의 순위승진, 임차권의 대항력 취득 등이 해당된다.

3. 권리의 소멸

(1) 절대적 소멸

권리 자체가 종국적으로 없어지는 것을 의미한다(예 권리의 소멸, 혼동, 소멸시효 등).

(2) 상대적 소멸

권리의 주체가 변경되어 권리가 이전·변경되는 것을 의미한다(예 매매로 인한 소유권 상실 등).

❷ 권리변동의 원인

(1) 법률관계의 변동의 원인이 되는 것을 '법률요건(法律要件)'이라고 하며, 그 결과로서 나타나는 효과, 즉 권리·의무관계의 변동을 '법률효과(法律效果)'라고 한다. 그리고 법률요건을 구성하는 개개의 사실을 '법률사실'이라고 한다.

(2) 권리를 변동시키는 법률요건으로는 의사표시를 필수요소로 하는 법률행위가 대표적이다. 또한 의사표시와 상관없이 법률규정에 의하여 법률효과가 발생하기도 한다. 즉, 법률행위나 법률규정에 의하여 권리가 변동된다.

용어 🔊 준법률행위
준법률행위는 법률행위를 제외한 인간의 행위 또는 행위의 결과로서 법률의 규정에 의하여 일정한 법률효과를 발생하게 하는 것을 말한다.
📝 의사의 통지(각종 최고, 거절), 관념의 통지(각종 통지, 승인)

제2절 | 법률행위의 종류 제32회, 제33회, 제34회

(1) 법률행위란 의사표시를 필수적 요소로 하는 법률요건을 말한다. 법률행위는 법률요건이므로 법률효과를 발생시키게 되는데 필수적 요소인 의사표시에 따라 법률효과가 발생하게 된다. 즉, 자신이 의사표시한 바에 따라 원하는 대로 효과가 생기므로 사적 자치의 실현수단이 된다.

(2) 이러한 법률행위는 그 기준을 무엇으로 하는지에 따라 다음과 같이 여러 가지로 분류된다.

용어 🔊 사적 자치의 원칙
법질서에 위반되지 않는 범위에서 개인이 자기 의사에 따라 자유롭게 법률관계를 형성할 수 있다는 원칙을 말한다.

❶ 계약 · 단독행위 · 합동행위 – 의사표시의 수와 방향에 따른 분류

구분	의의	예시
계약	대립하는 의사표시의 합치(청약 + 승낙)에 의하여 성립한다.	매매 · 교환 · 임대차 등 합의로 성립한다.
단독행위	일방적 의사표시로 효과가 발생한다. ① 법률의 규정이 있는 경우에 할 수 있다. ② 조건이나 기한을 붙일 수 없다.	① 상대방 있는 단독행위: 취소, 철회, 동의, 추인, 해제, 해지, 채무면제, 상계 ② 상대방 없는 단독행위: 유언, 유증, 재단법인의 설립행위, 소유권의 포기 ✔ 비교: 공유지분의 포기, 취득시효 이익의 포기, 제한물권의 포기는 상대방 있는 단독행위에 해당한다.
합동행위	대립하지 않고 공동목적을 위하여 평행적 · 구심적으로 의사표시의 합치에 의하여 성립한다.	사단법인 설립행위, 총회결의

❷ 채권행위 · 처분행위(물권행위 · 준물권행위) – 이행의 문제에 따른 분류

(1) 채권행위

채권행위란 채권 · 채무를 발생시키는 법률행위로서 '이행'이라는 문제를 남기는 점에서 처분행위(물권행위 · 준물권행위)와 구별된다. 증여 · 매매 · 임대차 등 채권계약은 모두 채권행위에 해당한다.

(2) 처분행위

① 물권행위: 물권행위는 직접 물권변동을 초래하고 더 이상 '이행'이라는 문제를 남기지 않는 데에 그 특색이 있다(예 소유권이전행위 · 저당권설정행위 등).

② 준물권행위: 준물권행위는 채권 · 지식재산권(특허권 · 상표권 · 저작권) 등 물권 이외의 권리를 종국적으로 변동시키고 '이행'이라는 문제를 남기지 않는 법률행위이다(예 채권양도, 채무면제, 지식재산권의 양도 등).

참고 무권리자의 채권행위는 유효하나 무권리자의 처분행위는 무효이다. 즉, 처분행위는 처분권이 있는 자만이 유효하게 할 수 있다.

❸ 요식행위 · 불요식행위

(1) 요식행위

법률행위에 일정한 형식(방식)을 필요로 하는 법률행위를 말한다(예 재단법인 설립행위, 혼인신고, 유언, 어음행위 등).

(2) 불요식행위

법정의 방식을 요하지 않는 법률행위를 말한다(예 매매, 교환 등).

❹ 출연행위 · 비출연행위

(1) 출연행위

재산행위 중 자신의 재산을 감소시키고 타인의 재산을 증가시키는 행위를 말한다(예 매매, 교환, 증여 등).

(2) 비출연행위

자신의 재산이 감소되지 않거나 감소되더라도 타인 재산의 증가가 없는 경우에는 비출연행위라고 한다(예 대리권의 수여, 소유권의 포기 등).

예제

1. 상대방 있는 단독행위에 해당하지 않는 것은? (다툼이 있으면 판례에 따름) 제32회
   ① 공유지분의 포기
   ② 무권대리행위의 추인
   ③ 상계의 의사표시
   ④ 취득시효 이익의 포기
   ⑤ 재단법인의 설립행위

   해설 ⑤ 유언 · 유증, 재단법인의 설립행위, 소유권의 포기는 상대방 없는 단독행위에 해당한다. 나머지는 상대방 있는 단독행위이다.

단독행위	상대방 없는 단독행위	유언(유증), 재단법인의 설립행위, 소유권의 포기 등 ✔ 주의: 제한물권의 포기, 공유지분의 포기, 취득시효 이익의 포기는 상대방 있는 단독행위에 해당한다.
	상대방 있는 단독행위	취소, 철회, 동의, 추인, 해제, 해지, 채무면제, 상계 등

   정답 ⑤

2. 다음 중 의무부담행위가 아닌 것은? 제23회

① 교환
② 임대차
③ 재매매예약
④ 주택분양계약
⑤ 채권양도

해설 ⑤ 채권양도는 의무부담행위인 채권행위가 아니라 이행의 문제를 남기지 않는 처분행위(준물권행위)에 해당한다.

구분	채권행위(의무부담행위)	물권행위	준물권행위
이행의 문제	남는다(채권행위).	남지 않는다(처분행위).	남지 않는다(처분행위).
예시	매매, 교환, 증여 등	소유권이전행위, 저당권·지상권설정행위 등	채권양도, 채무면제 등
무권리자의 행위	유효	무효	무효

정답 ⑤

제3절 │ 법률행위의 성립요건과 유효요건

1 법률행위의 성립요건과 유효요건

구분	법률행위 성립요건	법률행위 유효(효력)요건
일반	① 당사자가 있을 것 ② 목적이 있을 것 ③ 의사표시가 있을 것	① 당사자에게 능력(권리능력, 의사능력, 행위능력)이 있을 것 ② 목적이 확정·가능·적법하고, 사회적 타당성이 있을 것 ③ 의사와 표시가 일치하고 의사에 하자가 없을 것
특별	① 요물계약에서 물건의 인도 ② 혼인에서 신고 등	① 대리에서 대리권의 존재 ② 조건부·기한부 법률행위에서 조건의 성취, 기한의 도래 ③ 토지거래허가구역에서 허가 ✔ 주의: 농지매매에서 농지취득자격증명은 효력발생요건이 아니다.

참고 제한능력자(미성년자, 피한정후견인, 피성년후견인)가 한 법률행위는 취소할 수 있고, 취소하면 소급하여 처음부터 무효가 된다. 그러나 의사무능력자의 법률행위는 무효로 다룬다(절대적 무효와 취소).

② 성립요건

(1) 일반적 성립요건

모든 법률행위에 요구되는 요건으로 ① 당사자, ② 목적, ③ 의사표시 세 가지를 드는 것이 보통이다. 예를 들어 매매계약이 성립하기 위해서는 당사자가 존재하여야 하며, 법률효과의 목적이 있어야 하고, 이를 외부에 표시하여야 한다.

(2) 특별 성립요건

개개의 법률행위에 관하여 그의 성립에 필요한 요건을 말하며, 법률의 규정에 의하여 정해진다. 예를 들어 요물계약에 있어서 물건의 인도(제466조), 혼인에 있어서 신고(제812조), 유언에 있어서 방식(제1060조) 등이 이에 해당한다.

③ 효력발생요건

(1) 일반적 효력발생요건

① 당사자가 능력을 가지고 있을 것: 의사무능력자의 법률행위는 무효이며, 제한능력자(예 미성년자·피한정후견인·피성년후견인)가 한 법률행위는 취소할 수 있다. 취소하면 소급하여 처음부터 무효가 된다.
② 법률행위의 목적에 확정성·가능성·적법성·사회적 타당성이 있을 것
③ 의사표시에 관하여 의사와 표시가 일치하고, 의사표시에 하자(瑕疵)가 없을 것: 비정상적인 의사표시(예 비진의표시, 허위표시, 착오에 의한 의사표시, 사기·강박에 의한 의사표시)는 무효 또는 취소가 될 수 있다.

> **+ 보충** 권리능력 · 의사능력 · 행위능력
>
> 1. 권리능력(權利能力)
>   권리·의무의 주체가 될 수 있는 능력으로 자연인과 법인은 권리능력을 갖는다. 즉, 사람은 모두 권리능력의 주체가 된다.
> 2. 의사능력(意思能力)
>   ① 사리를 판단하여 의사결정을 할 수 있는 능력을 말한다. 술에 몹시 취한 자나 미친 사람 또는 유아 등은 이러한 능력이 없기 때문에 거래행위 등을 해도 그것이 의사에 의한 행위라고 할 수 없어 무효이다.
>   ② 「민법」은 의사무능력자의 행위에 관하여 규정하지 않고 있지만 의사무능력자의 법률행위는 무효라는 것이 일반적이다(절대적 무효).

참고 불성립과 무효 또는 취소는 구별되어야 한다. 무효나 취소는 법률행위가 성립된 이후에 발생하는 문제라는 점에서 불성립과 차이가 있다.

3. 행위능력(行爲能力)

단독으로 확정적인 유효한 법률행위를 할 수 있는 능력이다. 행위능력이 제한되는 대표적인 사람들은 다음과 같으며, 제한능력자는 법률행위를 취소할 수 있다(절대적 취소).

① 미성년자: 만 19세 미만의 자를 말한다(제4조).
② 피한정후견인(종전의 한정치산자): 질병·장애·노령, 그 밖의 사유로 인한 정신적 제약으로 사무를 처리할 능력이 부족한 사람으로서 일정한 자의 청구에 의하여 가정법원이 한정후견개시의 심판을 한 자를 말한다(제12조).
③ 피성년후견인(종전의 금치산자): 질병·장애·노령, 그 밖의 사유로 인한 정신적 제약으로 사무를 처리할 능력이 지속적으로 결여된 사람으로서 일정한 자의 청구에 의하여 가정법원이 성년후견개시의 심판을 한 자를 말한다(제9조).

(2) 특별 효력발생요건

개개의 법률행위에 특유한 유효요건으로서 대리행위에 있어서 대리권의 존재, 조건부 법률행위에 있어서 조건의 성취, 기한부 법률행위에서 기한의 도래, 토지거래허가구역에서의 허가, 유언에서 유언자의 사망 등이 이에 해당한다.

참고 「농지법」상 농지취득자격증명은 농지매매의 효력발생요건이 아니다.

제4절 | 법률행위의 목적

❶ 목적의 확정성

법률행위의 내용을 실현할 당시(이행시)까지 확정할 수 있으면 된다.

Tip 성립시가 아님에 주의하여야 한다.

❷ 목적의 가능성

목적의 실현이 불가능한 경우에 그 법률행위는 무효이다. 실현이 가능한지 여부는 사회통념에 의하여 정하여진다.

③ 원시적 불능과 후발적 불능

(1) 원시적 불능
① 개념: 법률행위의 성립 당시부터 이미 법률행위의 목적이 실현 불가능한 것이면 원시적 불능이다.
② 원시적 불능의 효과: 원시적 불능이 있으면 법률행위는 무효로 된다. 다만, 채무자가 그 불능을 알았거나 또는 알 수 있었을 때에는 그 상대방이 계약이 유효함을 믿었기 때문에 받은 손해(신뢰이익)를 배상하여야 한다[제535조(계약체결상의 과실)].

(2) 후발적 불능
① 개념: 법률행위 성립 당시에는 실현 가능하였으나 이행 전에 불가능하게 되었다면 후발적 불능이 된다.
② 후발적 불능의 효과: 후발적 불능은 원시적 불능과는 달리 무효가 되지 않는다. 다만, 그 불능의 원인이 채무자에게 귀책사유(고의·과실)가 있으면 채무불이행(제390조)이 문제되고, 채무자의 귀책사유가 없으면 위험부담(제537조, 제538조)이 문제된다.

④ 목적의 적법성 제32회, 제33회, 제35회

(1) 의의
법률행위의 내용은 적법하여야 한다. 따라서 사회질서에 관계있는 규정, 즉 강행규정(강행법규)에 반하는 내용의 법률행위는 무효라고 할 것이다. 한편 임의규정이란 법률행위와 달리 사회질서에 관계없는 규정을 말하는데, 임의규정은 당사자의 의사에 의하여 그 적용을 배제할 수 있는 규정이다.

(2) 효력규정과 단속규정
① 효력규정: 사법상(私法上) 효력을 무효화시키는 규정을 말한다.
② 단속규정: 국가가 일정한 행위를 단속할 목적으로 그것을 금지하거나 제한하는 데 지나지 않는 규정으로, 이를 위반할 경우 처벌은 받지만 법률행위 그 자체의 사법상(私法上) 효력에는 영향을 미치지 않는다.

참고 효력규정 위반행위
1. 「부동산 거래신고 등에 관한 법률」상 토지거래허가제를 위반한 행위
2. 관할 관청의 허가 없이 한 학교법인의 기본재산 처분행위
3. 법정 중개보수 한도를 초과한 부분

참고 단속규정 위반행위
1. 무허가음식점의 영업행위
2. 허가 없이 숙박업을 하는 행위
3. 「부동산등기 특별조치법」상 금지하는 중간생략등기
4. 「주택법」의 전매제한을 위반한 전매약정
5. 개업공인중개사 등이 중개의뢰인과 직접 거래를 하는 행위

> **판례** 효력규정

1. 부동산 중개보수 제한에 관한 위 규정들은 **중개보수 약정 중 소정의 한도를 초과하는 부분에 대한 사법상의 효력을 제한하는 이른바 강행법규에 해당한다**. 따라서 「공인중개사법」 등 관련 법령에서 정한 한도를 초과하는 부동산 중개보수 약정은 한도를 초과하는 범위 내에서 무효이다(대판 2017다243723).

2. 공인중개사 자격이 없어 중개사무소 개설등록을 하지 아니한 채 부동산중개업을 한 자에게 형사적 제재를 가하는 것만으로는 부족하고 그가 체결한 중개수수료(현 중개보수) 지급약정에 의한 경제적 이익이 귀속되는 것을 방지하여야 할 필요가 있고, 따라서 중개사무소 개설등록에 관한 구 「부동산중개업법」 관련 규정들은 공인중개사 자격이 없는 자가 중개사무소 개설등록을 하지 아니한 채 부동산중개업을 하면서 체결한 **중개수수료(현 중개보수) 지급약정의 효력을 제한하는 이른바 강행법규에 해당한다**.

> **비교판례** 우연히 1회적으로 중개를 하고 보수를 받기로 한 약정은 유효하다.

5 목적의 사회적 타당성 제32회, 제33회, 제34회, 제35회, 제36회

1. 반사회질서의 법률행위

> **제103조【반사회질서의 법률행위】** 선량한 풍속 기타 사회질서에 위반한 사항을 내용으로 하는 법률행위는 무효로 한다.
>
> **제746조【불법원인급여】** 불법의 원인으로 인하여 재산을 급여하거나 노무를 제공한 때에는 그 이익의 반환을 청구하지 못한다. 그러나 그 불법원인이 수익자에게만 있는 때에는 그러하지 아니하다.

(1) 의의

확정된 법률행위의 내용이 실현 가능하고 개별적인 강행법규에 위반하지 않더라도 선량한 풍속 기타 사회질서에 위반되는 경우에는 무효이다.

(2) 반사회질서의 법률행위의 모습

① 인륜(윤리질서)에 반하는 행위: 첩계약은 처(妻)의 동의 여부와 상관없이 무효이다. 다만, 첩관계(妾關係)를 그만두는 것을 조건으로 금전을 지급하는 계약이나, 자녀의 양육비에 대한 지급약정은 유효하다.
② 정의관념에 반하는 행위: 여기서 부동산의 이중매매가 문제된다.

> **참고** 선량한 풍속 기타 사회질서는 부단히 변천하는 가치관념으로서 어느 법률행위가 이에 위반되어 「민법」 제103조에 의하여 무효인지 여부는 그 법률행위가 이루어진 때를 기준으로 판단하여야 한다.

📌 **부동산 이중매매**

원칙	이중매매는 계약자유의 원칙상 유효하다.
무효인 경우	㉠ 제2매수인이 매도인의 배임행위에 적극 가담한 경우 반사회질서의 법률행위(제103조)에 해당되어 무효가 된다. ㉡ 무효임을 알고 추인하더라도 새로운 행위로 인정되지 않는다. ㉢ 제1매수인은 제2매수인에게 불법행위 손해배상을 청구할 수 있다.
제1매수인의 등기말소방법	㉠ 제1매수인이 제2매수인에 대하여 직접 그 명의 등기의 말소를 청구할 수는 없다. ㉡ 제1매수인은 매도인을 대위하여 제2매수인 명의 등기의 말소를 청구할 수 있다.
제3자의 소유권 취득 여부	반사회질서의 법률행위에 해당되어 무효가 되는 경우, 이는 절대적 무효이므로 부동산을 제2매수인으로부터 다시 취득한 제3자는 선의이더라도 소유권을 취득하지 못한다.
채권자취소권 행사 여부	채권자취소권을 행사하는 것은 허용되지 않는다.

참고📖 절대로 이혼 또는 혼인을 하지 않겠다는 약정

③ 개인의 자유를 심하게 제한하는 행위
④ 생존의 기초를 처분하는 행위
   ✔ 사찰에 있어서 꼭 필요한 재산인 임야를 증여한 행위
⑤ 사행성이 심한 행위
   ✔ 도박으로 부담하게 된 채무, 도박채무의 변제를 위하여 부동산을 양도하기로 하는 계약
⑥ 동기의 불법: 동기가 표시된 경우뿐 아니라 동기가 상대방에게 알려진 경우에도 법률행위의 동기가 반사회적인 경우에는 무효가 된다.

(3) 반사회질서의 법률행위의 효과

① 반사회질서의 법률행위는 절대적 무효이다.
② 불법원인급여

참고📖 원칙적으로 무효인 법률행위는 이행 전이면 이행할 필요가 없고 이미 이행된 것은 부당이득반환의 대상이 되지만, 법률행위가 제103조에 반하여 무효가 되면 부당이득반환의 특칙으로서 불법원인급여가 적용된다.

   ㉠ 반사회질서의 법률행위로서 무효임에도 불구하고 이미 이행한 경우에는 이른바 '불법원인급여(不法原因給與, 제746조 본문)'로서 그 반환청구가 인정되지 아니한다.

ⓛ 불법원인급여에서 '불법의 원인'이란 재산을 급여한 원인이 선량한 풍속 기타 사회질서에 반하는 경우를 가리키는 것으로서, 강제집행을 면할 목적으로 부동산의 소유자 명의를 신탁하는 것이 불법원인급여에 해당한다고 볼 수 없다.

ⓒ 제103조에 위반된 법률행위에 기하여 이미 이행한 때에는 채권적으로 부당이득반환을 청구할 수 없을 뿐 아니라, 소유권에 기한 물권적 청구권으로 말소등기를 청구하는 것도 허용되지 않는다.

Tip 👉 '강제집행을 면할 목적', '세금회피 목적', '투기 목적', '법률행위 성립 과정에 강박이 사용된 경우'라는 말이 나오면 반사회적 법률행위가 아니다.

핵심 제103조(반사회질서의 법률행위) 해당 여부

제103조에 해당하는 경우	제103조에 해당하지 않는 경우
① 공무원의 직무에 관한 청탁과 그에 대한 보수지급의 약정 ② 수사기관에서 허위진술을 해주는 대가로 작성된 각서의 효력 ③ 과도한 위약벌의 약정 ④ 행정기관에 진정서를 제출하여 상대방을 궁지에 빠뜨린 다음 이를 취하하는 조건으로 거액의 급부를 제공받기로 약정한 경우 ⑤ 피보험자를 살해하여 **보험금을 편취할 목적으로** 체결한 생명보험계약(보험금의 부정취득 목적) ⑥ **변호사 아닌 자가** 승소를 조건으로 하여 그 대가로 소송 당사자로부터 소송물 일부를 양도받기로 하는 약정 ⑦ 사회통념상 허용되는 한도를 초과하여 **현저하게 고율로 정한 이자약정** ⑧ 피상속인이 제3자에게 토지를 매각한 사실을 알고 있는 자가 그 사정을 모르는 상속인을 **적극적으로 기망하여** 그 토지를 자신이 매수한 행위 ⑨ 각종 첩계약 및 자유권 제한행위(예 절대 이혼하지 않는다는 약정, 독신약관 등) ⑩ 윤락행위를 할 자를 고용함에 있어서의 선불금약정 ⑪ **형사사건에서 변호사의 성공보수약정** ✔ 민사사건에서 성공보수약정은 무효가 아니다. ⑫ 증언의 대가로 통상적으로 용인될 수 있는 수준을 초과하는 금전을 지급하기로 약정한 경우	① 전통사찰의 주지직을 거액의 금품을 대가로 양수하기로 하는 약정이 있음을 알고도 이를 묵인 혹은 방조한 상태에서 한 종교법인의 주지임명행위 ② 부정행위를 용서받는 대가로 손해를 배상함과 아울러 가정에 충실하겠다는 서약의 취지에서 처(妻)에게 부동산을 양도하되, 부부관계가 유지되는 동안에는 처가 임의로 처분할 수 없다는 제한을 붙인 약정 ③ 해외 파견된 근로자가 귀국일로부터 일정기간 소속회사에 근무하여야 한다는 사규나 약정 ④ 법정지상권을 건물의 소유권과 분리하여 양도하는 행위 ⑤ **강제집행을 면할 목적으로** 부동산에 허위의 근저당권설정등기를 경료한 행위 ⑥ 반사회적 법률행위에 의하여 조성된 **비자금을 소극적으로 은닉하기 위하여 임치한 행위** ⑦ 매매계약체결 후 그 목적물이 범죄행위로 취득된 것임을 알게 된 경우라도 특별한 사정이 없는 한 그 계약의 이행을 구하는 경우 ⑧ **양도소득세를 회피할 목적으로** 실제 거래대금보다 낮은 금액으로 계약서를 작성하여 매매계약을 체결한 행위 ⑨ 매도인이 부담할 공과금을 매수인이 전액 부담하기로 하는 약정 ⑩ 세입자입주권 15매를 투기의 목적으로 매수한 행위

> 예제

1. 반사회질서의 법률행위에 해당하는 것은? (다툼이 있으면 판례에 따름) 제35회
   ① 법령에서 정한 한도를 초과하는 부동산 중개수수료 약정
   ② 강제집행을 면할 목적으로 허위의 근저당권을 설정하는 행위
   ③ 다수의 보험계약을 통해 보험금을 부정취득할 목적으로 체결한 보험계약
   ④ 반사회적 행위에 의하여 조성된 비자금을 소극적으로 은닉하기 위한 임치계약
   ⑤ 양도소득세를 회피할 목적으로 실제 거래가액보다 낮은 금액을 대금으로 기재한 매매계약

   해설 ③ 보험계약자가 다수의 보험계약을 통하여 보험금을 부정취득할 목적으로 체결한 보험계약은 반사회질서의 법률행위에 해당한다(대판 2005다23858).
   ① 「공인중개사법」 등 관련 법령에서 정한 한도를 초과하는 부동산 중개보수 약정은 한도를 초과하는 범위 내에서 무효이다(대판 2017다243723). 다만, 이는 강행규정 위반으로 무효인 것이지 반사회질서의 법률행위에 해당하는 것은 아니다.
   ② 강제집행을 면할 목적으로 부동산에 허위의 근저당권설정등기를 경료한 행위는 반사회질서의 법률행위에 해당하지 않는다(대판 2003다70041).
   ④ 반사회적 행위에 의하여 조성된 비자금을 소극적으로 은닉하기 위하여 임치한 행위는 반사회질서의 법률행위에 해당하지 않는다(대판 2000다49343).
   ⑤ 양도소득세를 회피할 목적으로 실제 거래대금보다 낮은 금액으로 계약서를 작성하여 매매계약을 체결한 행위는 반사회질서의 법률행위에 해당하지 않는다(대판 2007다3285). 정답 ③

2. 甲은 자신의 X부동산을 乙에게 매도하고 계약금과 중도금을 지급받았다. 그 후 丙이 甲의 배임행위에 적극 가담하여 甲과 X부동산에 대한 매매계약을 체결하고 자신의 명의로 소유권이전등기를 마쳤다. 다음 설명으로 틀린 것은? (다툼이 있으면 판례에 따름) 제28회
   ① 乙은 丙에게 소유권이전등기를 직접 청구할 수 없다.
   ② 乙은 丙에 대하여 불법행위를 이유로 손해배상을 청구할 수 있다.
   ③ 甲은 계약금 배액을 상환하고 乙과 체결한 매매계약을 해제할 수 없다.
   ④ 丙명의의 등기는 甲이 추인하더라도 유효가 될 수 없다.
   ⑤ 만약 선의의 丁이 X부동산을 丙으로부터 매수하여 이전등기를 받은 경우, 丁은 甲과 丙의 매매계약의 유효를 주장할 수 있다.

   해설 ⑤ 반사회적 무효는 절대적 무효로서 제2매수인으로부터 다시 취득한 제3자는 선의라 하더라도 권리를 취득할 수 없다(대판 96다29151). 즉, 丁은 甲과 丙의 매매계약의 유효를 주장할 수 없다.
   ① 제1매수인은 매도인을 대위하여 등기의 말소를 청구할 수는 있으나 제2매수인에게 직접 등기의 말소를 청구할 수는 없다(대판 83다카57).
   ② 丙이 乙의 등기청구권을 침해한 경우로서 제3자의 채권침해에 해당한다. 丙이 乙의 채권이 존재함을 알면서도 침해하였으므로 乙은 丙에 대하여 불법행위를 이유로 손해배상을 청구할 수 있다.
   ③ 乙이 중도금을 지급한 것은 이행에 착수한 것이므로 더 이상 계약금의 배액을 상환하고 계약을 해제할 수 없다(제565조).

④ 반사회적 행위나 불공정행위는 추인하여도 효력이 인정되지 않는다(대판 94다10900).

정답 ⑤

2. 불공정한 법률행위(폭리행위)

> **제104조【불공정한 법률행위】** 당사자의 궁박·경솔 또는 무경험으로 인하여 현저하게 공정을 잃은 법률행위는 무효로 한다.
>
> **제746조【불법원인급여】** 불법의 원인으로 인하여 재산을 급여하거나 노무를 제공한 때에는 그 이익의 반환을 청구하지 못한다. 그러나 그 불법원인이 수익자에게만 있는 때에는 그러하지 아니하다.

(1) 의의

당사자의 궁박·경솔 또는 무경험을 이용하여 자기의 급부에 비하여 현저하게 균형을 잃은 반대급부를 하게 함으로써 부당한 재산적 이익을 얻는 행위는 무효로 한다.

> 참고 불공정한 법률행위(제104조)는 독립한 규정이 아니라 제103조의 예시규정이다.

(2) 성립요건

① 객관적 요건: 급부와 반대급부 사이에 현저한 불균형이 있어야 한다.
  ㉠ 현저한 불균형이란 당사자의 주관적 가치가 아닌 거래상의 객관적 가치에 의하여 판단한다.
  ㉡ 불균형을 판단하는 시기는 법률행위시를 표준으로 한다.

> 기출 급부와 반대급부 사이의 현저한 불균형은 구체적·개별적 사안에서 일반인의 사회통념에 따라 결정된다. 제36회
>
> 참고 불공정성의 판단시점은 법률행위시이다(이행기 ×).

> **판례** 불공정법률행위에 해당하는지 판단하는 기준 - 법률행위시
>
> 불공정법률행위에 해당하는지는 법률행위가 이루어진 시점을 기준으로 약속된 급부와 반대급부 사이의 객관적 가치를 비교 평가하여 판단하여야 할 문제이고, 당초의 약정대로 계약이 이행되지 아니할 경우에 발생할 수 있는 문제는 달리 특별한 사정이 없는 한 채무의 불이행에 따른 효과로서 다루어지는 것이 원칙이다(대판 2010다42075).

② 주관적 요건: 급여자의 궁박·경솔·무경험을 알고 이를 적극적으로 이용하려는 의사, 즉 폭리에 대한 악의가 필요하다.
  ㉠ 궁박·경솔·무경험은 모두 구비되어야 하는 것이 아니고 그중 하나만 갖추어져도 충분하다.

ⓒ '궁박'이란 경제적 원인에 국한되는 것이 아니고, 정신적 또는 심리적 원인에 기인할 수 있다. 따라서 '명예의 침해'와 같은 경우에도 궁박에 포함되는 것으로 본다.

ⓒ '무경험'이란 일반적인 생활체험의 부족을 의미하는 것으로서, 어느 특정 영역에 있어서의 경험 부족이 아니라 거래일반에 대한 경험 부족을 뜻한다.

ⓔ 판단기준: 매도인의 대리인이 매매계약을 한 경우에 그 계약이 불공정한 법률행위인지 여부를 판단할 때, 매도인 측의 경솔·무경험은 그 대리인을 기준으로 판단되어야 하고, 궁박상태는 매도인 본인을 기준으로 판단되어야 한다.

> **판례** 불공정행위에서의 폭리의도 및 정당한 권리행사가 위법한 강박행위가 되는 기준
>
> 지역사회에서 상당한 사회적 지위와 명망을 가지고 있는 자가 유부녀와 통정한 후 상간자의 배우자로부터 고소를 당하게 되면 자신의 사회적 명예가 실추되고 구속될 여지도 있어 다소 궁박한 상태에 있었다고 볼 수는 있으나 상간자의 배우자가 상대방의 그와 같은 **처지를 적극적으로 이용하여 폭리를 취하려 하였다고 볼 수 없는 경우**, 고소를 하지 않기로 합의하면서 금 170,000,000원의 약속어음공정증서를 작성한 행위가 불공정한 법률행위에 해당한다고 볼 수 없다. 또한 일반적으로 **부정행위에 대한 고소·고발은 그것이 부정한 이익을 목적으로 하는 것이 아닌 때에는 정당한 권리행사가 되어** 위법하다고 할 수 없는 것이다(대판 96다47951).

(3) 입증책임

① 법률행위가 현저하게 공정을 잃었다 하여 그것이 경솔하게 이루어졌다고 추정하거나 궁박한 사정이 인정되는 것은 아니다.
② 따라서 불공정한 법률행위를 주장하는 자(무효를 주장하는 자)는 스스로 궁박·경솔·무경험으로 인하였음을 증명하여야 한다.

(4) 적용범위

① 외상채권 포기와 같은 단독행위나 합동행위에도 적용된다.
② 매매계약이 약정된 매매대금의 과다로 말미암아 제104조에서 정하는 '불공정한 법률행위'에 해당하여 무효인 경우에도 무효행위의 전환에 관한 제138조가 적용될 수 있다.
③ 증여와 같은 기부(무상)행위와 경매에는 적용되지 않는다.

(5) 효과

① 불공정한 법률행위는 무효이다. 다만, 피해자는 불법원인이 없으므로 급부한 것의 반환을 청구할 수 있으나(제746조 단서), 폭리행위자는 불법원인에 의하여 급부한 것임을 이유로 반환을 청구할 수 없다(제746조 본문).

② 불공정행위에 해당하면 절대적 무효가 되어 제3자가 선의라 하더라도 권리를 취득할 수 없으며, 이를 추인하여 새로운 법률행위로 하는 것도 허용될 수 없다.

> 참고 학설 대립이 있다.

예제

불공정한 법률행위(「민법」제104조)에 관한 설명으로 틀린 것은? (다툼이 있으면 판례에 따름) 제28회

① 경매에는 적용되지 않는다.
② 무상계약에는 적용되지 않는다.
③ 불공정한 법률행위에 무효행위 전환의 법리가 적용될 수 있다.
④ 법률행위가 대리인에 의하여 행해진 경우, 궁박 상태는 대리인을 기준으로 판단하여야 한다.
⑤ 매매계약이 불공정한 법률행위에 해당하는지는 계약체결 당시를 기준으로 판단하여야 한다.

해설 ④ 매도인의 대리인이 매매한 경우에 있어서 그 매매가 「민법」제104조의 불공정한 법률행위인가를 판단함에는 매도인의 경솔, 무경험은 그 대리인을 기준으로 하여 판단하여야 하고 궁박 상태에 있었는지의 여부는 매도인 본인의 입장에서 판단되어야 한다(대판 71다2255).
① 강제경매는 집행법원에 의하여 법적 절차에 따라 집행되는 매각행위로 법률행위인 일반매매와는 달라서 사법적 자치를 규제하는 제104조는 적용될 여지가 없다(대결 66마1189).
② 「민법」제104조가 규정하는 현저히 공정을 잃은 법률행위라 함은 자기의 급부에 비하여 현저하게 균형을 잃은 반대급부를 하게 하여 부당한 재산적 이익을 얻는 행위를 의미하는 것이므로, 증여계약과 같이 아무런 대가관계 없이 당사자 일방이 상대방에게 일방적인 급부를 하는 법률행위는 그 공정성 여부를 논의할 수 있는 성질의 법률행위가 아니다(대판 99다56833).
③ 매매계약이 약정된 매매대금의 과다로 말미암아 「민법」제104조에서 정하는 '불공정한 법률행위'에 해당하여 무효인 경우에도 무효행위의 전환에 관한 「민법」제138조가 적용될 수 있다(대판 2009다50308).
⑤ 불공정 법률행위에 해당하는지는 법률행위가 이루어진 시점을 기준으로 약속된 급부와 반대급부 사이의 객관적 가치를 비교 평가하여 판단하여야 할 문제이고, 당초의 약정대로 계약이 이행되지 아니할 경우에 발생할 수 있는 문제는 달리 특별한 사정이 없는 한 채무의 불이행에 따른 효과로서 다루어지는 것이 원칙이다(대판 2010다42075).   **정답 ④**

제5절 | 법률행위의 해석

❶ 의의

법률행위의 해석이란 법률행위의 내용(목적)을 명확하게 확정하는 것을 말한다.

> **참고** 법률행위의 해석은 당사자가 그 표시행위에 부여한 객관적인 의미를 명백하게 확정하는 것이다.

🔨 판례 의사표시의 요소가 되는 효과의사

의사표시 해석에 있어서 당사자의 **진정한 의사를 알 수 없다면** 의사표시의 요소가 되는 것은 표시행위로부터 추단되는 효과의사, 즉 **표시상의 효과의사**이고 표의자가 가지고 있던 내심적 효과의사가 아니므로, 당사자의 내심의 의사보다는 외부로 표시된 행위에 의하여 추단된 의사를 가지고 해석함이 상당하다.

❷ 주체

법률행위 해석의 주체는 법원이다. 당사자가 해석권을 제한하는 약정을 하여도 법관의 해석권은 제한되지 않는다.

> **참고** 매매계약서에 계약사항에 대한 이의가 생겼을 때에는 매도인의 해석에 따른다는 조항은 법원의 법률행위 해석권을 구속하는 조항이라고 볼 수 없다(대판 74다1057).

❸ 방법 제35회

(1) 자연적 해석(표의자의 입장)

① 의의: 표의자의 시각에서 하는 해석방법이다. 즉, 법률행위의 해석에 있어 표현의 문자적·언어적 의미에 구속되지 아니하고 표의자의 실제 의사, 즉 내심적 효과의사를 추구한다.

② 오표시무해의 원칙: 표의자 및 그 상대방이 표시행위를 원래의 의미대로 이해하지 않고 이와 다른 의미로 이해한 때에는 그 법률행위가 표의자와 상대방이 실제로 이해한 의미대로 성립한다는 원칙이다.

> **참고** 자연적 해석을 하는 경우
> 1. 상대방 없는 단독행위
> 2. 신분행위
> 3. 상대방이 표의자의 내심적 의사를 알고 있는 경우

> **참고** 자연적 해석에서는 착오에 의한 취소의 문제는 생기지 않는다.

> **Tip** 진의(의사)를 중시하는 것이 자연적 해석이고, 표시를 강조하는 것이 규범적 해석이다.

🔨 판례 오표시무해의 원칙

부동산의 매매계약에 있어 쌍방 당사자가 모두 특정의 X토지를 계약의 목적물로 삼았으나 실수로 계약서상 그 목적물을 Y토지로 표시하였다 하여도, X토지에 관하여 **쌍방 당사자의 의사합치가 있는 이상 그 매매계약은 X토지에 관하여 성립한 것으로 보아야 하고**, Y토지에 관하여 매매계약이 체결된 것으로 보아서는 안 될 것이다. ⇨ Y토지에 관하여 매수인 명의로 소유권이전등기가 경료되었다면 이는 원인 없이 경료된 것으로서 무효이다.

(2) 규범적 해석(상대방의 입장)

내심적 효과의사와 표시행위가 일치하지 않는 경우, 상대방의 시각에서 표시행위에 따라 법률행위의 성립을 인정하는 해석을 말한다.

> **판례** 규범적 해석
>
> 1. **총완결**이라는 문언이 부기된 영수증
>   - ✔ 나머지 채무는 면제해준 것으로 해석
> 2. 어떠한 의무를 부담하는 내용의 기재가 있는 문면에 "**협조를 최대로 한다.**"라고 기재되어 있는 경우
>   - ✔ 법적 의무를 부담하는 것으로 볼 수 없음
> 3. 임차인이 <u>모든 화재</u>에 대하여 책임을 부담하기로 한 경우
>   - ✔ '모든 화재'란 불가항력에 의한 경우를 포함하는 것으로 해석

용어 표시행위
표의자가 효과의사를 외부에 표현하는 행위를 말한다.

(3) 보충적 해석

보충적 해석이란 법률행위 내용에 간극(틈, 공백)이 있는 경우, 이를 제3자의 시각에 의하여 보충한 것으로서, 특히 계약에 있어서 큰 기능을 발휘한다.

4 법률행위 해석의 기준

① 당사자가 의도하는 목적 등 법률행위 당시의 제반사정, ② 사실인 관습, ③ 임의규정(임의법규), ④ 신의성실의 원칙 등에 따라 합리적으로 해석한다는 것이다.

(1) 당사자가 의도하는 목적(의사)

(2) 사실인 관습

> **제106조【사실인 관습】** 법령 중의 선량한 풍속 기타 사회질서에 관계없는 규정과 다른 관습이 있는 경우에 당사자의 의사가 명확하지 아니한 때에는 그 관습에 의한다.

제106조는 법령 중의 선량한 풍속 기타 사회질서에 관계없는 규정(임의규정)과 다른 '관습'이 있는 경우에 '당사자의 의사가 명확하지 아니한 때에는' 그 관습에 의할 것을 규정하고 있다.

참고 법률행위는 표시행위에 있어서 사용된 문자·언어에 반드시 형식적으로 구애될 것 없이 당사자가 그 행위에 의하여 달성하고자 하는 목적에 적합하게 해석하여야 한다.

비교 관습법과 사실인 관습
관습법이란 사회의 거듭된 관행으로 생성한 사회생활규범이 사회의 법적 확신과 인식에 의하여 법적 규범으로 승인·강행되기에 이른 것을 말하며, 사실인 관습은 사회공동체의 법적 확신의 단계에 이르지 못한 것을 말한다.

(3) 임의규정

> **제105조【임의규정】** 법률행위의 당사자가 법령 중의 선량한 풍속 기타 사회질서에 관계없는 규정과 다른 의사를 표시한 때에는 그 의사에 의한다.

(4) 신의성실의 원칙[조리(條理)]

당사자의 목적, 사실인 관습, 임의규정 등에 의하여 법률행위의 목적을 확정할 수 없는 경우에는 '신의성실의 원칙' 내지는 '조리(사물의 근본이치)'에 따라 법률행위를 해석하게 된다.

예제

甲은 乙소유의 X토지를 임차하여 사용하던 중 이를 매수하기로 乙과 합의하였으나, 계약서에는 Y토지로 잘못 기재하였다. 다음 설명 중 옳은 것은? (다툼이 있으면 판례에 따름) 제27회

① 매매계약은 X토지에 대하여 유효하게 성립한다.
② 매매계약은 Y토지에 대하여 유효하게 성립한다.
③ X토지에 대하여 매매계약이 성립하지만, 당사자는 착오를 이유로 취소할 수 있다.
④ Y토지에 대하여 매매계약이 성립하지만, 당사자는 착오를 이유로 취소할 수 있다.
⑤ X와 Y 어느 토지에 대해서도 매매계약이 성립하지 않는다.

해설 ①②⑤ 부동산의 매매계약에 있어 쌍방 당사자가 모두 특정의 甲토지를 계약의 목적물로 삼았으나 그 목적물의 지번 등에 관하여 착오를 일으켜 계약을 체결함에 있어서는 계약서상 그 목적물을 X토지와는 별개인 Y토지로 표시하였다 하여도, X토지에 관하여 이를 매매의 목적물로 한다는 쌍방 당사자의 의사합치가 있은 이상 그 매매계약은 X토지에 관하여 성립한 것으로 보아야 하고 Y토지에 관하여 매매계약이 체결된 것으로 보아서는 안 될 것이며, 만일 Y토지에 관하여 그 매매계약을 원인으로 하여 매수인 명의로 소유권이전등기가 경료되었다면 이는 원인 없이 경료된 것으로서 무효이다(대판 96다19581).
③④ 이른바 오표시 무해의 원칙과 관련해서는 착오취소가 인정되지 않는다. X토지에 대해서는 당사자의 완전한 의사합치가 있었으므로 착오의 문제가 생기지 않으며, Y토지에 대해서는 애초부터 계약 자체가 성립하지 않았으므로 취소의 문제가 생길 여지가 없다. **정답** ①

제1장 메타인지 학습체크

01 건물의 신축, 무주물선점, 선의취득, 시효취득은 [① 원시취득 / ② 승계취득]에 해당한다.

02 저당권의 취득은 권리의 [① 이전적 승계 / ② 설정적 승계]에 해당한다.

03 종전의 제한적 권리가 모두 소멸되는 것은 [① 원시취득 / ② 승계취득]이다.

04 매매로 인하여 매도인이 권리를 상실하는 것은 권리의 [① 상대적 소멸 / ② 절대적 소멸]에 해당한다.

05 상속, 포괄유증, 회사의 합병은 [① 특정승계 / ② 포괄승계]에 해당한다.

06 각종 최고는 [① 의사의 통지 / ② 관념의 통지]이다.

07 취소 · 철회 · 동의 · 추인 · 해제 · 해지 · 채무면제 · 상계는 상대방 [① 있는 / ② 없는] 단독행위이다.

08 채권양도, 채무면제는 [① 채권 / ② 처분]행위에 속한다.

09 조건부 법률행위에 있어서 조건의 성취, 기한부 법률행위에서 기한의 도래는 법률행위의 특별 [① 성립 / ② 효력]요건에 해당한다.

10 법률행위 중에서 무효가 되는 것은 [① 원시적 / ② 후발적] 불능의 경우이다.

11 「부동산 거래신고 등에 관한 법률」 제11조에 의한 토지거래허가제에 관한 규정은 [① 효력 / ② 단속]규정에 해당하며 중간생략등기를 금지하는 규정은 [③ 효력 / ④ 단속]규정에 해당한다.

정답

01 ①　02 ②　03 ①　04 ①　05 ②　06 ②　07 ①　08 ②　09 ②　10 ①　11 ①, ④

제1장 메타인지 학습체크

[12~15] 乙은 甲으로부터 부동산을 매수하여 대금을 지급하였지만 이전등기를 받지 못하고 있는 동안, 甲이 그 부동산을 적극 가담한 丙에게 이중으로 매도하고 등기를 이전하여 주었다.

12 부동산의 이중매매는 원칙적으로 [① 유효 / ② 무효]이다.

13 사례의 경우, 乙은 [① 甲을 대위하여 / ② 직접] 丙명의의 등기를 말소할 수 있다.

14 乙은 甲과 丙의 매매가 자신의 채권을 침해하였음을 이유로 채권자취소권을 행사할 수 [① 있다. / ② 없다.]

15 丙이 적극 가담하여 취득한 부동산을 丁에게 매도하였고 丁이 그 사실에 대하여 선의라면 유효하게 소유권을 취득할 수 [① 있다. / ② 없다.]

16 반사회적 행위로 무효가 된 경우에 이미 급부한 것의 반환을 청구할 수 [① 있다. / ② 없다.]

17 불공정한 법률행위에서 현저한 불균형의 판단시점은 [① 법률행위시 / ② 이행기]이다.

18 급부와 반대급부 사이에 현저한 불균형이 존재하면 상대방의 궁박·경솔·무경험이 추정[① 된다. / ② 되지 않는다.]

19 무경험이란 [① 특정거래영역 / ② 일반거래]에서의 경험부족을 말한다.

정답

12 ① 13 ① 14 ② 15 ② 16 ② 17 ① 18 ② 19 ②

20 불공정행위로 무효가 된 경우에도 무효행위의 [① 전환 / ② 추인]에 관한 규정이 적용된다.

21 의사표시 해석에 있어서 당사자의 진정한 의사를 알 수 없다면, 의사표시의 요소가 되는 것은 [① 내심상 / ② 표시상]의 효과의사이다.

22 오표시무해의 원칙은 [① 자연적 / ② 규범적] 해석의 전형적인 사례이다.

정답

20 ① **21** ② **22** ①

제2장 의사표시

회독 Check 1회 2회 3회

법률행위의 핵심이 되는 의사표시에 관한 단원으로서 비정상적 의사표시를 중심으로 이해해야 하며, 사례문제에 대비하여 깊이 있는 정리를 하여야 한다.

제1절 | 비정상적인 의사표시

❶ 진의 아닌 의사표시(비진의표시) 제32회, 제36회

> **제107조【진의 아닌 의사표시】** ① 의사표시는 표의자가 진의 아님을 알고 한 것이라도 그 효력이 있다. 그러나 상대방이 표의자의 진의 아님을 알았거나 이를 알 수 있었을 경우에는 무효로 한다.
> ② 전항의 의사표시의 무효는 선의의 제3자에게 대항하지 못한다.

(1) 의의

① 진의 아닌 의사표시: 표의자가 자신의 내심의 의사(진의)와 표시가 일치하지 않는다는 사실을 스스로 알면서 하는 의사표시를 말한다.

② 진의: 표의자가 진정으로 마음속에서 바라는 사항을 뜻하는 것이 아니라 특정한 내용의 의사표시를 하고자 하는 표의자의 생각을 말하는 것이다.

Tip '~할 생각 없이, ~할 의사 없이'라고 되어 있으면 비진의표시라고 판단하면 된다.

Tip 상대방과 통정 없이 단독으로 한다는 점에서 통정허위표시와 구별되며, 의사와 표시의 불일치를 알고 한다는 점에서 착오와 구별된다.

> **판례** 비진의표시에서 '진의'의 의미

1. 비진의의사표시에 있어서 진의란 특정한 내용의 의사표시를 하고자 하는 표의자의 생각을 말하는 것이지 표의자가 진정으로 마음속에서 바라는 사항을 뜻하는 것은 아니라고 할 것이므로, 비록 재산을 강제로 뺏긴다는 것이 표의자의 본심으로 잠재되어 있었다 하여도 표의자가 강박에 의하여서나마 증여를 하기로 하고 그에 따른 증여의 의사표시를 한 이상 증여의 내심의 효과의사가 결여된 것이라고 할 수는 없다(대판 92다41528).
2. 표의자가 의사표시의 내용을 진정으로 마음속에서 바라지는 아니하였다고 하더라도 당시의 상황에서는 **그것이 최선이라고 판단하여** 그 의사표시를 하였을 경우에는 이를 내심의 효과의사가 결여된 진의 아닌 의사표시라고 할 수 없다(대판 2000다51919, 51926).

(2) 요건

① 법률효과의 발생을 의욕하는 의사표시가 있어야 한다. 배우가 무대 위에서 하는 대사는 법률효과와 관계가 없으므로 의사표시가 아니다.
② 의사와 표시가 불일치하여야 한다.
③ 표의자 스스로 의사와 표시의 불일치를 알고 있어야 한다.

(3) 효과

① 원칙 – 유효: 비진의표시는 표시된 대로 그 효과가 발생한다(제107조 제1항).

> **판례** 비진의표시의 효력(유효)

물의를 일으킨 <u>사립대학교 조교수</u>가 사직원이 수리되지 않을 것이라고 믿고 사태수습을 위하여 형식상 이사장 앞으로 사직원을 제출하였던바, 의외로 사직원이 수리된 경우에 사직원 제출이 비진의표시라 하더라도 학교법인이나 이사회에서 그러한 사실을 알았거나 알 수 있었던 경우가 아니라면 그 의사표시에 따라 효력을 발생하는 것이다(대판 79다2168).

② 예외 – 무효
　㉠ 상대방이 표의자의 진의 아님을 알았거나 이를 알 수 있었을 경우 그 비진의표시는 무효로 한다(제107조 제1항 단서).
　㉡ 상대방의 악의 또는 과실 유무에 대한 입증책임은 무효를 주장하는 표의자에게 있다.

> **판례** 비진의표시가 무효에 해당하는 사례
>
> 근로자가 회사의 경영방침에 따라 사직원을 제출하고 회사가 이를 받아들여 퇴직처리를 하였다가 즉시 재입사하는 형식을 취한 경우 사직원제출은 근로자의 비진의표시에 해당하지만, 회사는 사직원 제출이 근로자의 진의 아님을 알고 있었다고 보아야 하므로 퇴직의 효과는 발생하지 않는다(대판 87다카2578).

　㉢ 제3자에 대한 관계: 비진의표시가 예외적으로 무효로 되는 경우에 그 무효는 '선의의 제3자'에 대항하지 못한다(제107조 제2항).
　　ⓐ 이때 보호되는 제3자는 선의이면 족하고 무과실까지 요구되지 않는다.
　　ⓑ 제3자의 선의는 추정되므로 제3자가 악의라는 사실의 주장·입증책임은 의사표시의 무효를 주장하는 자가 부담한다.

> **Tip** 제107조에서 제110조까지는 모두 선의의 제3자 보호규정이 있다. 모두 선의이면 족하고 무과실은 요구되지 않으며 선의가 추정된다는 점에 유의하여 학습하여야 한다.

(4) 적용범위

① 단독행위
　㉠ 계약뿐 아니라 상대방 있는 단독행위(취소·추인·해제 등)에도 적용되며, 상대방 없는 단독행위(유언·재단법인 설립행위·소유권 포기 등)에도 적용된다(통설).
　㉡ 상대방 없는 의사표시의 경우에는 제107조 제1항 단서가 적용될 여지가 없으므로 언제나 유효하다.
② 가족법상 행위(신분행위): 가족법상 행위(혼인·입양 등)는 당사자의 진의가 절대적으로 존중되므로 제107조의 적용 없이 언제나 무효이다.
③ 주식인수의 청약: 주식인수에 대한 청약은 비진의표시라도 언제나 유효하다.
④ 공법행위: 비진의표시에 관한 규정은 형식성을 강조하는 공법행위에는 적용되지 않는다. 즉, 표시된 대로 효력이 발생한다.

🔨 **판례** 공법행위에 적용되지 않는 사례

<u>공무원</u>이 사직의 의사표시를 하여 의원면직처분을 하는 경우, 비록 사직원제출자의 내심의 의사가 사직할 뜻이 아니었다고 하더라도 「민법」 제107조는 그 성질상 사직의 의사표시와 같은 사인의 <u>공법행위에는 준용되지 아니하므로</u> 그 의사가 외부에 표시된 이상 그 의사는 표시된 대로 효력을 발한다.

기출 공무원의 사직 의사표시와 같은 사인의 공법행위에는 비진의표시에 관한 「민법」 규정이 준용되지 않는다. 제36회

예제

진의 아닌 의사표시에 관한 설명으로 틀린 것은? (다툼이 있으면 판례에 따름) 제27회

① 진의란 특정한 내용의 의사표시를 하고자 하는 표의자의 생각을 말하는 것이지 표의자가 진정으로 마음속에서 바라는 사항을 뜻하는 것은 아니다.
② 상대방이 표의자의 진의 아님을 알았을 경우, 표의자는 진의 아닌 의사표시를 취소할 수 있다.
③ 대리행위에 있어서 진의 아닌 의사표시인지 여부는 대리인을 표준으로 결정한다.
④ 진의 아닌 의사표시의 효력이 없는 경우, 법률행위의 당사자는 진의 아닌 의사표시를 기초로 새로운 이해관계를 맺은 선의의 제3자에게 대항하지 못한다.
⑤ 진의 아닌 의사표시는 상대방과 통정이 없다는 점에서 통정허위표시와 구별된다.

해설 ② 의사표시는 표의자가 진의 아님을 알고 한 것이라도 그 효력이 있다. 그러나 상대방이 표의자의 진의 아님을 알았거나 이를 알 수 있었을 경우에는 무효로 한다(제107조 제1항). 즉, 비진의표시는 상대방이 알았거나 알 수 있었을 경우에는 취소가 아니라 무효가 된다.
① 대판 92다41528
③ 의사표시의 효력이 의사의 흠결, 사기, 강박 또는 어느 사정을 알았거나 과실로 알지 못한 것으로 인하여 영향을 받을 경우에 그 사실의 유무는 <u>대리인을 표준하여 결정한다</u>(제116조 제1항).
④ 제107조 제2항
⑤ 진의 아닌 표시는 상대방과 통정하지 않고 단독으로 하는 것으로서 단독허위표시라고 부르기도 한다.

정답 ②

② 통정허위표시 제32회, 제33회, 제34회, 제35회, 제36회

제108조 【통정한 허위의 의사표시】 ① 상대방과 통정한 허위의 의사표시는 무효로 한다.
② 전항의 의사표시의 무효는 선의의 제3자에게 대항하지 못한다.

(1) 의의

통정허위표시란 상대방과 통정함으로써 하는 진의 아닌 허위의 의사표시를 말한다.

(2) 요건

① 의사표시가 있어야 한다.
② 의사와 표시가 불일치하여야 한다.
③ 표의자가 불일치를 알고 하여야 한다.
④ 상대방과 통정(합의)하여야 한다.
⑤ 허위의 표시를 한 이유나 동기는 묻지 않는다. 남을 속이기 위한 목적이 요구되지도 않는다.

> **참고** 통정허위표시는 표의자가 의식적으로 진의와 다른 표시를 한다는 것을 상대방이 알았다는 것만으로는 성립하지 않는다.

(3) 효과

① 당사자 사이의 효과
  ㉠ 무효: 당사자 사이에서는 언제나 무효이다(제108조 제1항). 또한 허위표시 자체가 불법은 아니므로 불법원인급여(제746조)에 관한 규정은 적용되지 않는다. 따라서 이미 급부한 것은 반환을 청구할 수 있다.
  ㉡ 채권자취소권의 대상 여부: 통정허위표시는 무효이지만 요건을 갖추면 사해행위(詐害行爲)로서 채권자취소권의 대상이 될 수 있다.
② 제3자에 대한 관계: 통정허위표시의 무효를 가지고 그 누구도 선의의 제3자에게 대항하지 못한다(제108조 제2항).
  ㉠ 제3자의 선·악에 대하여는 악의를 주장하는 자가 이를 입증하여야 한다. 또한 제3자는 선의로 족하며 무과실은 요구되지 않는다. 즉, 과실이 있더라도 선의라면 보호대상이 된다.
  ㉡ 통정허위표시에서 무효로 대항할 수 없는 제3자란 당사자와 그의 포괄승계인 이외의 자 중에서 허위표시행위를 기초로 하여 별개의 법률원인에 의해 새로운 법률상의 이해관계를 맺은 자를 말한다.

> **참고** 선의의 제3자가 보호될 수 있는 법률상 이해관계는 계약의 당사자를 상대로 하여 직접 법률상 이해관계를 가지는 경우 외에도, 그 법률상 이해관계를 바탕으로 하여 다시 새로이 법률상 이해관계를 가지게 되는 경우도 포함된다(대판 2012다49292). 즉, 전득자도 제3자에 해당한다.

핵심 통정허위표시에서 보호되는 제3자의 해당 여부

제3자에 해당하는 경우	제3자에 해당하지 않는 경우
① 가장매매의 매수인으로부터 목적물을 매수한 자 ② 가장매매의 매수인으로부터 저당권을 취득하거나 가등기를 한 자 ③ 가장매매에 기한 대금채권의 양수인 ④ 가장소비대차에 기한 채권의 양수인 ⑤ 가장저당권의 설정행위에 기한 저당권의 실행으로 경락을 받은 자 ⑥ 가장소비대차의 대주가 파산선고를 받은 경우, 그 파산관재인 ✔ 이 경우 선·악의 기준은 파산관재인 개인이 아니라 총파산채권자를 기준으로 하여 파산채권자 모두가 악의로 되지 않는 한 파산관재인은 선의의 제3자라고 할 수밖에 없다.	① 가장매매에서 매도인의 채권자 ② 채권의 가장양도에서 채무자 ③ 대리행위에서 대리인 ④ 제3자를 위한 계약에서 수익자 ⑤ 가장저당권포기에서 기존의 후순위 권리자 ⑥ 가장매매의 매수인으로부터 그 지위를 상속받은 자(포괄승계인) ⑦ 계약상 당사자의 지위를 양수한 자 (계약을 인수한 자)

(4) 적용범위

① 계약·단독행위

　㉠ 계약이나 상대방 있는 단독행위(예 채무면제)에 적용된다.

　㉡ 상대방 없는 단독행위의 경우에는 통정할 상대방이 존재하지 않으므로 제108조는 적용될 수 없다.

② 가족법상 행위(신분행위): 가족법상 행위는 당사자의 진의가 절대적으로 존중되므로 제108조가 적용되지 않는다.

(5) 구별 개념 – 은닉행위

① 은닉행위란 감추어진 특정의 행위를 위하여 진의가 없는 의사표시를 하는 경우, 그 이면의 진실한 행위를 말한다.

② 세금을 줄일 목적으로 증여를 매매로 위장하였다면 매매는 허위표시로 무효이지만 증여는 실제로 존재하는 의사이므로 유효하다.

참고 세금을 적게 낼 목적으로 증여를 숨기기 위하여 외부에는 매매를 한 것으로 가장하는 경우 등이 있다.

판례 통정허위표시

1. **종중**이 탈법 목적 없이 그 보유 부동산을 타인에게 명의신탁하면서 명의수탁자가 이를 임의로 처분할 경우에 **대비하여** 종중 명의로 소유권이전등기청구권 보전을 위한 **가등기를 경료한 경우**, 그와 같은 가등기를 하기로 하는 합의를 통정허위표시로서 무효라 볼 수 없다.

Tip 👉 '양해'라는 말이 없으면 진의로서 유효하며, '양해'라는 말이 있으면 통정허위표시로서 무효이다.

2. 동일인에 대한 대출액 한도를 제한한 법령이나 금융기관 내부규정의 적용을 회피하기 위하여 실질적인 주채무자가 실제 대출받고자 하는 채무액에 대하여 제3자를 형식상의 주채무자로 내세우고, 금융기관도 이를 양해하여 제3자에 대하여는 채무자로서의 책임을 지우지 않을 의도하에 제3자 명의로 대출관계서류를 작성받은 경우, 제3자는 형식상의 명의만을 빌려준 자에 불과하고 그 대출계약의 실질적인 당사자는 금융기관과 실질적 주채무자이므로, 제3자 명의로 되어 있는 대출약정은 그 <u>금융기관의 양해하에 그에 따른 채무부담의 의사 없이 형식적으로 이루어진 것에 불과하여</u> 통정허위표시에 해당하는 무효의 법률행위이다.

> **비교판례** 법률상 또는 사실상의 장애로 자기 명의로 대출받을 수 없는 자를 위하여 대출금채무자로서의 명의를 빌려준 자에게 그와 같은 채무부담의 의사가 없는 것이라고는 할 수 없으므로 그 의사표시를 비진의표시에 해당한다고 볼 수 없다.

예제

1. 甲은 강제집행을 피하기 위해 자신의 X부동산을 乙에게 가장매도하여 소유권이전등기를 해 주었는데, 乙이 이를 丙에게 매도하고 소유권이전등기를 해 주었다. 다음 설명 중 틀린 것은? (다툼이 있으면 판례에 따름) 〈제35회〉

① 甲과 乙 사이의 계약은 무효이다.
② 甲과 乙 사이의 계약은 채권자취소권의 대상이 될 수 있다.
③ 丙이 선의인 경우, 선의에 대한 과실의 유무를 묻지 않고 丙이 소유권을 취득한다.
④ 丙이 악의라는 사실에 관한 증명책임은 허위표시의 무효를 주장하는 자에게 있다.
⑤ 만약 악의의 丙이 선의의 丁에게 X부동산을 매도하고 소유권이전등기를 해 주더라도 丁은 소유권을 취득하지 못한다.

해설 ⑤ 선의의 제3자가 보호될 수 있는 법률상 이해관계는 계약의 당사자를 상대로 하여 직접 법률상 이해관계를 가지는 경우 외에도, 그 법률상 이해관계를 바탕으로 하여 다시 새로이 법률상 이해관계를 가지게 되는 경우도 포함된다(대판 2012다40202). 즉, 전득자도 제3자에 해당된다. 따라서 악의의 丙에게 매수한 丁도 제3자이므로 선의인 경우에 제108조 제2항에 따라 소유권을 취득할 수 있다.
① 상대방과 통정한 허위의 의사표시는 무효로 한다(제108조).
② 채무자의 법률행위가 통정허위표시인 경우에도 채권자취소권의 대상이 된다(대판 97다50985).
③ 제3자는 선의이면 족하고 무과실은 요건이 아니다(대판 2003다70041).
④ 제3자는 특별한 사정이 없는 한 선의로 추정할 것이므로 제3자가 악의라는 사실에 관한 주장·입증책임은 그 허위표시의 무효를 주장하는 자에게 있다(대판 2002다1321).

정답 ⑤

2. 甲은 자신의 X토지를 乙에게 증여하고, 세금을 아끼기 위해 이를 매매로 가장하여 乙명의로 소유권이전등기를 마쳤다. 그 후 乙은 X토지를 丙에게 매도하고 소유권이전등기를 마쳤다. 다음 설명 중 옳은 것을 모두 고른 것은? (다툼이 있으면 판례에 따름)

제29회

> ㉠ 甲과 乙 사이의 매매계약은 무효이다.
> ㉡ 甲과 乙 사이의 증여계약은 유효이다.
> ㉢ 甲은 丙에게 X토지의 소유권이전등기말소를 청구할 수 없다.
> ㉣ 丙이 甲과 乙 사이의 증여계약이 체결된 사실을 알지 못한데 과실이 있더라도 丙은 소유권을 취득한다.

① ㉠
② ㉠, ㉢
③ ㉡, ㉣
④ ㉡, ㉢, ㉣
⑤ ㉠, ㉡, ㉢, ㉣

해설 ⑤ 은닉행위는 그 숨겨진 행위가 그에 요구되는 성립요건과 효력발생요건을 구비한 때에는 유효하다. 즉, 매매는 허위표시로 무효가 되지만 증여는 은닉행위로서 유효하다(㉠㉡). 따라서 乙명의의 등기는 실체관계에 부합하므로 유효하며 이로부터 이전받은 丙은 권리자로부터 이전받은 것이므로 그의 선·악, 과실 유무와 상관없이 소유권을 취득한다(㉢㉣).

정답 ⑤

3 착오 제32회, 제35회, 제36회

제109조【착오로 인한 의사표시】 ① 의사표시는 법률행위의 내용의 중요부분에 착오가 있는 때에는 취소할 수 있다. 그러나 그 착오가 표의자의 중대한 과실로 인한 때에는 취소하지 못한다.
② 전항의 의사표시의 취소는 선의의 제3자에게 대항하지 못한다.

(1) 의의

① 일반적으로 착오란 표시행위와 내심의 효과의사(진의)가 일치하지 않는 경우로서, 그 불일치를 표의자 스스로 알지 못하는 것을 말한다.
② 착오는 표시와 진의의 불일치를 표의자가 알지 못한다는 점에서 비진의표시나 통정허위표시와 구별된다.
③ 강행규정이 아니므로 당사자가 착오를 이유로 의사표시를 취소하지 않기로 합의한 경우에는 착오로 인한 의사표시를 취소할 수 없다.

참고 장래에 발생할 막연한 사정을 예측하거나 기대하고 법률행위를 하였으나 그러한 예측이나 기대와 다른 사정이 발생한 경우, 착오를 이유로 법률행위를 취소할 수 없다.

(2) 착오의 유형

① **표시의 착오**: 표의자가 표시된 내용의 의사표시를 하고자 의욕하지 아니한 경우에 표시상의 착오가 생기게 된다. 즉, 표시행위 자체를 잘못하는 것을 말한다.

② **내용의 착오**: 표시행위 자체에는 착오가 없으나 표시행위가 가지는 의미를 잘못 이해한 경우이다.

③ **표시기관의 착오**
  ㉠ 표시기관인 사자(使者)에게 의사표시를 전하게 한 경우 그의 잘못으로 의사표시가 잘못 전달된 때에는 표시상의 착오로 다룬다.
  ㉡ 전달기관인 사자(使者)가 상대방 아닌 제3자에게 서면을 전달한 경우에는 의사표시 부도달의 문제가 생길 뿐이지 착오의 문제는 생기지 않는다.
  ㉢ 표시기관으로서의 사자가 위임내용과 다른 표시행위를 하는 경우에는 제126조의 표현대리를 유추적용할 수 있다.

④ **법률의 착오**: 법률의 규정 또는 그 의의에 관하여 잘못 인식한 경우이다. 제109조는 법률의 착오를 착오에서 제외하고 있지 않으므로 착오의 일반이론에 따라 취소할 수 있다.

> **판례** 법률에 관한 착오도 중요부분에 해당한다면 취소가 가능한지 여부(적극)
>
> 법률에 관한 착오(양도소득세가 부과될 것인데도 부과되지 아니하는 것으로 오인)라도 그것이 법률행위의 내용의 중요부분에 관한 것인 때에는 표의자는 그 의사표시를 취소할 수 있고, 또 매도인에 대한 양도소득세의 부과를 회피할 목적으로 매수인이 주택건설을 목적으로 하는 주식회사를 설립하여 여기에 출자하는 형식을 취하면 양도소득세가 부과되지 않을 것이라고 말하면서 그러한 형식에 의한 매매를 제의하여 매도인이 이를 믿고 매매계약을 체결한 것이라 하더라도 그것이 곧 사회질서에 반하는 것이라고 단정할 수 없으므로 이러한 경우에 역시 의사표시의 착오이 이론을 적용할 수 있다(대판 80다2475).

⑤ **동기의 착오**
  ㉠ 원칙: 동기의 착오를 이유로 취소할 수 없다.
  ㉡ 예외
    ⓐ 동기의 착오를 이유로 의사표시를 취소하기 위하여는 그 동기가 상대방에게 표시되어 동기가 법률행위의 내용으로 되어야 한다. 다만, 당사자들 사이에 별도로 그 동기를 의사표시의 내용으로 삼기로 하는 합의까지 이루어질 필요는 없다.

참고 예를 들어 100만원이라고 쓰려는 것을 1,000만원으로 잘못 쓴 경우와 같이 오기(誤記)·오담(誤談)의 경우

참고 100m²를 1억원에 팔겠다고 청약하였으나 100m²와 100평(坪)이 동일한 것으로 알고 청약한 경우

참고
1. 표시기관 사자: 표시상 착오의 문제
2. 전달기관 사자: 부도달, 연착의 문제(착오 ×)

ⓑ 동기의 착오가 상대방에 의하여 유발된 때에는 표시 여부를 불문하고 취소할 수 있다.

(3) 취소를 위한 착오의 요건

착오를 이유로 취소하려면 법률행위의 내용에 착오가 있어야 하고(동기의 착오가 아니어야 하고), 중요한 부분의 착오이어야 하며, 표의자에게 중과실이 없어야 한다.

① 중요부분의 착오
  ㉠ 중요부분의 착오가 되기 위하여는 주관적 요건(표의자의 입장)과 객관적 요건(일반인의 입장)을 모두 충족하여야 한다.
  ㉡ 착오는 현재의 착오에 한정하지 않으며 착오가 미필적인 장래의 불확실한 사실에 관한 것이라도 제109조 소정의 착오에서 제외되지 않는다.
  ㉢ 표의자(취소하려는 자)가 그 착오가 없었더라면 의사표시를 하지 않았을 것이라는 점을 증명하여야 한다.

> **핵심** 착오 취소의 인정 여부

착오 취소가 인정되는 경우	착오 취소가 부정되는 경우
① 토지의 현황에 관한 착오: 농지인 줄 알고 1,389평을 매입하였으나 600평이 하천인 경우 ② 경계의 착오 ③ **채무자의 동일성**에 관한 물상보증인의 착오 ④ 매매에서 목적물의 동일성에 관한 착오	① 토지의 시가나 면적(지적)에 관한 착오 ② 경제적 불이익이 없는 경우: 가압류의 존재에 관하여 착오가 있었다고 하더라도 가압류가 부당하게 집행된 것이라면(즉, **무효인 가압류**) 그로 인하여 어떤 경제적 불이익을 입은 것은 아니라고 할 것이므로, 기술신용보증기금이 위 가압류가 없는 것으로 표시된 금융기관의 기업실태조사서의 기재를 믿고 위 신용보증을 하였다고 하여 그와 같은 착오가 위 신용보증행위의 중요부분에 관한 것이라고 볼 수 없다. ③ **법령상 제한으로 목적대로 토지를 이용하지 못하는 경우**: 매수 토지가 시설녹지에 편입되어 우사를 짓고 비육우를 키울 수 없게 된 사건 ⇨ 동기의 착오

기출 착오로 인하여 표의자가 경제적 불이익을 입은 것이 아니라면 이를 법률행위 내용의 중요부분의 착오라고 할 수 없다. 제36회

② 중과실이 없을 것
　　㉠ 중대한 과실이란 표의자의 직업, 법률행위의 종류·목적에 비추어 주의의무를 현저히 결여한 것을 말한다.

비교➡ **중과실 부정 사례**
자신을 과신한 나머지 전문가의 감정 없이 위품을 고려청자로 알고 매수한 경우에는 중과실이 없다.

> **판례** 중과실 인정 사례
>
> 1. <u>공장을 경영하는 자</u>가 공장이 협소하여 새로운 공장을 설립할 목적으로 토지를 매수함에 있어 토지상에 공장을 건축할 수 있는지 여부를 관할 관청에 알아보지 아니한 것은 '중대한 과실'에 해당한다.
> 2. <u>공인된 중개사나 신뢰성 있는 중개기관을 통하지 않고</u> 개인적으로 토지 거래를 하는 경우, 매매계약목적물의 특정에 대하여는 스스로의 책임으로 토지대장, 임야도 등의 공적인 자료 기타 공신력 있는 객관적인 자료에 의하여 그 토지가 과연 그가 매수하기 원하는 토지인지를 확인하여야 할 최소한의 주의의무가 있다. 따라서 그러한 조치를 전혀 취하지 않아 매매목적물의 동일성에 관한 착오에 빠진 매수인은 중대한 과실이 있다.
> 3. 신용보증기금의 신용보증서를 담보로 자금을 대출해 준 금융기관이 위 대출자금이 모두 회수되지 않았음에도 착오로 신용보증기금에게 신용보증서 <u>담보설정 해지를 통지</u>한 경우 그 해지의 의사표시는 중대한 과실로 인한 것이므로 취소할 수 없다.

기출 표의자의 중대한 과실에 관한 증명책임은 의사표시를 취소하게 하지 않으려는 상대방에게 있다. 제36회

　　㉡ 중대한 과실 여부에 대한 입증책임은 법률행위를 유지하려는 상대방이 부담한다.
　　㉢ 표의자에게 중대한 과실이 있더라도 상대방이 표의자의 착오를 이용한 경우, 표의자는 법률행위를 취소할 수 있다.

(4) 효과
① 취소: 표의자는 착오에 의한 의사표시의 요건을 갖추면 법률행위를 취소할 수 있다.
② 제3자에 대한 관계: 착오에 의한 의사표시의 취소는 선의의 제3자에게 대항하지 못한다.
③ 표의자의 배상책임: 착오를 이유로 의사표시를 취소한 것이 위법하다고 할 수는 없으므로 착오를 이유로 의사표시를 취소한 자는 불법행위책임을 지지 않는다.

(5) 적용범위
① 가족법상(신분) 행위에는 적용되지 않는다.
② 공법상의 행위 및 소송행위에는 적용되지 않는다.

(6) 다른 제도와의 관계
① 착오와 사기: 선택적으로 행사할 수 있다.
② 착오와 해제: 매도인이 매수인의 중도금 지급채무불이행을 이유로 매매계약을 적법하게 해제한 후라도 매수인으로서는 상대방이 한 계약해제의 효과로서 발생하는 손해배상책임을 지거나 매매계약에 따른 계약금의 반환을 받을 수 없는 불이익을 면하기 위하여 착오를 이유로 한 취소권을 행사하여 위 매매계약 전체를 무효로 돌리게 할 수 있다.
③ 착오와 담보책임: 매매계약 내용의 중요 부분에 착오가 있는 경우 매수인은 매도인의 하자담보책임이 성립하는지와 상관없이 착오를 이유로 매매계약을 취소할 수 있다.

> 참고 📖 소취하는 취소할 수 없으나, 소취하합의는 중요 부분의 착오가 있는 경우라면 취소할 수 있다.

예제

착오에 관한 설명으로 옳은 것을 모두 고른 것은? (다툼이 있으면 판례에 따름) 제31회

> ㉠ 매도인의 하자담보책임이 성립하더라도 착오를 이유로 한 매수인의 취소권은 배제되지 않는다.
> ㉡ 경과실로 인해 착오에 빠진 표의자가 착오를 이유로 의사표시를 취소한 경우, 상대방에 대하여 불법행위로 인한 손해배상책임을 진다.
> ㉢ 상대방이 표의자의 착오를 알고 이용한 경우, 표의자는 착오가 중대한 과실로 인한 것이더라도 의사표시를 취소할 수 있다.
> ㉣ 매도인이 매수인의 채무불이행을 이유로 계약을 적법하게 해제한 후에는 매수인은 착오를 이유로 취소권을 행사할 수 없다.

① ㉠, ㉡　　　　② ㉠, ㉢
③ ㉠, ㉣　　　　④ ㉡, ㉢
⑤ ㉡, ㉣

해설 ㉠ 착오로 인한 취소 제도와 매도인의 하자담보책임 제도는 취지가 서로 다르고, 요건과 효과도 구별된다. 따라서 매매계약 내용의 중요 부분에 착오가 있는 경우 매수인은 매도인의 하자담보책임이 성립하는지와 상관없이 착오를 이유로 매매계약을 취소할 수 있다(대판 2015다78703).
㉡ 「민법」 제109조가 중과실이 없는 착오자의 착오를 이유로 한 의사표시의 취소를 허용하고 있는 이상 표의자가 과실로 인하여 착오에 빠져 의사표시를 한 것이나 그 착오를 이유로 의사표시를 취소한 것이 위법하다고 할 수는 없으므로, 착오를 이유로 의사표시를 취소한 자는 불법행위 책임을 지지 않는다(대판 97다13023).

ⓒ 상대방이 표의자의 착오를 알고 이를 이용한 경우에는 착오가 표의자의 중대한 과실로 인한 것이라고 하더라도 표의자는 의사표시를 취소할 수 있다(대판 2013다49794).
ⓔ 매도인이 매수인의 중도금 지급채무불이행을 이유로 매매계약을 적법하게 해제한 후라도 매수인으로서는 상대방이 한 계약해제의 효과로서 발생하는 손해배상책임을 지거나 매매계약에 따른 계약금의 반환을 받을 수 없는 불이익을 면하기 위하여 착오를 이유로 한 취소권을 행사하여 위 매매계약 전체를 무효로 돌리게 할 수 있다(대판 91다11308). **정답 ②**

④ 하자 있는 의사표시 제35회

> **제110조 【사기·강박에 의한 의사표시】** ① 사기나 강박에 의한 의사표시는 취소할 수 있다.
> ② 상대방 있는 의사표시에 관하여 제3자가 사기나 강박을 행한 경우에는 상대방이 그 사실을 알았거나 알 수 있었을 경우에 한하여 그 의사표시를 취소할 수 있다.
> ③ 전 2항의 의사표시의 취소는 선의의 제3자에게 대항하지 못한다.

(1) 의의

표의자가 자유로운 의사결정을 하지 못하고 그 의사결정에 상대방 또는 제3자의 사기나 강박이 영향을 미친 경우를 말한다.

(2) 성립요건

① 사기에 의한 의사표시의 성립요건
  ㉠ 사기자의 (2단계) 고의: 사기자에게 고의가 있어야 한다.
  ㉡ 기망행위가 있을 것: 기망행위가 있어야 한다.
    ⓐ 적극적으로 허위의 사실을 날조하는 것뿐 아니라 소극적으로 진실한 사실을 숨기는 것도 기망행위이다.
    ⓑ 부작위(不作爲)에 의한 기망이 인정되기 위하여는 신의칙 및 거래관념에 비추어 어떤 상황을 고시할 법률상 의무가 있는 경우이어야 한다.

> **판례** 시가의 묵비나 허위고지가 사기에 해당하지 않는다는 사례
>
> 교환계약에서 목적물의 시가에 대해 설명 내지 고지를 할 주의의무를 부담한다고 할 수 없고, 일방 당사자가 자기가 소유하는 목적물의 시가를 묵비하여 상대방에게 고지하지 아니하거나 혹은 허위로 시가보다 높은 가액을 시가라고 고지하였다 하더라도 이는 상대방의 의사결정에 불법적인 간섭을 한 것이라고 볼 수 없다.

참고 고의가 없고 과실만 있는 행위로는 사기가 성립하지 않는다.

참고 아파트분양자는 아파트단지 인근에 공동묘지가 조성되어 있는 사실을 수분양자에게 고지할 신의칙상의 의무를 부담한다.

ⓒ 위법성이 있을 것
  ⓐ 기망행위가 위법한 것이어야 한다. 신의칙과 거래관념, 구체적인 사안에 따라 위법성의 유무를 따져야 한다.
  ⓑ 예를 들어 노점상이 좋지 않은 물건을 좋은 물건이라고 속인 정도는 상술에 해당한다고 볼 수 있지만, 백화점에서 정해진 가격을 모두 받으면서 마치 할인을 한 것처럼 변칙세일을 한 것은 상술의 정도를 벗어난 것으로 위법한 사기가 된다.
ⓒ (주관적) 인과관계가 존재할 것: 사기와 의사표시 사이에 인과관계가 있어야 한다. 이때 인과관계는 일반인의 기준이 아니라 표의자의 주관적인 것에 지나지 않아도 무방하다.

② 강박에 의한 의사표시의 성립요건
  ㉠ 강박자의 (2단계) 고의: 강박자에게 고의가 있어야 한다.
  ㉡ 강박행위가 있을 것
    ⓐ 강박에 의한 의사표시라고 하려면 상대방이 불법으로 어떤 해악을 고지함으로 말미암아 공포를 느끼고 의사표시를 한 것이어야 한다.
    ⓑ 표의자로 하여금 의사결정을 스스로 할 수 있는 여지를 완전히 박탈한 상태로 만들었다면 이는 무효에 해당한다.
  ㉢ 위법성이 있을 것: 강박행위가 위법한 것이어야 한다. 정당한 권리의 행사로서 고소·고발은 비록 표의자에게 공포심을 생기게 하더라도 강박이 되지 않는다. 다만, 정당한 권리의 행사라 하더라도 부정한 이익을 목적으로 하지 않아야 한다.
  ㉣ (주관적) 인과관계가 존재할 것: 강박과 의사표시와의 사이에 인과관계는 표의자를 기준으로 한 주관적 인과관계를 말한다.

(3) 효과
① 상대방의 사기·강박이 있는 경우: 상대방의 사기 또는 강박으로 인하여 의사표시를 한 표의자는 취소할 수 있다.

참고 선전광고에 다소의 과장·허위가 수반되는 것은 그것이 일반 상거래의 관행과 신의칙에 비추어 시인될 수 있는 한 기망성이 결여된다.

참고 채무자에게 채권자들이 각서에 서명·날인할 것을 강력히 요구하여 이를 받은 것만으로는 위법한 강박이라고 볼 수 없다.

참고 강박에 의한 의사표시가 무효가 되기 위한 요건 의사결정의 자유가 박탈될 정도가 되어야 한다.

② 제3자의 사기·강박이 있는 경우
  ㉠ 상대방 없는 법률행위: 언제든지 그 의사표시를 취소할 수 있다.
  ㉡ 상대방 있는 법률행위: 제3자의 사기·강박으로 인한 법률행위를 하였을 때에는 표의자는 상대방이 그 사기나 강박으로 인한 법률행위임을 알았거나 알 수 있었을 경우에 한하여 취소할 수 있다(제110조 제2항).

> **판례** 대리인과 단순한(상대방과 동일시할 수 없는) 피용인이 제3자에 해당하는지 여부
>
> 1. 대리인의 사기·강박은 제3자의 사기·강박이 아니라는 사례
>   상대방 있는 의사표시에 관하여 제3자가 사기나 강박을 한 경우에는 상대방이 그 사실을 알았거나 알 수 있었을 경우에 한하여 그 의사표시를 취소할 수 있으나, **상대방의 대리인 등 상대방과 동일시할 수 있는 자의 사기나 강박은 제3자의 사기·강박에 해당하지 아니한다.** ⇨ 따라서 본인의 선·악 여부와 상관없이 언제든지 취소할 수 있다.
> 2. 단순 피용인의 사기·강박은 제3자의 사기·강박이라는 사례
>   단순히 상대방의 피용자이거나 상대방이 사용자책임을 져야 할 관계에 있는 피용자에 지나지 않는 자는 상대방과 동일시할 수는 없어 이 규정에서 말하는 제3자에 해당한다.

Tip 👆 대리인은 본인과 동일시하는 관계이므로 대리인의 사기·강박은 제3자의 사기·강박에 해당하지 않는다.

(4) 제3자에 대한 관계
① 사기·강박에 의한 의사표시의 취소는 선의의 제3자에게 대항하지 못한다(제110조 제3항).
② 제3자는 취소 이전에 법률관계를 가졌던 자는 물론이고 취소 이후라도 그 사실을 모르고 법률관계를 가졌던 자도 포함한다.
③ 제3자는 선의로 추정되므로 악의를 주장하는 자가 입증하여야 하며, 무과실까지 요구되지는 않는다.

> **핵심** 제3자에 의한 사기·강박
>
> A의 사기·강박에 대하여
> 1. 乙이 선의·무과실이면 甲은 법률행위를 취소할 수 없다.
> 2. 乙이 악의 또는 과실이라면 甲은 (乙에게) 법률행위를 취소할 수 있다.
> 3. A가 乙의 대리인이라면 甲은 언제든지(乙이 선의·무과실이더라도) 취소할 수 있다.
> 4. A가 乙과 동일시할 수 없는 피용인이라면 甲은 乙이 악의 또는 과실인 경우에 취소할 수 있다.

(5) 적용범위

가족법상 행위에는 사기·강박에 의한 의사표시에 관한 규정은 적용되지 않는다. 또한 공법행위와 소송행위에도 적용되지 않는다. 따라서 소송행위가 강박에 의하여 이루어진 것이라 하더라도 이를 취소할 수 없다.

(6) 다른 제도와의 관계

① 착오와의 관계: 기망에 의하여 법률행위 내용의 중요부분에 착오가 발생하였다면 표의자는 제109조와 제110조에 의한 취소를 <u>선택하여</u> 행사할 수 있다.

② 담보책임과의 관계: 사기·강박에 의하여 의사표시를 한 표의자는 <u>선택적으로</u> 취소권을 행사할 수도 있고, 담보책임을 물을 수도 있다.

③ 불법행위로 인한 손해배상청구권과의 관계
  ㉠ 사기·강박을 당하여 의사표시를 한 자는 법률행위를 <u>취소하지 않고 불법행위로 인한 손해배상만 청구할 수도 있다.</u>
  ㉡ 사기·강박을 이유로 의사표시를 취소한 경우 부당이득반환청구와 불법행위 손해배상청구는 병존적으로 행사할 수 없고 선택하여 행사하여야 한다.

> **판례** 착오와 하자 있는 의사표시
>
> 1. 기망행위로 인하여 법률행위의 중요부분에 착오를 일으킨 경우뿐만 아니라 법률행위의 내용으로 표시되지 아니한 의사결정의 동기에 관하여 착오를 일으킨 경우에도 표의자는 그 법률행위를 사기에 의한 의사표시로써 취소할 수 있다.

2. **신원보증서류**에 서명·날인한다는 착각에 빠진 상태로 **연대보증의 서면**에 서명·날인한 경우 … 이른바 표시상의 착오에 해당하므로, 비록 위와 같은 착오가 제3자의 기망행위에 의하여 일어난 것이라 하더라도 그에 관하여는 사기에 의한 의사표시에 관한 법리, 특히 「민법」 제110조 제2항의 규정을 적용할 것이 아니라, **착오에 의한 의사표시에 관한 법리만을 적용**하여 취소권 행사의 가부를 가려야 한다.

예제

사기·강박에 의한 의사표시에 관한 설명으로 옳은 것을 모두 고른 것은? (다툼이 있으면 판례에 따름) 제35회

㉠ 아파트 분양자가 아파트단지 인근에 대규모 공동묘지가 조성된 사실을 알면서 수분양자에게 고지하지 않은 경우, 이는 기망행위에 해당한다.
㉡ 교환계약의 당사자가 목적물의 시가를 묵비한 것은 원칙적으로 기망행위에 해당한다.
㉢ '제3자의 강박'에 의한 의사표시에서 상대방의 대리인은 제3자에 포함되지 않는다.

① ㉠ ② ㉡
③ ㉠, ㉢ ④ ㉡, ㉢
⑤ ㉠, ㉡, ㉢

해설 ㉠ 아파트 분양자는 아파트단지 인근에 공동묘지가 조성되어 있는 사실을 수분양자에게 고지할 신의칙상의 의무를 부담한다(대판 2005다5812). 따라서 이를 알리지 않은 경우에는 부작위에 의한 기망이 성립한다.
㉡ 교환계약의 당사자가 목적물의 시가를 묵비하거나 허위로 시가보다 높은 가액을 시가라고 고지하였다 하더라도 기망행위에 해당하지 않는다(대판 2000다54406, 54413).
㉢ 상대방의 대리인 등 상대방과 동일시할 수 있는 자는 제110조 제2항의 제3자에 해당하지 않는다(대판 96다41496). 따라서 대리인의 기망이나 강박으로 법률행위를 한 자는 본인이 그 사실을 알았는지 여부와 관계없이 취소할 수 있다. **정답 ③**

제2절 | 의사표시의 효력발생

1 도달주의 원칙 제35회

> **제111조【의사표시의 효력발생시기】** ① 상대방이 있는 의사표시는 상대방에게 도달한 때에 그 효력이 생긴다.
> ② 의사표시자가 그 통지를 발송한 후 사망하거나 제한능력자가 되어도 의사표시의 효력에 영향을 미치지 아니한다.

(1) 상대방 있는 의사표시
① 의사표시가 언제 효력이 발생할 것인지가 문제되는데 우리 「민법」은 도달주의를 원칙으로 규정하고 있다(제111조 제1항).
② 의사표시자가 그 통지를 발송한 후 사망하거나 제한능력자가 되어도 의사표시의 효력에 영향을 미치지 아니한다(제111조 제2항).

(2) 도달의 의의
상대방의 지배권(支配圈) 내에 들어가 사회통념상 요지(了知)할 수 있는 상태에 있게 된 것을 말한다. 그 통지를 채무자가 현실적으로 수령하였거나 그 통지의 내용을 알았을 것을 요구하지 않는다.
① 상대방이 정당한 사유 없이 통지의 수령을 거절한 경우에도 그가 통지의 내용을 알 수 있는 객관적 상태에 놓인 때에 의사표시의 효력이 생긴다.
② 가정부가 우편물을 수령한 직후 한집에 거주하고 있는 통지인이 그 우편물을 바로 회수하였다면 그 통지는 사회관념상 상대방이 그 통지 내용을 알 수 있는 객관적 상태에 놓여 있는 것이라고 볼 수 없으므로 그 통지는 도달되었다고 볼 수 없다.
③ 도달 여부에 대한 입증책임은 도달을 주장하는 자에게 있다.
④ 우편물이 등기취급의 방법이나 내용증명우편으로 발송된 경우, 반송되는 등의 특별한 사정이 없는 한 그 무렵 수취인에게 도달되었다고 보아야 한다고 한다.
⑤ 통상우편이나 일간신문에 공고를 낸 경우에는 도달로 볼 수 없으므로 별도의 도달사실을 입증하여야 한다.
⑥ 도달주의를 취하는 결과 의사표시의 불착·연착은 모두 표의자의 불이익으로 돌아간다.

참고 청약자가 매매의 청약을 발송한 후 사망하거나 제한능력자가 되더라도 청약의 효력이 상실되는 것이 아니다.

참고 아파트 경비원이 집배원으로부터 우편물을 수령한 후 이를 우편함에 넣어 둔 경우에는 분실 가능성도 있으므로 그 사실만으로는 수취인이 그 우편물을 수취하였다고 볼 수 없다.

(3) 임의규정

도달주의에 관한 규정은 임의규정이므로 당사자의 특약으로 달리 정할 수 있다.

(4) 도달주의의 예외 – 발신주의

다음의 사항은 도달주의에 대한 예외규정으로 의사표시를 발송한 때에 효력이 발생하는 경우이다.

① 사원총회소집의 통지(제71조)
② 격지자(隔地者) 간 계약의 승낙(제531조)
③ 무권대리인의 상대방의 최고(催告)에 대한 본인의 확답(제131조)
④ 제한능력자의 상대방의 촉구(최고)에 대한 확답(제15조 제1항)
⑤ 채무인수에 있어서 최고에 대한 채권자의 확답(제455조 제2항)

> **Tip** 격지자와 대화자의 구별은 거리적·장소적 개념이 아니라 시간적 개념이다. 따라서 우편의 방법으로 의사표시를 하였다면 언제나 격지자 간이 된다.

② 의사표시의 공시송달(제113조) 제28회

(1) 요건

공시송달을 하기 위하여는 상대방 또는 그의 주소를 알지 못하는 데 표의자에게 과실이 없어야 한다. 주소지를 알고 있음에도 공시송달을 한 경우에는 그 효력을 인정하지 않는다.

(2) 효과

게시한 날로부터 2주일이 경과한 때에 의사표시가 상대방에게 도달한 것으로 간주된다.

③ 제한능력자에 대한 의사표시의 효력 제30회, 제35회, 제36회

> **제112조【제한능력자에 대한 의사표시의 효력】** 의사표시의 상대방이 의사표시를 받은 때에 제한능력자인 경우에는 의사표시자는 그 의사표시로써 대항할 수 없다. 다만, 그 상대방의 법정대리인이 의사표시가 도달한 사실을 안 후에는 그러하지 아니하다.

(1) 의사표시의 상대방이 이를 수령할 때에 제한능력자이면 표의자는 그에 대하여 도달을 주장하지 못한다. 그러나 반대로 제한능력자가 도달을 주장하는 것은 상관없다.

> **기출** 의사표시의 상대방이 의사표시를 받은 때에 제한능력자인 경우, 표의자는 원칙적으로 그 의사표시로써 대항할 수 없다. 제36회

(2) 상대방이 제한능력자일지라도 그의 법정대리인이 의사표시의 도달을 안 때에는 그때부터 효력을 주장할 수 있다.

Tip 도달시에 효력이 소급하여 발생하는 것이 아니라 안 때부터 효력이 발생한다.

> **예제**
>
> 甲의 乙에 대한 의사표시에 관한 설명으로 옳은 것은? (다툼이 있으면 판례에 따름)
> 제35회
>
> ① 甲이 부동산 매수청약의 의사표시를 발송한 후 사망하였다면 그 효력은 발생하지 않는다.
> ② 乙이 의사표시를 받은 때에 제한능력자이더라도 甲은 원칙적으로 그 의사표시의 효력을 주장할 수 있다.
> ③ 甲의 의사표시가 乙에게 도달되었다고 보기 위해서는 乙이 그 내용을 알았을 것을 요한다.
> ④ 甲의 의사표시가 등기우편의 방법으로 발송된 경우, 상당한 기간 내에 도달되었다고 추정할 수 없다.
> ⑤ 乙이 정당한 사유 없이 계약해지 통지의 수령을 거절한 경우, 乙이 그 통지의 내용을 알 수 있는 객관적 상태에 놓여 있는 때에 의사표시의 효력이 생긴다.
>
> **해설** ⑤ 상대방이 정당한 사유 없이 통지의 수령을 거절한 경우에는 상대방이 그 통지의 내용을 알 수 있는 객관적 상태에 놓여 있는 때에 의사표시의 효력이 생기는 것으로 보아야 한다(대판 2008다19973).
> ① 의사표시자가 그 통지를 발송한 후 사망하거나 제한능력자가 되어도 의사표시의 효력에 영향을 미치지 아니한다(제111조 제2항).
> ② 의사표시의 상대방이 의사표시를 받은 때에 제한능력자인 경우에는 의사표시자는 그 의사표시로써 대항할 수 없다. 다만, 그 상대방의 법정대리인이 의사표시가 도달한 사실을 안 후에는 그러하지 아니하다(제112조).
> ③ 도달은 사회관념상 채무자가 통지의 내용을 알 수 있는 객관적 상태에 놓여졌을 때를 지칭하고 상대방이 이를 현실적으로 수령하였거나 그 통지의 내용을 알았을 것까지는 필요하지 않다(대판 82다카439).
> ④ 우편물이 등기취급의 방법으로 발송되고 반송되지 않은 경우에는 그 무렵에 도달한 것으로 볼 수 있다(대판 91누3819).
> **정답** ⑤

제2장 메타인지 학습체크

01 진의 아닌 의사표시에 있어서의 '진의'란 표의자가 [① 진정으로 마음속에서 바라는 사항 / ② 특정한 의사표시를 하고자 하는 생각]을 의미한다.

02 비진의표시는 원칙적으로 [① 유효 / ② 무효]이나 상대방이 진의 아님을 알았거나 알 수 있었을 경우에는 [③ 유효 / ④ 무효]로 한다.

03 비진의표시에 관한 규정은 형식성을 강조하는 [① 사법 / ② 공법]행위에는 적용되지 않는다.

04 통정허위표시로 무효인 경우 불법원인급여에 관한 규정이 적용[① 된다. / ② 되지 않는다.]

05 채무자가 채권자를 해하기 위하여 행한 허위표시의 경우에, 채권자취소권을 행사할 수 [① 있다. / ② 없다.]

06 통정허위표시에 있어서의 보호되는 제3자는 선의여야 하며, 무과실까지 요구[① 한다. / ② 하지 않는다.]

07 착오를 이유로 취소하기 위해서는 착오자에게 경제적 불이익이 있을 것을 요건으로 [① 한다. / ② 하지 않는다.]

08 착오에 의한 의사표시는 표의자에게 중과실이 있는 경우에는 취소할 수 없는데, 그 중과실의 유무에 대하여는 [① 표의자가 / ② 상대방이] 입증하여야 한다.

09 매도인이 매수인의 중도금 지급채무불이행을 이유로 매매계약을 적법하게 해제한 후에, 매수인이 착오를 이유로 한 취소할 수 [① 있다. / ② 없다.]

10 하자담보책임이 성립하는 경우에, 착오를 이유로 취소할 수 [① 있다. / ② 없다.]

정답

01 ② 02 ①, ④ 03 ② 04 ② 05 ① 06 ② 07 ② 08 ② 09 ① 10 ①

11 사기나 강박에 의한 의사표시가 성립하기 위해서는 [① 통상인을 / ② 표의자를] 기준으로 하는 인과관계가 존재하여야 한다.

12 강박으로 인한 의사표시가 무효가 되기 위하여는 의사표시자의 의사결정의 자유가 [① 제한 / ② 박탈]되는 정도여야 한다.

13 상대방 있는 의사표시에 관하여 제3자가 사기나 강박을 한 경우에는 상대방이 그 사실을 [① 알았던 / ② 알았거나 알 수 있었을] 경우에 한하여 그 의사표시를 취소할 수 있다.

14 제3자의 사기로 계약을 체결한 경우, 피해자는 그 계약을 취소[① 하여야 / ② 하지 않고도] 그 제3자에게 불법행위책임을 물을 수 있다.

15 도달주의에 관한 규정은 [① 임의규정 / ② 강행규정]에 해당한다.

16 의사표시자가 그 통지를 발송한 후 사망하거나 제한능력자가 된 경우, 그 의사표시의 효력에 영향을 [① 미친다. / ② 미치지 아니한다.]

17 격지자 간의 계약 성립에 있어서 승낙은 [① 도달주의 / ② 발신주의]에 의한다.

정답

11 ②   **12** ②   **13** ②   **14** ②   **15** ①   **16** ②   **17** ②

제3장 법률행위의 대리

회독 Check 1회 2회 3회

대리권의 범위와 예외적으로 자기계약·쌍방대리가 허용되는 경우, 현명하지 않은 행위의 효력, 대리인의 능력과 관련한 법률행위의 효력을 이해하여야 하고, 표현대리의 개념을 잘 이해하며, 무권대리는 전형적인 사례유형으로 출제되기 때문에 이에 대비하여 학습하여야 한다.

제1절 | 대리제도

❶ 대리의 의의

대리란 타인(대리인)이 본인을 위하여 법률행위(의사표시)를 하거나 또는 의사표시를 수령함으로써 그 법률효과가 직접 본인에 관하여 생기는 제도를 말한다. 대리는 법률행위에 있어서 행위자와 그 효과의 귀속주체가 분리되는 예외적인 제도의 하나이다.

❷ 대리의 인정범위

대리가 인정되는 경우	대리가 인정되지 않는 경우
① 재산상의 법률행위 ② 준법률행위에서 의사의 통지와 관념의 통지	① 가족법상 법률행위(신분행위) ② 사실행위 ③ 불법행위

참고 사실행위는 의사표시와 관련이 없으므로 대리가 인정될 수 없다.

❸ 대리의 종류

(1) 임의대리(任意代理)와 법정대리(法定代理)

본인의 신임을 받은 자가 본인의 수권행위에 의하여 대리권을 갖게 되는 것이 임의대리이며, 법률의 규정에 의하여 일정한 범위의 대리권이 부여되는 것이 법정대리이다.

(2) 능동대리(能動代理)와 수동대리(受動代理)

본인을 위하여 상대방에게 의사표시를 하는 대리를 능동대리, 본인을 위하여 상대방의 의사표시를 수령하는 대리를 수동대리라고 한다.

(3) 유권대리(有權代理)와 무권대리(無權代理)

대리인이 정당한 대리권을 가지고 있을 때에는 유권대리, 그렇지 않을 때에는 무권대리라고 한다. 무권대리행위는 유동적 무효로서 후에 본인이 추인하면 소급하여 유효한 법률행위가 된다.

제2절 | 대리권 – 대리인과 본인의 관계

1 대리권의 의의와 발생원인 제33회

(1) 의의

대리권은 본인을 위하여 의사표시를 하거나 또는 수령하여 직접 본인에 대하여 법률효과를 발생하게 하는 법률상의 자격 또는 지위를 말한다. 즉, 권리가 아닌 권한으로 보는 것이 통설의 입장이다.

> 참고 대리행위에서 대리권이 있다는 점에 대한 입증책임은 대리행위의 효과를 주장하는 상대방에게 있다.

(2) 발생원인

① 법정대리권: 법률의 규정에 의해 대리권이 발생한다.
② 임의대리권: 수권행위에 의해 대리권이 발생한다.

> **참고 수권행위**
>
> 1. 단독행위
>   수권행위의 성질에 대하여 상대방의 수령을 필요로 하는 본인의 상대방 있는 단독행위로 이해하고 있다.
>
> 2. 원인된 법률관계와의 구별
>   대리인에게 대리권이 수여되는 것은 일반적으로 본인과 대리인 사이의 어떤 법률관계(예 고용·위임·도급 등)에 기하여 대리인이 본인에 대한 일정한 권리·의무를 부담하는 경우에 그에 수반하여 이루어지는 것이 보통이다. 이러한 법률관계를 원인된 법률관계 또는 기초적 내부관계라고 한다.
>
> 3. 불요식행위
>   수권행위의 방식에 대하여 「민법」은 특별한 규정을 두고 있지 않으므로 방식에도 제한이 없다. 보통 위임장 등의 서면에 의하지만 이에 한정하는 것은 아니며 구두로도 할 수 있고, 수권행위는 명시적으로도 묵시적으로도 행해질 수 있다.

② 대리권의 범위와 제한 제33회, 제34회, 제35회

1. 대리권의 범위

(1) 법정대리권의 범위

법정대리권의 범위에 대하여는 「민법」에 개개의 규정이 있으므로 이에 따라 그 대리권의 범위가 결정된다(제25조, 제913조, 제941조 등).

(2) 임의대리권의 범위

① 수권행위의 해석: 임의대리권의 범위는 수권행위에 의하여 정해진다. 따라서 임의대리권은 그것을 수여하는 본인의 행위, 즉 수권행위에 의하여 발생하는 것이므로 어느 행위가 대리권 범위 내의 행위인지 여부는 개별적인 수권행위의 내용이나 그 해석에 의하여 판단하여야 한다 (대판 97다23372).

> **판례** 대리권의 범위 관련 판례
>
> 1. 매매계약을 체결할 대리권을 수여받은 대리인은 특별한 사정이 없는 한 중도금이나 잔금을 수령할 권한도 있다(대판 93다39379).
> 2. 매매계약체결과 이행에 대한 포괄적 대리권자는 매매대금 지급기일을 연기하여 줄 권한도 갖는다(대판 91다43107).
> 3. 금전소비대차계약 및 담보설정의 대리권을 가진 경우에 담보설정 후 계약해제권은 대리권 범위에 포함되지 않는다(대판 97다23372). 마찬가지로 매매계약의 체결에 관한 대리권에는 매매계약의 해제 등 일체의 처분권한까지 가지고 있다고 볼 수는 없다(대판 85다카971).
> 4. 대여금을 수령할 대리권에는 대여금 일부를 면제하여 줄 권한은 포함되지 않는다(대판 80다3221).
> 5. 강제경매절차에서의 경매입찰대리권은 강제경매신청 취하에 동의할 권한까지 포함하지 않는다(대결 83마201).
> 6. 예금계약의 체결을 위임받은 자가 가지는 대리권에 당연히 그 예금을 담보로 대출을 받거나 이를 처분할 수 있는 대리권이 포함되어 있는 것은 아니다(대판 2000다38992).

② 권한을 정하지 않은 경우: 임의대리권의 범위는 수권행위를 통하여 결정되나, 수권행위에서 그 범위를 정하지 않은 경우에는 다음의 규정에 의한다.

> **제118조【대리권의 범위】** 권한을 정하지 아니한 대리인은 다음 각 호의 행위만을 할 수 있다.
> 1. 보존행위
> 2. 대리의 목적인 물건이나 권리의 성질을 변하지 아니하는 범위에서 그 이용 또는 개량하는 행위

㉠ 보존행위: 무제한으로 대리권을 행사할 수 있다(제118조 제1호).

㉡ 이용·개량행위: 객체의 성질을 변경하지 않는 범위 내에서만 대리권이 인정된다(제118조 제2호).

㉢ 처분행위: 허용되지 않는다.

구분	보존행위	이용행위	개량행위
의의	현상유지행위	재산의 수익을 꾀하는 행위	가치를 증가시키는 행위
허용 범위	무제한	성질이 변하지 않는 범위 내	성질이 변하지 않는 범위 내
구체적 사례	• 소멸시효의 중단 • 채권 추심 • 미등기 부동산의 등기 • 부패하기 쉬운 물건의 처분	• 물건의 임대 • 금전을 이자부로 대여	• 무이자를 이자부소비대차로 전환 ⇨ 허용 ○ • 예금을 주식이나 사채로 전환 ⇨ 허용 × • 토지의 형질을 변경 ⇨ 허용 ×

2. 대리권의 제한

(1) 자기계약과 쌍방대리의 금지

> **제124조【자기계약, 쌍방대리】** 대리인은 본인의 허락이 없으면 본인을 위하여 자기와 법률행위를 하거나 동일한 법률행위에 관하여 당사자 쌍방을 대리하지 못한다. 그러나 채무의 이행은 할 수 있다.

① 원칙: 허용되지 않는다. 이에 위반하면 무권대리행위가 된다.

② 예외

㉠ 본인의 허락이 있는 경우에는 허용된다.

㉡ 채무의 이행은 할 수 있다. 이때의 채무의 이행이란 완성되어 다툼이 없는 채무의 이행만을 말한다(예 변제기가 도래한 채무의 이행, 등기신청행위).

참고 부동산 입찰절차에서 동일물건에 관하여 이해관계가 다른 2인 이상의 대리인이 된 경우에는 그 대리인이 한 입찰은 무효이다.

참고 채무의 이행이라 할지라도 본인에게 새로운 이해관계가 발생되는 채무의 이행은 할 수 없다. 즉, 기한이 도래하지 않은 채무의 이행, 다툼이 있는 채무의 이행, 대물변제, 항변권이 부착된 채무의 이행, 경개 등은 인정되지 않는다.

ⓒ '본인의 허락'이 있는지 여부는 쌍방대리행위에 관하여 유효성을 주장하는 자가 주장·증명책임을 부담한다.

(2) 공동대리

> **제119조【각자대리】** 대리인이 수인인 때에는 각자가 본인을 대리한다. 그러나 법률 또는 수권행위에 다른 정한 바가 있는 때에는 그러하지 아니하다.

대리인이 수인 있는 경우에는 각자대리가 원칙이다(제119조 본문). 다만, 법률의 규정이나 수권행위로 달리 정한 바가 있으면 공동대리가 된다.
① 능동대리: 공동대리의 제한이 있는 경우 공동대리인들은 의사결정을 공동으로 하여야 한다.
② 수동대리: 공동대리의 제한이 있다 하더라도 수동대리의 경우에는 공동대리인 각자가 할 수 있다. 단순히 수령만 하는 수동대리는 각자 하더라도 본인을 해할 염려가 없기 때문이다.

❸ 대리권의 소멸 제33회

공통 소멸사유	임의대리만의 소멸사유
① 본인의 사망	① 원인된 법률관계의 종료
② 대리인의 사망, 성년후견의 개시, 파산	② 수권행위의 철회

(1) 공통 소멸원인

임의대리와 법정대리에 공통된 대리권의 소멸원인은 다음과 같다(제127조).
① 본인의 사망
② 대리인의 사망
③ 대리인의 파산(破産) 또는 성년후견의 개시(종전이 금치산)

(2) 임의대리에 특유한 소멸원인

① 원인된 법률관계의 종료: 임의대리권은 그 원인된 법률관계의 종료에 의하여 소멸한다(제128조). 그러나 수권행위는 원인된 법률관계와는 관념상 구별되므로 반드시 법률적 운명을 같이할 필요는 없다. 따라서 본인은 원인된 법률관계가 종료한 후에도 대리권만을 그대로 존속시킬 수도 있다.
② 수권행위의 철회: 원인된 법률관계가 존속하고 있더라도 본인은 수권행위를 언제든지 철회하여 대리권을 소멸시킬 수 있다(제128조).

(3) 법정대리에 특유한 소멸원인

법정대리에 특유한 소멸원인은 법률의 규정에 의한다. 예를 들어 친권자의 미성년인 자(子)에 대한 법정대리권은 그 자(子)가 성년이 되면 소멸한다.

> **예제**
>
> 甲은 자신의 X토지를 매도하기 위하여 乙에게 대리권을 수여하였다. 다음 설명 중 틀린 것은? (다툼이 있으면 판례에 따름) _제30회_
> ① 乙이 한정후견개시의 심판을 받은 경우, 특별한 사정이 없는 한 乙의 대리권은 소멸한다.
> ② 乙은 甲의 허락이 있으면 甲을 대리하여 자신이 X토지를 매수하는 계약을 체결할 수 있다.
> ③ 甲은 특별한 사정이 없는 한 언제든지 乙에 대한 수권행위를 철회할 수 있다.
> ④ 甲의 수권행위는 불요식행위로서 묵시적인 방법에 의해서도 가능하다.
> ⑤ 乙은 특별한 사정이 없는 한 대리행위를 통하여 체결된 X토지 매매계약에 따른 잔금을 수령할 권한도 있다.
>
> **해설** ① 대리권은 본인의 사망, 대리인의 사망·성년후견의 개시 또는 파산의 경우에 소멸한다(제127조). 한정후견의 개시로는 대리권이 소멸하지 않으며 성년후견의 개시가 있어야 대리권이 소멸하게 된다.
> ② 대리인은 본인의 허락이 없으면 본인을 위하여 자기와 법률행위를 하거나 동일한 법률행위에 관하여 당사자 쌍방을 대리하지 못한다. 그러나 채무의 이행은 할 수 있다(제124조).
> ③ 본인이 대리인에게 한 수권행위는 특별한 사정이 없는 한 언제든지 철회할 수 있다.
> ④ 대리권을 수여하는 수권행위는 불요식의 행위로서 명시적인 의사표시에 의함이 없이 묵시적인 의사표시에 의하여 할 수도 있으며, 어떤 사람이 대리인의 외양을 가지고 행위하는 것을 본인이 알면서도 이의를 하지 아니하고 방임하는 등 사실상의 용태에 의하여 대리권의 수여가 추단되는 경우도 있다(대판 2016다203315).
> ⑤ 부동산의 소유자로부터 매매계약을 체결할 대리권을 수여받은 대리인은 특별한 사정이 없는 한 그 매매계약에서 약정한 바에 따라 중도금이나 잔금을 수령할 권한도 있다고 보아야 한다(대판 93다39379). **정답 ①**

제3절 | 대리행위 – 대리인과 상대방의 관계

1 현명주의 _제35회_

> **제114조【대리행위의 효력】** ① 대리인이 그 권한 내에서 본인을 위한 것임을 표시한 의사표시는 직접 본인에게 대하여 효력이 생긴다.
> ② 전항의 규정은 대리인에게 대한 제3자의 의사표시에 준용한다.

(1) 현명의 의의와 방식

① 현명의 의의: 본인을 위한 것임을 표시하여야 한다는 것은 그 행위의 법률효과를 본인에게 귀속시키려고 하는 대리의사를 표시하여야 한다는 뜻이지 '본인의 이익을 위하여'라는 뜻은 아니다.

② 현명의 방식: 현명의 방식에는 아무런 제한이 없으므로 구두로도 가능하다. 또한 본인의 이름이 표시되지 않았어도 주위의 사정을 통하여 본인이 누구인지 알 수 있으면 족하다고 한다(통설).

> **판례** 현명주의
>
> 1. 매매위임장을 제시하고 매매계약을 체결하는 자는 특단의 사정이 없는 한 소유자를 대리하여 매매행위하는 것이라고 보아야 하고, 매매계약서에 대리관계의 표시 없이 그 자신의 이름을 기재하였다고 해서 그것만으로 그 자신이 매도인으로서 타인물을 매매한 것이라고 볼 수는 없다.
> 2. 대리권이 있다면 대리관계를 표시함이 없이 마치 자신이 본인인 양 행세하더라도 위 계약은 대리인이 그의 **권한범위 안에서 한 것인 이상** 그 효력은 본인에게 미친다.

(2) 현명하지 않은 행위의 효력

① 원칙: 대리인이 본인을 위한 것임을 표시하지 않고서 한 의사표시는 그 대리인 자신을 위한 것으로 본다(제115조 본문). 따라서 대리인은 내심의 의사와 표시가 일치하지 않음을 이유로 취소하지 못한다.

② 예외: 상대방이 대리인으로서 한 것임을 알았거나 알 수 있었을 때에는 그 의사표시는 대리행위로서 효과를 발생한다(제115조 단서).

❷ 대리행위의 하자와 대리인의 능력 제34회

(1) 대리행위의 하자

> 제116조【대리행위의 하자】① 의사표시의 효력이 의사의 흠결, 사기, 강박 또는 어느 사정을 알았거나 과실로 알지 못한 것으로 인하여 영향을 받을 경우에 그 사실의 유무는 대리인을 표준하여 결정한다.
> ② 특정한 법률행위를 위임한 경우에 대리인이 본인의 지시에 좇아 그 행위를 한 때에는 본인은 자기가 안 사정 또는 과실로 인하여 알지 못한 사정에 관하여 대리인의 부지를 주장하지 못한다.

① 원칙
　㉠ 대리에 있어서 대리행위의 주체는 대리인이므로 대리인을 표준으로 하여 하자의 유무를 결정한다.
　㉡ 대리행위의 하자에서 생기는 효과는 본인에게 귀속한다.

> **판례** 대리행위 하자의 기준 – 대리인
> 1. 대리인이 본인을 대리하여 매매계약을 체결함에 있어서 매매대상 토지에 관한 저간의 사정을 잘 알고 그 **배임행위에 가담**하였다면, 대리행위의 하자 유무는 대리인을 표준으로 판단하여야 하므로, 설사 본인이 미리 그러한 사정을 몰랐거나 반사회성을 야기한 것이 아니라고 할지라도 그로 인하여 매매계약이 가지는 사회질서에 반한다는 장애사유가 부정되는 것은 아니다.
> 2. 대리행위의 하자 유무는 대리인을 기준으로 하므로 대리인에게 착오가 없는 경우 본인의 착오가 있더라도 취소할 수 없다.

② 예외: 특정한 법률행위를 위임한 경우에 대리인이 본인의 지시에 따라 그 행위를 한 때에는 본인은 자기가 안 사정 또는 과실로 인하여 알지 못한 사정에 관하여 대리인의 부지(不知)를 주장하지 못한다(제116조 제2항).

(2) 대리인의 능력

① 대리인은 대리행위에 의하여 권리를 취득하거나 의무를 부담하는 것이 아니므로 행위능력자임을 요하지 아니한다(제117조). 그러나 대리인은 적어도 의사능력은 가지고 있어야 하며, 대리인이 의사능력이 없다면 그 법률행위는 무효가 된다.
② 제한능력자인 대리인이 상대방과 한 대리행위도 완전한 대리행위이므로 본인이나 대리인은 제한능력을 이유로 취소할 수 없다. 다만, 제한능력자가 대리인으로서의 행위를 한 것이 아니라 자기 자신의 법률행위를 하였다면 일반원칙에 의하여 취소할 수 있다.

❸ 대리권의 남용 제34회

(1) 의의
대리인이 본인의 이익이나 의사에 반하여 자기 또는 제3자의 이익을 위한 배임적인 행위를 하는 것을 대리권의 남용이라고 한다.

참고 예를 들어 물건에 하자가 있다는 사실을 알고 있는 본인이 대리인에게 지시하여 그 물건을 매수하게 하였다면, 설령 대리인이 그 사실을 모르고 있었다 하더라도 본인은 담보책임을 물을 수 없다.

Tip 대리인에게 행위능력은 요구되지 않고 의사능력이 요구된다는 점은 서로 바꾸어 출제되므로 유의하여야 한다.

(2) 원칙

본인의 이익에 반하였다 하더라도 대리권의 범위 내에서 한 것이라면 유권대리로서 본인에게 효과가 귀속된다.

(3) 비진의표시 유추적용

대리인이 자신이나 제3자를 위하여 배임적 대리행위를 하는 것이라는 사실을 상대방이 알았거나 알 수 있었을 때에는 제107조 제1항 단서조항을 유추적용하여 본인에게 효력이 없게 된다.

> 참고 그러나 상대방이 표의자의 진의 아님을 알았거나 이를 알 수 있었을 경우에는 무효로 한다(제107조 제1항 단서).

제4절 | 대리효과 – 본인과 상대방과의 관계 제33회, 제34회

❶ 법률효과의 귀속대상 – 본인

(1) 대리인이 행한 의사표시의 효과는 모두 '직접' 본인에게 귀속한다(제114조).

(2) 따라서 대리인이 계약상 급부를 수령한 경우에, 계약상 채무의 불이행을 이유로 계약이 상대방에 의하여 유효하게 해제되었다면, 해제로 인한 원상회복의무는 대리인이 아니라 계약의 당사자인 본인이 부담한다.

(3) 본인에게 귀속되는 효과에는 대리행위로부터 발생하는 직접적인 효과는 물론이고 부수적인 효과(계약의 취소권, 하자담보청구권, 손해배상청구권 등)도 포함된다.

> 참고 상대방이 계약을 적법하게 해제한 경우, 손해배상청구는 대리인이 아닌 본인에게 하여야 한다.

❷ 본인의 능력

대리인은 의사능력을 갖추어야 하나, 본인은 법률효과를 귀속받기 위한 권리능력만 있으면 된다.

> **예제**
>
> 甲은 자신의 토지에 관한 매매계약 체결을 위해 乙에게 대리권을 수여하였고, 乙은 甲의 대리인으로서 丙과 매매계약을 체결하였다. 다음 설명 중 옳은 것을 모두 고른 것은? (다툼이 있으면 판례에 따름) 제35회
>
> > ㉠ 乙은 원칙적으로 복대리인을 선임할 수 있다.
> > ㉡ 乙은 특별한 사정이 없는 한 계약을 해제할 권한이 없다.
> > ㉢ 乙이 丙에게 甲의 위임장을 제시하고 계약을 체결하면서 계약서상 매도인을 乙로 기재한 경우, 특별한 사정이 없는 한 甲에게 그 계약의 효력이 미치지 않는다.
>
> ① ㉡　　　　　　　② ㉢　　　　　　　③ ㉠, ㉡
> ④ ㉠, ㉢　　　　　⑤ ㉡, ㉢
>
> **해설** ㉠ 대리권이 법률행위에 의하여 부여된 경우에는 대리인은 본인의 승낙이 있거나 부득이한 사유 있는 때가 아니면 복대리인을 선임하지 못한다(제120조). 즉, 임의대리인 乙은 원칙적으로 복대리인을 선임할 수 없다.
> ㉡ 매매계약체결의 대리권에는 계약해제권 등의 처분권을 포함한다고 볼 수 없다(대판 85다카971).
> ㉢ 매매위임장을 제시하고 매매계약서에 대리관계의 표시 없이 그 자신의 이름을 기재하였더라도 특단의 사정이 없는 한 소유자를 대리하는 것으로 보아야 한다(대판 81다카1349). 따라서 甲에게 계약의 효력이 미친다. **정답** ①

제5절 | 복대리

❶ 의의와 법적 성질 제33회, 제34회, 제36회

(1) 의의

복대리인이란 대리인이 자신의 이름과 책임으로 선임한 본인의 대리인을 말한다.

(2) 법적 성질

① 복대리인은 대리인이 자기의 이름으로 선임한 자이다. 자신의 이름으로 선임하므로 대리인의 복대리인 선임행위는 대리행위가 아니다.
② 복대리인은 '본인의 대리인'이지 대리인의 대리인이 아니다.
③ 복대리인은 언제나 임의대리인이다.
④ 복대리권은 대리권의 존재와 범위에 의존한다.

참고 복대리인의 권한은 대리인의 대리권보다 그 범위가 넓을 수 없고, 대리인의 대리권이 소멸하면 복대리인의 복대리권도 소멸하게 된다.

⑤ 복대리인은 본인이나 제3자에 대하여 대리인과 동일한 권리·의무가 있다.

② 대리인의 복임권과 책임 제32회, 제33회, 제34회, 제35회, 제36회

1. 임의대리인의 복임권과 책임

참고 분양업무와 같이 수임인의 능력에 따라 사업의 성공 여부가 결정되는 업무에 관한 대리권을 수여받은 경우, 본인의 명시적인 승낙 없이는 복대리인을 선임할 수 없다.

> **제120조【임의대리인의 복임권】** 대리권이 법률행위에 의하여 부여된 경우에는 대리인은 본인의 승낙이 있거나 부득이한 사유 있는 때가 아니면 복대리인을 선임하지 못한다.
>
> **제121조【임의대리인의 복대리인 선임의 책임】** ① 전조의 규정에 의하여 대리인이 복대리인을 선임한 때에는 본인에게 대하여 그 선임·감독에 관한 책임이 있다. ② 대리인이 본인의 지명에 의하여 복대리인을 선임한 경우에는 그 부적임 또는 불성실함을 알고 본인에 대한 통지나 그 해임을 태만한 때가 아니면 책임이 없다.

(1) 임의대리인의 복임권
① 원칙: 임의대리인은 원칙적으로 복대리인을 선임할 수 없다(제120조).
② 예외: 본인의 승낙이 있거나 부득이한 사유가 있는 경우에 한하여 선임할 수 있다. 본인의 승낙과 부득이한 사유를 모두 갖추어야 하는 것은 아니고 둘 중에 하나만 갖추어도 충분하다.

(2) 임의대리인의 책임
① 원칙(선임·감독상의 책임): 임의대리인이 부적임한 자를 복대리인으로 선임하거나 또는 감독을 게을리하여 본인에게 손해를 끼친 때에는 이를 배상할 책임이 있다. 즉, 선임·감독에 관하여 과실책임(過失責任)이 있다.
② 본인 지명시 책임: 대리인이 본인의 지명에 따라서 복대리인을 선임한 경우에는 그 책임이 경감된다. 이때 본인이 지명한 자가 부적임 또는 불성실함을 알고 본인에 대한 통지나 그 해임을 태만히 한 때에 한하여 책임을 진다(제121조).
③ 임의대리인은 선임한 복대리인을 감독할 권한이 있으며 스스로 해임할 수 있다.
④ 복임권이 없는 대리인이 임의로 선임한 복대리인을 통하여 권한 밖의 행위를 한 경우라도 권한을 넘은 표현대리가 성립될 수 있다(대판 97다48982).

2. 법정대리인의 복임권과 책임

> **제122조 【법정대리인의 복임권과 그 책임】** 법정대리인은 그 책임으로 복대리인을 선임할 수 있다. 그러나 부득이한 사유로 인한 때에는 전조 제1항에 정한 책임만이 있다.

법정대리인은 언제든지 복임권이 있다. 이와 같이 법정대리인은 언제든지 복임권을 가진 반면에 복대리인의 행위에 관하여는 선임·감독에 있어서의 과실(過失)의 유무를 묻지 않고서 전적으로 책임을 진다(무과실책임). 다만, 부득이한 사유로 복대리인을 선임한 경우에는 책임이 경감되어 선임·감독상의 과실책임만 진다(제122조).

기출 법정대리인이 부득이한 사유로 복대리인을 선임한 경우, 본인에 대하여 그 선임감독에 관해서만 책임이 있다. 제36회

핵심 복대리인의 선임 여부와 책임

구분	임의대리인	법정대리인
선임 여부	① 원칙: 선임 불가 ② 예외: 본인의 승낙 또는 부득이한 사유가 있는 경우에는 선임 가능	언제든지 선임 가능
책임	선임·감독상의 과실책임	무과실책임
책임의 감경	① 본인 지명시: 선임·감독상 책임 × ② 복대리인의 부적임·불성실함을 알고 본인에게 통지나 해임을 태만히 한 경우: 책임 ○	부득이한 사유로 선임한 경우: 선임·감독상의 과실책임

제6절 | 무권대리

❶ 의의

(1) 정상적인 대리행위로서 본인에게 그 효과가 귀속되기 위하여는 대리행위를 한 자에게 대리권이 있어야 한다. 그러나 대리권이 존재하지 않으면서도 대리인임을 표시하여 법률행위를 하는 경우가 발생하는데, 이를 무권대리라고 한다.

(2) 넓은 의미(광의)의 무권대리는 표현대리와 좁은 의미(협의)의 무권대리로 구성된다(통설).

❷ 표현대리(表見代理) 제32회, 제33회, 제34회

1. 의의

대리인에게 대리권이 없음에도 불구하고 마치 대리권이 있는 것과 같은 외관이 있는 경우에 그러한 외관을 신뢰한 선의·무과실의 상대방을 보호하는 것이 표현대리제도이다.

(1) 법정외관책임(法定外觀責任)으로서 상대방을 보호하기 위한 제도이므로 표현대리의 주장은 직접 상대방만이 할 수 있으며, 본인이나 무권대리인 또는 전득자는 주장할 수 없다.

(2) 표현대리행위로 보호되는 상대방은 선의·무과실이어야 한다.

(3) 표현대리는 무권대리이므로 유권대리의 주장 속에 표현대리의 주장이 포함되었다고 볼 수 없다.

(4) 표현대리행위가 성립하는 경우에 과실상계의 법리를 유추적용하여 본인의 책임을 경감할 수 없다.

(5) 강행법규에 위반되어 무효인 행위에 대하여는 표현대리의 법리가 적용될 여지가 없다.

(6) 표현대리가 성립하기 위하여는 반드시 현명이 있어야 하며, 현명 없이 자신의 이름으로 한 경우에는 무권리자(무권한자)의 행위가 문제될 뿐 표현대리의 문제는 생기지 않는다.

(7) 무권대리인의 상대방에 대한 책임에 대한 제135조의 규정은 표현대리 성립시에는 적용되지 않는다(다수설).

2. 대리권수여의 표시에 의한 표현대리

> **제125조【대리권수여의 표시에 의한 표현대리】** 제3자에 대하여 타인에게 대리권을 수여함을 표시한 자는 그 대리권의 범위 내에서 행한 그 타인과 그 제3자 간의 법률행위에 대하여 책임이 있다. 그러나 제3자가 대리권 없음을 알았거나 알 수 있었을 때에는 그러하지 아니하다.

(1) 의의

제125조의 표현대리는 대리권을 수여하였다는 취지를 본인이 상대방에게 표시하였으나 실제로는 대리권을 주고 있지 않은 경우에 성립한다.

(2) 성립요건

① 본인이 제3자에 대하여 어떤 자에게 대리권을 수여하였음을 통지하여야 한다. 대리권수여의 통지방법에는 제한이 없다. 보통은 위임장에 의하지만, 서면이 아닌 구두로 하여도 무방하며 묵시적으로도 할 수 있다 (예 등기서류의 교부, 명의대여, 인장의 교부 등).

> **판례** 묵시적 방식을 인정한 사례
>
> 호텔 등의 시설이용 우대회원모집계약을 체결하면서 자신의 판매점, 총대리점 또는 연락사무소 등의 명칭을 사용하여 회원모집 안내를 하거나 입회계약을 체결하는 것을 승낙 또는 묵인한 경우, 「민법」 제125조의 표현대리가 성립한다.

② 대리권수여의 통지를 받은 상대방과 대리행위를 하였어야 한다.
③ 대리권수여의 통지에서 수여한 것으로 표시된 대리권의 범위 내에서 대리행위를 하였어야 한다. 표시된 대리권의 범위를 넘는 대리행위를 한 때에는 제126조의 권한을 넘은 표현대리가 성립한다.

> **참고** 대리권수여의 표시는 반드시 대리권 또는 대리인이라는 말을 사용하여야 하는 것이 아니라 사회통념상 대리권을 추단할 수 있는 직함이나 명칭 등의 사용을 승낙 또는 묵인한 경우에도 대리권수여의 표시가 있는 것으로 볼 수 있다.

④ 본인과 표현대리인 사이에 유효한 기본적 법률관계가 존재하고 있어야 하는 것은 아니다.
⑤ 상대방은 선의임과 동시에 무과실이어야 한다.

(3) 적용범위

수권과 관련되므로 임의대리에만 적용되며 법정대리에는 그 적용이 없다. 이는 제126조와 제129조 표현대리가 임의대리뿐만 아니라 법정대리에도 적용되는 것과 구별된다.

(4) 효과

본인은 대리인의 행위에 대하여 책임이 있다(제125조 본문).

3. 권한을 넘은 표현대리

> 제126조 【권한을 넘은 표현대리】 대리인이 그 권한 외의 법률행위를 한 경우에 제3자가 그 권한이 있다고 믿을 만한 정당한 이유가 있는 때에는 본인은 그 행위에 대하여 책임이 있다.

(1) 의의

제126조의 표현대리는 일정한 범위의 대리권을 가진 대리인이 그 권한을 넘는 대리행위를 한 경우에 성립한다.

(2) 성립요건

① 기본대리권이 존재할 것: 기본대리권이 존재하여야 한다. 기본적인 어떠한 대리권도 없는 자에 대하여 권한을 넘는 표현대리는 성립할 여지가 없다.

> 참고 기본대리권의 인정 여부
> 1. 공법상 행위
>   기본대리권이 등기신청행위라 할지라도 표현대리인이 그 권한을 유월하여 대물변제라는 사법행위를 한 경우에 표현대리의 법리가 적용된다.
> 2. 표현대리권
>   제125조와 제129조의 표현대리가 성립하는 범위를 넘는 경우에 제126조의 표현대리가 성립한다.

3. 일상가사대리권(법정대리)
   동거를 하면서 사실상의 부부관계를 맺고 실질적인 가정을 이루어 대외적으로도 부부로 행세하여 왔다면 일상가사에 관한 사항에 관하여 상호 대리권이 있고, 상대방이 대리권한이 있다고 믿을 만한 정당한 이유가 있다면 표현대리가 성립한다.
4. 복대리권
   복대리인 선임권이 없는 대리인에 의하여 선임된 복대리인의 권한도 기본대리권이 될 수 있으므로 제126조를 적용함에 있어서 기본대리권의 흠결 문제는 생기지 않는다.
5. 인장, 인감증명서의 교부
   특정거래와 관련하여 인장을 교부하였다면 기본대리권의 수여로 볼 수 있으나 인감증명서만의 교부는 대리권수여로 볼 수 없다.

Tip 복대리에 대해서 표현대리가 인정되지 않는다는 지문은 그 내용을 읽지 않아도 틀린 지문이라고 생각하면 된다.

② 권한을 넘는 대리행위를 하였을 것
   ㉠ 정당하게 부여받은 대리권의 권한 내의 행위와 표현대리행위는 반드시 같은 종류일 필요는 없고, 아무런 관계가 없는 경우라도 무방하다.
   ㉡ 대리행위를 하였어야 한다. 즉, 현명이 없는 경우에는 제126조가 성립할 수 없고 단지 무권리자의 처분행위 문제가 생긴다.
③ 정당한 이유가 있을 것: 정당한 이유의 판단시기는 대리행위시이며, 그 이후의 사정은 고려하지 않는다.

참고 대리인이 본인으로부터 위임받은 바와 달리 이전등기서류를 위조 내지 변조하여 자기 앞으로 이전한 후 제3자에게 소유권을 이전하였다면 표현대리는 성립하지 않는다.

(3) 효과
본인은 대리인의 권한 밖 행위에 대하여 책임을 진다.

(4) 적용범위
임의대리와 법정대리에 모두 적용된다.

4. 대리권 소멸 후의 표현대리

> **제129조【대리권 소멸 후의 표현대리】** 대리권의 소멸은 선의의 제3자에게 대항하지 못한다. 그러나 제3자가 과실로 인하여 그 사실을 알지 못한 때에는 그러하지 아니하다.

(1) 의의
제129조의 표현대리는 대리인이 이전에는 대리권을 가지고 있었으나 대리행위를 할 때에는 그 대리권이 소멸되어 있는 경우에 성립한다.

(2) 요건
① 대리인이 이전에는 대리권을 가지고 있었으나 대리행위를 할 때에는 그 대리권이 소멸되어 있어야 한다.
② 상대방은 선의·무과실이어야 한다.

> **판례** 대리인이 대리권 소멸 후 선임한 복대리인과 상대방 사이의 법률행위에도 「민법」 제129조의 표현대리가 성립하는지 여부(적극)
>
> 대리인이 대리권 소멸 후 직접 상대방과 사이에 대리행위를 하는 경우는 물론 대리인이 대리권 소멸 후 복대리인을 선임하여 복대리인으로 하여금 상대방과 사이에 대리행위를 하도록 한 경우에도, 상대방이 대리권 소멸 사실을 알지 못하여 복대리인에게 적법한 대리권이 있는 것으로 믿었고 그와 같이 믿은 데 과실이 없다면 「민법」 제129조에 의한 표현대리가 성립할 수 있다(대판 97다55317).

(3) 효과
본인은 상대방에 대하여 대리권의 소멸로써 대항하지 못한다. 즉, 대리인의 대리행위에 대하여 책임을 진다. 본인이 그로 인하여 손해가 생긴 때에는 표현대리인에게 손해배상을 청구할 수 있다.

(4) 적용범위
제129조의 표현대리는 임의대리와 법정대리에 모두 적용된다.

> **예제**
>
> 권한을 넘은 표현대리에 관한 설명으로 옳은 것은? (다툼이 있으면 판례에 따름)
>
> 제33회
>
> ① 기본대리권이 처음부터 존재하지 않는 경우에도 표현대리는 성립할 수 있다.
> ② 복임권이 없는 대리인이 선임한 복대리인의 권한은 기본대리권이 될 수 없다.
> ③ 대리행위가 강행규정을 위반하여 무효인 경우에도 표현대리는 성립할 수 있다.
> ④ 법정대리권을 기본대리권으로 하는 표현대리는 성립할 수 없다.
> ⑤ 상대방이 대리인에게 대리권이 있다고 믿을 만한 정당한 이유가 있는지의 여부는 대리행위 당시를 기준으로 판정한다.
>
> **해설** ⑤ 「민법」 제126조의 표현대리에 있어서 무권대리인에게 그 권한이 있다고 믿을 만한 정당한 이유가 있는가의 여부는 대리행위인 매매계약 당시를 기준으로 결정하여야 하고 매매계약 성립 이후의 사정은 고려할 것이 아니다(대판 2017다2472).
> ① 기본적인 어떠한 대리권도 없는 자에 대하여 권한을 넘는 표현대리는 성립할 여지가 없다(대판 84다카780).
> ② 복대리인 선임권이 없는 대리인에 의하여 선임된 복대리인의 권한도 기본대리권이 될 수 있으므로 「민법」 제126조를 적용함에 있어서 기본대리권의 흠결 문제는 생기지 않는다(대판 97다48982).
> ③ 강행법규에 위반되어 무효인 행위에 대해서는 표현대리의 법리가 적용될 여지가 없다(대판 94다38199).
> ④ 법정대리권을 기본대리권으로 하는 표현대리도 성립할 수 있다(대판 80다2077).
>
> **정답** ⑤

3 협의의 무권대리(계약의 무권대리) 제32회, 제33회, 제34회, 제35회, 제36회

1. 본인에 대한 효과

(1) 효과

원칙적으로 본인에 대하여 아무런 효력이 발생하지 않는다. 다만, 본인이 원하면 추인하여 유효하게 할 수 있고, 원하지 않으면 거절하여 확정적 무효로 할 수 있도록 규정하고 있다.

(2) 본인의 추인권

① 성질: 추인은 상대방·무권대리인 등의 동의나 승낙을 요하지 않는 단독행위로서 그 성질상 형성권에 속한다.

② 추인의 상대방

㉠ 추인은 무권대리인, 무권대리행위의 직접의 상대방 및 그 무권대리행위로 인한 권리 또는 법률관계의 승계인에 대하여도 할 수 있다.

> 참고 📖 본인이 무권대리인에게 추인하였다는 표현이 나오면 반드시 상대방이 그 사실을 알았는지를 확인하여야 한다.

> 참고 📖
> 1. 묵시적 추인 ○: 이행, 인도, 기한유예 요청
> 2. 묵시적 추인 ×: 이의제기 없이 장기간 방치, 민형사상 책임을 묻지 않은 경우

  ⓒ 무권대리인에게 한 추인은 상대방이 그 사실을 알지 못하는 경우에는 상대방에게 추인의 효력을 주장할 수 없다. 따라서 상대방은 추인사실을 알기 전까지 이행할 필요가 없으며, 먼저 철회권을 행사하여 법률관계를 소멸시킬 수도 있다.
 ③ 일부에 대하여 추인을 하거나 내용을 변경하여 추인을 하였을 경우에는 상대방의 동의를 얻지 못하는 한 무효이다.
 ④ 추인은 묵시적으로도 할 수 있다. 다만, 묵시적 추인이 인정되기 위해서는 본인이 적극적인 행위를 하여야 하며, 단순히 방치한 것만을 가지고 추인을 한 것으로 볼 수는 없다.
 ⑤ 추인의 효과
  ⊙ 본인의 추인이 있으면 무권대리행위는 소급하여 계약시부터 유효한 행위가 된다.
  ⓒ 추인에는 소급효가 있으나 제3자의 권리를 해하지 못하며, 당사자의 특약으로 소급효를 배제할 수 있다(제133조).

(3) 본인의 추인 거절권

 ① 본인은 추인을 거절할 수 있다. 추인 거절의 상대방과 방법은 추인의 경우와 같다(제132조).
 ② 본인이 추인을 거절하면 그 후에는 본인에 대하여 효력이 생길 수 없는 것으로 확정된다.

(4) 무권대리와 상속

대리권한 없이 타인의 부동산을 매도한 자가 그 부동산을 상속한 후 소유자의 지위에서 자신의 대리행위가 무권대리로 무효임을 주장하여 등기말소나 부당이득반환을 구하는 것은 금반언원칙이나 신의칙상 허용될 수 없다.

> ⚖️ **판례** 대리권한 없이 타인의 부동산을 매도한 자가 그 부동산을 상속한 후 등기말소 등을 구하는 것이 허용될 수 있는지 여부 - 불가
>
> 무권대리인은 「민법」 제135조 제1항의 규정에 의하여 이행의무가 있으므로 부동산을 상속받아 그 소유자가 되어 소유권이전등기 이행의무를 이행하는 것이 가능하게 된 시점에서 무권대리행위여서 무효였다는 이유로 그 등기의 말소를 청구하거나 부동산의 점유로 인한 부당이득금의 반환을 구하는 것은 금반언의 원칙이나 신의성실의 원칙에 반하여 허용될 수 없다(대판 94다20617).

2. 상대방에 대한 효과

(1) 상대방의 최고권(선·악 불문)

상대방은 상당한 기간을 정하여 본인에게 추인 여부의 확답을 최고할 수 있다. 본인이 최고기간 내에 확답을 발하지 아니한 때에는(발신주의) 추인을 거절한 것으로 본다(제131조).

(2) 상대방의 철회권(선의)

① 철회는 무권대리행위의 상대방이 무권대리인과의 사이에 맺은 계약을 확정적으로 무효로 하는 행위이며, 철회가 있으면 그 후 본인은 추인할 수 없게 된다. 철회는 본인의 추인이 있기 전에 본인이나 그 무권대리인에게 하여야 한다.

② 상대방이 대리인에게 대리권이 없음을 알았다는 점에 대한 주장·입증책임은 철회의 효과를 다투는 본인에게 있다.

(3) 무권대리인의 상대방에 대한 책임(제135조 책임)

> 제135조 【상대방에 대한 무권대리인의 책임】 ① 다른 자의 대리인으로서 계약을 맺은 자가 그 대리권을 증명하지 못하고 또 본인의 추인을 받지 못한 경우에는 그는 상대방의 선택에 따라 계약을 이행할 책임 또는 손해를 배상할 책임이 있다.
> ② 대리인으로서 계약을 맺은 자에게 대리권이 없다는 사실을 상대방이 알았거나 알 수 있었을 때 또는 대리인으로서 계약을 맺은 사람이 제한능력자일 때에는 제1항을 적용하지 아니한다.

① 책임발생의 요건
  ㉠ 대리인이 대리권을 증명할 수 없어야 한다(제135조 제1항).
  ㉡ 본인의 추인이 없어야 한다.
  ㉢ 상대방이 아직 철회권을 행사하고 있지 않아야 한다(제135조 제1항).
  ㉣ 상대방은 선의·무과실이어야 한다. 그 입증책임은 책임을 면하려는 무권대리인에게 있다.
  ㉤ 무권대리인이 행위능력자이어야 한다(제135조 제2항). 무권대리인이 미성년자나 피한정후견인과 같이 제한능력자인 경우에는 위 책임을 물을 수 없다.
  ㉥ 무권대리인의 과실 유무를 묻지 않는다(무과실책임).

② 책임의 내용: 무권대리인은 상대방의 선택에 따라서 계약을 이행하거나 손해배상의 책임을 져야 한다(제135조 제1항).

참고 무과실책임이므로 무권대리행위가 제3자의 기망 등 위법행위로 야기되었다고 하더라도 책임을 져야 한다.

예제

1. 甲은 그 소유의 X건물을 매도하기 위하여 乙에게 대리권을 수여하였다. 이에 관한 설명으로 틀린 것은? (다툼이 있으면 판례에 따름) 제33회
   ① 乙이 사망하면 특별한 사정이 없는 한 乙의 상속인에게 그 대리권이 승계된다.
   ② 乙은 특별한 사정이 없는 한 X건물의 매매계약에서 약정한 중도금이나 잔금을 수령할 수 있다.
   ③ 甲의 수권행위는 묵시적인 의사표시에 의하여도 할 수 있다.
   ④ 乙이 대리행위를 하기 전에 甲이 그 수권행위를 철회한 경우, 특별한 사정이 없는 한 乙의 대리권은 소멸한다.
   ⑤ 乙은 甲의 허락이 있으면 甲을 대리하여 자신을 X건물의 매수인으로 하는 계약을 체결할 수 있다.

   해설 ① 대리인이 사망하게 되면 대리권은 소멸한다(제127조). 또한 대리권은 대리할 수 있는 자격, 즉 권한이지 권리가 아니므로 상속될 여지가 없다.
   ② 부동산의 소유자로부터 매매계약을 체결할 대리권을 수여받은 대리인은 특별한 사정이 없는 한 그 매매계약에서 약정한 바에 따라 중도금이나 잔금을 수령할 권한도 있다고 보아야 한다(대판 93다39379).
   ③ 대리권을 수여하는 수권행위는 불요식의 행위로서 명시적인 의사표시에 의함이 없이 묵시적인 의사표시에 의하여 할 수도 있으며, 어떤 사람이 대리인의 외양을 가지고 행위하는 것을 본인이 알면서도 이의를 하지 아니하고 방임하는 등 사실상의 용태에 의하여 대리권의 수여가 추단되는 경우도 있다(대판 2016다203315). 즉, 수권행위는 보통 위임장 등의 서면에 의하지만 이에 한정하는 것은 아니며 구두로도 할 수 있고 묵시적으로도 행해질 수 있다.
   ④ 원인된 법률관계가 종료하거나 본인이 수권행위를 철회한 경우에는 임의대리권은 소멸한다(제128조).
   ⑤ 대리인은 본인의 허락이 없으면 본인을 위하여 자기와 법률행위를 하거나 동일한 법률행위에 관하여 당사자 쌍방을 대리하지 못한다. 그러나 채무의 이행은 할 수 있다(제124조). 따라서 본인 甲의 허락이 있었으므로 대리인 乙은 자기계약을 할 수 있다. **정답 ①**

2. 무권대리에 관한 다음 설명 중 틀린 것은? (다툼이 있으면 판례에 따름)
   ① 악의의 상대방도 상당한 기간을 정하여 본인에게 추인 여부의 확답을 최고할 수 있다.
   ② 본인이 최고 기간 내에 확답을 발하지 않은 경우에는 추인을 거절한 것으로 본다.
   ③ 상대방은 계약 당시에 무권대리인에게 대리권이 없음을 알지 못한 경우에 한하여 그 계약을 철회할 수 있다.
   ④ 철회권을 행사함에 있어서 상대방의 선·악의 여부는 철회권을 행사하는 상대방이 입증하여야 한다.
   ⑤ 상대방의 철회가 있으면 계약은 확정적으로 무효로 되고, 그 후 본인은 추인하지 못한다.

해설 ④①③ 상대방이 대리인에게 대리권이 없음을 알았다는 점에 대한 주장·입증책임은 철회의 효과를 다투는 본인에게 있다(대판 2017다213838). 즉, 최고권과 달리 철회권은 상대방이 선의인 경우에만 행사할 수 있는데, 이때 선·악의 여부는 본인이 상대방의 악의를 입증해야 한다는 것이 판례의 입장이다.
② 무권대리의 상대방은 상당한 기간을 정하여 본인에게 추인 여부의 확답을 최고할 수 있는데, 본인이 그 기간 내에 확답을 발하지 않은 경우에는(발신주의) 추인을 거절한 것으로 본다(제131조).

정답 ④

메타인지 학습체크

01 매매계약을 체결할 대리권을 수여받은 대리인은 특별한 사정이 없는 한 중도금이나 잔금을 수령할 권한이 [① 있다. / ② 없다.]

02 권한을 정하지 않은 대리인은 [① 보존 / ② 개량]행위를 무제한 할 수 있다.

03 부동산 입찰절차에서 동일 물건에 관하여 이해관계가 다른 2인 이상의 대리인이 된 경우에는 그 대리인이 한 입찰은 [① 유효 / ② 무효]이다.

04 대리인이 여러 명인 때에는 [① 각자대리 / ② 공동대리]가 원칙이다.

05 대리인이 본인을 위한 것임을 표시하지 아니한 때에는 그 의사표시는 자기를 위한 것으로 [① 추정한다. / ② 본다.]

06 의사표시의 효력이 의사의 흠결, 사기·강박 또는 어느 사정을 알았거나 과실로 알지 못한 것으로 인하여 영향을 받을 경우에 그 사실의 유무는 [① 대리인 / ② 본인]을 표준하여 결정한다.

07 대리인은 [① 행위능력자 / ② 의사능력자]임을 요하지 않는다.

08 복대리인이란 대리인이 자신의 이름과 책임으로 선임한 [① 대리인 / ② 본인]의 대리인을 말한다.

09 대리권이 법률행위에 의하여 부여된 경우에는 대리인은 본인의 승낙[① 과 / ② 또는] 부득이한 사유가 있는 때가 아니면 복대리인을 선임하지 못한다.

10 법정대리인이 복대리인을 선임한 경우에 본인에 대하여 [① 선임·감독상 / ② 무과실] 책임을 진다.

정답

01 ① **02** ① **03** ② **04** ① **05** ② **06** ① **07** ① **08** ② **09** ② **10** ②

11 甲의 무권대리인 乙이 丙과 거래를 한 경우에 표현대리를 주장할 수 있는 자는 오로지 [① 乙 / ② 丙]이다.

12 표현대리는 [① 유권대리 / ② 무권대리]에 속하므로, [③ 유권대리 / ④ 무권대리]의 주장 속에 표현대리의 주장은 포함되어 있지 않다.

13 제126조(권한을 넘은 표현대리)와 제129조(대리권 소멸 후의 표현대리)는 [① 임의대리에만 / ② 임의대리와 법정대리에] 적용된다.

14 무권대리에서 본인의 추인이 있으면 무권대리행위는 [① 추인시 / ② 처음]부터 유효한 행위가 된다.

15 대리권한 없이 본인의 부동산을 매도한 자가 그 부동산을 단독상속한 후 본인의 지위에서 자신의 대리행위가 무권대리로 무효임을 주장하여 등기말소 등을 구하는 것은 허용될 수 [① 있다. / ② 없다.]

16 [① 철회권 / ② 최고권]은 대리인에게 대리권이 없음을 알지 못한 선의의 상대방에게만 인정된다.

17 다른 자의 대리인으로서 계약을 맺은 자가 그 대리권을 증명하지 못하고 또 본인의 추인을 받지 못한 경우에는 그는 [① 자신 / ② 상대방]의 선택에 따라 계약을 이행할 책임 또는 손해를 배상할 책임이 있다.

정답

11 ②   **12** ②, ③   **13** ②   **14** ②   **15** ②   **16** ①   **17** ②

제4장 법률행위의 무효와 취소

> 유동적 무효는 사례문제로 출제되는 경우가 많으므로 이에 대비하여야 하고, 무효의 재생(일부무효, 무효행위의 전환, 무효행위의 추인)에서는 특히 무효행위의 추인을 잘 정리하여야 한다. 또한, 취소에서는 취소권자, 취소의 상대방과 방식, 그 효력을 파악하고 추인에 대한 내용을 잘 파악하여야 한다.

제1절 | 법률행위의 무효

1 무효의 종류 제33회, 제34회, 제36회

참고
1. 계약이 성립하지 않았다면 무효행위의 전환이나 무효행위의 추인규정이 적용될 여지가 없다.
2. 주장할 이익이 있는 자는 누구든지 무효를 주장할 수 있다.

1. 절대적 무효와 상대적 무효

(1) 절대적 무효(원칙)
① 법률행위의 당사자뿐만 아니라 제3자에 대한 관계에서도 무효를 주장할 수 있는 것을 말한다.
② 의사무능력자의 법률행위, 원시적 불능인 법률행위, 강행법규에 위반한 법률행위, 반사회질서의 법률행위, 불공정한 법률행위 등이 이에 속한다.
③ 절대적 무효에 해당하면 제3자는 선의라도 보호될 수 없다.

(2) 상대적 무효(예외)
① 법률행위의 당사자 사이에서는 무효이지만 선의의 제3자에게는 대항할 수 없는 것을 말한다.
② 비진의표시(상대방이 악의 또는 과실이 있는 때), 통정허위표시가 이에 속한다.
③ 상대적 무효는 거래의 안전을 보호하기 위한 것이다.

2. 확정적 무효와 유동적 무효

(1) 확정적 무효(원칙)
법률행위의 효력이 발생되지 않음이 확정되어 있는 것을 말한다. 법률행위의 무효는 확정적 무효를 원칙으로 한다.

(2) 유동적 무효(예외)

① 법률행위가 행위시에는 효력이 발생하지 않으나, 제3자의 추인이나 관청의 인가를 받게 되면 법률행위시에 소급하여 유효하게 되는 것을 유동적 무효라고 한다.

② 예를 들어, 무권대리행위는 행위시에는 본인에 대하여 효력이 없지만 본인이 추인하면 소급하여 유효한 법률행위가 된다. 따라서 무권대리행위는 추인이 있기 전까지는 유동적 무효이다.

③ 토지거래허가구역 내의 법률관계: 허가구역 내의 토지에 대하여 허가를 받기 전에 체결한 매매계약은 허가받을 것을 전제로 한 계약일 경우에는 허가를 받을 때까지는 무효이지만, 일단 허가를 받으면 그 계약은 소급하여 유효한 계약이 되고 이와 달리 불허가가 된 때에는 무효로 확정되는데, 이 경우 허가를 받을 때까지는 '유동적 무효'상태에 있다고 본다.

> 참고 토지거래허가구역에서 허가 없이 매매계약을 체결한 경우 거래계약상의 효력은 무효이지만 허가신청에 협력할 의무가 발생한다.

판례 토지거래허가구역 내의 법률관계

1. 거래계약상의 법률관계 – 무효
   ① 계약상의 이행청구: 권리의 이전 또는 설정에 관한 어떠한 내용의 이행청구도 할 수 없다.
   ② 계약 위반을 이유로 한 해제나 손해배상청구: 거래계약상 채무불이행을 이유로 해제하거나 손해배상을 청구할 수 없다.
   ③ 계약금의 반환청구: 유동적 무효상태에서는 계약금의 부당이득반환을 청구할 수 없다(확정적 무효시에 가능).
   ④ 해약금 해제(제565조): 계약금을 포기하거나 배액을 상환함으로써 해제할 수 있다.
   ⑤ 귀책사유 있는 자의 무효 주장: 귀책사유가 있는 자라 하더라도 그 계약의 무효를 주장할 수 있다. 또한 계약의 무효를 주장하는 것이 신의칙에 반한다고 할 수는 없다.
   ⑥ 다른 사유에 의한 무효·취소 주장: 비진의표시, 통정허위표시 또는 착오 또는 사기·강박과 같은 의사에 의하여 이루어진 경우에는 무효 또는 취소를 주장할 수 있다.
   ⑦ 허가구역 내에서의 중간생략등기: 무효이다.

2. 협력의무의 발생
   ① 협력의무의 소구(訴求): 소로써 허가신청절차에 협력하여 줄 것을 청구할 수 있다.
   ② 협력의무 위반을 이유로 한 손해배상청구: 협력의무 불이행과 인과관계가 있는 손해는 이를 배상하여야 할 의무가 있다.

③ 협력의무 위반을 이유로 한 해제: 협력의무 불이행을 이유로 거래계약을 해제할 수 없다.
④ 협력의무 위반을 대비한 손해배상약정: 가능하다.
⑤ 대금 지급과의 동시이행관계: 협력의무의 이행과 대금의 지급은 동시이행관계가 아니다. 따라서 대금의 미지급을 이유로 협력의무 이행을 거절할 수 없다.

3. 확정적 무효가 되는 경우
① 불허가처분
② 허가를 배제하거나 잠탈(면탈)하는 내용의 계약
③ 토지거래허가신청을 하지 않기로 하는 의사표시를 명백히 한 경우
④ 허가를 받기 전에 정지조건의 불성취가 확정된 경우
✔ 주의: 허가를 잠탈하는 내용으로 매매계약이 체결된 경우에는 확정적으로 무효이므로 계약체결 후 허가구역 지정이 해제되더라도 이미 확정적으로 무효로 된 계약이 유효로 되는 것이 아니다. ⇨ 허가구역 지정이 해제된 후에 당사자가 무효임을 알고 추인하면 새로운 법률행위로서 유효가 된다.

4. 확정적 유효가 되는 경우
① 허가구역 지정해제(존속기간 만료)
② 허가를 받은 경우

> 참고 매매계약체결 당시 일정한 기간 안에 토지거래허가를 받기로 약정하였다고 하더라도 위 약정기간이 경과하였다는 사정만으로 곧바로 매매계약이 확정적으로 무효가 된다고 할 수 없다.

예제

甲은 토지거래허가구역 내에 있는 그 소유 X토지에 관하여 乙과 매매계약을 체결하였다. 비록 이 계약이 토지거래허가를 받지는 않았으나 확정적으로 무효가 아닌 경우, 다음 설명 중 틀린 것은? (다툼이 있으면 판례에 따름) 제30회

① 위 계약은 유동적 무효의 상태이다.
② 乙이 계약내용에 따른 채무를 이행하지 않더라도 甲은 이를 이유로 위 계약을 해제할 수 없다.
③ 甲은 乙의 매매대금 이행제공이 없음을 이유로 토지거래허가 신청에 대한 협력의무의 이행을 거절할 수 없다.
④ 토지거래허가구역 지정기간이 만료되었으나 재지정이 없는 경우, 위 계약은 확정적으로 유효로 된다.
⑤ 乙이 丙에게 X토지를 전매하고 丙이 자신과 甲을 매매당사자로 하는 허가를 받아 甲으로부터 곧바로 등기를 이전받았다면 그 등기는 유효하다.

해설 ⑤ 토지거래허가구역 내의 토지를 토지거래허가 없이 순차로 매매한 후, 최종 매수인이 중간생략등기의 합의하에 자신과 최초 매도인을 매매 당사자로 하는 토지거래허가를 받아 경료한 소유권이전등기의 효력은 무효이다(대판 97다33218).

① 국토이용관리법상(현 「부동산 거래신고 등에 관한 법률」)의 규제구역 내의 '토지 등의 거래계약'은 관할관청의 허가를 받아야만 그 효력이 발생하고 허가를 받기 전에는 물권적 효력은 물론 채권적 효력도 발생하지 아니하여 무효라고 보아야 할 것이나 허가받을 것을 전제로 한 거래계약일 경우에는 일단 허가를 받으면 그 계약은 소급하여 유효한 계약이 되고 이와 달리 불허가가 된 때에는 무효로 확정되는 것으로서 허가를 받기까지는 유동적 무효의 상태에 있다(대판 91다21435).
② 허가받기 전의 상태에서 상대방의 거래계약상 채무불이행을 이유로 거래계약을 해제하거나 그로 인한 손해배상을 청구할 수 없다(대판 97다4357).
③ 협력의무의 이행과 대금의 지급은 동시이행관계가 아니다(대판 96다23825). 따라서 대금의 미지급을 이유로 협력의무의 이행을 거절할 수 없다.
④ 허가구역 지정기간 중에 허가구역 안의 토지에 대하여 토지거래허가를 받지 아니하고 토지거래계약을 체결한 후 허가구역 지정해제 등이 된 때에는 더 이상 관할 행정청으로부터 토지거래허가를 받을 필요가 없이 확정적으로 유효가 된다(대판 98다40459). **정답 ⑤**

❷ 일부무효(양적 일부무효) 제32회

(1) 의의

법률행위의 일부분이 무효인 때에는 그 전부를 무효로 함이 원칙이나, 무효인 부분이 없더라도 법률행위를 하였을 것이라고 인정될 때에는 나머지 부분은 무효가 되지 아니한다(제137조).

(2) 요건

① 법률행위의 일체성과 분할 가능성: 토지와 건물을 함께 매매하였거나 두 필지의 토지를 함께 매매한 것처럼 법률행위가 일체성이 있고 분할 가능성이 있어야 한다. 따라서 두 필지의 토지에 대하여 따로 계약을 체결한 경우에는 일부무효는 적용되지 아니한다.

② 가정적(가상적) 의사의 존재: 법률행위의 일부분이 무효임을 알았더라면 당사자가 나머지 부분만이라도 법률행위를 하였을 것이라는 가정적(가상적) 의사가 있어야 한다. 이에 대한 입증책임은 나머지 부분의 유효를 주장하는 자에게 있다.

(3) 효과

무효인 부분을 제외한 나머지는 유효하게 된다. 제137조는 임의규정으로서 당사자의 특약으로 달리 정할 수 있다.

③ 무효행위의 전환(질적 일부무효) 제34회

(1) 의의

무효인 법률행위가 다른 법률행위의 요건을 구비하고 당사자가 그 무효를 알았더라면 다른 법률행위를 하는 것을 의욕하였으리라고 인정될 때에는 다른 법률행위로서 효력을 가진다(제138조).

> 참고 📖 예를 들어 타인의 자(子)를 자기의 출생자로 한 신고는 무효이지만 입양의 효력이 인정된다.

(2) 요건

① 성립한 법률행위가 무효이어야 한다.
② 무효인 법률행위가 다른 법률행위로서의 요건을 갖추고 있어야 한다. 이때 다른 법률행위는 무효인 법률행위보다 작은 것이어서 무효인 법률행위에 내포될 수 있는 것이어야 한다.
③ 당사자가 무효임을 알았더라면 다른 법률행위를 하였을 것을 의욕하였으리라 인정되어야 한다(가정적 의사의 존재).

> 참고 📖 불공정행위(폭리행위)로 무효가 된 경우 무효행위의 전환이 인정된다.

④ 무효행위의 추인 제32회, 제34회, 제36회

(1) 의의

무효인 법률행위는 추인하여도 원칙적으로 그 효력이 생기지 아니한다. 그러나 당사자가 그 무효임을 알고 추인한 때에는 새로운 법률행위로 본다(제139조).

(2) 요건

① 무효행위가 추인 가능한 법률행위이어야 한다. 따라서 절대적 무효인 법률행위, 즉 강행법규 위반행위나 반사회질서행위 또는 불공정한 행위로서 무효인 경우에는 추인에 의하여 유효가 될 수 없다.
② 추인의 대상이 되기 위하여는 종전의 무효사유가 제거되었어야 한다. 따라서 처음부터 허가를 잠탈할 목적으로 체결된 토지거래허가구역 내의 토지거래계약은 추인하여도 유효가 될 수 없다. 그러나 후에 허가구역 지정이 해제되었다면 무효사유가 소멸하였으므로 추인으로 유효화할 수 있다.
③ 무효임을 알고 추인하여야 한다.

(3) 효과

① 원칙(비소급효): 무효인 법률행위를 추인하면 추인시부터 새로운 법률행위를 한 것으로 본다. 즉, 소급효가 인정되지 않음이 원칙이다.
② 예외
   ㉠ 제3자의 권리를 해하지 않는 범위 내에서 당사자의 약정으로 소급효를 인정할 수 있다.
   ㉡ 무효인 가족법상 행위와 소송행위에 대한 추인은 소급효를 인정한다.

참고 무효인 가등기를 유효한 등기로 전용하기로 한 약정은 그때부터 유효하고, 이로써 위 가등기가 소급하여 유효한 등기로 전환될 수 없다.

5 무권리자의 처분행위

무권리자의 처분행위는 무효에 해당한다. 그러나 무권리자의 처분행위를 권리자가 알고 추인하였다면 무권대리행위에서 본인의 추인의 법리를 유추적용하여 원칙적으로 계약의 효과가 계약을 체결했을 때에 **소급하여** 권리자에게 귀속된다.

참고 본인이 무권리자의 처분행위를 추인하면, 그때부터 새로운 법률행위를 한 것으로 보는 것이 아니라 계약을 체결했을 때에 소급하여 권리자에게 귀속된다.

예제

무효와 취소에 관한 설명으로 틀린 것은? (다툼이 있으면 판례에 따름) 제28회

① 무효인 가등기를 유효한 등기로 전용하기로 약정하면 그 가등기는 소급하여 유효한 등기가 된다.
② 취소권은 추인할 수 있는 날로부터 3년 내에, 법률행위를 한 날로부터 10년 내에 행사하여야 한다.
③ 무효인 법률행위를 사후에 적법하게 추인한 때에는 다른 정함이 없으면 새로운 법률행위를 한 것으로 보아야 한다.
④ 무권리자가 甲의 권리를 자기의 이름으로 처분한 경우, 甲이 그 처분을 추인하면 처분행위의 효력이 甲에게 미친다.
⑤ 무효행위의 추인은 그 무효원인이 소멸한 후에 하여야 그 효력이 있다.

해설 ① 무효인 법률행위는 당사자가 무효임을 알고 추인할 경우 새로운 법률행위를 한 것으로 간주할 뿐이고 소급효가 없는 것이므로 무효인 가등기를 유효한 등기로 전용키로 한 약정은 그때부터 유효하고 이로써 위 가등기가 소급하여 유효한 등기로 전환될 수 없다(대판 91다26546).
② 취소권은 추인할 수 있는 날로부터 3년 내에, 법률행위를 한 날로부터 10년 내에 행사하여야 한다(제146조).
③ 무효인 법률행위는 추인하여도 그 효력이 생기지 아니한다. 그러나 당사자가 그 무효임을 알고 추인한 때에는 새로운 법률행위로 본다(제139조).
④ 무권리자의 처분행위를 권리자가 추인한 경우에는 무권대리행위에서 본인의 추인의 법리를 유추적용한다. 따라서 무권리자의 처분이 계약으로 이루어진 경우에 권리자가 이를 추인하면 원칙적으로 계약의 효과가 계약을 체결했을 때에 소급하여 권리자에게 귀속된다고 보아야 한다(대판 2017다3499).

⑤ 무효행위의 추인은 그 무효원인이 소멸한 후에 하여야 그 효력이 있는 것이며 무효사유가 남아있다면 이를 추인하여도 효력이 생기지 않는다.   **정답 ①**

제2절 | 법률행위의 취소

❶ 의의

참고 📖 취소할 수 있는 법률행위는 원칙적으로 불확정적(유동적) 유효상태에 있다.

법률행위의 취소란 당사자의 의사표시가 제한능력상태에서 이루어졌거나 또는 의사표시가 사기·강박 및 착오에 의하여 행하여졌다는 것을 이유로 일단 유효하게 성립한 법률행위의 효력을 행위시에 소급(遡及)하여 소멸하게 하는 취소권자의 의사표시를 말한다.

❷ 취소권자 제33회

> 제140조【법률행위의 취소권자】 취소할 수 있는 법률행위는 제한능력자, 착오로 인하거나 사기·강박에 의하여 의사표시를 한 자, 그의 대리인 또는 승계인만이 취소할 수 있다.

(1) 제한능력자
① 미성년자, 피한정후견인, 피성년후견인 등 제한능력자는 그가 한 법률행위를 법정대리인의 동의 없이 단독으로 취소할 수 있다.
② 제한능력자의 취소는 착오, 사기·강박 등에 의한 취소와는 달리 선의의 제3자에게도 대항할 수 있다(절대적).

(2) 착오로 인하거나 사기·강박에 의하여 의사표시를 한 자

(3) 대리인
제한능력자 또는 착오, 사기·강박에 의한 의사표시를 한 자의 대리인도 취소할 수 있다. 다만, 임의대리인은 원칙적으로 취소할 수 없으며, 본인으로부터 이에 관한 특별수권이 있어야 취소할 수 있다.

(4) 승계인

① 제한능력자 또는 착오, 사기·강박에 의한 의사표시를 한 자로부터 그의 법적 지위, 즉 당사자의 지위를 승계한 자도 취소할 수 있다. 이때 승계인에는 특정승계인과 포괄승계인을 모두 포함한다.
② 취소권만의 승계는 인정되지 않는다.

③ 취소의 방법 제32회, 제35회, 제36회

(1) 단독행위

취소권은 형성권이므로 그 행사는 취소권자의 일방적인 의사표시에 의한다. 이러한 취소의 의사표시는 특별한 방식에 의할 것을 요하지 않는다(불요식행위).

> **판례** 취소의 방식이 요구되는지 여부
>
> 취소의 의사가 상대방에 의하여 인식될 수 있다면 어떠한 방법에 의하더라도 무방하다고 할 것이고, 법률행위의 취소를 당연한 전제로 한 소송상의 이행청구나 이를 전제로 한 이행거절 가운데는 취소의 의사표시가 포함되어 있다고 볼 수 있다.

(2) 취소의 상대방

취소의 의사표시는 취소할 수 있는 법률행위의 상대방에게 하여야 한다(제142조). 따라서 제3자에게 그 권리가 양도되어 있더라도 취소는 전득자가 아닌 본래의 상대방에 대하여 하여야 한다.

> **참고** 미성년자 甲이 乙에게 부동산을 매도하였고, 후에 乙은 이를 다시 丙에게 전매한 경우에 취소권의 행사는 丙이 아니라 상대방인 乙에게 하여야 한다.

④ 취소의 효과 제33회

> **제141조【취소의 효과】** 취소된 법률행위는 처음부터 무효인 것으로 본다. 다만, 제한능력자는 그 행위로 인하여 받은 이익이 현존하는 한도에서 상환(償還)할 책임이 있다.

(1) 소급효

① 법률행위를 취소하면 그 법률행위는 소급하여 처음부터 무효인 것으로 본다(제141조). 이러한 취소의 효과는 제한능력자의 취소에 있어서는 절대적이지만 사기·강박, 착오에 의한 취소의 효과는 상대적이다. 즉, 선의의 제3자에게는 대항하지 못한다(제109조 제2항, 제110조 제3항).

참고 취소할 수 있는 법률행위로서 추인은 불확정적 유효를 확정적 유효로 만드는 것이고, 추인의 대상이 되는 것은 불확정적 유효이기 때문에 이미 취소하여 무효가 되어 버린 행위는 그 대상이 될 수 없다.

참고 미성년자 甲이 자신 소유의 물건을 乙에게 매도하고 받은 대금 1억원 중 2천만원을 탕진하였다면, 계약이 취소된 경우 甲은 선·악을 불문하고 乙에게 8천만원만을 반환하면 된다. 다만, 생활비로 사용하였다면 생활비로 사용한 금액은 현존이익으로 인정된다.

참고 법률행위를 취소하면 확정적 무효가 되므로 취소할 수 있는 법률행위로서 추인할 수는 없지만, 무효행위 추인의 요건과 효력으로서는 추인할 수 있다.

참고 사기나 강박을 당하여 계약을 체결한 자가 기망이나 강박 중에 추인을 하였다면 이는 추인이 아니므로 추후에 그 계약을 취소할 수 있다.

② 법률행위를 취소하면 확정적 무효가 되므로 취소할 수 있는 법률행위로서 추인할 수는 없지만 무효행위 추인의 요건과 효력으로서는 추인할 수 있다.

(2) 부당이득반환의무

① 원칙: 일단 발생한 채무 등은 앞으로 전혀 이행할 필요가 없고, 이미 이행된 때에는 반환의무가 생긴다(동시이행관계).

② 제한능력자에 대한 특칙
  ㉠ 부당이득반환의무에 있어서 「민법」은 특히 제한능력자를 보호하기 위하여 "제한능력자는 그 행위로 인하여 받은 이익이 현존하는 한도에서 상환할 책임이 있다."는 특칙을 두고 있다(제141조 단서).
  ㉡ 제한능력자는 선·악을 불문하고 현존이익만을 상환하면 된다.
  ㉢ 금전을 받은 경우에 그 이익은 모두 현존하는 것으로 추정되므로 제한능력자 측에서 현존이익이 없음을 입증하여야 한다.
  ㉣ 의사능력의 흠결을 이유로 법률행위가 무효가 되는 경우에도 유추적용된다.

5 취소할 수 있는 법률행위의 추인(임의추인) 제33회, 제35회

(1) 의의

추인이란 취소할 수 있는 법률행위를 취소하지 않겠다는 의사표시이며, 추인에 의하여 취소할 수 있는 행위는 확정적으로 유효하게 된다. 따라서 추인 후에는 다시 취소할 수 없다.

(2) 요건

① 추인권자: 제140조(법률행위의 취소권자)가 규정하고 있는 취소를 할 수 있는 자이다(제143조 제1항).

② 취소원인의 소멸
  ㉠ 추인은 취소의 원인이 소멸된 후에 하여야 한다. 따라서 제한능력자는 완전한 능력자가 된 뒤에 하여야 하고 착오, 사기·강박으로 의사표시를 한 자는 그러한 상태에서 벗어난 뒤에 하여야 한다.
  ㉡ 법정대리인 또는 후견인은 언제든지 추인할 수 있다.

③ 취소권자의 인식: 그 법률행위를 취소할 수 있는 것임을 알고 추인하여야 한다. 즉, 취소권에 관한 인식이 있어야 한다.

(3) 효과

추인이 있으면 그 후로는 취소할 수 없고 그 법률행위는 완전히 유효한 것으로 확정된다(제143조 제1항).

6 법정추인 제32회, 제35회, 제36회

(1) 의의

법정추인이란 취소할 수 있는 법률행위에 관하여 일정한 사유가 있는 때에는 취소권자의 의사를 불문하고 법률상 당연히 추인한 것으로 보는 것을 말한다(제145조). 따라서 임의추인과는 달리 취소권에 관한 인식을 필요로 하지 않는다.

(2) 요건

> **제145조 【법정추인】** 취소할 수 있는 법률행위에 관하여 전조의 규정에 의하여 추인할 수 있는 후에 다음 각 호의 사유가 있으면 추인한 것으로 본다. 그러나 이의를 보류한 때에는 그러하지 아니하다.
> 1. 전부나 일부의 이행
> 2. 이행의 청구
> 3. 경개
> 4. 담보의 제공
> 5. 취소할 수 있는 행위로 취득한 권리의 전부나 일부의 양도
> 6. 강제집행

① 법정추인사유는 취소의 원인이 소멸한 후에 이루어져야 한다.
② 취소권자가 이러한 행위를 함에 있어서 이의를 보류하지 않았어야 한다.
③ 이행의 청구(제2호)와 권리의 양도(제5호)는 취소권자가 한 경우에 한하여 법정추인이 되고 상대방이 한 때에는 법정추인이 되지 않는다.

(3) 효과

법정추인 역시 추인한 것으로 간주되므로 추인과 동일한 효과가 생긴다. 즉, 확정적으로 유효가 되며 다시는 취소할 수 없다.

참고 乙에게 사기를 당하여 자신 부동산에 대한 매매계약을 체결한 甲이 기망에서 벗어난 상태에서 이의를 유보하지 않고 다음의 행위를 한 경우 법정추인에 해당한다.
1. 전부나 일부의 이행: 甲이 乙에게 목적물의 소유권을 이전해 주거나 또는 乙로부터 대금을 받은 경우
2. 이행의 청구: 甲이 乙에게 대금을 지급해 줄 것을 청구한 경우
3. 경개: 甲과 乙이 매매대금 대신에 乙의 소유의 토지를 넘겨주기로 합의한 경우
4. 담보의 제공: 甲이 乙에게 이행을 위해 담보를 제공하거나 또는 담보를 제공받은 경우
5. 권리의 양도: 甲이 매매대금채권을 자신의 친구 丙에게 양도한 경우
6. 강제집행: 甲이 매매대금채권을 받기 위해 乙의 재산에 강제집행하거나 이의제기 없이 乙의 강제집행을 받는 경우

7 취소권의 단기소멸 제32회, 제33회, 제35회, 제36회

> **제146조 【취소권의 소멸】** 취소권은 추인할 수 있는 날로부터 3년 내에, 법률행위를 한 날로부터 10년 내에 행사하여야 한다.

참고 제척기간은 신속한 법률관계 확정을 위한 것이므로 중단제도가 없으며, 법원은 직권조사하여야 한다.

(1) 취소권의 행사기간을 무제한 인정한다면 법률관계는 불안정한 상태로 지속될 수밖에 없으므로 「민법」은 가급적 법률관계를 신속히 확정하고, 상대방이 불안정한 지위에서 벗어날 수 있도록 하기 위하여 취소권의 제척기간을 규정하고 있다.

(2) 취소권은 추인할 수 있는 날로부터 3년 이내에, 법률행위를 한 날로부터 10년 이내에 행사하여야 하여야 하며 둘 중에 하나라도 먼저 도래하면 취소권은 소멸한다.

판례 「민법」 제146조 소정의 취소권 행사기간의 법적 성질(제척기간) 및 그 기간의 준수 여부가 법원의 직권조사사항인지 여부(적극)

「민법」 제146조는 취소권은 추인할 수 있는 날로부터 3년 내에 행사하여야 한다고 규정하고 있는바, 이때의 3년이라는 기간은 일반 소멸시효기간이 아니라 제척기간으로서, 제척기간이 도과하였는지 여부는 당사자의 주장에 관계없이 법원이 당연히 조사하여 고려하여야 할 사항이다(대판 96다25371).

1. 의사표시의 취소에 관한 설명으로 옳은 것을 모두 고른 것은? 제35회

> ㉠ 취소권은 추인할 수 있는 날로부터 10년이 경과하더라도 행사할 수 있다.
> ㉡ 강박에 의한 의사표시를 한 자는 강박상태를 벗어나기 전에도 이를 취소할 수 있다.
> ㉢ 취소할 수 있는 법률행위의 상대방이 확정되었더라도 상대방이 그 법률행위로부터 취득한 권리를 제3자에게 양도하였다면 취소의 의사표시는 그 제3자에게 해야 한다.

① ㉠
② ㉡
③ ㉢
④ ㉠, ㉡
⑤ ㉡, ㉢

해설 ㉠ 취소권은 추인할 수 있는 날로부터 3년 내에, 법률행위를 한 날로부터 10년 내에 행사하여야 한다(제146조).
㉡ 취소의 원인이 소멸한 후에 하여야 하는 것은 취소할 수 있는 행위의 추인이며 취소는 그 원인이 소멸하기 전에도 할 수 있다. 따라서 제한능력자도 제한능력 상태에서 단독으로 법률행위를 취소할 수 있으며 강박을 당한 자는 강박상태를 벗어나기 전에도 취소할 수 있다.
㉢ 취소할 수 있는 법률행위의 상대방이 확정된 경우에는 그 취소는 그 상대방에 대한 의사표시로 하여야 한다(제142조). 이때 취소의 상대방은 법률행위의 직접 상대방을 말하는 것이고, 전득자와 같은 현재 권리자를 의미하는 것이 아니다. 예를 들어 미성년자 甲이 乙에게 부동산을 매도하였고, 후에 乙은 이를 다시 丙에게 전매한 경우에 취소권의 행사는 丙이 아니라 상대방인 乙에게 하여야 한다. **정답** ②

2. 법정추인이 인정되는 경우가 아닌 것은? (단, 취소권자는 추인할 수 있는 상태이며, 행위자가 취소할 수 있는 법률행위에 관하여 이의보류 없이 한 행위임을 전제함) 제30회

① 취소권자가 상대방에게 채무를 이행한 경우
② 취소권자가 상대방에게 담보를 제공한 경우
③ 상대방이 취소권자에게 이행을 청구한 경우
④ 취소할 수 있는 행위로 취득한 권리를 취소권자가 타인에게 양도한 경우
⑤ 취소권자가 상대방과 경개계약을 체결한 경우

해설 ③ 법정추인사유는 전부나 일부의 이행, 이행의 청구, 경개, 담보의 제공, 취소할 수 있는 행위로 취득한 권리의 전부나 일부의 양도, 강제집행이 있다(제145조). 그러나 주의할 점은 이 중에서 이행의 청구와 권리의 양도는 취소권자가 한 경우에 한하여 법정추인이 되고 상대방이 한 때에는 법정추인이 되지 않는다. 즉, 취소권자가 상대방에게 이행을 청구한 경우에는 법정추인이 되지만 ③과 같이 상대방이 취소권자에게 이행을 청구한 경우에는 법정추인이 되지 않는다. **정답** ③

제4장 메타인지 학습체크

01 토지거래허가를 받지 않아 유동적 무효상태인 매매계약에서 거래계약상 채무불이행을 이유로 거래계약을 해제하거나 그로 인한 손해배상을 청구할 수 [① 있다. / ② 없다.]

02 토지거래허가를 받지 않아 유동적 무효상태인 매매계약에 있어서 매도인이 계약금의 배액을 상환하고 계약을 해제할 수 [① 있다. / ② 없다.]

03 유동적 무효의 상태에 있는 거래계약의 당사자가 상대방의 거래계약 효력 완성에 대한 협력의무 불이행을 이유로 일방적으로 유동적 무효의 상태에 있는 거래계약을 해제할 수 [① 있다. / ② 없다.]

04 법률행위의 일부분이 무효인 때에는 원칙적으로 그 [① 일부 / ② 전부]를 무효로 한다.

05 무효인 법률행위는 당사자가 그 무효임을 알고 추인한 때에는 [① 소급하여 유효한 / ② 추인시부터 새로운] 법률행위로 본다.

06 강행법규 위반의 행위나 반사회질서의 행위 또는 불공정한 행위로서 무효인 경우에 추인에 의하여 유효가 될 수 [① 있다. / ② 없다.]

07 무효인 가등기를 유효한 등기로 전용하기로 한 약정은 [① 처음부터 / ② 그때부터] 유효하고 이로써 위 가등기가 소급하여 유효한 등기로 전환될 수 [③ 있다. / ④ 없다.]

08 무권리자가 타인의 권리를 처분한 경우에 권리자가 이를 추인하면 [① 무권대리 / ② 무효행위] 추인의 규정을 유추적용한다.

09 미성년자·피한정후견인·피성년후견인 등 제한능력자는 그가 한 법률행위를 [① 법정대리인의 동의를 얻어야 / ② 단독으로] 취소할 수 있다.

정답

| 01 ② | 02 ① | 03 ② | 04 ② | 05 ② | 06 ② | 07 ②, ④ | 08 ① | 09 ② |

10 미성년자 甲이 乙에게 부동산을 매도하였고, 후에 乙은 이를 다시 丙에게 전매한 경우에 취소권의 행사는 [① 乙 / ② 丙]에게 하여야 한다.

11 법률행위를 취소하면 그 법률행위는 [① 취소시 / ② 처음]부터 무효인 것으로 본다.

12 취소의 효과는 제한능력자의 취소에 있어서는 [① 상대적 / ② 절대적]이지만 사기·강박, 착오에 의한 취소의 효과는 [③ 상대적 / ④ 절대적]이다.

13 법정대리인 또는 후견인은 [① 취소의 원인이 소멸한 후에 / ② 언제든지] 추인할 수 있다.

14 법정추인사유로서의 이행의 청구와 권리의 양도는 [① 취소권자가 / ② 상대방이] 한 경우에 한하여 법정추인이 된다.

15 취소권은 추인할 수 있는 날로부터 [① 3년 / ② 10년] 내에, 법률행위를 한 날로부터 [③ 3년 / ④ 10년] 내에 행사하여야 한다.

정답

10 ①   11 ②   12 ②, ③   13 ②   14 ①   15 ①, ④

제5장 법률행위의 부관

조문을 정확하게 확인해야 하며, 추가적으로 조건 여부에 대한 입증책임, 조건과 불확정기한의 구별에 대한 판례의 입장 등을 정리하여야 한다.

제1절 | 조건

1 의의 제32회, 제35회

조건이란 법률행위의 효력의 발생 또는 소멸을 '장래의 불확실한 사실의 성취 여부'에 의존하게 하는 법률행위의 부관(附款)을 말한다.

(1) 조건은 법률행위 **효력**의 발생 또는 소멸에 관한 것이며, 법률행위의 성립에 관한 것이 아니다.

(2) 조건은 성취 여부가 불확실한 장래의 사실에 의존하게 하는 것이어야 한다. 객관적으로 성취 여부가 확실한 것은 조건이 아니며 장래의 사실이 아닌 현재나 과거의 사실은 조건이 될 수 없다.

(3) 조건은 외부에 표시되어야 한다.

2 정지조건과 해제조건 제34회, 제35회, 제36회

(1) 정지조건

정지조건이란 법률행위 효력의 발생을 장래의 불확실한 사실의 성취 여부에 의존하게 하는 조건이다.

> **판례** 정지조건 입증책임 – 법률효과의 발생을 다투려는 자(조건의 존재를 주장하는 자)
> 어떠한 법률행위가 조건의 성취시 법률행위의 효력이 발생하는 소위 정지조건부 법률행위에 해당한다는 사실은 그 법률행위로 인한 법률효과의 발생을 저지하는 사유로서 그 법률효과의 발생을 다투려는 자에게 주장·입증책임이 있다.

참고 농산의 소유권유보부 매매는 대금의 완납을 정지조건으로 하는 매매이다.

비교 정지조건부 법률행위에 있어서 조건이 성취되었다는 사실은 이에 의하여 권리를 취득하고자 하는 측에 그 입증책임이 있다.

(2) 해제조건

해제조건이란 법률행위 효력의 소멸을 장래의 불확실한 사실의 성취 여부에 의존하게 하는 조건이다.

> **판례** 약혼예물의 성질
>
> 약혼예물의 수수는 혼인의 불성립을 해제조건으로 하는 증여와 유사한 성질을 갖는다.

3 가장조건 제32회, 제33회, 제34회

가장조건이란 외관상·형식상으로는 조건처럼 보이지만 실질적으로는 조건으로서의 의미를 갖지 못하는 것을 말한다. 이에는 법정조건, 불법조건, 기성조건, 불능조건 등이 있다.

(1) 법정조건

법률행위의 효력을 발생하기 위하여 법률에 의하여 요구되는 여러 가지 요건 내지 사실을 법정조건이라 한다(예 법인 설립행위에 있어서의 주무관청의 허가, 유언에 있어서의 유언자의 사망 등).

참고 법률로써 정하는 '법정조건(法定條件)'은 법률행위 부관으로서의 조건이 아닙니다.

(2) 불법조건

조건이 선량한 풍속 기타 사회질서에 위반하는 것일 때 이를 불법조건이라 한다. 이러한 불법조건이 부착된 법률행위는 **조건뿐 아니라 법률행위도 무효가 된다.**

참고 부첩관계의 종료를 해제조건으로 하는 증여계약은 그 조건만이 무효가 아니라 증여계약 자체가 무효이다.

(3) 기성조건

조건이 법률행위 당시에 이미 성취되어 있는 경우를 기성조건이라 한다.

(4) 불능조건

객관적으로 실현이 불가능한 사실을 내용으로 하는 조건을 불능조건이라 한다.

기성조건 ─┬─ 정지조건: 조건 없는 법률행위로서 유효
             └─ 해제조건: 무효

불능조건 ─┬─ 정지조건: 무효
             └─ 해제조건: 조건 없는 법률행위로서 유효

> **핵심** 기성조건과 불능조건 암기방법

구분	기성조건 (+)	불능조건 (−)
정지조건 (+)	조건 없는 행위(유효) (+)	무효 (−)
해제조건 (−)	무효 (−)	조건 없는 행위(유효) (+)

❹ 조건을 붙일 수 없는 법률행위 제35회

조건을 붙일 수 없는 법률행위에 조건을 붙이면 조건만 분리하여 무효로 되는 것이 아니라 법률행위까지 전부가 무효로 된다.

(1) 단독행위

① 원칙: 단독행위에는 원칙적으로 조건을 붙일 수 없다.
② 예외
　㉠ 채무의 면제 또는 유증과 같이 상대방에게 이익만 주는 경우
　㉡ 상대방의 동의가 있는 경우

> 참고 단독행위는 행위자의 일방적 의사에 따라 효력이 발생하게 되는데 여기에 조건을 붙인다면 상대방의 지위가 현저하게 불안정하게 되기 때문이다.

(2) 가족법상(신분) 행위

유언에는 조건을 붙일 수 있다(제1073조 제2항).

❺ 조건의 성취와 불성취의 의제 제33회

(1) 조건성취의 의제

① 조건의 성취로 인하여 불이익을 받을 당사자가 신의성실에 반하여 조건의 성취를 방해한 때에는 상대방은 그 조건이 성취된 것으로 주장할 수 있다(제150조 제1항).
② 조건이 성취된 것으로 의제되는 시점은 이러한 신의성실에 반하는 행위가 없었더라면 조건이 성취되었으리라고 추산되는 시점이다.
　✔ 방해 즉시 ✕

> 참고 여기서 조건성취의 방해행위는 고의에 의한 경우만이 아니라 과실에 의한 경우도 해당한다.

(2) 조건불성취의 의제

조건의 성취로 이익을 받을 당사자가 신의성실에 반하여 조건을 성취시킨 때에는 상대방은 그 조건이 성취되지 않은 것으로 주장할 수 있다(제150조 제2항).

6 조건부 법률행위의 효력 제36회

(1) 조건의 성부 확정 전의 효력

> 제148조 【조건부 권리의 침해금지】 조건 있는 법률행위의 당사자는 조건의 성부가 미정한 동안에 조건의 성취로 인하여 생길 상대방의 이익을 해하지 못한다.
>
> 제149조 【조건부 권리의 처분 등】 조건의 성취가 미정한 권리·의무는 일반규정에 의하여 처분·상속·보존 또는 담보로 할 수 있다.

참고: 조건부권리가 확정된 이후에만 처분할 수 있는 것이 아니라는 점에 주의하여야 한다.

① 소극적 보호(침해의 금지): 조건부 권리에 대한 의무자는 조건의 성부가 미정인 동안에 조건의 성취로 인하여 생길 상대방의 이익을 해하지 못한다(제148조).
  ⊙ 조건부 권리를 "해하지 못한다."는 것은 만약 그것을 침해하는 경우에는 일반원칙에 따라서 손해배상의무를 발생시킨다는 것을 말한다.
  ⓒ 조건부 권리를 침해한 처분행위의 효력에 관하여 명문의 규정은 없으나, 그러한 처분행위는 무효라고 함이 통설이다.
② 적극적 보호: 조건부 권리는 그 권리가 확정되기 전이라도 이를 처분·상속·보존 또는 담보로 할 수 있다(제149조).

기출: 조건의 성취가 미정한 권리·의무는 일반규정에 의하여 처분·상속·보존 또는 담보로 할 수 있다.

(2) 조건의 성부 확정 후의 효력

> 제147조 【조건성취의 효과】 ① 정지조건 있는 법률행위는 조건이 성취한 때로부터 그 효력이 생긴다.
> ② 해제조건 있는 법률행위는 조건이 성취한 때로부터 그 효력을 잃는다.
> ③ 당사자가 조건성취의 효력을 그 성취 전에 소급하게 할 의사를 표시한 때에는 그 의사에 의한다.

조건성취의 효력은 원칙적으로 소급하지 않는다. 다만, 당사자의 특약으로 소급효를 인정할 수 있으나 제3자의 권리를 해하지는 못한다.

비교: 기한은 절대적 비소급효이다.
✔ 당사자 특약이 있어도 소급하지 않음

제2절 | 기한

❶ 의의

법률행위의 당사자가 법률행위의 효력의 발생·소멸을 장래에 실현되거나 또는 도래할 것이 확실한 사실에 의존하게 하는 약관을 기한이라 한다.

❷ 기한의 종류 제34회

(1) 시기와 종기

법률행위의 효력의 발생을 장래의 확정적 사실에 의존하게 하는 기한을 시기라고 하고, 법률행위의 효력의 소멸이 걸려 있는 기한을 종기라고 한다.

> 참고 "1월 1일부터 12월 31일까지 임대차한다."에서 1월 1일은 시기이고, 12월 31일은 종기이다.

(2) 확정기한과 불확정기한

기한의 내용이 되는 사실은 장래에 발생하는 것이 확실한 사실이어야 하며, 그 시기가 확정되어 있는 기한을 '확정기한'이라고 하고, 확실한 사실이지만 그 발생시기가 확정되어 있지 않은 것을 '불확정기한'이라고 한다.

> 참고 '내년 1월 1일부터'는 확정기한이고, '甲이 사망하였을 때'는 불확정기한이다.

❸ 기한부 법률행위의 효력 제34회

(1) 기한도래 전의 효력

① 「민법」은 조건부 권리의 침해 금지에 관한 제148조와 조건부 권리의 처분 등에 관한 제149조를 기한부 법률행위에 준용하고 있다(제154조).
② 기한부 권리도 침해하지 못하며, 기한부 권리도 기한도래 전이라도 처분·상속·보존 또는 담보로 할 수 있다.

(2) 기한도래 후의 효력

> **제152조【기한도래의 효과】** ① 시기 있는 법률행위는 기한이 도래한 때로부터 그 효력이 생긴다.
> ② 종기 있는 법률행위는 기한이 도래한 때로부터 그 효력을 잃는다.

기한도래의 효과에는 소급효가 있을 수 없다. 이것은 절대적이며, 당사자가 그러한 특약을 하였더라도 무효이다.

> 비교 조건성취는 원칙적으로 소급효가 없으나 당사자의 의사로 소급효를 인정할 수 있다. 그러나 기한은 절대로 소급효가 인정되지 않는다.

4 기한의 이익 제34회, 제36회

> **제153조 【기한의 이익과 그 포기】** ① 기한은 채무자의 이익을 위한 것으로 추정한다.
> ② 기한의 이익은 이를 포기할 수 있다. 그러나 상대방의 이익을 해하지 못한다.

(1) 의의

기한의 이익이란 기한이 아직 도래하지 않음으로써 그동안 당사자가 받는 이익을 말한다. 즉, 올해 12월 31일을 변제기로 하여 돈을 빌렸다면 그 변제기가 도래하기 전까지는 채무를 변제하지 않아도 되는 이익이 생기며, 이를 기한의 이익이라고 한다.

(2) 기한이익의 포기와 상실

① 기한이익의 포기: 기한의 이익은 이를 포기할 수 있다. 그러나 상대방의 이익을 해하지 못한다(제153조 제2항).
② 기한이익의 상실: 기한의 이익은 다음의 경우에 상실되며 기한의 이익이 상실되면 채무자는 더 이상 기한의 이익을 주장하지 못한다.
    ㉠ 채무자가 담보를 손상하거나 감소 또는 멸실하게 한 때
    ㉡ 채무자가 담보제공의 의무를 이행하지 아니한 때
    ㉢ 채무자가 파산한 때

참고 기한이익을 갖는 자
1. 채권자만이 갖는 경우: 무상임치계약
2. 채무자만이 갖는 경우: 무이자소비대차
3. 쌍방이 모두 갖는 경우: 이자부 소비대차, 임대차

판례 조건과 기한 제33회, 제35회, 제36회

1. 조건과 불확정기한의 구별
   부관이 붙은 법률행위에 있어서 부관에 표시된 사실이 발생하지 아니하면 채무를 이행하지 아니하여도 된다고 보는 것이 상당한 경우에는 조건으로 보아야 하고, 표시된 사실이 발생한 때에는 물론이고 반대로 발생하지 아니하는 것이 확정된 때에도 그 채무를 이행하여야 한다고 보는 것이 상당한 경우에는 표시된 사실의 발생 여부가 확정되는 것을 불확정기한으로 정한 것으로 보아야 한다.
2. 당사자가 불확정한 사실이 발생한 때를 이행기한으로 정한 경우에는 그 사실이 발생한 때에는 물론 그 사실의 발생이 불가능하게 된 때에도 이행기한은 도래한 것으로 보아야 한다.
   ✔ 甲이 乙에게 부동산을 임차하면서 보증금 반환시기를 '타인에게 임대되면' 지급하겠다고 약정하였다. 이 사례에서 부동산이 타인에게 임대된 경우(사실이 발생한 때)에 甲은 보증금을 반환하여야 하며, 만일 이 부동산이 화재로 소실되어 버린 경우에도(사실 발생이 불가능하게 된 때) 이행기한은 도래한 것으로 보아 보증금을 지급하여야 한다는 의미이다.

기출 불확정한 사실이 발생한 때를 이행기로 정한 경우 그 사실의 발생이 불가능한 것으로 확정된 때에도 이행기는 도래한 것으로 본다. 제36회

3. 일반적으로 기한이익 상실의 특약이 채권자를 위하여 둔 것인 점에 비추어 명백히 정지조건부 기한이익 상실의 특약이라고 볼 만한 특별한 사정이 없는 이상 형성권적 기한이익 상실의 특약으로 추정하는 것이 타당하다.

예제

1. 법률행위의 부관에 관한 설명으로 틀린 것은? (다툼이 있으면 판례에 따름) 제34회

① 조건이 선량한 풍속 기타 사회질서에 위반한 경우, 그 조건만 무효이고 법률행위는 유효하다.
② 법률행위에 조건이 붙어 있는지 여부는 조건의 존재를 주장하는 자에게 증명책임이 있다.
③ 기한은 특별한 사정이 없는 한 채무자의 이익을 위한 것으로 추정한다.
④ 조건부 법률행위에서 기성조건이 해제조건이면 그 법률행위는 무효이다.
⑤ 종기(終期) 있는 법률행위는 기한이 도래한 때로부터 그 효력을 잃는다.

해설 ① 조건이 선량한 풍속 기타 사회질서에 위반한 것인 때에는 그 법률행위는 무효로 한다(제151조 제1항). 즉, 불법조건이 부착된 법률행위는 조건뿐 아니라 법률행위도 무효가 된다.
② 법률행위에 조건이 붙어 있는지 여부에 대한 입증책임은 사실인정의 문제이므로 조건의 존재를 주장하는 자에게 있다(대판 2006다35766). **정답** ①

2. 조건에 관한 설명 중 틀린 것은? (다툼이 있으면 판례에 따름)

① 조건부 권리는 확정 전에는 처분할 수 없다.
② 기성조건이 정지조건이면 조건 없는 법률행위가 되고, 해제조건이면 그 법률행위는 무효가 된다.
③ 조건을 붙이는 것이 허용되지 아니하는 법률행위에 조건을 붙인 경우 그 조건만을 분리하여 무효로 할 수는 없고 그 법률행위 전부가 무효로 된다.
④ 부관이 붙은 법률행위에 있어서 부관에 표시된 사실이 발생하지 아니하면 채무를 이행하지 아니하여도 된다고 보는 것이 상당한 경우에는 이를 정지조건으로 보아야 한다.
⑤ 어떤 법률행위가 정지조건부 법률행위에 해당한다는 사실은 그 법률효과의 발생을 다투려는 자에게 입증책임이 있다.

해설 ① 조건의 성취가 미정한 권리의무는 일반규정에 의하여 처분, 상속, 보존 또는 담보로 할 수 있다(제149조).
② 제151조 제2항
③ 조건과 친하지 아니한 법률행위에 조건을 붙인 경우에는 원칙적으로 조건뿐 아니라 법률행위 전부가 무효가 된다.

④ 부관이 붙은 법률행위에 있어서 부관에 표시된 사실이 발생하지 아니하면 채무를 이행하지 아니하여도 된다고 보는 것이 상당한 경우에는 조건으로 보아야 하고, 표시된 사실이 발생한 때에는 물론이고 반대로 발생하지 아니하는 것이 확정된 때에도 그 채무를 이행하여야 한다고 보는 것이 상당한 경우에는 표시된 사실의 발생 여부가 확정되는 것을 불확정기한으로 정한 것으로 보아야 한다(대판 2003다24215).

⑤ 법률행위에 조건이 붙어 있는지 여부에 대한 입증책임은 사실인정의 문제이므로 조건의 존재를 주장하는 자에게 있다(대판 2006다35766). ⇨ 즉, 효과발생을 다투려는 자가 조건의 존재를 입증하여야 한다.

정답 ①

제5장 메타인지 학습체크

01 조건이란 법률행위의 [① 성립 / ② 효력]의 여부를 장래의 불확실한 사실의 성취에 의존하게 하는 법률행위의 부관(附款)을 말한다.

02 정지조건이란 법률행위의 효력의 [① 발생 / ② 소멸]을 장래의 불확실한 사실의 성취 여부에 의존하게 하는 조건이다.

03 어떤 법률행위가 정지조건부 법률행위에 해당한다는 사실은 그 법률행위로 인한 법률효과의 발생을 [① 주장하는 / ② 다투려는] 자가 입증하여야 한다.

04 약혼예물의 수수는 혼인의 불성립을 [① 정지조건 / ② 해제조건]으로 하는 증여와 유사한 성질을 갖는다.

05 조건이 법률행위의 당시 이미 성취한 것인 경우에는 그 조건이 정지조건이면 [① 조건 없는 법률행위 / ② 무효]로 한다.

06 조건이 법률행위의 당시에 이미 성취할 수 없는 것인 경우에는 그 조건이 정지조건이면 그 법률행위는 [① 조건 없는 법률행위 / ② 무효]로 한다.

07 단독행위에는 원칙적으로 조건을 붙일 수 [① 있다. / ② 없다.]

08 조건의 성취가 미정한 권리·의무는 처분·상속·보존 또는 담보로 할 수 [① 있다. / ② 없다.]

09 정지조건 있는 법률행위는 원칙적으로 [① 법률행위시 / ② 조건이 성취된 때]부터 그 효력이 생긴다.

10 부관이 붙은 법률행위에 있어서 부관에 표시된 사실이 발생하지 아니하면 채무를 이행하지 아니하여도 된다고 보는 것이 상당한 경우에는 [① 조건 / ② 불확정기한]으로 보아야 한다.

정답

01 ②　02 ①　03 ②　04 ②　05 ①　06 ②　07 ②　08 ①　09 ②　10 ①

11 조건과 기한은 모두 소급효가 없음이 원칙이나 [① 조건 / ② 기한]은 특약으로 소급효가 인정될 수 있다. 그러나 [③ 조건 / ④ 기한]은 절대로 소급효가 인정되지 않는다.

12 기한은 [① 채무자 / ② 채권자]의 이익을 위한 것으로 [③ 추정한다. / ④ 본다.]

13 무이자소비대차에서 기한의 이익은 [① 채무자 / ② 채권자]만 누리게 된다.

14 기한이익 상실특약은 당사자 사이에 특별한 약정이 없는 한 [① 정지조건부 / ② 형성권적] 기한이익 상실 특약으로 추정한다.

정답

11 ①, ④ **12** ①, ③ **13** ① **14** ②

제 2 편
물권법

◆ **최근 5개년 출제경향 분석**

- 제1장 | 물권법 서론
- 제2장 | 물권의 변동
- 제3장 | 점유권
- 제4장 | 소유권
- 제5장 | 용익물권
- 제6장 | 담보물권

제1장 물권법 서론

❖ 물권

- 물권의 의의 — 물건을 직접 지배하는 배타적 권리

- 물권의 객체
  - 원칙 — 물건
  - 예외 — 권리(예 저당권은 전세권·지상권을 대상으로 설정 가능)

- 일물일권주의
  - 의의 — 하나의 물건 위에는 동일한 종류·내용·순위의 물권이 동시에 성립할 수 없음
  - 물건의 일부 위에 물권의 성립
    - 1필 토지 일부
      - 용익물권(지상권·지역권·전세권)
      - 「광업법」상 광업권의 대상이 되는 광물
    - 1동 건물 일부
      - 전세권
      - 구분건물
    - 수목
      - 「입목에 관한 법률」에 의하여 등기된 입목(소유권·저당권의 객체)
      - 명인방법에 의한 수목의 집단(소유권의 객체)
    - 미분리과실 — 명인방법
    - 농작물 — 성숙한 농작물은 경작자 소유(명인방법이 필요 없음)

- 물권의 종류 — 물권법정주의
  - 의의 — 물권은 법률 또는 관습법으로 창설
  - 내용
    - 종류강제
    - 내용강제

제1장 물권법 서론

> 물권에 대한 기초적 개념을 이해하고 물권의 객체와 종류, 일물일권주의에 대하여 정리하여야 하며, 물권적 청구권의 내용과 성질, 주체와 상대방은 사례문제로 출제될 수 있으니 이에 철저히 대비하여야 한다.

제1절 | 물권의 의의와 성질

❶ 물권의 의의

물권(物權)은 '특정의 물건을 직접 지배해서 이익을 얻는 배타적인 권리'이다. 채권이 특정인에게 일정한 급부를 청구하는 것이라면, 물권은 물건 자체에 행사되는 직접적인 권리라는 점에서 차이가 있다.

물권과 채권의 비교

구분	물권	채권
지배원리	① 물권법정주의(강행규정 多) ② 임의로 창설 불가능	① 계약자유의 원칙(임의규정 多) ② 합의하에 임의로 창설 가능
대상	물건 또는 일정한 권리	채무자의 급부
성질	① 직접적 지배 ② 배타적 지배 ③ 절대성(대세성) ④ 양도성	① 채무자의 급부를 통하여 실현 ② 채권자평등주의 ③ 상대성(대인성) ④ 양도성의 제한 가능

❷ 물권의 객체 제34회, 제35회

물권의 객체는 물건이다. 따라서 유체물 및 전기 기타 관리할 수 있는 자연력이 물권의 객체가 된다. 다만, 예외적으로 권리를 물권의 객체로 하는 경우도 있다.

참고 저당권은 지상권이나 전세권을 대상으로 할 수 있다.
✔ 다만, 지역권을 대상으로 할 수 없음

(1) 특정·현존의 물건
① 물건의 객체는 특정·현존한 물건이어야 한다.
② 구성부분이 증감·변동하는 집합물이라 하여도 특정성을 상실하지 않는다(예 재단저당, 뱀장어 100만 마리).

> **판례** 물건의 특정성 인정 여부
>
> 1. 일반적으로 증감·변동하는 동산을 하나의 물건으로 보아 이를 채권담보의 목적으로 삼으려는 이른바 집합물에 대한 양도담보설정계약체결도 가능하며, 이 경우 그 목적동산이 담보설정자의 다른 물건과 구별될 수 있도록 그 종류·장소 또는 수량지정 등의 방법에 의하여 특정되어 있으면 그 전부를 하나의 재산권으로 보아 이에 유효한 담보권의 설정이 된 것으로 볼 수 있다.
> 2. 집합물에 대한 양도담보권설정계약이 이루어지면 그 집합물을 구성하는 개개의 물건이 변동되거나 변형되더라도 한 개의 물건으로서 동일성을 잃지 아니하므로 양도담보권의 효력은 항상 현재의 집합물 위에 미친다(대판 88다카20224).

(2) 독립한 물건

물권의 객체는 원칙적으로 독립한 물건이어야 한다. 따라서 물건의 일부라든가 구성부분 등은 원칙적으로 별도로 물권의 객체가 되지 못한다.

③ 일물일권주의 제34회, 제35회

1. 의의

하나의 물건 위에는 동일한 종류·내용·순위의 물권이 동시에 성립할 수 없다는 것을 일물일권주의라 한다. 바꾸어 말하면 하나의 물건 위라고 하더라도 다른 종류·내용·순위의 물권이라면 동시에 복수의 물권이 존재할 수 있다.

2. 내용

1개의 물건, 즉 독립한 물건은 사회통념과 거래관념에 따라 결정된다. 동산의 경우에는 그 자체로 거래가 되므로 독립성의 판단이 용이하지만 부동산의 경우에는 독립성에 관하여 문제가 된다.

(1) 원칙

① 하나의 독립한 물건 위에 물권이 성립한다.
② 토지는 1필, 건물은 1동이 독립한 물건으로 물권의 객체가 된다.

(2) 예외

① 용익물권: 용익물권(지상권, 지역권, 전세권)은 1필의 토지 일부 위에 설정될 수 있으며, 전세권은 1동의 건물 일부에도 설정될 수 있다.

참고 분할되지 않은 1필의 토지 일부에 소유권보존등기는 허용될 수 없다.

참고 지적도상의 경계선이 진실한 경계선과 다르게 작성된 경우, 기술적인 착오가 없는 한 그 토지의 경계는 공부상의 경계에 따른다.

② 1동(棟)의 건물 일부분: 1동(棟)의 건물 일부분이 독립성을 갖춘 것일 때에는 구분소유권의 목적으로 될 수 있다.

③ 등기된 입목: 「입목에 관한 법률」에 의하여 소유권보존등기를 마친 입목은 토지와는 독립된 부동산으로서 소유권과 저당권의 객체가 된다.

④ 명인방법을 갖춘 수목

㉠ 「입목에 관한 법률」에 의하여 보존등기하지 아니한 수목, 미분리과실 등은 토지의 정착물이지만 명인방법을 통하여 별도로 소유권의 대상이 될 수 있다.

㉡ 명인방법에 의한 공시는 관습법상 인정되는 것으로 소유자가 표시되어야 하며, 물건이 특정되어 있어야 하고, 표시가 계속되어야 한다.

⑤ 농작물

㉠ 타인소유의 임야에 권한 없이 식재한 수목의 소유권은 임야소유자에게 귀속하지만, 적법한 경작권 없이 타인의 토지를 경작하였더라도 그 경작한 입도가 성숙하여 독립한 물건으로서의 존재를 갖추었으면 입도의 소유권은 경작자에게 귀속한다.

㉡ 이 경우에 명인방법을 갖출 필요는 없다. 다만, 경작자로부터 농작물을 매수한 자는 명인방법을 갖춤으로써 소유권을 취득한다.

㉢ 토지소유자는 경작자에게 손해배상을 청구하거나 부당이득반환을 청구할 수 있다.

Tip 👆 등기된 입목은 저당권의 대상이 될 수 있으나 명인방법을 갖춘 수목은 저당권의 대상이 될 수 없다.

예제

1필의 토지의 일부를 객체로 할 수 없는 권리는? (다툼이 있으면 판례에 따름) 제33회

① 저당권
② 전세권
③ 지상권
④ 임차권
⑤ 점유권

해설 ① 저당권은 1필 토지의 일부에 설정될 수 없으며 또한 구분소유권의 객체가 아니라면 1동 건물의 일부 위에 설정될 수 없다.
②③④ 지상권, 지역권, 전세권, 임차권과 같은 용익적 권리는 1필 토지 일부 위에 설정될 수 있다.
⑤ 점유권은 물건을 사실상 지배함으로써 인정되는 권리로서 1필 토지의 일부에 점유권이 성립할 수 있다.

정답 ①

제2절 | 물권법정주의 제32회, 제34회, 제35회, 제36회

> 제185조 【물권의 종류】 물권은 법률 또는 관습법에 의하는 외에는 임의로 창설하지 못한다.

1 의의

물권은 법률 또는 관습법에 의하여만 인정되며, 당사자가 임의로 물권을 창설할 수 없다는 것을 물권법정주의라 한다.

2 내용

(1) 법률 또는 관습법
① 물권은 법률 또는 관습법에 의하여만 창설될 수 있다.
② 여기서 법률이란 국회가 제정한 형식적 의미의 법률만을 의미하고, 명령이나 규칙은 물권 성립의 근거가 될 수 없다.

(2) 임의로 창설하지 못한다(강행규정)
① 종류강제: 법률 또는 관습법이 인정하지 않는 새로운 종류의 물권을 만들지 못한다.
② 내용강제: 법률 또는 관습법이 인정하는 내용과 다른 내용을 부여하지 못한다.

> **판례** 관습법상 물권이 아니라고 본 사례
>
> 1. **미등기 무허가 건물의 양수인**이라 할지라도 그 소유권이전등기를 경료받지 않는 한 건물에 대한 소유권을 취득할 수 없고, 그러한 건물의 취득자에게 **소유권에 준하는 관습상의 물권이 있다고 볼 수 없다**.
> 2. **온천에 관한 권리**는 관습상의 물권이라 볼 수 없으며, 온천수는 공용수, 생활에 필요한 용수로 볼 수 없다.
> 3. 관습상의 **사도통행권**은 성문법, 관습법 어디에도 근거가 없다.
> 4. 인근 주민들이 누구에게나 주장할 수 있는 **공원이용권**이라는 배타적 권리를 취득하였다고 할 수 없다.

참고 물건에 대한 배타적인 사용·수익권은 소유권의 핵심적 권능이므로, 소유물에 대한 사용·수익의 권능을 대세적·영구적으로 포기하는 것은 법률에 의하지 않고 새로운 물권을 창설하는 것과 다를 바 없어 허용되지 않는다.

비교▶ 관습법상 인정되는 물권
분묘기지권(墳墓基地權), 관습법상의 법정지상권(法定地上權)

예제

1. 물권에 관한 설명으로 옳은 것은? (다툼이 있으면 판례에 따름) 제35회

① 관습법에 의한 물권은 인정되지 않는다.
② 저당권은 법률규정에 의해 성립할 수 없다.
③ 부동산 물권변동에 관해서 공신의 원칙이 인정된다.
④ 1필 토지의 일부에 대해서는 저당권이 성립할 수 없다.
⑤ 물건의 집단에 대해서는 하나의 물권이 성립하는 경우가 없다.

해설 ④ 저당권은 원칙적으로 1동 건물의 일부나 분필되지 않은 1필 토지 일부 위에 성립할 수 없다.
① 물권은 법률 또는 관습법에 의하는 외에는 임의로 창설하지 못한다(제185조).
② 저당권은 기본적으로 약정담보물권이지만 법률규정에 의한 법정저당권도 존재한다.

> **제649조【임차지상의 건물에 대한 법정저당권】** 토지임대인이 변제기를 경과한 최후 2년의 차임채권에 의하여 그 지상에 있는 임차인소유의 건물을 압류한 때에는 저당권과 동일한 효력이 있다.

③ 부동산 물권변동에 관해서 등기의 공신력은 인정되지 않는다.
⑤ 성장을 계속하는 어류일지라도 그 종류, 장소 또는 수량지정 등의 방법에 의하여 특정되어 있으면 그 전부를 하나의 물건으로 보아 이에 대한 양도담보계약은 유효하게 성립되었다 할 것이다(대판 88다카20224). **정답 ④**

2. 물권에 관한 설명으로 틀린 것은? (다툼이 있으면 판례에 따름) 제32회

① 「민법」 제185조에서의 '법률'은 국회가 제정한 형식적 의미의 법률을 의미한다.
② 사용·수익 권능을 대세적·영구적으로 포기한 소유권도 존재한다.
③ 처분권능이 없는 소유권은 인정되지 않는다.
④ 근린공원을 자유롭게 이용한 사정만으로 공원이용권이라는 배타적 권리를 취득하였다고 볼 수는 없다.
⑤ 온천에 관한 권리를 관습법상의 물권이라고 볼 수는 없다.

해설 ② 물건에 대한 배타적인 사용·수익권은 소유권의 핵심적 권능이므로, 소유자가 제3자와의 채권관계에서 소유물에 대한 사용·수익의 권능을 포기하거나 사용·수익권의 행사에 제한을 설정하는 것을 넘어 이를 대세적·영구적으로 포기하는 것은 법률에 의하지 않고 새로운 물권을 창설하는 것과 다를 바 없어 허용되지 않는다(대판 2012다54133).
① 물권은 법률 또는 관습법에 의해서만 창설될 수 있다(제185조). 여기서 법률이란 국회가 제정한 형식적 의미의 법률만을 의미하고, 명령이나 규칙은 물권 성립의 근거가 될 수 없다.
③ 소유자에게 소유권의 핵심적 내용에 속하는 처분권능이 없다고 하면, 이는 결국 「민법」이 알지 못하는 새로운 유형의 소유권 내지 물권을 창출하는 것으로서, 객체에 대한 전면적 지배권인 소유권을 핵심으로 하여 구축되어 있고 또한 물권의 존재 및 내용에 관하여 일정한 공시수단을 요구하는 물권법의 체계를 현저히 교란하게 된다(대판 2009다105215). 즉, 물권법정주의상 처분권능이 없는 소유권은 인정되지 않는다.

④ 인근 주민들이 누구에게나 주장할 수 있는 공원이용권이라는 배타적 권리를 취득하였다고 할 수 없다(대결 94마2218).
⑤ 온천에 관한 권리는 관습상의 물권이라 볼 수 없으며, 온천수는 공용수, 생활에 필요한 용수로 볼 수 없다(대판 69다1239).

정답 ②

제3절 | 물권의 효력

1 우선적 효력

(1) 채권에 우선하는 효력

① 원칙: 물권은 채권에 우선하는 것이 원칙이다.
② 예외
  ㉠ 가등기된 채권은 본등기를 전제로 후에 성립한 물권보다 우선한다.
  ㉡ 등기된 임차권은 채권이지만 뒤에 성립하는 물권에 우선(대항)한다.
  ㉢ 「근로기준법」상의 임금우선특권, 「주택임대차보호법」 또는 「상가건물 임대차보호법」상의 소액보증금채권 등은 선순위 저당권 등의 물권에도 우선적 효력이 인정된다.

(2) 물권 상호간의 우선적 효력

① 먼저 성립한 물권은 뒤에 성립한 물권에 우선한다.
② 제한물권은 소유권에 우선한다.
③ 점유권은 우선적 효력이 없다.

2 물권적 청구권 제32회, 제33회, 제34회, 제35회, 제36회

(1) 의의

물권 내용의 실현이 어떤 사정으로 인해 방해당하고 있거나 방해당할 염려가 있을 경우에 그 방해의 제거 또는 예방에 필요한 일정한 행위를 청구할 수 있는 권리가 필요하게 되는데, 이것이 '물권적 청구권'이다.

(2) 불법행위로 인한 손해배상청구권

물권적 청구권과 손해배상청구권은 함께 행사할 수 있으나, 언제나 병존하는 것은 아니다.

구분	물권적 청구권	손해배상청구권
원인	물권에 대한 침해 또는 침해가능성	불법행위
요건	고의·과실과 손해발생을 요건으로 하지 않음	고의·과실과 손해발생을 요건으로 함
행사방법	행위청구(작위 또는 부작위)	금전배상청구

(3) 물권적 청구권의 종류

① 근거되는 물권에 따른 분류: 물권적 청구권은 점유권에 기초한 물권적 청구권과 본권에 기한 물권적 청구권으로 나뉜다. 전자를 점유보호청구권이라고 하며, 양자를 모두 행사할 수도 있다.

② 내용에 따른 분류

　㉠ 물권적 반환청구권

　　ⓐ 타인이 점유를 침탈하거나 법률상 원인 없이 소유물을 점유함으로써 소유권이 침해되고 있는 경우에 그 반환을 청구하는 권리이다.

　　ⓑ 반환청구의 상대방은 최초 침탈자가 아니라 현재 점유자이다. 이때 점유자는 간접점유자도 포함된다.

　㉡ 물권적 방해제거(배제)청구권: 현재 계속되고 있는 방해원인의 제거를 의미하는 것이며, 방해결과의 제거를 내용으로 하는 것은 아니다. 방해의 결과는 손해배상의 영역에 해당한다.

　㉢ 물권적 방해예방청구권: 방해가 생길 염려가 있는 경우에, 그 방해의 예방 또는 손해배상의 담보를 청구하는 권리이다.

> 참고 甲의 물건을 乙이 침탈하여 이를 丙에게 양도하였다면 甲은 乙이 아니라 丙을 상대로 반환을 청구하여야 한다.

(4) 「민법」의 규정

「민법」은 점유보호청구권(제204조~제206조)과 소유권에 기한 물권적 청구권(제213조~제214조)을 개별적으로 규정하고, 다른 제한물권은 소유권에 기한 물권적 청구권을 준용하는 방식을 취한다.

① 지역권과 저당권에 기인한 물권적 청구권에 있어서 반환청구권은 인정되지 않는다.

> 참고 저당권자와 지역권자는 목적물을 점유하지 않기 때문이다.

② 유치권에 대하여는 「민법」이 준용조항을 두고 있지 않다. 따라서 유치권이 침해된 경우에는 점유권에 기인하여 물권적 청구권을 행사할 수 있을 뿐이지 **유치권 자체에 기한 물권적 청구권을 행사할 수는 없다.**
③ 대항력 있는 임차권
ㄱ. 임차권은 채권이므로 임대인을 대위하여 방해제거를 청구하는 것이 원칙이다(점유하고 있다면 점유보호청구권 행사는 가능).
ㄴ. 대항력 있는 임차권에 대하여는 임차권 자체에 기한 방해배제청구권이 인정된다.

(5) 물권적 청구권의 성질

① 물권적 청구권은 물권에 의존하는 권리이므로 물권과 그 운명을 같이 한다. 즉, 물권과 물권적 청구권은 절대로 분리양도될 수 없다.
② 소유권에 기한 물권적 청구권은 소멸시효에 걸리지 않는다.
③ 소유자가 물권적 청구권에 기하여 방해배제비용 또는 방해예방비용을 청구할 수는 없다.

판례 물권적 청구권

1. 일단 소유권을 상실한 전(前) 소유자는 제3자인 불법점유자에 대하여 소유권에 기한 물권적 청구권을 행사할 수 없다.
2. 근저당권이 설정된 후에 그 부동산의 소유권이 제3자에게 이전된 경우에 현재의 소유자가 자신의 소유권에 기하여 피담보채무의 소멸을 원인으로 그 근저당권설정등기의 말소를 청구할 수 있음은 물론이고 종전의 소유자도 채권적 청구로 말소를 구할 수 있다.
3. 인도청구의 상대방은 현재 점유자이므로 침탈자가 그 물건을 다른 자에게 인도한 경우에는 최초 침탈자를 상대로 한 인도 또는 명도청구는 부당하다.
   ✔ 간접점유자는 상대방이 되지만 점유보조자는 상대방이 될 수 없다.
4. 타인 토지에 무단으로 건물을 신축한 건물의 소유자에게 건물의 철거를 청구할 수 있으나 퇴거를 청구할 수는 없다.
5. 무단으로 신축한 건물의 임차인에게 퇴거를 요구할 수 있으나 건물의 철거를 청구할 수 없다.
   ✔ 이 경우 임차인이 대항력을 갖추었더라도 토지소유자에게 대항할 수 없다.
6. 무단으로 신축한 건물의 미등기 매수인에게도 건물의 철거를 청구할 수 있다.

> 예제

1. 甲소유 토지에 乙이 무단으로 건물을 신축한 뒤 丙에게 임대하여 丙이 현재 그 건물을 점유하고 있다. 다음 설명 중 틀린 것은? (다툼이 있으면 판례에 따름) 제35회
   ① 甲은 丙을 상대로 건물에서의 퇴거를 청구할 수 없다.
   ② 甲은 乙을 상대로 건물의 철거 및 토지의 인도를 청구할 수 있다.
   ③ 甲은 乙을 상대로 토지의 무단 사용을 이유로 부당이득반환청구권을 행사할 수 있다.
   ④ 만약 乙이 임대하지 않고 스스로 점유하고 있다면, 甲은 乙을 상대로 건물에서의 퇴거를 청구할 수 없다.
   ⑤ 만약 丙이 무단으로 건물을 점유하고 있다면, 乙은 丙을 상대로 건물의 인도를 청구할 수 있다.

   해설 ① 무단으로 건축한 건물을 임대차한 경우에 임차인은 처분권자가 아니므로 토지의 소유자는 임차인에게 건물의 철거를 구할 수 없다. 다만, 불법건물에 거주하고 있는 임차인(전세권자)에게는 퇴출을 요구할 수 있다. 이때에 임차인은 대항력을 갖추었더라도 토지소유자에게 대항할 수 없다(대판 2010다43801).
   ②④ 건물철거는 그 소유권의 종국적 처분에 해당하는 사실행위이므로 원칙적으로 철거청구의 상대방은 그 건물의 소유자가 된다. 다만 소유자에게 철거를 구하는 것은 인정되지만 퇴거를 요구할 수는 없다(대판 98다57457, 57464).
   ⑤ 丙이 무단으로 건물을 점유하고 있다면, 건물의 소유자인 乙은 丙을 상대로 건물의 인도를 청구할 수 있다.   **정답 ①**

2. 물권적 청구권에 관한 설명으로 옳은 것은? (다툼이 있으면 판례에 따름) 제29회
   ① 소유자는 물권적 청구권에 의하여 방해제거비용 또는 방해예방비용을 청구할 수 없다.
   ② 불법원인으로 물건을 급여한 사람은 원칙적으로 소유권에 기하여 반환청구를 할 수 있다.
   ③ 소유자는 소유물을 불법점유한 사람의 특별승계인에 대하여는 그 반환을 청구하지 못한다.
   ④ 소유권에 기한 방해제거청구권은 현재 계속되고 있는 방해의 원인과 함께 방해결과의 제거를 내용으로 한다.
   ⑤ 소유권에 기한 물권적 청구권이 발생한 후에는 소유자가 소유권을 상실하더라도 그 청구권을 행사할 수 있다.

   해설 ①「민법」제214조의 규정에 의하면, 소유자는 소유권을 방해하는 자에 대하여 그 방해제거행위를 청구할 수 있고, 소유권을 방해할 염려가 있는 행위를 하는 자에 대하여 그 방해예방행위를 청구하거나 소유권을 방해할 염려가 있는 행위로 인하여 발생하리라고 예상되는 손해의 배상에 대한 담보를 지급할 것을 청구할 수 있으나, 소유자가 침해자에 대하여 방해제거행위 또는 방해예방행위를 하는 데 드는 비용을 청구할 수 있는 권리는 위 규정에 포함되어 있지 않으므로, 소유자가 「민법」제214조에 기하여 방해배제비용 또는 방해예방비용을 청구할 수는 없다(대판 2014다52612).

② 「민법」 제746조는 단지 부당이득제도만을 제한하는 것이 아니라 동법 제103조와 함께 사법의 기본이념으로서, 결국 사회적 타당성이 없는 행위를 한 사람은 스스로 불법한 행위를 주장하여 복구를 그 형식 여하에 불구하고 소구할 수 없다는 이상을 표현한 것이므로, 급여를 한 사람은 그 원인행위가 법률상 무효라 하여 상대방에게 부당이득반환청구를 할 수 없음은 물론 <u>급여한 물건의 소유권은 여전히 자기에게 있다고 하여 소유권에 기한 반환청구도 할 수 없고</u> 따라서 급여한 물건의 소유권은 급여를 받은 상대방에게 귀속된다(대판 79다483).
③ 점유물반환청구는 침탈자의 선의의 특별승계인에게 행사할 수 없지만 소유물반환청구권은 그러한 제한이 없으므로 불법점유자의 특별승계인에게도 할 수 있다.
④ 소유권에 기한 방해배제청구권에 있어서 '방해'라 함은 현재에도 지속되고 있는 침해를 의미하고, 법익 침해가 과거에 일어나서 이미 종결된 경우에 해당하는 '손해'의 개념과는 다르다 할 것이어서, <u>소유권에 기한 방해배제청구권은 방해결과의 제거를 내용으로 하는 것이 되어서는 아니 되며</u>(이는 손해배상의 영역에 해당한다 할 것이다) 현재 계속되고 있는 <u>방해의 원인을 제거하는 것을 내용으로 한다</u>(대판 2003다5917).
⑤ 소유권을 상실한 자는 소유권에 기한 물권적 청구권으로서의 방해배제를 청구할 수 없다(대판 전합 68다725).

정답 ①

제1장 메타인지 학습체크

01 물권은 [① 절대권성 / ② 상대권성]이 있으며, 채권은 [③ 절대권성 / ④ 상대권성]이 있다.

02 [① 용익물권 / ② 담보물권]은 하나의 부동산 일부 위에 성립할 수 있다.

03 농지소유자의 승낙 없이 농작물을 경작한 경우 명인방법을 [① 갖추어야만 / ② 갖추지 않아도] 토지와 별도로 독립된 소유권의 객체로 된다.

04 물권은 [① 법률 / ② 법령] 또는 관습법에 의하는 외에는 임의로 창설하지 못한다.

05 일정한 물건에 관하여 물권과 채권이 함께 성립하는 경우에는 그 성립의 선후에 관계없이 [① 물권 / ② 채권]이 우선함이 원칙이다.

06 [① 물권적 청구권 / ② 손해배상청구권]의 행사에 있어서는 가해자의 고의·과실과 손해의 발생이 요구되나, [③ 물권적 청구권 / ④ 손해배상청구권]의 행사에 있어서는 방해자의 고의·과실이나 손해의 발생을 요구하지 않는다.

07 甲의 물건을 乙이 침탈하여 이를 丙에게 양도하였다면 甲은 [① 乙 / ② 丙]을 상대로 반환을 청구하여야 한다.

08 방해제거청구권은 방해의 [① 원인 / ② 결과]의 제거를 의미하는 것이며, 방해의 [③ 원인은 / ④ 결과는] 손해배상의 영역에 해당한다.

09 권한 없이 타인의 토지에 무단으로 건물을 건축한 경우 토지의 소유자는 건물을 신축한 자에게 [① 철거 / ② 퇴거]를 청구할 수 있으나, [③ 철거 / ④ 퇴거]를 요구할 수는 없다.

정답

01 ①, ④   02 ①   03 ②   04 ①   05 ①   06 ②, ③   07 ②   08 ①, ④   09 ①, ④

10 타인 토지에 무단으로 건축한 건물이 임대차된 경우에, 토지의 소유자는 현재 점유자인 임차인을 상대로 [① 철거 / ② 퇴거]를 청구할 수 있으나, [③ 철거 / ④ 퇴거]를 요구할 수는 없다.

11 저당권자와 지역권자에게는 [① 반환 / ② 방해제거]청구권이 인정되지 않는다.

12 유치권자가 점유를 침탈당한 경우에 [① 점유권 / ② 유치권]에 기한 반환청구는 할 수 없으나, [③ 점유권 / ④ 유치권]에 기한 반환청구는 인정된다.

13 물권과 물권적 청구권은 분리양도할 수 [① 있다. / ② 없다.]

정답

10 ②, ③ **11** ① **12** ②, ③ **13** ②

제2장 물권의 변동

❖ 공시제도

- 공시방법
  - **부동산**: 등기
  - **동산**: 인도(점유)

- 공시의 원칙
  - **성립요건주의**: 우리 「민법」이 취하는 방식
  - 대항요건주의

- 공신의 원칙
  - **부동산**: 부정
  - **동산**: 인정(선의취득)

❖ 부동산물권변동

- 법률행위로 인한 변동
  - 등기 필요
  - 등기는 효력발생요건(효력존속요건 ×)
  - 등기가 불법말소되어도 권리는 존속
  - 사항란의 이중보존등기
    - **동일인 명의 ○**: 언제나 선등기가 유효
    - **동일인 명의 ×**: 선등기에 무효사유가 없는 한 선등기 유효
  - 중간생략등기
    - 유효성
      - 이미 최종 양수인 앞으로 경료된 중간생략등기는 유효하다.
      - 토지거래허가규정을 위반하여 이루어진 중간생략등기는 무효이다.
    - 등기청구의 방법 (甲 ⇨ 乙 ⇨ 丙의 경우)
      - 3자 간 합의가 있는 경우
        - 丙은 직접 甲에게 소유권이전을 청구할 수 있다.
        - 중간매수인의 소유권이전등기청구권이 소멸하는 것은 아니다
        - 3자 간 합의가 있다 하여도 최초 매도인의 대금청구권이 제한되지 않는다.
      - 3자 간 합의가 없는 경우
        - 丙은 乙을 대위하여 甲에게 乙 앞으로의 소유권이전을 청구할 수 있다.
        - 丙이 乙로부터 등기청구권을 양도받고 채권양도를 원인으로 직접 청구할 수 없다.

❖ 물권의 소멸

제2장 물권의 변동

제186조와 제187조에서 규정하고 있는 부동산물권변동의 유형들을 정확하게 파악하고 등기와 관련하여는 가등기, 중간생략등기, 등기의 추정력을 정확하게 이해해 두어야 하며, 물권의 소멸에서는 혼동 관련 문제가 짧은 사례지문으로 출제될 것에 대비하여 정리하여야 한다.

제1절 부동산물권의 변동

1 법률행위에 의한 부동산물권변동 제32회, 제34회, 제35회

> 제186조【부동산물권변동의 효력】부동산에 관한 법률행위로 인한 물권의 득실변경은 등기하여야 그 효력이 생긴다.
> 제187조【등기를 요하지 아니하는 부동산물권취득】상속, 공용징수, 판결, 경매 기타 법률의 규정에 의한 부동산에 관한 물권의 취득은 등기를 요하지 아니한다. 그러나 등기를 하지 아니하면 이를 처분하지 못한다.

1. 의의

법률행위에 의한 부동산물권의 변동에 관하여 제186조는 "부동산에 관한 법률행위로 인한 물권의 득실변경은 등기하여야 그 효력이 생긴다."고 규정함으로써 성립요건주의(형식주의)를 명시하고 있다. 따라서 법률행위에 의한 부동산물권의 변동은 물권행위를 하고 등기를 갖추었을 때에 비로소 효력을 발생한다.

2. 제186조의 적용범위

(1) 원인행위 실효에 의한 물권의 복귀

계약(채권행위)이 해제되면 그 계약의 이행으로 변동이 생겼던 물권은 당연히 그 계약이 없었던 원상태로 복귀한다.

참고 ▸ 물권변동의 원인이었던 계약이 무효·취소·해제가 되면 등기 없이도 물권이 복귀된다.

(2) 시효로 인한 부동산물권의 취득은 법률의 규정에 의한 물권취득이지만, 제187조에 대한 예외로서 등기를 하여야만 그 물권을 취득한다.

(3) 물권의 포기

부동산물권의 포기는 물권의 소멸을 목적으로 하는 법률행위(단독행위)로서 제186조에 의하여 그 등기를 하여야 효력이 생긴다.

3. 부동산물권변동을 위한 등기의 요건

① 부동산물권변동을 완성시키는 등기는 물권행위의 내용과 합치하여야 하며(실질적·실체적 유효요건), 「부동산등기법」이 정하는 절차상의 요건을 갖춰서 적법하게 이루어져야 한다(형식적·절차적 유효요건).

② 등기는 물권변동의 효력발생요건이지 효력존속요건이 아니다. 따라서 일단 유효하게 존재하였던 등기가 멸실되거나 불법으로 말소된 경우에도 그 등기가 표상(表象)하던 물권은 소멸하지 않는다.

> 참고 📖 불법말소된 등기는 회복등기를 마치기 전이라도 여전히 적법한 권리자로 추정된다.

판례 원인 없이 말소된 소유권이전등기가 회복되기 전 동 등기의 추정력

등기는 물권의 **효력발생요건이고 효력존속요건이 아니므로** 물권에 관한 등기가 원인 없이 말소된 경우에 그 물권의 효력에는 아무런 영향을 미치지 않는다고 봄이 타당한바, 원인 없이 경료된 등기와 같이 되어 말소된 소유권이전등기는 회복되어야 하고 **회복등기를 마치기 전이라도 말소된 소유권이전등기의 최종 명의인은 적법한 권리자로 추정된다고 하겠으니** 동 이전등기가 실체관계에 부합하지 않은 점에 대한 입증책임은 이를 주장하는 자에게 있다(대판 81다카923).

(1) 이중으로 경료된 소유권보존등기

사항란 이중등기	동일인 명의인 경우	실체관계를 묻지 않고 선등기 유효(후등기 무효)
	동일인 명의가 아닌 경우	선등기에 원인무효사유가 없는 한 후등기는 무효

(2) 등기의 실질적 유효요건

등기가 유효하기 위하여는 물권행위와 합치하여야 한다. 그러나 간혹 물권행위와 등기가 합치되지 않는 경우가 나타난다.

① 중간생략등기

㉠ 등기의 유효성

ⓐ 「부동산등기 특별조치법」상 조세포탈과 부동산투기 등을 방지하기 위하여 등기하지 아니하고 제3자에게 전매하는 행위를 일정 목적범위 내에서 형사처벌하도록 되어 있으나 이로써 순차매도한 당사자 사이의 중간생략등기 합의에 관한 사법상 효력까지

> Tip 👉 일단 중간생략등기가 실행되었다면 토지거래허가구역이 아닐 때에는 유효함에 주의한다.

무효로 한다는 취지는 아니라고 하며, 따라서 당사자 사이에 적법한 원인행위가 성립되어 중간생략등기가 이루어진 이상 **중간생략등기에 관한 합의가 없었다는 사유만으로는 그 소유권이전등기를 무효라고 할 수는 없다.**

ⓑ 다만, 토지거래허가구역 내에서 중간생략등기가 경료된 경우에는 최종 매수인 명의의 소유권이전등기는 적법한 토지거래허가 없이 경료된 등기로서 무효이다.

ⓒ 등기의 청구

ⓐ 3자 합의가 있는 경우 – 직접 청구 가능: 직접 등기를 청구하기 위하여는 최초 양도인과 중간자의 동의가 있는 것 외에 최초 양도인과 최종 양수인 사이에도 그 중간등기생략의 합의가 있었음이 요구된다.

판례 3자 합의가 있는 경우

1. 중간생략등기의 합의가 있었다 하더라도 <u>중간매수인의 소유권이전등기청구권이 소멸된다거나 첫 매도인의 그 매수인에 대한 소유권이전등기의무가 소멸되는 것은 아니라 할 것이다.</u>
2. 중간생략등기의 합의가 있은 후에 최초 매도인과 중간 매수인 간에 매매대금을 인상하는 약정이 체결된 경우, 최초 매도인은 인상된 매매대금이 지급되지 않았음을 이유로 최종 매수인 명의로의 소유권이전등기의무의 이행을 거절할 수 있다. 즉, <u>3자 합의가 있다 하여도 최초 매도인의 대금청구권이 제한되지 않는다.</u>

ⓑ 3자 합의가 없는 경우 – **대위청구**: 중간생략등기의 합의가 없다면 부동산의 전전 매수인은 매도인을 대위하여 그 전 매도인인 등기명의자에게 매도인 앞으로의 소유권이전등기를 구할 수는 있을지언정 직접 자기 앞으로의 소유권이전등기를 구할 수는 없다.

비교▷ 취득시효완성으로 인한 소유권이전등기청구권은 일반 채권양도의 법리가 적용되어 원소유자의 동의가 없어도 제3자에게 양도할 수 있다.

판례 매매를 원인으로 한 등기청구권의 양도

1. 최종 매수인이 중간자로부터 소유권이전등기청구권을 양도받았다 하더라도 최초 매도인이 그 양도에 대하여 동의하지 않고 있다면 최종 매수인은 최초 매도인에 대하여 채권양도를 원인으로 하여 소유권이전등기절차 이행을 청구할 수 없다. ⇨ 통상의 채권양도 법리가 적용되지 않는다.
2. 마찬가지로 '<u>명의신탁해지를 원인으로 한 소유권이전등기청구권</u>'을 양도하였다고 하더라도 명의수탁자가 양도에 대하여 동의하거나 승낙하지 않고 있다면 양수인은 명의수탁자에 대하여 직접 소유권이전등기청구를 할 수 없다.

핵심 중간생략등기

유효성	① 이미 최종 양수인 앞으로 경료된 중간생략등기는 유효하다. ② 토지거래허가규정을 위반하여 이루어진 중간생략등기는 무효이다.
등기청구의 방법 (甲 ⇨ 乙 ⇨ 丙의 경우)	① 3자 간 합의가 있는 경우 　㉠ 丙은 직접 甲에게 소유권이전등기를 청구할 수 있다. 　㉡ 중간매수인의 소유권이전등기청구권이 소멸하는 것은 아니다. 　㉢ 3자 간 합의가 있다 하여도 최초 매도인의 대금청구권이 제한되지 않는다. ② 3자 간 합의가 없는 경우 　㉠ 丙은 乙을 대위하여 甲에게 乙 앞으로의 소유권이전등기를 청구할 수 있다. 　㉡ 丙이 乙로부터 등기청구권을 양도받고 채권양도를 원인으로 직접 청구할 수 없다.

예제

X토지는 甲 ⇨ 乙 ⇨ 丙으로 순차 매도되고, 3자 간에 중간생략등기의 합의를 하였다. 이에 대한 설명으로 <u>틀린</u> 것은? (다툼이 있으면 판례에 따름) 　제31회

① 丙은 甲에게 직접 소유권이전등기를 청구할 수 있다.
② 乙의 甲에 대한 소유권이전등기청구권은 소멸하지 않는다.
③ 甲의 乙에 대한 매매대금채권의 행사는 제한받지 않는다.
④ 만약 X토지가 토지거래허가구역에 소재한다면, 丙은 직접 甲에게 허가신청절차의 협력을 구할 수 없다.
⑤ 만약 중간생략등기의 합의가 없다면, 丙은 甲의 동의나 승낙 없이 乙의 소유권이전등기청구권을 양도받아 甲에게 소유권이전등기를 청구할 수 있다.

해설 ⑤ 최종 양수인이 중간자로부터 소유권이전등기청구권을 양도받았다 하더라도 최초 양도인이 그 양도에 대하여 동의하지 않고 있다면 최종 양수인은 최초 양도인에 대하여 채권양도를 원인으로 하여 소유권이전등기절차 이행을 청구할 수 없다(대판 97다485).
① 부동산의 소유권매매계약이 차례로 여러 사람들 사이에 전전 이루어진 경우에 그 최종 매수인이 등기부상의 현 명의자로부터 직접 그 소유권 명의를 넘겨오려면 중간생략등기에 관하여 관계 당사자 전원의 합의가 있어야 한다(대판 67다588). 따라서 3자 간의 합의가 있으므로 丙은 甲에게 직접 소유권이전등기를 청구할 수 있다.
② 중간생략등기의 합의가 있었다 하더라도 중간 매수인의 소유권이전등기청구권이 소멸된다거나 첫 매도인의 그 매수인에 대한 소유권이전등기의무가 소멸되는 것은 아니다(대판 91다18316).

③ 최초 매도인과 중간 매수인, 중간 매수인과 최종 매수인 사이에 순차로 매매계약이 체결되고 이들 간에 중간생략등기의 합의가 있은 후에 최초 매도인과 중간 매수인 간에 매매대금을 인상하는 약정이 체결된 경우, 최초 매도인은 인상된 매매대금이 지급되지 않았음을 이유로 최종 매수인 명의로의 소유권이전등기의무의 이행을 거절할 수 있다(대판 2003다66431). 즉, 3자 합의가 있다 하여도 최초 매도인의 대금청구권이 제한되지 않는다.
④ 토지거래허가구역 내의 토지가 관할 관청의 허가 없이 전전매매되고 그 당사자들 사이에 최초의 매도인으로부터 최종 매수인 앞으로 직접 소유권이전등기를 경료하기로 하는 중간생략등기의 합의가 있는 경우, 이러한 중간생략등기의 합의가 있다고 하여 최초의 매도인과 최종의 매수인 사이에 매매계약이 체결되었다는 것을 의미하는 것은 아니고, 따라서 최종 매수인은 최초 매도인에 대하여 직접 그 토지에 관한 토지거래허가 신청절차의 협력의무 이행청구권을 가지고 있다고 할 수 없다(대판 96다3982). **정답 ⑤**

② **실제와 다른 등기원인에 의한 등기**: 증여에 의한 소유권이전등기를 매매에 의한 것으로 등기한 것처럼 실제와 다른 등기원인에 의한 등기도 현재의 권리상태를 반영하는 이상 유효한 등기로 평가된다.

③ **무효등기의 유용**: 무효인 등기의 유용이란 등기원인의 부존재, 무효·취소·해제로 인하여 말소되어야 할 무효인 등기가 말소되지 않고 있다가 후에 이에 상응하는 등기원인이 발생한 경우 이 무효인 등기를 이용하는 것을 말한다.
  ㉠ 무효등기를 유용한 경우에는 소급효가 없다.
  ㉡ 이해관계인(제3자)이 있는 경우에는 주장할 수 없다.
  ㉢ 멸실건물의 등기를 새로운 건물의 등기로 유용할 수 없다.

> 참고 위조된 등기신청서류에 의하여 경유된 소유권이전등기라 할지라도 그 등기가 실체적 권리관계에 부합되는 경우에는 유효하다.

(3) 미등기 매수인의 법적 지위

부동산 매수인이 대금을 지급하고 목적부동산을 인도받아 점유하고 있으나 아직 등기를 갖추지 못한 경우에 발생하는 문제이다.

① **소유권의 변동은 없음**
  ㉠ 법률행위로 인한 부동산물권변동의 경우에는 등기를 하지 아니하면 물권의 변동이 없다(제186조). 즉, 소유권의 변동은 없다.
  ㉡ 매도인의 채권자가 그 부동산에 대해 강제집행하는 것을 미등기 매수인은 저지할 수 없다.

② **점유할 권리의 발생**
  ㉠ 토지의 매수인이 아직 소유권이전등기를 경료받지 아니하였다 하여도 매매계약의 이행으로 그 토지를 인도받은 때에는 매매계약의 효력으로서 이를 점유·사용할 권리가 생기게 된 것으로 보아야 한다.

ⓛ 매도인이 아직 등기부상 소유권이 자신에게 있음을 이유로 **소유물반환청구권을 행사하거나 부당이득반환청구권을 행사하는 것은 허용되지 않는다.**
③ 매매를 원인으로 한 등기청구권의 소멸시효 문제
　㉠ 원칙: 소멸시효에 걸린다.
　㉡ 예외
　　ⓐ 점유(간접점유 포함)하는 경우: 소멸시효에 걸리지 않는다.
　　ⓑ 처분하여 점유를 승계(상실)한 경우: 소멸시효에 걸리지 않는다.
④ 과실취득의 문제
　㉠ 매매계약에서 계약일로부터 인도할 때까지의 과실은 매도인이 취득하지만, 인도 후에는 매수인이 과실을 취득한다.
　㉡ 또한 인도 전이라 하더라도 대금을 완납하였다면 과실취득권은 매수인이 갖는다. 따라서 미등기 매수인은 과실을 취득할 수 있다.

> **참고** 미등기 매수인으로부터 매수하거나 임차한 자도 점유할 권리가 있으므로 등기명의인(최초 매도인)은 이들에게 소유물반환청구를 행사할 수 없다.

> **참고** 점유취득시효를 원인으로 한 등기청구권은 처분하여 점유를 상실하게 되면 바로 소멸하는 것은 아니나 10년의 소멸시효가 진행된다.

예제

乙은 丙의 토지 위에 있는 甲소유의 X건물을 매수하여 대금완납 후 그 건물을 인도받고 등기서류를 교부받았지만, 아직 이전등기를 마치지 않았다. 다음 설명 중 틀린 것은? (다툼이 있으면 판례에 따름)　　　　　　　　　　　　　　　　　　　　　제26회
① 甲의 채권자가 X건물에 대해 강제집행하는 경우, 乙은 이의를 제기하지 못한다.
② X건물로 인해 丙의 토지가 불법점거당하고 있다면, 丙은 乙에게 X건물의 철거를 청구할 수 있다.
③ X건물의 점유를 방해하는 자에 대해 乙은 점유권에 기한 방해제거청구권을 행사할 수 있다.
④ 乙은 X건물로부터 생긴 과실(果實)의 수취권을 가진다.
⑤ 乙로부터 X건물을 다시 매수하여 점유·사용하고 있는 丁에 대하여 甲은 소유권에 기한 물권적 청구권을 행사할 수 있다.

해설 ⑤ 토지의 매수인이 아직 소유권이전등기를 경료받지 아니하였다 하여도 매매계약의 이행으로 그 토지를 인도받은 때에는 매매계약의 효력으로서 이를 점유·사용할 권리가 생기게 된 것으로 보아야 하고, 또 <u>매수인으로부터 위 토지를 다시 매수한 자는 위와 같은 토지의 점유·사용권을 취득한 것으로 봄이 상당하므로</u> 매도인은 매수인으로부터 다시 위 토지를 매수한 자에 대하여 토지소유권에 기한 물권적 청구권을 행사할 수 없다(대판 97다42823). 즉, 미등기매수인인 乙로부터 그 건물을 매수한 丁도 점유할 정당한 권리가 있는 자이므로 甲은 丁에게 소유권에 기한 물권적 청구권을 행사할 수 없다.
① 소유자는 매수인이 아니라 여전히 매도인이다. 그 결과 매도인의 채권자는 매매의 목적물인 건물에 대하여 강제집행을 할 수 있고 매수인은 제3자 이의의 소를 제기할 수 없다.

② 건물철거청구의 상대방은 원칙적으로 소유자이다. 그러나 미등기매수인도 그 점유 중인 건물에 대하여 법률상 또는 사실상 처분을 할 수 있는 지위에 있으므로 토지소유자는 미등기매수인에게 그 철거를 구할 수 있다(대판 86다카1751). 따라서 토지소유자 丙은 미등기매수인 乙에게 X건물의 철거를 청구할 수 있다.
③ 乙은 소유자가 아니므로 소유권에 기한 방해제거를 직접 청구할 수는 없지만 목적물의 점유자로서 점유권에 기한 방해제거를 청구할 수 있다.
④ 매매계약에서 계약일로부터 인도할 때까지의 과실은 매도인이 취득하지만, 인도 후에는 매수인이 과실을 취득한다. 또한 인도 전이라 하더라도 대금을 완납하였다면 과실취득권은 매수인이 갖는다. 따라서 乙은 과실을 취득할 수 있다.   **정답 ⑤**

❷ 법률행위에 의하지 않은 물권변동 제33회, 제34회, 제35회, 제36회

> **제187조 【등기를 요하지 아니하는 부동산물권취득】** 상속, 공용징수, 판결, 경매 기타 법률의 규정에 의한 부동산에 관한 물권의 취득은 등기를 요하지 아니한다. 그러나 등기를 하지 아니하면 이를 처분하지 못한다.

(1) 의의

① 제187조는 물권의 '취득'의 경우에 등기를 요하지 않는다고 규정하고 있으나, 취득에만 한정하는 것이 아니라 변경·상실의 경우에도 등기를 요하지 않는다.

② 제187조에 의하여 등기 없이 취득한 물권을 다시 처분하려면, 이 경우에는 법률행위이므로 먼저 자기 앞으로 그 물권에 관한 등기를 한 후에 처분에 관한 등기를 하여야 한다(제187조 단서). 다만, 유의할 점은 법률규정에 의한 변동은 등기를 하지 않아도 제3자에게 대항할 수 있으며, 처분시에 등기를 요구하고 있다는 것이다.

> **판례** 법률규정에 의한 물권변동은 등기 없이도 제3자에게 대항할 수 있다는 사례
> 1. 관습상의 법정지상권은 물권으로서의 효력에 의하여 이를 취득할 당시의 토지소유자나 이로부터 소유권을 전득한 <u>제3자에게 대하여도 등기 없이 위 지상권을 주장할 수 있다</u>.
> 2. 전세권의 법정갱신은 법률규정에 의한 물권변동이므로 등기를 필요로 하지 아니하고 <u>등기 없이도 제3자에게 대항할 수 있다</u>.

기출 법정지상권자는 그 지상권등기 없이도 지상권을 취득할 당시의 토지소유자로부터 그 토지를 양수한 제3자에게 대항할 수 있다. 제36회

(2) 제187조의 적용범위

① **상속**: 상속으로 부동산물권이 이전하는 시기는 피상속인의 사망시이다(제997조). 상속뿐 아니라 포괄유증, 법인의 합병 등 포괄승계에 의한 부동산물권의 취득인 경우에는 상속과 마찬가지로 등기를 요하지 아니한다.

② **공용징수**: 공용징수에 의한 부동산물권의 변동시기는 재결수용인 경우에 보상금의 지급을 정지조건으로 한 수용개시일이다(「공익사업을 위한 토지 등의 취득 및 보상에 관한 법률」제45조).

③ **판결**: 이행판결, 확인판결, 형성판결 중에서 제187조에서의 등기를 요하지 않는 판결은 형성판결만을 말한다. 등기를 요하지 않는 형성판결에는 공유물분할판결(제269조 제1항) 등이 있다.

> **Tip** 소유권이전판결은 이행판결이므로 등기를 하여야 한다.

> **판례** 「민법」제187조 소정 판결의 의미
>
> 판결에 의한 부동산물권 취득은 등기할 필요가 없으나 이때의 판결이란 판결 자체에 의하여 부동산물권 취득의 형식적 효력이 발생하는 경우를 말하는 것이고, 당사자 사이에 이루어진 어떠한 법률행위를 원인으로 하여 부동산소유권이전등기절차의 이행을 명하는 것과 같은 내용의 판결은 이에 포함되지 아니한다(대판 70다568).

④ **경매**: 공경매에 의한 소유권의 취득시기는 경락(매각)대금을 완납한 때이며, 경락인(매수인)은 등기하지 않아도 목적부동산의 소유권을 취득한다.

⑤ **기타 법률규정**: 신축건물의 소유권 취득, 멸실로 인한 물권 소멸, 용익권의 존속기간 만료, 법정지상권 취득(제305조, 제366조), 관습법상 법정지상권 취득, 법정저당권 취득(제649조), 혼동(混同)에 의한 물권 소멸(제191조), 법률행위의 무효·취소·해제에 의한 물권 회복의 경우 등은 등기를 요하지 않는다.

(3) 제187조의 예외

점유취득시효완성으로 인한 부동산물권의 취득은 법률규정에 의한 물권변동이지만 예외적으로 등기를 하여야 권리를 취득한다(제245조 제1항).

기출 토지의 협의분할은 등기를 마치면 그 등기가 접수된 때에 물권변동의 효력이 있다.

> **핵심** 등기 필요 여부

등기 要	등기 不要
① 각종 계약(매매, 교환, 증여 등)으로 인한 소유권 취득	① 건물의 신축
② 각종 계약(전세권, 지상권, 지역권, 저당권 등)으로 인한 제한물권의 취득	② 포괄승계(상속, 포괄유증, 회사의 합병)
③ 공유지분의 포기	③ 공용징수(수용)
④ 합유지분의 포기	④ 경매
⑤ 점유취득시효	⑤ 형성판결(공유물분할판결)
⑥ 이행판결(소유권 이전을 명하는 판결)	⑥ 무효, 취소, 해제(합의해제, 해제조건의 성취) 등 원인행위의 실효로 인한 물권의 복귀
⑦ 조정에 의한 공유물분할	⑦ 혼동
	⑧ 용익물권의 존속기간만료
	⑨ 피담보채권의 소멸로 인한 저당권의 소멸
	⑩ 법정지상권, 법정저당권, 법정갱신 등 각종 법률규정에 의한 변동
	⑪ 요역지소유권을 취득한 자의 지역권 취득

> **예제**

1. 「민법」 제187조(등기를 요하지 아니하는 부동산물권취득)에 관한 설명으로 <u>틀린</u> 것은? (다툼이 있으면 판례에 따름)   제34회
   ① 상속인은 상속 부동산의 소유권을 등기 없이 취득한다.
   ② 「민법」 제187조 소정의 판결은 형성판결을 의미한다.
   ③ 부동산 강제경매에서 매수인이 매각 목적인 권리를 취득하는 시기는 매각대금 완납시이다.
   ④ 부동산소유권이전을 내용으로 하는 화해조서에 기한 소유권취득에는 등기를 요하지 않는다.
   ⑤ 신축에 의한 건물소유권취득에는 소유권보존등기를 요하지 않는다.

   해설 ④ 「민법」 제187조에 소위 판결이라고 함은 판결 자체에 의하여 부동산물권취득의 형성적 효력이 발생하는 경우를 말하는 것이고 당사자 사이에 이루어진 어떠한 법률행위를 원인으로 하여 부동산 소유권이전등기절차의 이행을 명하는 것과 같은 내용의 판결 또는 소유권 이전의 약정을 내용으로 하는 화해조서는 이에 포함되지 않는다고 할 것이다(대판 64다1721).
   ①③ 상속, 공용징수, 판결, 경매 기타 법률의 규정에 의한 부동산에 관한 물권의 취득은 등기를 요하지 아니한다. 그러나 등기를 하지 아니하면 이를 처분하지 못한다(제187조).

② 판결에 의한 부동산물권취득은 등기할 필요가 없으나 이때의 판결이란 판결 자체에 의하여 부동산물권취득의 형식적 효력이 발생하는 경우를 말하는 것이고 당사자 사이에 이루어진 어떠한 법률행위를 원인으로 하여 부동산소유권이전등기절차의 이행을 명하는 것과 같은 내용의 판결은 이에 포함되지 아니한다(대판 70다568). 즉, 형성판결을 의미하는 것이며 이행판결은 이에 해당하지 않는다.
⑤ 건물을 신축하여 소유권을 취득하는 경우에는 등기 없이도 그 소유권을 누구에게나 주장할 수 있다(대판 65다113).

정답 ④

2. 등기 없이도 부동산 물권취득의 효력이 있는 경우를 모두 고른 것은? (다툼이 있으면 판례에 따름) 제35회

| ㉠ 매매 | ㉡ 건물신축 |
| ㉢ 점유시효취득 | ㉣ 공유물의 현물분할판결 |

① ㉠, ㉡   ② ㉡, ㉢   ③ ㉡, ㉣
④ ㉢, ㉣   ⑤ ㉠, ㉢, ㉣

해설 ㉠ 부동산에 관한 법률행위로 인한 물권의 득실변경은 등기하여야 그 효력이 생긴다.
㉡ 건물을 신축하여 소유권을 취득하는 경우에는 등기 없이도 그 소유권을 누구에게나 주장할 수 있다(대판 65다113).
㉢ 20년간 소유의 의사로 평온·공연하게 부동산을 점유하는 자는 등기함으로써 그 소유권을 취득한다(제245조 제1항).
㉣ 공유물의 분할판결은 형성판결로서 등기 없이도 물권변동의 효력이 생긴다.

정답 ③

3 등기청구권 제32회, 제34회, 제36회

(1) 의의

① 등기권리자에게는 등기의무자에 대하여 등기신청에 협력할 것을 요구하는 권리를 인정하는 것이 필요하다. 이런 권리를 등기청구권이라 한다.
② 등기신청권과의 구별: 당사자가 국가기관인 등기소에 등기사항을 등기할 것을 요구하는 권리를 등기신청권이라고 한다. 등기신청권은 공법상 권리이며 사법상의 권리인 등기청구권과는 구별된다.

(2) 등기청구권의 성질

등기청구권은 개별적인 사정에 따라 채권적일 수도 있고 물권적일 수도 있다. 일반적으로 법률행위로 인한 경우(제186조)나 취득시효완성을 원인으로 하는 등기청구권은 채권적 성질을 가지며, 법률규정에 의한 경우(제187조)에는 이미 물권이 취득되어 있는 상태에서의 등기청구권이므로 물권적 성질을 띠게 된다.

기출 매매계약에 기한 매수인의 소유권이전등기청구권은 물권적 청구권이다. 제36회

① 법률행위로 인한 경우: 법률행위로 인한 경우에는 형식주의를 취하고 있는 현행 「민법」하에서는 채권적 청구권의 성질을 지니게 된다.

② 취득시효로 인한 등기청구권, 부동산환매권, 임차권에서의 등기청구권은 모두 채권적 청구권으로 본다.

③ 실체관계와 일치하지 않는 경우: 甲이 乙에게 부동산을 매도하고 등기까지 이전하였으나 그 계약이 무효였다면, 그 등기는 실체관계에 부합하지 않는 무효의 등기가 되며, 이를 말소하는 것은 물권적 청구권의 성질을 띠게 된다. 또한 채무자가 저당권자에게 채무를 변제한 후에 자신의 부동산에 설정된 저당권등기를 말소하여 줄 것을 요구하는 경우에도 마찬가지이다.

기출 무효인 등기의 말소등기에 갈음하는 진정명의회복을 원인으로 한 소유권이전등기청구권은 물권적 청구권이다. 제36회

④ 진정명의회복을 원인으로 한 소유권이전등기청구권: 진정한 등기명의의 회복을 위한 소유권이전등기는 이미 자기 앞으로 소유권을 표상하는 등기가 되어 있거나 법률에 의하여 소유권을 취득한 자에 한하여 허용되는 것이다. 따라서 물권적 청구권의 성질을 가진다.

> **판례** 등기청구권의 성질
>
> 진정명의회복을 원인으로 한 소유권이전등기청구권과 무효등기의 말소청구권은 **두 청구권 모두 소유권에 기한 방해배제청구권으로서 그 법적 근거와 성질이 동일하므로**, 비록 전자는 이전등기, 후자는 말소등기의 형식을 취하고 있다고 하더라도 그 소송물은 실질상 동일한 것으로 보아야 하고, 따라서 소유권이전등기 말소청구소송에서 패소확정판결을 받았다면 그 기판력은 그 후 제기된 진정명의회복을 원인으로 한 소유권이전등기청구소송에도 미친다.

> **예제**
>
> 등기청구권의 법적 성질이 **다른** 것은? (다툼이 있으면 판례에 따름)   제22회
> ① 매수인의 매도인에 대한 등기청구권
> ② 청구권 보전을 위한 가등기에 기한 본등기청구권
> ③ 매매계약의 취소로 인한 매도인의 매수인에 대한 등기청구권
> ④ 시효취득에 의한 등기청구권
> ⑤ 중간생략등기에 있어서 최종 양수인의 최초 양도인에 대한 등기청구권
>
> **해설** ③ 계약의 취소로 인한 매도인의 매수인에 대한 등기청구권의 성질은 물권적 청구권이며, 나머지는 등기청구권의 성질이 채권적이다.   **정답** ③

④ 등기의 추정적 효력(등기의 추정력) 제33회

(1) 의의

등기의 추정력이란 등기가 되어 있으면 설령 무효인 등기라 하더라도 그에 대응하는 실체적 권리관계가 존재하는 것으로 추정되는 것을 말한다. 권리·원인·절차에 추정력이 인정되며, 표시란에는 추정력이 미치지 않는다.

(2) 추정력의 범위

① 소유권이전등기의 추정력

  ㉠ 소유권이전등기가 경료되어 있는 경우에는 그 등기명의인은 제3자에 대해서뿐만 아니라, 직전 명의인에 대하여도 적법한 등기원인에 의하여 소유권을 취득한 것으로 추정된다.

  ㉡ 전(前) 소유자가 사망한 후에 그의 신청에 의하여 이전등기가 이루어진 경우에는 추정력은 깨진다. 그러나 사망 전에 등기원인이 존재한 경우에는 그러하지 아니하다.

  ㉢ 허무인(虛無人)으로부터 이전받은 소유권이전등기는 그 추정력이 깨진다.

  참고 이러한 경우 소유자는 그와 같은 허무인 또는 실체가 없는 단체 명의로 실제 등기행위를 한 자에 대하여 소유권에 기한 방해배제로서 등기의 말소를 구할 수 있다.

  ㉣ 등기가 경료된 경우에는 대리권의 존재사실도 추정된다.

  > **참고 대리권 존재의 추정**
  >
  > 전 등기명의인의 처분행위에 제3자가 개입되고 현 등기명의인이 그 제3자가 전 등기명의인의 대리인이라고 주장하는 경우에 그 등기가 원인무효임을 이유로 말소를 청구하는 전 소유명의인이 그 제3자에게 대리권이 없었다든지, 제3자가 등기서류를 위조하였다는 등의 무효사실에 대한 입증책임을 져야 한다.

② 소유권보존등기의 추정력: 소유권보존등기는 등기명의인에게 소유권이 보존되어 있다는 사실만 추정되고 권리변동(이전)의 사실은 추정되지 않는다. 따라서 보존등기가 원시취득에 의한 것이 아니라는 것이 증명되면 추정력이 깨진다.

참고 건물을 신축한 자가 따로 있거나 토지를 사정(査定)받은 자가 따로 있다는 사실이 증명되면 보존등기의 추정력은 깨진다.

③ 「부동산등기 특별조치법」상 등기의 추정력: 「부동산등기 특별조치법」상의 등기는 등기의무자의 사망 후에 경료되어도 추정력은 깨지지 않고 토지를 사정받은 사람이 따로 있음이 밝혀진 경우에도 보증서 및 확인서가 허위 또는 위조된 것이라든가 그 밖의 사유로 적법하게 등기된 것이 아니라는 주장의 입증이 없는 한 깨지지 않는다.

참고 「부동산등기 특별조치법」상의 등기는 아주 강한 추정력이 인정된다.

> **판례** 등기의 추정력

1. 부동산등기는 현재의 진실한 권리상태를 공시하면 그에 이른 과정이나 태양을 그대로 반영하지 아니하였어도 유효한 것으로서, **등기원인 행위의 태양이나 과정을 다소 다르게 주장한다고 하여 이러한 주장만 가지고 그 등기의 추정력이 깨어진다고 할 수는 없다.**
2. 소유권이전등기의 **원인으로 주장된 계약서가 진정하지 않은 것으로 증명된 이상 그 등기의 적법추정은 복멸되는 것이고** 계속 다른 적법한 등기원인이 있을 것으로 추정할 수는 없다.
3. 등기절차가 적법하게 진행되지 아니한 것으로 볼 만한 의심스러운 사정이 있음이 입증되는 경우에는 그 추정력은 깨어진다.
4. 근저당권설정등기가 경료되어 있으면 근저당권의 존재 자체뿐만 아니라 이에 상응하는 피담보채권의 존재도 추정된다.

④ 부수적 효과
   ㉠ 부동산물권을 취득하려는 자는 등기의 내용을 알고 있는 것(악의)으로 추정되며 또한 등기추정력의 부수적 효과로서 등기 내용을 신뢰하고 거래한 제3자는 무과실로 추정된다.
   ㉡ 등기명의인에게 이익이 되는 경우뿐 아니라 불이익이 되는 경우에도 추정된다.

> **예제**
>
> **등기의 추정력에 관한 설명으로 틀린 것은? (다툼이 있으면 판례에 따름)** 제25회
> ① 소유권이전등기가 된 경우, 특별한 사정이 없는 한 이전등기에 필요한 적법한 절차를 거친 것으로 추정된다.
> ② 소유권이전등기가 된 경우, 등기명의인은 전 소유자에 대하여 적법한 등기원인에 기한 소유권을 취득한 것으로 추정된다.
> ③ 소유권이전등기가 불법말소된 경우, 말소된 등기의 최종명의인은 그 회복등기가 경료되기 전이라도 적법한 권리자로 추정된다.
> ④ 등기명의인이 등기원인행위의 태양이나 과정을 다소 다르게 주장한다고 하여 이로써 추정력이 깨어지는 것은 아니다.
> ⑤ 소유권이전청구권 보전을 위한 가등기가 있으면, 소유권이전등기를 청구할 어떠한 법률관계가 있다고 추정된다.
>
> **해설** ⑤ 가등기가 되어 있다고 하여 가등기 원인에 대한 적법추정력이 인정되는 것은 아니다(대판 79다239).
> ① 등기가 되면 실체법상 요구되는 적법한 절차에 따라 적법하게 경료된 것으로 추정된다(대판 2001다72029).

② 부동산에 관하여 소유권이전등기가 마쳐져 있는 경우 그 등기명의자는 제3자에 대하여서뿐만 아니라, 그 전(前) 소유자에 대하여서도 적법한 등기원인에 의하여 소유권을 취득한 것으로 추정된다(대판 99다65462).
③ 등기는 물권의 효력발생요건이고 효력존속요건이 아니므로 물권에 관한 등기가 원인 없이 말소된 경우에 그 물권의 효력에는 아무런 영향을 미치지 않는다고 봄이 타당한바, 등기공무원이 관할지방법원의 명령에 의하여 소유권이전등기를 직권으로 말소하였으나 그 후 동 명령이 취소확정된 경우에는 말소등기는 결국 원인 없이 경료된 등기와 같이 되어 말소된 소유권이전등기는 회복되어야 하고 회복등기를 마치기 전이라도 말소된 소유권이전등기의 최종명의인은 적법한 권리자로 추정된다고 하겠으니 동 이전등기가 실체관계에 부합하지 않은 점에 대한 입증책임은 이를 주장하는 자에게 있다(대판 81다카923).
④ 부동산등기는 현재의 진실한 권리상태를 공시하면 그에 이른 과정이나 태양을 그대로 반영하지 아니하였어도 유효한 것으로서, 등기명의자가 전 소유자로부터 부동산을 취득함에 있어 등기부상 기재된 등기원인에 의하지 아니하고 다른 원인으로 적법하게 취득하였다고 하면서 등기원인 행위의 태양이나 과정을 다소 다르게 주장한다고 하여 이러한 주장만 가지고 그 등기의 추정력이 깨어진다고 할 수는 없다(대판 99다65462).

정답 ⑤

5 가등기 제32회

가등기는 부동산물권 또는 부동산임차권의 변동을 목적으로 하는 청구권을 보전하려고 할 때 하는 등기이다. 이외에도 「가등기담보 등에 관한 법률」상의 담보가등기가 있다.

> 참고 물권적 청구권을 보전하기 위한 가등기는 허용되지 않는다.

(1) 가등기의 대상

① 본등기를 할 수 있는 권리(예 소유권, 전세권, 저당권, 지상권, 지역권, 권리질권, 채권담보권, 임차권)의 변동(예 설정·이전·변경·소멸)에 관한 청구권을 보전하려는 때에 가등기를 할 수 있다.
② 본등기를 할 수 있는 권리의 변동에 관한 청구권이 시기부(始期附) 또는 정지조건부 기타 장래에 있어서 확정될 것인 경우에도 가등기를 할 수 있다.

(2) 가등기에 기한 본등기

① 가등기에 기하여 본등기를 할 때에는 현재의 등기명의인이 아닌 가등기 당시의 등기명의인을 상대로 본등기를 청구하여야 한다.
② 가등기에 기하여 본등기를 하였을 때 가등기 이후에 된 등기로서 가등기에 의하여 보전되는 권리를 침해하는 등기를 직권으로 말소하여야 한다.
③ 가등기의 이전등기(가등기의 가등기): 가등기에 대한 부기등기의 형식으로 경료할 수 있다.

(3) 가등기의 효력

① 가등기가 되어 있다고 하여 가등기원인에 대한 **적법추정력이 인정되는 것은 아니다.**
② 중복된 소유권보존등기가 무효이더라도 가등기권리자는 그 말소를 청구할 권리가 없다.
③ 물권변동의 효력은 본등기시에 생긴다. 즉, 본등기에 의한 물권변동의 효력이 가등기한 때로 소급하여 발생하는 것은 아니다.

예제

甲소유의 토지에 乙명의로 소유권이전청구권 보전을 위한 가등기가 경료되어 있다. 다음 설명 중 옳은 것은? (다툼이 있으면 판례에 따름) 제21회

① 가등기가 있다고 해서 乙이 甲에게 소유권이전등기를 청구할 법률관계의 존재가 추정되지는 않는다.
② 乙이 가등기에 기한 본등기를 하면 乙은 가등기를 경료한 때부터 토지에 대한 소유권을 취득한다.
③ 甲이 토지에 대한 소유권을 丙에게 이전한 뒤 乙이 본등기를 하려면 丙에게 등기청구권을 행사하여야 한다.
④ 乙의 가등기 후 甲이 丁에게 저당권을 설정해주고, 乙이 본등기를 하면 乙은 丁을 위한 물상보증인의 지위에 있게 된다.
⑤ 乙은 가등기된 소유권이전등기청구권을 가등기에 대한 부기등기의 방법으로 타인에게 양도할 수 없다.

해설 ① 가등기가 되어 있다고 하여 가등기 원인에 대한 적법추정력이 인정되는 것은 아니다(대판 79다239).
② 가등기는 그 성질상 본등기의 순위보전에 효력만이 있고 후일 본등기가 경료된 때에는 본등기의 순위가 가등기한 때로 소급함으로써 가등기 후 본등기 전에 이루어진 중간처분이 본등기보다 후순위로 되어 실효될 뿐이고 본등기에 의한 물권변동의 효력이 가등기한 때로 소급하여 발생하는 것은 아니다(대판 81다1298).
③ 가등기권자는 가등기의무자인 전소유자를 상대로 본등기청구권을 행사할 것이고 제3자를 상대로 할 것이 아니다(대결 4294민재항675). 즉, 丙이 아니라 甲에게 하여야 한다.
④ 중간처분등기인 丁의 저당권은 직권말소된다.
⑤ 가등기는 원래 순위를 확보하는 데에 그 목적이 있으나, 순위 보전의 대상이 되는 물권변동의 청구권은 그 성질상 양도될 수 있는 재산권일 뿐만 아니라 가등기로 인하여 그 권리가 공시되어 결과적으로 공시방법까지 마련된 셈이므로, 이를 양도한 경우에는 양도인과 양수인의 공동신청으로 그 가등기상의 권리의 이전등기를 가등기에 대한 부기등기의 형식으로 경료할 수 있다고 보아야 한다(대판 98다24105).

정답 ①

제2절 | 물권의 소멸

1 서설

물권에 공통되는 소멸원인으로는 목적물의 멸실, 소멸시효, 포기, 공용징수, 혼동, 몰수 등이 있다. 이 중 포기는 법률행위로 인한 물권변동에 해당하고, 나머지는 법률행위에 의하지 않은 물권변동에 해당한다.

2 목적물의 멸실 제32회

목적물이 멸실하면 그것을 목적으로 하는 물권도 소멸한다. 이때 멸실 여부는 사회통념에 따라 결정된다. 다만, 목적물이 멸실되어도 물상대위가 인정되는 범위에서는 물권은 소멸하지 않는다.

> **판례** 포락 여부의 판단시점(포락 당시)과 성토시에 소유권이 부활하는지 여부(소극)
>
> 토지가 포락되어 그 위로 물이 흐르고 있어 복구가 어려워 토지로서의 효용을 상실하였을 때에는 그 토지에 관한 사권은 포락으로 인하여 소멸되는 것으로 이는 **포락되었다는 그 당시를 기준으로 하여 가려야 하고**, 그 이후의 사정은 이를 참작할 여지가 없는 것이므로 그 후 제방의 축조 등으로 **다시 성토화되었다고 할지라도 종전의 사권이 되살아날 수 없다**(대판 99다11687).

참고 토지가 포락되어 원상복구가 불가능한 경우, 그 토지에 대한 종전 소유권은 소멸하며 나중에 성토화되어도 소멸한 소유권은 부활하지 않는다.

3 소멸시효

물권 중 소멸시효에 걸리는 것은 용익물권뿐이며, 20년의 소멸시효에 걸린다.

4 혼동

제191조 【혼동으로 인한 물권의 소멸】 ① 동일한 물건에 대한 소유권과 다른 물권이 동일한 사람에게 귀속한 때에는 다른 물권은 소멸한다. 그러나 그 물권이 제3자의 권리의 목적이 된 때에는 소멸하지 아니한다.
② 전항의 규정은 소유권 이외의 물권과 그를 목적으로 하는 다른 권리가 동일한 사람에게 귀속한 경우에 준용한다.
③ 점유권에 관하여는 전 2항의 규정을 적용하지 아니한다.

(1) 의의

혼동이란 서로 대립되는 2개의 법률상 지위가 동일인에게 귀속하는 것을 말한다. 이 경우에 양립시킬만한 가치가 없는 권리를 존속시키는 것은 무가치하므로 한쪽에 흡수되어 소멸하게 된다. 이는 법률규정에 의한 변동으로 등기 없이 소멸한다.

(2) 소유권과 제한물권의 혼동

① 원칙: 동일한 물건에 대한 소유권과 다른 물권이 동일한 사람에게 귀속한 때에는 다른 물권은 소멸한다.

② 예외: 혼동으로 소멸할 물권이 제3자의 권리의 목적이 된 때에는 소멸하지 않는다(제191조 제1항 단서).

　㉠ 제3자를 보호하기 위하여: 예를 들어 乙이 甲소유의 토지 위에 지상권을 가지고 있고 그 지상권이 丙의 저당권의 목적인 때에는 乙이 토지소유권을 취득하더라도 乙의 지상권은 소멸하지 아니한다. 원칙대로 소멸하게 하면 乙의 지상권을 목적으로 저당권을 설정한 丙이 피해를 보기 때문이다.

　㉡ 본인을 보호하기 위하여: 본인보다 후순위 권리가 있어야 한다. 「민법」은 제3자를 보호하기 위한 규정을 두었으나 통설과 판례는 이를 확대하여 권리를 취득하는 본인을 위하여 일정한 경우에 소멸을 부정하고 있다.

> **판례** 자신보다 열위의 권리가 있는 경우에는 소멸하지 않는다는 사례
>
> 1. 어느 부동산에 관하여 자신의 근저당권보다 열위의 가압류채권자가 있는 경우에 그 근저당권자가 위 부동산을 매수하여 소유권을 취득하였다 하더라도 근저당권은 혼동으로 소멸하지 않는다.
> 2. 후순위 근저당권보다 먼저 대항력을 갖춘 임차권자가 소유권을 취득한 경우 「민법」제191조 제1항 단서를 준용하여 임차권은 소멸하지 않는다.

(3) 혼동으로 소멸하지 않는 권리

점유권과 광업권은 혼동으로 인한 소멸이 적용되지 않는다.

(4) 효과

혼동에 의한 물권의 소멸은 절대적 소멸이다. 그러나 혼동의 원인이 된 법률행위에 무효·취소·해제의 사유가 발생하면 소멸한 물권은 부활한다.

참고 지상권자인 乙이 토지소유자인 甲으로부터 그 토지를 매수하였다면 乙의 지상권은 혼동으로 소멸한다.

참고 乙이 甲소유의 토지 위에 1번 저당권을 가지고 있고, 제3자 丙이 같은 토지 위에 2번 저당권을 가지고 있는 경우에, 乙이 甲의 토지 소유권을 취득하더라도 乙의 저당권은 소멸하지 않는다. 乙의 저당권이 소멸한다면 후순위인 제3자 丙이 유리한 지위를 차지하여 소유권을 취득한 본인(乙)의 이익을 해하기 때문이다.

예제

혼동에 의한 물권 소멸에 관한 설명으로 옳은 것을 모두 고른 것은? (다툼이 있으면 판례에 따름)
제22회

> ㉠ 甲의 토지 위에 乙이 1번 저당권, 丙이 2번 저당권을 가지고 있다가 乙이 증여를 받아 토지소유권을 취득하면 1번 저당권은 소멸한다.
> ㉡ 乙이 甲의 토지 위에 지상권을 설정받고, 丙이 그 지상권 위에 저당권을 취득한 후 乙이 甲으로부터 그 토지를 매수한 경우, 乙의 지상권은 소멸한다.
> ㉢ 甲의 토지를 乙이 점유하다가 乙이 이 토지의 소유권을 취득하더라도 乙의 점유권은 소멸하지 않는다.
> ㉣ 甲의 토지 위에 乙이 지상권, 丙이 저당권을 가지고 있는 경우, 丙이 그 소유권을 취득하면 丙의 저당권은 소멸한다.

① ㉠, ㉡
② ㉡, ㉢
③ ㉢, ㉣
④ ㉠, ㉣
⑤ ㉠, ㉢

해설 ㉠ 자신보다 열위의 권리가 있는 경우에는 소유권을 취득한 본인의 보호를 위하여 혼동으로 소멸하지 않는다.
㉡ 혼동으로 소멸할 권리가 제3자 권리의 목적인 경우에는 혼동으로 소멸하지 않는다.
㉢ 점유권은 소유권과 병존할 수 있으며, 혼동으로 소멸하지 않는다.
㉣ 자신보다 열위의 권리가 없는 경우에는 원칙대로 혼동으로 소멸한다.   **정답** ③

제2장 메타인지 학습체크

01 [① 의사주의 / ② 형식주의]를 취하면 물권변동의 시기가 명료하고 그 효력이 획일적이며, 당사자 사이와 제3자 사이에서 효력의 분열이 없다.

02 공신의 원칙을 [① 인정 / ② 부정]하면 거래의 안전을 꾀할 수 있으나 진정한 권리자가 희생되는 경우가 생긴다.

03 부동산에 관하여 [① 법률행위 / ② 법률규정]에 인한 물권의 득실변경은 등기하여야 그 효력이 생긴다.

04 계약이 무효·취소·해제된 경우에 이전되었던 물권은 등기[① 하여야 / ② 없이] 복귀한다.

05 등기는 물권변동의 [① 효력발생요건 / ② 효력존속요건]이므로 일단 유효하게 존재하였던 등기가 멸실되거나 불법으로 말소된 경우에 그 등기가 표상(表象)하던 물권은 소멸하지 않는다.

06 당사자 사이에 적법한 원인행위가 성립되어 중간생략등기가 이루어졌으나 중간생략등기에 관한 합의가 없는 경우에, 그 소유권이전등기는 [① 무효 / ② 유효]이다.

07 최초 양도인과 중간 매수인의 동의가 있는 경우 외에 최초 양도인과 최종 양수인 사이에도 중간생략등기의 합의가 있으면 최종 양수인은 [① 직접 / ② 대위하여] 그 소유권이전등기청구권을 행사할 수 있다.

08 중간생략등기에 관한 3자 합의가 있는 경우, 중간매수인의 소유권이전등기청구권이 소멸[① 한다. / ② 하지 않는다.]

09 목적물에 대한 침해가 있는 경우에 미등기 매수인은 자신이 직접 소유권에 기한 물권적 청구권을 행사할 수 [① 있다. / ② 없다.]

10 부동산의 매수인이 그 부동산을 인도받은 이상 이를 사용·수익하다가 다른 사람에게 그 부동산을 처분하고 그 점유를 승계하여 준 경우에 등기청구권의 소멸시효는 진행[① 된다. / ② 되지 않는다.]

정답
01 ②   02 ①   03 ①   04 ②   05 ①   06 ②   07 ①   08 ②   09 ②   10 ②

11 관습상의 법정지상권은 물권으로서의 효력에 의하여 이를 취득할 당시의 토지소유자나 이로부터 소유권을 전득한 제3자에게 대하여 등기[① 하여야 / ② 없이] 위 지상권을 주장할 수 있다.

12 상속뿐 아니라 포괄유증, 법인의 합병 등 [① 특정승계 / ② 포괄승계]에 의한 부동산물권의 취득인 경우에는 상속과 마찬가지로 등기를 요하지 아니한다.

13 제187조에서의 등기를 요하지 않는 판결은 [① 이행판결 / ② 형성판결]만을 말한다.

14 가등기에 기하여 본등기를 할 때에는 [① 현재의 / ② 가등기 당시의] 등기명의인을 상대로 본등기를 청구하여야 한다.

15 소유권이전등기가 경료되어 있는 경우에는 그 등기명의인은 직전 명의인에 대하여 적법한 등기원인에 의하여 소유권을 취득한 것으로 추정[① 된다. / ② 되지 않는다.]

16 건물을 신축한 자가 따로 있거나 토지를 사정(査定)받은 자가 따로 있다는 사실이 증명된 경우 보존등기의 추정력은 [① 깨진다. / ② 깨지지 않는다.]

17 [① 용익물권 / ② 담보물권]은 20년의 소멸시효에 걸린다.

18 동일한 물건에 대한 소유권과 다른 물권이 동일한 사람에게 귀속한 때에는 다른 물권은 원칙적으로 소멸[① 한다. / ② 하지 않는다.]

19 어느 부동산에 관하여 자신의 근저당권보다 [① 선순위 / ② 후순위]의 가압류채권자가 있는 경우에 그 근저당권자가 위 부동산을 매수하여 소유권을 취득하였다 하더라도 근저당권은 혼동으로 소멸하지 않는다.

20 혼동에 의한 물권의 소멸은 [① 절대적 / ② 상대적] 소멸이다. 그러나 혼동의 원인이 된 법률행위에 무효·취소·해제의 사유가 발생하면 소멸한 물권은 부활한다.

정답

| 11 ② | 12 ② | 13 ② | 14 ② | 15 ① | 16 ① | 17 ① | 18 ① | 19 ② | 20 ① |

제3장 점유권

❖ 점유의 의의

- 개념 —— 물건을 사실상 지배하는 권리

❖ 점유의 관념화

- 점유보조자 —— 타인의 지시에 따라 사실상 지배하는 자
- 간접점유 —— 직접점유자와의 점유매개관계하에 물건을 점유하는 것
- 상속인의 점유 —— 사망과 동시에 상속인이 점유

❖ 점유의 종류

- 자주점유 ─┬─ 구별기준 —— 객관적·외형적으로 결정
- 타주점유 ─┴─ 구별실익 ─┬─ 취득시효
　　　　　　　　　　　├─ 무주물선점
　　　　　　　　　　　└─ 현존이익배상(제202조)

❖ 점유권의 효력

- 추정적 효력
  - 소유의 의사, 선의·평온·공연 추정
  - 점유계속의 추정
  - 권리의 적법추정(제200조) ⇨ 동산에만 적용

- 점유자와 회복자의 관계
  - 과실취득권(제201조)
    - 선의의 점유자는 과실을 취득할 수 있다.
    - 오신함에 있어 오신할 만한 근거가 있어야 한다.
    - 선의라 하더라도 과실 있는 점유자는 진정한 권리자에게 불법행위 손해배상책임이 발생될 수 있다.
  - 회복자에 대한 책임(제202조)
    - **선의의 점유자**
      - **자주점유자**: 현존이익의 배상책임
      - **타주점유자**: 손해 전부의 배상책임
    - **악의의 점유자**: 손해 전부의 배상책임
  - 비용상환청구(제203조)
    - 필요비를 청구할 수 있으나 과실을 취득한 경우에는 통상의 필요비는 청구하지 못한다.
    - 가액의 증가가 현존한 경우에 회복자의 선택에 좇아 그 지출금액이나 증가액의 상환을 청구할 수 있다.
    - 선·악을 불문하고 인정한다.

❖ 점유보호청구권

- 반환청구
  - 점유의 침탈시
  - 선의의 특별승계인에게 행사 불가
  - 반환 및 손해배상청구
  - 제척기간 1년(출소기간)

- 방해제거청구
  - 점유의 방해시
  - 방해제거 및 손해배상청구
  - 제척기간 1년

- 방해예방청구
  - 방해의 염려가 있는 경우
  - 예방 또는 손해배상의 담보
  - 제척기간 1년

제3장 점유권

> 점유자와 회복자의 관계, 점유보호청구권은 주로 사례문제로 출제되므로 법률관계를 명확하게 이해하여야 하고, 자주점유와 타주점유에 대한 판례의 입장을 정리하여야 한다.

제1절 점유제도

1 의의

물건에 대한 사실상의 지배를 함으로써 인정되는 권리를 말하며, 정당한 권리(본권) 유무에 상관없이 사실상태만으로써 인정되는 권리이다.

2 본권과 점유권

(1) 본권

점유할 수 있는 권리, 법률상 점유하는 것을 정당하게 하는 권리(예 소유권, 지상권, 전세권, 임차권, 유치권 등)를 말한다.

(2) 점유권

물건에 대한 사실상 지배를 함으로써 인정되는 권리를 말한다. 이는 본권 유무에 상관없이 물건을 사실상 지배하고 있는 것만으로 인정된다.
① 대지의 소유자로 등기한 자는 보통의 경우 이전등기할 때에 그 대지의 인도를 받아 점유를 얻은 것으로 보아야 한다.
② 건물의 소유자는 현실적으로 건물이나 그 부지를 점거하고 있지 아니하고 있더라도 그 건물의 소유를 위하여 그 부지를 점유한다고 보아야 한다.

Tip 점유권과 본권은 별개이므로 점유할 권리가 소멸하였다고 점유권이 소멸하는 것은 아니다.

참고 보존등기는 이전등기와 달리 해당 토지의 양도를 전제로 하는 것이 아니어서, 등기명의자가 그 무렵 다른 사람으로부터 점유를 이전받는다고 볼 수는 없다.

참고
1. 건물소유자는 아니지만 처분권이 있는 미등기 양수인에게도 부지점유권을 인정한다.
2. 건물의 소유명의자가 아닌 자로서는 실제로 그 건물을 점유하고 있다고 하더라도 그 건물의 부지를 점유하는 자로는 볼 수 없다.

제2절 | 점유의 관념화(점유제도의 예외)

❶ 점유보조자

> **제195조【점유보조자】** 가사상, 영업상 기타 유사한 관계에 의하여 타인의 지시를 받아 물건에 대한 사실상의 지배를 하는 때에는 그 타인만을 점유자로 한다.

(1) 의의
① 어떤 자가 물건을 사실상 지배하고 있더라도 그 지배가 타인의 지시를 받아서 하는 경우라면 점유자가 되지 못하고 지시를 내리는 점유주(占有主)만이 법률상 점유자가 된다.
② 이때 물건을 사실상 지배하고 있지만 점유자가 되지 못하는 자를 '점유보조자'라고 한다.

(2) 지위
① 점유보조자는 점유자가 아니므로 점유권의 효력이 인정되지 않는다. 따라서 점유보조자는 점유를 방해하는 자에 대하여 점유보호청구권을 행사할 수 없으며 점유보호청구권의 상대방이 되지도 않는다.
② 점유보조자에게도 자력구제권은 인정된다.

❷ 간접점유 제33회

> **제194조【간접점유】** 지상권, 전세권, 질권, 사용대차, 임대차, 임치 기타의 관계로 타인으로 하여금 물건을 점유하게 한 자는 간접으로 점유권이 있다.

(1) 의의
간접점유란 일정한 법률관계에 기하여 타인을 매개로 하여 물건을 점유하는 것을 말한다.

(2) 성립요건
① 특정인(점유매개자)의 직접점유: 특정인의 직접점유가 있어야 하고, 직접점유자는 소유의 의사가 없는 타주점유를 하여야 한다.

용어 ◀) 자력구제
국가에 대해 청구권을 보전할 여유가 없는 경우에 사인(私人)이 자기의 권리를 보호받기 위하여 국가의 힘을 빌리지 않고 직접 실력을 행사하는 제도를 말한다.

② 점유매개관계(占有媒介關係)
　㉠ 직접점유자와 간접점유자 사이에 지상권, 전세권, 임대차, 임치 기타의 법률관계(점유매개관계)가 존재하여야 한다.
　㉡ 간접점유자는 직접점유자에 대하여 점유매개관계에 기초한 반환청구권을 가지고 있어야 한다.
　㉢ 점유매개관계는 중첩적으로 있을 수 있으며, 반드시 유효하지 않아도 된다.

참고 甲이 乙로부터 임차한 건물을 乙의 동의 없이 丙에게 전대한 경우, 甲과 乙 모두 간접점유자이다.

(3) 간접점유자의 지위
① 간접점유자도 점유권을 가진다(제194조). 따라서 간접점유자도 점유보호청구권의 주체가 되며, 상대방이 될 수도 있다. 또한 점유를 요건으로 하는 시효취득도 할 수 있다.
② 직접점유자가 그 점유를 침탈당하거나 방해받고 있는 경우에 간접점유자는 그 물건을 직접점유자에게 반환할 것을 청구할 수 있고, 직접점유자가 그 물건의 반환을 받을 수 없거나 이를 원하지 아니하는 때에는 자기에게 반환할 것을 청구할 수 있다(제207조 제2항).

3 상속인의 점유

(1) 점유권은 상속인에게 이전한다(제193조). 따라서 피상속인의 사망으로 상속이 개시되면 피상속인이 점유하고 있었던 물건은 사실상 지배 없이도 당연히 상속인의 점유가 되고, 상속인이 상속의 개시를 알 것을 요구하지도 않는다.

기출 상속에 의하여 점유권을 취득한 경우에는 피상속인의 점유를 떠나 자기만의 점유를 주장할 수 없다.

(2) 상속에 의하여 점유권을 취득한 경우에 상속인은 새로운 권원에 의하여 자기 고유의 점유를 개시하지 않는 한 피상속인의 점유를 떠나 자기만의 점유를 주장할 수 없다. 즉, 피상속인의 점유가 타주점유였다면 상속인도 타주점유가 된다(대판 93다10989).

핵심 점유의 관념화

점유 보조자	의의	타인의 지시를 받아 물건을 사실상 지배를 하는 자를 말한다.
	효과	① 점유보조자는 점유자가 아니다. ② 점유보호청구권의 주체나 상대방이 될 수 없다(자력구제는 가능).
간접점유	의의	일정 법률관계에 기하여 타인을 매개로 하여 물건을 점유하는 것을 말한다.
	요건	① 점유매개관계가 존재하여야 한다. ② 점유매개관계에 기초한 반환청구권을 가지고 있어야 한다. ③ 점유매개관계가 반드시 유효할 필요는 없다(중첩적이라도 가능).
	효과	① 간접점유자도 점유권을 가진다. ② 점유보호청구권의 주체가 되며 상대방이 될 수도 있다.
상속인의 점유	의의	점유권은 사실상 지배 없이도 상속인에게 이전된다.
	효과	상속인은 피상속인의 점유의 성질과 하자를 그대로 계승한다.

> **예제**
>
> **간접점유에 관한 설명으로 틀린 것은? (다툼이 있으면 판례에 따름)** 제30회
>
> ① 「주택임대차보호법」상의 대항요건인 인도(引渡)는 임차인이 주택의 간접점유를 취득하는 경우에도 인정될 수 있다.
> ② 점유취득시효의 기초인 점유에는 간접점유도 포함된다.
> ③ 직접점유자가 그 점유를 임의로 양도한 경우, 그 점유 이전이 간접점유자의 의사에 반하더라도 간접점유가 침탈된 것은 아니다.
> ④ 간접점유자에게는 점유보호청구권이 인정되지 않는다.
> ⑤ 점유매개관계를 발생시키는 법률행위가 무효라 하더라도 간접점유는 인정될 수 있다.
>
> **해설** ④② 직접점유자뿐만 아니라 간접점유자도 점유자이므로(제194조) 간접점유자도 점유보호청구권의 주체가 되며, 상대방이 될 수도 있다. 또한 점유를 요건으로 하는 시효취득도 할 수 있다(대판 92다5300, 97다49053).
> ① 임차인이 직접 거주하지 않더라도 임차인과의 점유매개관계에 기하여 당해 주택에 실제로 거주하는 직접점유자(전차인)가 자신의 주민등록을 마친 경우에는 그 임차인의 임대차가 제3자에 대하여 적법하게 대항력을 취득할 수 있다(대판 2000다55645).
> ③ 직접점유자가 임의로 점유를 타에 양도한 경우에는 점유이전이 간접점유자의 의사에 반한다 하더라도 간접점유자의 점유가 침탈된 경우에 해당하지 않는다(대판 92다5300). 즉, 침탈인지의 여부는 간접점유자를 기준으로 판단하는 것이 아니라 직접점유자를 기준으로 판단한다.
> ⑤ 점유매개관계는 반드시 유효할 필요는 없으며 또한 단일하게 존재해야 하는 것은 아니므로 중첩적으로 있을 수 있다.
>
> **정답** ④

제3절 | 점유의 종류

1 자주점유와 타주점유 제32회, 제33회

(1) 의의

'소유의 의사'가 있는 점유가 자주점유이고, '소유의 의사'가 없는 점유가 타주점유이다.

> **참고** 소유의 의사로 점유한다는 것은 소유자와 동일하게 지배한다는 의사를 가지고 하는 점유를 의미하는 것이지, 소유권을 가지고 있거나 또는 소유권이 있다고 믿고서 하는 점유를 의미하는 것은 아니다.

(2) 구별기준

점유자의 점유가 소유의 의사가 있는 자주점유인지 아니면 소유의 의사가 없는 타주점유인지의 여부는 점유자의 내심의 의사에 의하여 결정되는 것이 아니라, 점유취득의 원인이 된 권원의 성질이나 점유와 관계가 있는 모든 사정에 의하여 외형적·객관적으로 결정되어야 한다.

(3) 자주점유의 추정

권원의 성질상 자주점유인지 타주점유인지 분명하지 않은 때에는 자주점유로 추정된다(제197조 제1항). 따라서 점유자는 스스로 자주점유임을 입증할 필요가 없으며, 타주점유를 주장하는 자가 이를 입증하여야 한다.

> **참고** 자주점유의 추정은 지적공부 등의 관리주체인 국가나 지방자치단체가 점유하는 경우에도 마찬가지로 적용된다.

> **판례** 점유자의 승계인이 자기의 점유만을 주장하는 경우, 전 점유자의 점유가 타주점유라 하더라도 현 점유자의 점유는 자주점유로 추정되는지 여부(적극)
>
> 점유의 승계가 있는 경우 전 점유자의 점유가 타주점유라 하여도 점유자의 승계인이 자기의 점유만을 주장하는 경우에는 현 점유자의 점유는 자주점유로 추정한다 (대판 99다72743).

(4) 자주점유의 타주점유로 전환

① 부동산을 타인에게 매도하여 그 인도의무를 지고 있는 매도인의 점유는 특별한 사정이 없는 한 타주점유로 전환된다.

> **참고** 인도의무발생으로 인한 타주점유 전환
>
> 같은 이유로 경락에 의한 소유권이전등기가 있으면 종전 소유자는 경락인에게 경락부동산을 인도할 의무가 있으므로 종전 소유자의 점유는 자주점유에서 타주점유로 전환되며, 매매계약이 해제되었다면 매수인의 점유는 계약해제일로부터 타주점유가 된다.

② 소유자가 제기한 소에서 점유자의 패소: 소유자가 자신의 소유권을 주장하면서 점유자 명의의 소유권이전등기는 원인무효의 등기임을 이유로 점유자를 상대로 토지에 관한 점유자 명의의 소유권이전등기의 말소등기청구소송을 제기하였고, 그 소송사건이 점유자의 패소로 확정되었다면 점유자의 토지에 대한 점유는 패소판결 확정 후부터 타주점유로 전환된다.

비교➡ 점유자가 스스로 제기한 소에서 점유자의 패소판결이 확정된 경우에는 타주점유로 전환되지 않는다.

(5) 타주점유의 자주점유로 전환

① 새로운 권원의 취득: 매매, 교환, 증여 등 새로운 권원을 취득하면 자주점유로 전환된다. 다만, 상속은 새로운 권원이 될 수 없다.

② 소유의 의사 표시: 타주점유가 자주점유로 전환되기 위하여는 새로운 권원에 의하여 다시 소유의 의사로 점유하거나 자기에게 점유시킨 자에게 소유의 의사가 있음을 표시하여야 한다.

Tip 타주점유자가 그 명의로 소유권이전등기를 경료한 것만으로는 점유시킨 자에 대하여 소유의 의사를 표시함으로써 자주점유로 전환되었다고 볼 수 없다.

(6) 구별의 실익

취득시효(제245조)와 무주물선점(제252조)에서는 자주점유를 요구하고 있다. 또한 점유자의 회복자에 대한 책임에서 현존이익만의 배상책임을 지는 자는 선의일 뿐만 아니라 자주점유의 요건까지 갖추어야 한다.

📋 **참고** 자주점유를 인정한 사례와 부정한 사례

자주점유 인정	자주점유 부정
① 경계선의 착오로 인접토지의 **일부**를 매수한 토지인 줄 알고 점유한 경우 ② **점유자가 스스로 권원을 주장**하였으나 인정되지 않은 경우 ③ 소유자에 대하여 소유의 의사를 표시하거나 새로운 권원을 취득한 경우 ④ 점유권원의 성질이 분명하지 않은 경우 ⑤ 매매계약이 무효인 줄 모르고 매수하여 점유했으나 나중에 알게 된 경우	① 경계선의 착오라 볼 수 없을 정도의 **상당**면적을 점유한 경우 ② 소유자가 제기한 소에서 점유자가 패소한 경우(패소판결 확정시부터 타주점유) ③ 처분권한 없는 자로부터 그 사실을 알면서 토지를 매수한 경우 ④ 공유자 한 사람이 공유부동산 전부를 점유하고 있는 경우 다른 공유자의 지분비율의 범위 ⑤ 매도하여 그 인도의무를 지고 있는 매도인의 점유 ⑥ 경락인에게 경락부동산을 인도할 의무가 있는 점유 ⑦ 해제된 매매계약의 매수인의 점유 ⑧ 악의의 무단점유, 수탁자의 점유, 직접점유자의 점유, 분묘기지권 등

> **예제**
>
> 점유에 관한 설명으로 옳은 것은? (다툼이 있으면 판례에 따름) 　　　제29회
>
> ① 점유매개관계의 직접점유자는 타주점유자이다.
> ② 점유자는 소유의 의사로 과실 없이 점유한 것으로 추정한다.
> ③ 甲이 乙로부터 임차한 건물을 乙의 동의 없이 丙에게 전대한 경우, 乙만이 간접점유자이다.
> ④ 甲이 乙과의 명의신탁약정에 따라 자신의 부동산 소유권을 乙명의로 등기한 경우, 乙의 점유는 자주점유이다.
> ⑤ 실제 면적이 등기된 면적을 상당히 초과하는 토지를 매수하여 인도받은 때에는 특별한 사정이 없으면 초과 부분의 점유는 자주점유이다.
>
> **해설** ① 간접점유가 성립하기 위해서는 특정인의 직접점유가 있어야 하고, 점유매개자인 직접점유자는 소유의 의사가 없는 타주점유를 하여야 한다.
> ② 점유자는 소유의 의사로 선의, 평온 및 공연하게 점유한 것으로 추정한다(제197조 제1항). 즉, 무과실은 추정되지 않는다.
> ③ 甲이 乙로부터 임차한 건물을 乙의 동의 없이 丙에게 전대한 경우, 乙뿐만 아니라 甲도 간접점유자이다.
> ④ 등기명의가 신탁되었다면 특별한 사정이 없는 한 명의수탁자의 부동산에 관한 점유는 그 권원의 성질상 자주점유라고 할 수 없다(대판 96다7403).
> ⑤ 자신 소유의 대지 위에 건축한 건물이 인접 토지를 침범하게 된 경우, 그 침범 면적이 통상 있을 수 있는 시공상의 착오 정도를 넘어 상당한 정도에까지 이르는 경우에는 그 토지의 점유는 소유의 의사가 있는 점유라고 할 수 없다(대판 99다58570, 58587).　**정답** ①

❷ 하자 있는 점유와 하자 없는 점유 제33회

하자 있는 점유란 악의·과실·폭력·은비·불계속 등의 사정이 있는 점유를 말하며, 하자 없는 점유란 선의·무과실·평온·공연·계속 등의 사정이 있는 점유를 말한다.

(1) 선의의 점유와 악의의 점유

점유를 정당하게 하는 권리, 즉 본권(本權)이 없음에도 불구하고 본권이 있다고 오신하여서 하는 점유가 선의의 점유이고, 본권이 없음을 알면서 또는 의심을 품으면서 하는 점유는 악의의 점유이다.

(2) 과실 있는 점유와 과실 없는 점유

선의점유에서 그 선의임에 과실이 있느냐 없느냐에 따라서 과실(過失) 있는 점유와 과실(過失) 없는 점유로 구분된다. 「민법」은 점유의 무과실은 추정하지 않고 있다(제197조 제1항).

참고 양도인이 등기부상의 명의인과 동일인이며 그 명의를 의심할 만한 특별한 사정이 없는 경우, 그 부동산을 양수하여 인도받은 자는 과실(過失) 없는 점유자에 해당한다.

(3) 평온·공연의 점유와 강포·은비의 점유

폭력에 의한 것인지 여부에 따라 평온한 점유와 강포(强暴)에 의한 점유로 구분되고, 남몰래 하는지 여부에 따라 공연한 점유와 은비(隱秘)의 점유로 구분된다.

제4절 | 점유권의 효력

1 점유의 추정적 효력 제32회, 제33회

(1) 점유의 태양

> **제197조【점유의 태양】** ① 점유자는 소유의 의사로 선의·평온 및 공연하게 점유한 것으로 추정한다.
> ② 선의의 점유자라도 본권에 관한 소에 패소한 때에는 그 소가 제기된 때로부터 악의의 점유자로 본다.

① 점유자는 소유의 의사로 선의·평온·공연하게 점유한 것으로 추정한다(제197조 제1항). 그러나 무과실은 추정되지 않으므로 점유자 스스로 무과실을 입증하여야 한다.

② 선의의 점유자라도 본권에 관한 소에서 패소한 때에는 점유개시시점이나 패소판결시점이 아니라 그 소가 제기된 때로부터 악의의 점유자로 본다(제197조 제2항).

비교▶ 소유자가 점유자를 상대로 소송을 제기하여 그 소송사건이 점유자의 패소로 확정되었다면 점유자의 토지에 대한 점유는 패소판결 확정 후부터 타주점유로 전환된다.

(2) 점유계속의 추정

> **제198조【점유계속의 추정】** 전후 양시에 점유한 사실이 있는 때에는 그 점유는 계속한 것으로 추정한다.

점유계속의 추정은 동일인이 전후 양 시점에 점유한 것이 증명된 때에만 적용되는 것이 아니고, 전후 양 시점의 점유자가 다른 경우에도 점유의 승계가 입증되는 한 점유계속은 추정된다.

(3) 권리적법의 추정

> **제200조【권리의 적법의 추정】** 점유자가 점유물에 대하여 행사하는 권리는 적법하게 보유한 것으로 추정한다.

점유자의 권리적법의 추정에 관한 제200조는 동산의 점유에 한하여 적용되고 부동산에는 적용되지 않는다. 부동산은 점유가 아닌 등기에 추정력을 부여하기 때문이다.

(4) 점유의 승계

> **제199조【점유의 승계의 주장과 그 효과】** ① 점유자의 승계인은 자기의 점유만을 주장하거나 자기의 점유와 전 점유자의 점유를 아울러 주장할 수 있다.
> ② 전 점유자의 점유를 아울러 주장하는 경우에는 그 하자도 계승한다.

① 점유의 승계인은 자기의 점유만을 주장하거나 자신의 점유와 전 점유자의 점유를 아울러 주장할 수 있다. 다만, 전 점유자의 점유를 동시에 주장하는 경우 전 점유자의 하자도 승계하게 된다.
② 자신만의 점유를 분리주장할 수 없는 상속과 같은 포괄승계에는 제199조가 적용되지 않는다.
③ 점유의 승계가 있는 경우 전 점유자의 점유가 타주점유라 하여도 점유자의 승계인이 자기의 점유만을 주장하는 경우에는 현 점유자의 점유는 자주점유로 추정한다.

> 참고 📖 甲이 악의로 10년간 점유한 후 乙이 그 점유를 승계하여 선의로 10년간 점유한 경우에, 乙은 자기의 선의의 10년의 점유만을 주장하거나 甲의 점유를 합한 악의의 20년의 점유를 주장할 수 있다.

❷ 점유자와 회복자의 관계 제32회, 제33회, 제34회

(1) 선의점유자의 과실취득

> **제201조【점유자와 과실】** ① 선의의 점유자는 점유물의 과실을 취득한다.
> ② 악의의 점유자는 수취한 과실을 반환하여야 하며, 소비하였거나 과실로 인하여 훼손 또는 수취하지 못한 경우에는 그 과실의 대가를 보상하여야 한다.
> ③ 전항의 규정은 폭력 또는 은비에 의한 점유자에 준용한다.

① 선의의 점유자는 점유물로부터 생긴 과실을 취득할 수 있다. 따라서 선의의 점유자는 그 점유·사용으로 인한 이득을 그 타인에게 반환할 의무는 없다.

> 참고 📖 악의점유자라도 과실(過失) 없이 과실(果實)을 훼손·수취하지 못한 경우에는 대가보상의무가 없다.

② 선의의 점유자란 과실수취권을 포함하는 권원이 있다고 오신한 점유자를 말하고, 다만 그와 같은 오신을 함에는 오신할만한 정당한 근거가 있어야 한다.

③ 악의의 점유자는 수취한 과실을 반환하여야 할 뿐만 아니라, 받은 이익에 이자를 붙여 반환하고 그 이자의 이행지체로 인한 지연손해금까지 지급하여야 한다.

④ 이미 소비하였거나 과실(過失)로 인하여 훼손 또는 수취하지 못한 과실(果實)의 대가를 보상하여야 한다. 다만, 과실 없이 훼손 또는 수취하지 못한 과실(果實)의 대가에 대해서는 보상의무가 없다.

⑤ 계약의 무효나 취소시에도 선의점유자의 과실취득권은 적용된다. 다만, 해제시에는 원상회복을 우선적용하기 때문에 제201조는 적용되지 않는다.

> 참고 쌍무계약이 취소된 경우 선의의 매수인에게 제201조가 적용되어 과실취득권이 인정되는 이상 선의의 매도인에게도 대금의 운용이익 내지 법정이자의 반환을 부정함이 형평에 맞다.

> 참고 해제시에는 선의의 점유자라도 과실을 취득할 수 없다.

(2) 점유자의 회복자에 대한 책임

> **제202조【점유자의 회복자에 대한 책임】** 점유물이 점유자의 책임 있는 사유로 인하여 멸실 또는 훼손한 때에는 악의의 점유자는 그 손해의 전부를 배상하여야 하며 선의의 점유자는 이익이 현존하는 한도에서 배상하여야 한다. 소유의 의사가 없는 점유자는 선의인 경우에도 손해의 전부를 배상하여야 한다.

(3) 점유자의 비용상환청구권

> **제203조【점유자의 상환청구권】** ① 점유자가 점유물을 반환할 때에는 회복자에 대하여 점유물을 보존하기 위하여 지출한 금액 기타 필요비의 상환을 청구할 수 있다. 그러나 점유자가 과실을 취득한 경우에는 통상의 필요비는 청구하지 못한다.
> ② 점유자가 점유물을 개량하기 위하여 지출한 금액 기타 유익비에 관하여는 그 가액의 증가가 현존한 경우에 한하여 회복자의 선택에 좇아 그 지출금액이나 증가액의 상환을 청구할 수 있다.
> ③ 전항의 경우에 법원은 회복자의 청구에 의하여 상당한 상환기간을 허여할 수 있다.

> 참고 비용상환청구권 행사시기
> 점유자가 회복자로부터 점유물의 반환을 청구받거나 회복자에게 점유물을 반환한 때에 비로소 회복자에 대하여 행사할 수 있다.

점유자는 선의·악의, 자주점유·타주점유에 상관없이 비용상환청구권을 가지며, 청구권은 점유자가 회복자로부터 점유물의 반환을 청구받거나 회복자에게 점유물을 반환한 때에 비로소 행사할 수 있다.

① 필요비상환청구권: 선의의 점유자에게는 과실취득권이 인정되므로 이것과의 형평상 점유자가 과실을 취득한 경우에는 통상의 필요비를 청구할 수 없다.

② 유익비상환청구권
   ㉠ 실제 지출금액 및 현존 증가액에 관한 증명책임은 점유자에게 있으며 지출액과 증가액 중의 하나를 선택하는 자는 회복자이다.
   ㉡ 금전을 투여하였어도 가액의 증가가 없다면 유익비상환청구는 인정되지 않으며, 유익비에 대하여는 필요비와 달리 법원이 회복자의 청구에 의하여 상당한 상환기간을 허여할 수 있다(제203조 제2항·제3항). 상환기간이 허여되면 유치권은 행사할 수 없게 된다.

> **판례** 적법한 계약관계 존재시 제203조의 적용 여부 – 부정
>
> 「민법」제203조 제2항에 의한 점유자의 회복자에 대한 유익비상환청구권은 점유자가 계약관계 등 적법하게 점유할 권리를 가지지 않아 소유자의 소유물반환청구에 응하여야 할 의무가 있는 경우에 성립되는 것으로서, 이 경우 점유자는 그 비용을 지출할 당시의 소유자가 누구이었는지 관계없이 점유회복 당시의 소유자, 즉 회복자에 대하여 비용상환청구권을 행사할 수 있는 것이나, **점유자가 유익비를 지출할 당시 계약관계 등 적법한 점유의 권원을 가진 경우**에 그 지출비용의 상환에 관하여는 그 계약관계를 규율하는 법조항이나 법리 등이 적용되는 것이어서, **점유자는 그 계약관계 등의 상대방에 대하여 해당 법조항이나 법리에 따른 비용상환청구권을 행사할 수 있을 뿐** 계약관계 등의 상대방이 아닌 점유회복 당시의 소유자에 대하여 「민법」제203조 제2항에 따른 지출비용의 상환을 구할 수는 없다(대판 2001다64752).

참고 기계의 점유자가 그 기계장치를 계속 사용함에 따라 마모되거나 손상된 부품을 교체하거나 수리하는 데에 소요된 비용은 통상의 필요비에 해당하고, 점유자가 과실을 취득하면 회복자로부터 통상의 필요비상환을 청구할 수 없다.

Tip 필요비는 상환기간이 허여될 수 없다.

> **예제**
>
> 점유자와 회복자의 관계에 관한 설명으로 옳은 것은? (다툼이 있으면 판례에 따름)
>
> 제31회
>
> ① 선의의 점유자는 과실을 취득하더라도 통상의 필요비의 상환을 청구할 수 있다.
> ② 이행지체로 인해 매매계약이 해제된 경우, 선의의 점유자인 매수인에게 과실취득권이 인정된다.
> ③ 악의의 점유자가 책임 있는 사유로 점유물을 훼손한 경우, 이익이 현존하는 한도에서 배상해야 한다.
> ④ 점유자가 유익비를 지출한 경우, 점유자의 선택에 좇아 그 지출금액이나 증가액의 상환을 청구할 수 있다.
> ⑤ 무효인 매매계약의 매수인이 점유목적물에 필요비 등을 지출한 후 매도인이 그 목적물을 제3자에게 양도한 경우, 점유자인 매수인은 양수인에게 비용상환을 청구할 수 있다.
>
> **해설** ⑤ 「민법」 제203조 제2항에 의한 점유자의 회복자에 대한 유익비상환청구권은 점유자가 계약관계 등 적법하게 점유할 권리를 가지지 않아 소유자의 소유물반환청구에 응하여야 할 의무가 있는 경우에 성립되는 것으로서, 이 경우 점유자는 <u>그 비용을 지출할 당시의 소유자가 누구이었는지에 관계없이 점유회복 당시의 소유자, 즉 회복자에 대하여 비용상환청구권을 행사할 수 있다</u>(대판 2011다101209). 따라서 점유자인 매수인은 점유 회복 당시의 소유자인 양수인에게 비용상환을 청구할 수 있다.
> ① 점유자가 점유물을 반환할 때에는 회복자에 대하여 점유물을 보존하기 위하여 지출한 금액 기타 필요비의 상환을 청구할 수 있다. 그러나 점유자가 과실을 취득한 경우에는 통상의 필요비는 청구하지 못한다(제203조 제1항).
> ② 계약해제로 인하여 계약당사자가 원상회복의무를 부담함에 있어서 계약당사자 일방이 목적물을 이용한 경우에는 그 사용에 의한 이익을 상대방에게 반환하여야 한다(대판 91다13267). 즉, 계약의 해제시에는 원상회복(제548조)이 우선적용되어 제201조가 적용되지 않으므로 해제시에는 선의의 점유자라도 과실을 취득할 수 없다.
> ③ 점유물이 점유자의 책임 있는 사유로 인하여 멸실 또는 훼손한 때에는 악의의 점유자는 그 손해의 전부를 배상하여야 하며, 선의의 점유자는 이익이 현존하는 한도에서 배상하여야 한다. 소유의 의사가 없는 점유자는 선의인 경우에도 손해의 전부를 배상하여야 한다(제202조). 따라서 악의의 점유자는 손해의 전부를 배상하여야 한다.
> ④ 점유자가 점유물을 개량하기 위하여 지출한 금액 기타 유익비에 관하여는 그 가액의 증가가 현존한 경우에 한하여 <u>회복자의 선택에 좇아</u> 그 지출금액이나 증가액의 상환을 청구할 수 있다(제203조 제2항).
>
> **정답** ⑤

③ 점유보호청구권 제32회, 제35회

점유보호청구권이란 점유를 침해당한 경우에 점유자가 침해자에 대하여 그 목적물의 반환, 침해의 배제 또는 손해배상의 담보를 청구하는 권리로서 물권적 청구권의 일종으로 점유물반환청구권, 점유물방해제거청구권, 점유물방해예방청구권 세 가지가 있다.

(1) 점유물반환청구권

> **제204조【점유의 회수】** ① 점유자가 점유의 침탈을 당한 때에는 그 물건의 반환 및 손해의 배상을 청구할 수 있다.
> ② 전항의 청구권은 침탈자의 특별승계인에 대하여는 행사하지 못한다. 그러나 승계인이 악의인 때에는 그러하지 아니하다.
> ③ 제1항의 청구권은 침탈을 당한 날로부터 1년 내에 행사하여야 한다.

기출 유치물의 침탈로 인한 유치권자의 유치권소멸에 따른 손해배상청구권은 점유침탈을 원인으로 한 것이 아닌 본권의 침해를 근거로 한 것이므로 침탈당한 날로부터 1년 내에 행사할 것을 요하지 않는다. 제36회

참고 사기의 의사표시에 의하여 건물을 명도해 준 것이라면 건물의 점유를 침탈당한 것이 아니므로 피해자는 점유회수의 소권을 가진다고 할 수 없다.

참고 직접점유자가 임의로 점유를 타(他)에 양도한 경우에는 점유이전이 간접점유자의 의사에 반한다 하더라도 간접점유자의 점유가 침탈된 경우에 해당하지 않는다.

참고 선의의 특별승계인이 점유를 취득하였다면 후에 악의의 특별승계인에게 점유가 이전되더라도 그를 상대로 점유물반환을 청구하지 못한다.

① 청구권자
  ㉠ 점유의 침탈을 당한 자가 점유물반환청구권의 청구권자이다. 주체는 점유자이며 점유를 하고 있었다면 본권이 있든 없든 상관없고, 직접점유인지 간접점유인지 묻지 않는다.
  ㉡ 점유를 침탈당한 경우이어야 한다. 따라서 기망을 당하여 스스로 교부해 주거나 잃어버린 물건(유실물)에 대하여는 점유물반환청구를 할 수 없다.
  ㉢ 간접점유가 성립되어 있는 경우에 침탈의 기준이 되는 자는 간접점유자가 아니라 직접점유자이다.

② 상대방: 상대방은 점유의 침탈자 및 그의 포괄승계인이다. 다만, 침탈자의 선의의 특별승계인에게는 행사할 수 없다(제204조 제2항).

③ 행사내용: 점유자가 점유를 침탈당한 때에는 그 물건의 반환 및 손해배상을 청구할 수 있다(제204조 제1항).

④ 제척기간
  ㉠ 물건의 반환 및 손해배상은 침탈을 당한 날로부터 1년 이내에 행사하여야 한다(제204조 제3항).
  ㉡ 1년이라는 제척기간은 반드시 그 기간 내에 소를 제기하여야 하는 이른바 출소기간으로 해석하는 것이 판례의 입장이다.

⑤ 상호침탈
  ㉠ 甲의 점유물을 乙이 위법한 방법으로 침탈하자 다시 甲이 乙의 점유를 침탈한 경우, 乙이 甲을 상대로 점유회수를 청구할 수 있는지의 문제이다.
  ㉡ 상대방으로부터 점유를 위법하게 침탈당한 점유자가 상대방으로부터 점유를 탈환하였을 경우(이른바 '점유의 상호침탈'), 특별한 사정이 없는 한 상대방은 자신의 점유가 침탈당하였음을 이유로 점유자를 상대로 「민법」 제204조 제1항에 따른 점유의 회수를 청구할 수 없다고 보는 것이 타당하다.

(2) 점유물방해제거청구권

> **제205조 【점유의 보유】** ① 점유자가 점유의 방해를 받은 때에는 그 방해의 제거 및 손해의 배상을 청구할 수 있다.
> ② 전항의 청구권은 방해가 종료한 날로부터 1년 내에 행사하여야 한다.
> ③ 공사로 인하여 점유의 방해를 받은 경우에는 공사 착수 후 1년을 경과하거나 그 공사가 완성한 때에는 방해의 제거를 청구하지 못한다.

(3) 점유물방해예방청구권

> **제206조 【점유의 보전】** ① 점유자가 점유의 방해를 받을 염려가 있는 때에는 그 방해의 예방 또는 손해배상의 담보를 청구할 수 있다.
> ② 공사로 인하여 점유의 방해를 받을 염려가 있는 경우에는 전조 제3항의 규정을 준용한다.

핵심 점유보호청구권

구분	점유물반환청구권 (제204조)	점유물방해제거청구권 (제205조)	점유물방해예방청구권 (제206조)
성립 요건	① 점유의 침탈을 당한 경우(유실물 ×, 사기당한 물건 ×) ② 상대방이 되는 자: 침탈자, 침탈자의 포괄승계인(선·악 불문), 악의의 특별승계인 ③ 상대방이 되지 않는 자: 선의의 특별승계인	① 점유의 방해를 받은 경우(고의·과실이 불필요) ② 손해배상청구는 고의·과실이 필요	점유의 방해를 받을 염려가 있는 경우
행사 내용	반환 및 손해배상	제거 및 손해배상	예방 또는 손해배상담보
제척 기간	침탈당한 날로부터 1년(출소기간)	① 방해가 종료한 날로부터 1년(손해배상에 적용) ② 공사착수 후 1년 경과 또는 완공된 경우에는 불가	공사착수 후 1년 경과 또는 완공된 후에는 불가

> **예제**
>
> 甲이 점유하고 있는 X물건을 乙이 침탈한 경우에 대한 설명으로 **틀린** 것은? (다툼이 있으면 판례에 따름)
>
> ① 甲의 乙에 대한 점유물반환청구권은 침탈당한 날로부터 1년 내에 행사하여야 하는데, 이는 출소기간이다.
> ② 乙이 선의인 丙에게 X물건을 매도·인도한 경우, 甲은 丙에 대하여 손해배상을 청구할 수 없다.
> ③ 乙이 선의의 丙에게 X물건을 매도·인도한 경우, 甲은 丙에 대하여 점유물반환청구권을 행사할 수 있다.
> ④ 甲이 丁소유의 X물건을 임차하여 점유하고 있었던 경우, 丁도 乙에 대하여 점유물반환청구권을 행사할 수 있다.
> ⑤ 만일 甲이 乙의 사기로 인하여 점유를 乙에게 인도한 경우, 乙에 대하여 점유물반환을 청구할 수 없다.
>
> **해설** ③② 점유권에 기한 반환청구 및 손해배상청구는 침탈자의 선의의 특별승계인에 대하여는 행사하지 못한다.
> ① 점유보호청구권의 1년이라는 제척기간은 재판 외에서 행사하는 것으로 족한 기간이 아니라 반드시 그 기간 내에 소를 제기하여야 하는 이른바 출소기간으로 해석함이 상당하다(대판 2001다8097, 8103).
> ④ 간접점유자인 丁도 점유물반환청구권을 행사할 수 있다.
> ⑤ 사기의 의사표시에 의하여 건물을 명도해 준 경우는 건물의 점유를 침탈당한 것이 아니므로 피해자는 점유회수의 소권을 가진다고 할 수 없다(대판 91다17443). **정답** ③

4 점유의 소와 본권의 소

> **제208조 【점유의 소와 본권(本權)의 소(訴)와의 관계】** ① 점유권에 기인한 소와 본권에 기인한 소는 서로 영향을 미치지 아니한다.
> ② 점유권에 기인한 소는 본권에 관한 이유로 재판하지 못한다.

점유의 소는 점유보호청구권에 기한 소를 말하고, 본권의 소는 소유권·전세권·임차권 등 점유할 수 있는 권리에 기한 소를 말한다. 점유의 소는 사실적 지배를 그대로 유지·보호하는 것을 목적으로 하는 데 반하여, 본권의 소는 당연히 있어야 할 지배상태를 실현시키는 것을 목적으로 한다. 따라서 점유권에 기인한 소와 본권에 기인한 소는 서로 영향을 미치지 아니한다. 또한 점유권에 기인한 소는 본권에 관한 이유로 재판하지 못한다.

제3장 메타인지 학습체크

01 물건을 사실상 지배하는 자는 [① 점유권 / ② 본권]이 있다.

02 점유보조자에게 [① 점유보호청구권 / ② 자력구제권]이 인정된다.

03 간접점유에서 점유매개관계는 중첩적으로 있을 수 [① 있으며 / ② 없으며], 반드시 유효할 필요는 없다.

04 점유자의 점유가 소유의 의사가 있는 자주점유인지 아니면 소유의 의사가 없는 타주점유인지의 여부는 [① 내심의 의사로 / ② 외형적·객관적으로] 결정되어야 한다.

05 소유자가 점유자 명의의 소유권이전등기의 말소등기청구소송을 제기하였고 그 소송사건이 점유자의 패소로 확정되었다면 점유자의 토지에 대한 점유는 [① 소제기시 / ② 패소판결 확정시]부터는 타주점유로 전환된다.

06 점유자가 제기한 소에서 점유자의 패소판결이 확정된 경우에는 타주점유로 전환[① 된다. / ② 되지 않는다.]

07 매수인이 인접 토지와의 경계선을 확인해 보지 아니하여 착오로 인접 토지의 일부를 매수한 토지인 줄 알고 점유하였다면 이는 [① 자주 / ② 타주]점유에 해당한다.

08 자신 소유의 대지 위에 건축한 건물이 인접 토지를 침범하게 된 경우, 그 침범 면적이 상당한 정도에까지 이르는 경우에는 그 토지의 점유는 [① 자주 / ② 타주]점유에 해당한다.

09 타인의 토지에 분묘를 설치한 자가 그 분묘기지를 점유하는 경우에 그 점유는 [① 자주 / ② 타주]점유이다.

10 점유자는 과실 없이 점유한 것으로 추정[① 한다. / ② 하지 않는다.]

정답

01 ① 02 ② 03 ① 04 ② 05 ② 06 ② 07 ① 08 ② 09 ② 10 ②

제3장 메타인지 학습체크

11 선의의 점유자라도 본권에 관한 소에 패소한 때에는 [① 소제기시 / ② 패소판결 확정시]부터 악의의 점유자로 본다.

12 점유자가 점유물에 대하여 행사하는 권리는 적법하게 보유한 것으로 추정한다고 규정하는 제200조는 부동산에 적용[① 된다. / ② 되지 않는다.]

13 선의의 점유자가 법률상 원인 없이 타인의 토지를 점유·사용하고 이로 말미암아 그에게 손해를 입힌 경우에, 그 점유·사용으로 인한 이득을 그 타인에게 반환할 의무가 [① 있다. / ② 없다.]

14 악의의 점유자는 자신의 과실(過失) 없이 훼손 또는 수취하지 못한 과실(果實)의 대가에 대해서 보상의무가 [① 있다. / ② 없다.]

15 점유물이 점유자의 책임 있는 사유로 인하여 멸실·훼손된 경우에 선의의 [① 자주 / ② 타주]점유자는 그 이익이 현존하는 한도에서 배상책임을 진다.

16 점유자가 과실을 취득한 경우에 [① 통상 / ② 모든] 필요비의 청구는 인정되지 않는다.

17 점유자가 점유물을 개량하기 위하여 지출한 금액 기타 유익비에 관하여는 그 가액의 증가가 현존한 경우에 한하여 [① 점유자 / ② 회복자]의 선택에 좇아 그 지출금액이나 증가액의 상환을 청구할 수 있다.

18 [① 필요비 / ② 유익비]의 경우에 법원은 회복자의 청구에 의하여 상당한 상환기간을 허여할 수 있다.

19 사기의 의사표시에 의하여 건물을 명도하여 준 경우에, 점유를 상실한 자는 점유물반환을 청구할 수 [① 있다. / ② 없다.]

20 간접점유가 성립되어 있는 경우에 침탈의 기준이 되는 자는 [① 직접 / ② 간접]점유자이다. 따라서 직접점유자가 임의로 점유를 타에 양도한 경우에는 점유이전이 간접점유자의 의사에 반한다 하더라도 간접점유자의 점유가 침탈된 경우에 해당하지 않는다.

21 점유회수는 침탈을 당한 날로부터 [① 6개월 / ② 1년] 이내에 행사하여야 한다. 이때의 제척기간은 재판 외에서 행사하는 것으로 족한 기간이 아니라 반드시 그 기간 내에 소를 제기하여야 하는 이른바 출소기간으로 해석한다.

정답

11 ① 12 ② 13 ② 14 ① 15 ① 16 ① 17 ② 18 ② 19 ② 20 ① 21 ②

MEMO

제4장 소유권

❖ 상린관계

인접한 부동산소유자 간의 이용관계 조절(지상권·전세권에 준용)

❖ 취득시효

- 점유취득시효
  - 주체 — 자연인, 법인, 비법인단체(종중 등)
  - 요건 — 소유의 의사, 평온, 공연, 20년 점유
  - 효과
    - **등기 전**: 점유할 권리 발생
    - **등기 후**: 점유개시시부터 소유권 취득(소급효)

- 등기부 취득시효 — 요건
  - 등기
    - 무효등기 ○
    - 무효인 이중보존등기 ×
  - 소유의 의사, 평온, 공연
  - 선의·무과실 — 무과실 추정 ×
  - 점유와 등기 각 10년 — 등기의 승계 인정

❖ 첨부

- 부합
  - 부동산 + 동산
    - **원칙**: 가액에 상관없이 부동산소유권에 부합
    - **예외**: 권원자가 설치한 독립한 물건의 경우 부속시킨 권원자에게 속함
  - 동산 + 동산
    - **원칙**: 주된 동산의 소유자에세 속함
    - **예외**: 주종 구별이 불가능할 경우 부합 당시 가액비율로 공유
  - 부동산 + 부동산 — 인정됨. 다만, 증·개축한 부분이 기존 건물과 독립된 별개의 건물인 경우 부합하지 않음

- 혼화 — 동산 간의 부합 준용

- 가공
  - 원칙 — 원재료 소유자의 소유
  - 예외 — 원재료 가액보다 현저히 다액인 경우에는 가공자의 소유

❖ 공동소유

구분	공유	합유	총유
성질	다수인 간의 인적 결합관계 없이 2인 이상이 소유하는 경우	다수인이 공동목적으로 결합했으나 단체로서의 독립성을 갖추지 못한 결합(조합체)의 소유형태	권리능력 없는 사단의 소유형태
지분의 처분	각자 자유로이 처분 가능, 따라서 공유지분은 독립된 권리임	전원의 동의로만 가능, 따라서 합유지분은 독립된 권리가 아님	성질상 지분이 있을 수 없음
공유물의 처분·변경	전원의 동의로만 가능	전원의 동의로만 가능	총회의 결의로만 가능
공유물의 사용·수익	지분의 비율로 사용	계약에 따름	정관 기타 규약의 정함에 따름
공유물의 보존행위	각자 단독으로 가능	각자 단독으로 가능	총회의 결의를 통해서 가능(판례)
공유물의 관리행위 (이용·개량행위)	지분의 과반수 필요	계약에 따름	총회의 결의로만 가능(제295조 제2항)
분할청구	각자 자유로이 청구 가능	조합체가 존속하는 한 불가	지분이 없으므로 분할도 있을 수 없음
부동산인 경우 등기방식	공유등기, 지분 기재	• 합유자 전원의 명의로 등기 • 합유의 취지 기재	단체 자체 명의로 등기 가능

제4장 소유권

상린관계는 양에 비하여 출제빈도가 높지 않지만 유사한 내용이 반복적으로 출제되므로 핵심내용을 위주로 정리해 두어야 하고, 점유취득시효는 사례문제로 출제되는 경우가 많으므로 법률관계를 정확하게 이해해 두어야 한다. 또, 공동소유에서는 주로 공유에 관한 내용, 특히 보존행위와 관리행위, 공유물분할을 집중적으로 정리하여야 한다.

제1절 | 상린관계

❶ 의의와 적용범위

(1) 의의

① 상린관계: 인접하고 있는 부동산소유자 상호간에 이용을 조절하기 위하여 그들 사이의 권리관계를 규정한 것을 말한다.

② 상린권: 상린관계로부터 발생하는 권리이며, 이는 독립한 물권이 아니고 소유권의 내용 자체이다.

(2) 적용범위

상린관계는 인접하는 토지 상호간의 이용을 조절하는 것이므로 그 규정은 지상권·전세권에 준용된다(제290조, 제319조). 부동산임대차에 관하여는 명문의 규정은 없으나 인지부동산과 이용의 조절이 필요하므로 상린관계의 규정을 유추적용하는 것이 통설이다.

> **참고** 지상권자, 전세권자, 부동산임차인도 직접 상린관계 규정을 주장할 수 있다.

❷ 주요 내용

(1) 인지사용청구권

① 토지소유자가 경계나 그 근방에서 담·건물을 축조하거나 수선하려는 때에는 필요한 범위 내에서 이웃토지의 사용을 청구할 수 있다. 그러나 인접지의 주거에 들어가려면 이웃사람의 승낙이 있어야 한다(제216조 제1항).

② 이웃토지의 사용에 대하여 이웃사람의 승낙을 얻지 못하면 법원의 판결로써 승낙에 갈음할 수 있으나, 주거의 출입에 대하여는 이웃사람이 거절하면 판결로써 승낙에 갈음할 수 없다. 즉, 주거에 출입하기 위하여는 반드시 승낙을 얻어야 한다.

참고
1. 토지: 승낙 × ⇨ 판결 ○
2. 주거: 승낙 × ⇨ 판결 ×

(2) **수도 등의 시설권**
① 토지소유자는 타인의 토지를 통과하지 않으면 필요한 수도·전선 등을 시설할 수 없거나 과다한 비용을 요하는 경우에는 타인의 토지를 통과하여 이를 시설할 수 있다.
② 수도 등 시설권은 법정의 요건을 갖추면 당연히 인정되는 것이고, 수도 등이 통과하는 토지소유자의 동의나 승낙을 받아야 하는 것이 아니다.

(3) 경계표나 담의 설치비용은 쌍방이 절반하여 부담하나, 측량비용은 토지의 면적에 비례한다.

(4) 토지소유자는 이웃토지로부터 자연히 흘러오는 물을 막지 못한다.

참고 토지소유자가 부담하는 자연유수의 승수의무(承水義務)에는 적극적으로 그 자연유수의 소통을 유지할 의무까지 포함되는 것은 아니다.

(5) 토지소유자는 처마물(낙숫물)이 이웃에 직접 낙하하지 않도록 적당한 시설을 설치하여야 한다.

(6) 경계에 설치된 경계표·담·구거 등은 상린자의 공유로 추정한다. 다만, 언제나 그러한 것은 아니며 단독비용으로 설치하였거나 경계표·담 등이 건물의 일부가 되는 경우에는 그러하지 아니한다.

(7) 인접지의 수목뿌리가 경계를 넘은 경우에는 임의로 제거할 수 있으나, 수목가지가 경계를 넘은 때에는 가지의 제거를 청구하고 이에 응하지 않은 경우에 제거할 수 있다.

(8) 건물을 축조함에는 특별한 관습이 없으면 경계로부터 그 건물의 가장 돌출된 부분까지 반미터(0.5m) 이상의 거리를 두어야 한다(임의규정).

참고 이를 위반한 자에 대하여 건물의 변경이나 철거를 청구할 수 있으나, 건축에 착수한 후 1년을 경과하거나 건물이 완성된 후에는 손해배상만을 청구할 수 있다.

(9) 경계로부터 2m 이내의 거리에서 이웃주택의 내부를 관망할 수 있는 창이나 마루를 설치하는 경우에는 적당한 차면시설을 하여야 한다.

(10) 우물을 파거나 용수·하수 또는 오물 등을 저치할 지하시설을 하는 때에는 경계로부터 2m 이상의 거리를 두어야 하며, 저수지·구거 또는 지하실공사에는 경계로부터 그 깊이의 반 이상의 거리를 두어야 한다(임의규정).

❸ 주위토지통행권

> **제219조 【주위토지통행권】** ① 어느 토지와 공로 사이에 그 토지의 용도에 필요한 통로가 없는 경우에 그 토지소유자는 주위의 토지를 통행 또는 통로로 하지 아니하면 공로에 출입할 수 없거나 과다한 비용을 요하는 때에는 그 주위의 토지를 통행할 수 있고 필요한 경우에는 통로를 개설할 수 있다. 그러나 이로 인한 손해가 가장 적은 장소와 방법을 선택하여야 한다.
> ② 전항의 통행권자는 통행지소유자의 손해를 보상하여야 한다.
>
> **제220조 【분할, 일부양도와 주위통행권】** ① 분할로 인하여 공로에 통하지 못하는 토지가 있는 때에는 그 토지소유자는 공로에 출입하기 위하여 다른 분할자의 토지를 통행할 수 있다. 이 경우에는 보상의 의무가 없다.
> ② 전항의 규정은 토지소유자가 그 토지의 일부를 양도한 경우에 준용한다.

(1) 의의
① 토지의 용도에 필요한 통로가 없거나 과다한 비용을 요하는 경우에 이웃의 토지를 통행할 수 있고, 필요한 경우에는 통로를 개설할 수 있다.
② 통로의 개설비용과 유지비용은 주위토지통행권자가 부담한다.
③ 주위토지통행권은 배타적 권리가 아니므로 통행권자가 통행지를 통행함에 그치지 아니하고 이를 배타적으로 점유하고 있다면, 통행지소유자는 통행권자에 대하여 그 인도를 청구할 수 있다.
④ 주위토지통행권은 등기하지 않는 권리이다.

(2) 요건
① 주위토지통행권은 자신의 토지가 포위된 경우뿐 아니라 과다한 비용을 요하는 때에도 인정될 수 있다.
② 명의신탁자에게는 주위토지통행권이 인정되지 아니한다.
③ 다른 통로를 사용하는 것보다 더 편리하다는 이유만으로 다른 장소로 통행할 권리를 인정할 수는 없다.
④ 이미 기존의 통로가 있더라도 실제로 통로로서의 충분한 기능을 하지 못하고 있는 경우에도 인정된다.
⑤ 토지의 불법점유자는 토지소유권의 상린관계로서 주위토지통행권의 주장이나 통행지역권의 시효취득 주장을 할 수 없다.
⑥ 공로에 통할 수 있는 자기의 공유토지를 두고 남의 토지를 통행하는 것은 허용될 수 없다(구분소유적 공유인 경우에도 마찬가지이다).

> 참고 📖 주위토지통행권이 인정되는 경우
> 1. 포위된 경우
> 2. 과다한 비용을 요하는 경우
> 3. 기존 통로가 기능을 못하는 경우

(3) 내용

① 장차의 이용상황까지 미리 대비하여 통행로를 정할 것은 아니다.
②「건축법」에서 정하는 도로의 폭이나 면적 등과 일치하는 주위토지통행권이 바로 생긴다고 할 수 없다.
③ 주위토지 등의 현황이나 구체적 이용상황에 변동이 생긴 경우에는 구체적 상황에 맞게 통행로를 변경할 수 있다.
④ 주위토지통행권자는 통행에 필요한 경우에는 통로를 개설할 수 있으며, 축조물이 통행에 방해가 되면 그 철거를 청구할 수 있다.
⑤ 토지에 접하는 공로가 개설되면 종전의 주위토지통행권은 소멸한다.
⑥ 행정재산인 토지에 대하여도 주위토지통행권을 인정할 수 있다.
⑦ 무제한 인정되어야 하는 것은 아니므로 이용상황이나 이용의 목적 등에 비추어 통행시기나 횟수, 통행방법 등을 제한할 수도 있다.
⑧ 통행권자가 보상의무를 이행하지 않더라도 손해배상책임의 문제가 생길 뿐이지 주위토지통행권 자체가 소멸하지는 않는다.

(4) 대가의 보상

① 원칙 – 유상의 통행권(제219조)
  ㉠ 통행 또는 통로개설로 인하여 통행지소유자에게 손해를 주었을 때에는 통행권자는 그 손해를 보상하여야 한다(제219조 제2항).
  ㉡ 통행권자의 허락을 얻어 사실상 통행하고 있는 자에게는 그 손해의 보상을 청구할 수 없다.
② 예외 – 무상의 통행권(제220조)
  ㉠ 토지의 분할 또는 일부양도로 공로에 통하지 못하는 경우에는 다른 분할자의 토지나 양도 당사자의 토지를 통행할 수 있으며, 이때에는 보상의무를 지지 않는다(제220조).
  ㉡ 무상통행권의 규정은 직접분할자 또는 일부양도의 당사자 사이에만 적용되고 포위된 토지 또는 피통행지의 특정승계인에게는 적용되지 않는다.

예제

1. 상린관계에 관한 설명으로 틀린 것은? (다툼이 있으면 판례에 따름) 제28회
   ① 인접지의 수목뿌리가 경계를 넘은 때에는 임의로 제거할 수 있다.
   ② 주위토지통행권자는 통행에 필요한 통로를 개설한 경우 그 통로개설이나 유지비용을 부담해야 한다.
   ③ 통행지 소유자가 주위토지통행권에 기한 통행에 방해가 되는 담장을 설치한 경우, 통행지 소유자가 그 철거의무를 부담한다.
   ④ 경계에 설치된 담이 상린자의 공유인 경우, 상린자는 공유를 이유로 공유물분할을 청구하지 못한다.
   ⑤ 경계선 부근의 건축시 경계로부터 반미터 이상의 거리를 두어야 하는데 이를 위반한 경우, 건물이 완성된 후에도 건물의 철거를 청구할 수 있다.

   해설 ⑤ 건물을 축조함에는 특별한 관습이 없으면 경계로부터 반미터 이상의 거리를 두어야 하며 이를 위반한 자에 대하여 건물의 변경이나 철거를 청구할 수 있다. 그러나 건축에 착수한 후 1년을 경과하거나 건물이 완성된 후에는 손해배상만을 청구할 수 있다(제242조 제1항·제2항). 따라서 건물이 완성된 후에는 건물의 철거를 청구할 수 없다.
   ① 제240조 제1항
   ② 주위토지통행권자는 그 통로개설이나 유지비용을 부담하여야 한다(대판 2005다30993).
   ③ 주위토지통행권의 본래적 기능발휘를 위해서는 그 통행에 방해가 되는 담장과 같은 축조물도 위 통행권의 행사에 의하여 철거되어야 한다(대판 2005다70144).
   ④ 구분소유건물의 공용부분(제215조), 구분소유건물의 대지(「집합건물의 소유 및 관리에 관한 법률」제8조), 경계선상의 경계표, 담, 구거(제239조) 등은 분할이 금지된다(제268조 제3항). **정답 ⑤**

2. 주위토지통행권에 관한 설명으로 틀린 것은? (다툼이 있으면 판례에 따름) 제27회
   ① 주위토지통행권은 토지와 공로 사이에 기존의 통로가 있더라도 그것이 그 토지의 이용에 부적합하여 실제로 통로로서의 충분한 기능을 하지 못하는 경우에도 인정된다.
   ② 주위토지통행권의 범위를 장차 건립될 아파트의 건축을 위한 이용상황까지 미리 대비하여 정할 수 있다.
   ③ 주위토지통행권이 인정되는 경우 통로개설 비용은 원칙적으로 주위토지통행권자가 부담하여야 한다.
   ④ 통행지 소유자가 주위토지통행권에 기한 통행에 방해가 되는 축조물을 설치한 경우 주위토지통행권의 본래적 기능발휘를 위하여 통행지 소유자가 그 철거의무를 부담한다.
   ⑤ 주위토지통행권의 성립에는 등기가 필요 없다.

해설 ② 주위토지통행권은 현재의 토지의 용법에 따른 이용의 범위에서 인정되는 것이지 더 나아가 장차의 이용상황까지 미리 대비하여 통행로를 정할 것은 아니다(대판 2004다10268).
① 대판 94다14193
③④ 주위토지통행권자가 「민법」 제219조 제1항 본문에 따라 통로를 개설하는 경우 통행지 소유자는 원칙적으로 통행권자의 통행을 수인할 소극적 의무를 부담할 뿐 통로개설 등 적극적인 작위의무를 부담하는 것은 아니고, 다만 통행지 소유자가 주위토지통행권에 기한 통행에 방해가 되는 담장 등 축조물을 설치한 경우에는 주위토지통행권의 본래적 기능발휘를 위하여 통행지 소유자가 그 철거의무를 부담한다. 그리고 주위토지통행권자는 주위토지통행권이 인정되는 때에도 그 통로개설이나 유지비용을 부담하여야 하고, 「민법」 제219조 제1항 후문 및 제2항에 따라 그 통로개설로 인한 손해가 가장 적은 장소와 방법을 선택하여야 하며, 통행지 소유자의 손해를 보상하여야 한다(대판 2005다30993).
⑤ 상린관계는 법률규정에 의한 것으로 별도의 등기를 요하지 않는다. **정답 ②**

제2절 | 소유권의 취득

1 취득시효 제32회, 제33회, 제34회, 제36회

1. 서설

(1) 의의

취득시효란 물건 또는 권리를 점유하는 사실상태가 일정한 기간 계속되는 경우에 그것이 진실한 권리관계와 일치하는가의 여부를 묻지 않고 권리취득의 효과가 생기는 것으로 하는 제도이다.

(2) 취득시효의 종류

종류		취득시효의 요건
부동산	점유취득시효	20년간 소유의 의사로 평온·공연하게 점유를 계속할 것
	등기부 취득시효	10년간 소유의 의사로 평온·공연·선의·무과실로 등기하고 점유를 계속할 것
동산	일반취득시효	10년간 소유의 의사로 평온·공연하게 점유를 계속할 것
	단기취득시효	5년간 소유의 의사로 평온·공연·선의·무과실로 점유를 계속할 것

2. 점유취득시효

> **제245조【점유로 인한 부동산소유권의 취득기간】** ① 20년간 소유의 의사로 평온·공연하게 부동산을 점유하는 자는 등기함으로써 그 소유권을 취득한다.

(1) 점유취득시효의 주체
① 자연인은 물론 법인도 시효취득할 수 있다. 따라서 국가나 지방자치단체도 취득시효의 주체가 될 수 있다.
② 문중 또는 종중과 같이 법인 아닌 사단 또는 재단도 취득시효완성으로 인한 소유권을 취득할 수 있다.

(2) 점유취득시효의 대상
문제가 되는 것들은 다음과 같다.

① 자기소유의 부동산: 인정된다. 다만, 부동산에 관하여 적법·유효한 등기를 마치고 소유권을 취득한 사람이 자기 소유의 부동산을 점유하는 경우에는 특별한 사정이 없는 한 사실상태를 권리관계로 높여 보호할 필요가 없고, 그러한 점유는 취득시효의 기초가 되는 점유라고 할 수 없다.

> 참고 📖 성명불상자(姓名不詳者)의 소유물에 대하여도 시효취득을 인정할 수 있다.

② 1필 토지의 일부: 인정된다(단, 객관적 징표가 계속될 것).
③ 국유재산
  ㉠ 국유의 일반재산은 시효취득할 수 있으나, 행정재산은 용도폐지가 되지 아니하는 한 사법상 거래의 대상이 될 수 없어 시효취득의 대상이 아니다.
  ㉡ 원래는 일반재산이던 것이 행정재산으로 된 경우 일반재산일 당시에 취득시효가 완성되었다고 하더라도 행정재산으로 된 이상 이를 원인으로 하는 소유권이전등기를 청구할 수 없다.

> 참고 📖 집합건물법상 공용부분은 취득시효의 대상이 될 수 없다.

④ 공유지분: 인정된다.

(3) 점유취득시효의 요건
① 평온·공연한 자주점유
  ㉠ 소유의 의사로 평온·공연하게 점유하였어야 한다.
  ㉡ 자주점유라야 한다. 자주점유의 여부는 객관적으로 결정하나, 점유권원에 의하여 자주점유인지 타주점유인지 판명되지 아니할 때에는 자주점유로 추정되므로 취득시효를 주장하는 자가 스스로 자주점유임을 입증하지 않아도 된다.

② 20년간 점유의 계속
　㉠ 평온·공연, 점유의 계속은 추정된다. 따라서 취득시효를 주장하는 자는 20년간 점유한 사실을 입증하면 된다. 이때 점유는 간접점유라도 상관없다.
　㉡ 원칙적으로 기산점은 임의로 선택할 수 없다.

> 참고 📖 부동산에 대한 압류 또는 가압류는 점유취득시효의 중단사유가 될 수 없다.

✓ 만일 등기명의인 변경이 있는 경우에도 기산점을 임의로 선택하여 역산할 수 있다면 위 사례에서 A는 완성 이후의 등기명의인이 생기는 것을 피하기 위하여 2002년을 기산점으로 잡아 2022년에 乙에게 등기를 청구하게 되는 부당한 모습이 발생될 것이다.

다만, 취득시효기간 중 계속해서 등기명의자가 동일한 경우에는 그 기산점을 임의로 선택할 수 있다.

③ 등기
　㉠ 등기청구권의 성질
　　ⓐ 취득시효완성을 원인으로 점유자가 소유자에 대하여 가지는 소유권이전등기청구권은 채권적 청구권으로서의 성질을 갖는다.
　　ⓑ 이때에 등기청구권의 상대방은 취득시효완성 당시의 소유자이므로 소유자가 아닌 무효등기의 명의인은 상대방이 될 수 없다.
　　ⓒ 점유취득시효를 원인으로 한 등기청구권은 처분하여 점유를 상실하게 되면 바로 소멸하는 것은 아니나 점유를 상실한 때로부터 10년의 소멸시효가 진행된다.
　㉡ 취득시효완성 전에 등기명의인이 변경된 경우: 취득시효기간 만료 전에 등기명의를 넘겨받은 시효완성 당시의 등기명의자에 대하여 등기를 청구할 수 있다.

✔ A는 취득시효가 완성된 2020년 당시의 등기명의인 乙에게 등기를 청구할 수 있다. 즉, 취득시효완성 전 등기명의인의 변경은 취득시효 중단사유에 해당하지 않는다.

ⓒ 취득시효완성 후에 등기명의인이 변경된 경우: 취득시효완성 후에 소유자가 목적물을 제3자에게 처분한 경우에는 양수인을 상대로 취득시효를 원인으로 하여 소유권이전등기를 청구할 수 없다.

✔ A는 취득시효완성 이후의 등기명의인 乙에게 등기를 청구할 수 없다(이중양도의 법리).

참고 설령 등기원인이 시효완성 전에 있었더라도 등기가 시효완성 후에 이전되었다면 시효완성자는 새로운 소유자에게 대항할 수 없다.

ⓐ 다만, 등기명의인이 변경된 2021년을 새로운 기산점으로 삼을 수 있다는 것이 판례의 입장이다. 새롭게 2차 점유취득시효가 개시되어 그 취득시효기간이 경과하기 전에 등기부상 소유명의자가 변경된 경우에도 그 취득시효완성 당시의 등기부상 소유명의자에게 시효취득을 주장할 수 있다.

ⓑ 乙은 선·악을 불문하고 소유권을 취득하는 것이 원칙이지만 乙이 甲의 배신적 행위에 적극 가담하였다면 반사회질서의 행위로서 무효가 된다. 이때 A는 甲을 대위하여 乙의 등기의 말소를 청구할 수 있다.

ⓒ 취득시효완성 사실을 <u>알면서 처분</u>한 경우에는 불법행위로 인한 손해배상청구가 가능하다.

ⓓ 甲이 乙에게 등기를 이전해 준 경우 A가 乙에게 대항할 수 없다고 해서 A가 甲에 가지는 등기청구권이 소멸하는 것은 아니다. 따라서 어떤 사유로 소유권이 甲에게 복귀되면 A는 甲에게 등기를 청구할 수 있다.

ⓔ 불능(수용 등) 전에 등기를 청구하였다면 대상청구권 행사가 가능하다.

Tip 채무불이행으로 인한 손해배상청구가 아님에 주의하여야 한다. ⇨ 계약상 채권채무관계가 아니기 때문이다.

참고 보상금 등에 대하여 대상청구권 행사가 가능하다.

판례 시효완성자의 등기청구 가능 여부

취득시효기간이 만료된 후에 등기명의인이 변경되었다면 취득시효를 완성한 자는 그에게 대항할 수 없다. 그러나 등기명의인이 변경되었더라도 실제로 처분권자가 달라진 것은 아니라면 취득시효완성자는 대항할 수 있을 것이다.

1. 취득시효완성 후 미등기 부동산에 소유권보존등기가 된 경우
   상속인 명의로 소유권보존등기를 마친 것도 시효취득에 영향을 미치는 소유자의 변경에 해당하지 않으므로, 등기명의인에게 취득시효완성을 주장할 수 있다.

2. 취득시효완성 후 부동산이 명의신탁된 경우
   수탁자가 취득시효기간 만료 당시의 등기명의인으로부터 명의신탁받은 경우라면 종전 등기명의인으로서는 언제든지 이를 해지하고 소유권이전등기를 청구할 수 있고, 점유시효취득자로서는 종전 등기명의인을 대위하여 이러한 권리를 행사할 수 있으므로, 수탁자가 소유자로의 권리를 행사하는 경우 점유자로서는 취득시효완성을 이유로 이를 저지할 수 있다.

3. 취득시효완성 후 명의신탁이 해지된 경우
   취득시효완성 후 명의신탁 해지를 원인으로 명의수탁자에서 명의신탁자로 소유권이전등기가 된 경우, 시효완성자는 특별한 사정이 없는 한 명의신탁자에게 시효완성을 주장할 수 없다.

4. 취득시효완성 후 이전등기 전에 등기명의인이 파산한 경우
   그 부동산에 관하여 이해관계를 갖는 제3자의 지위에 있는 파산관재인이 선임된 이상, 파산관재인을 상대로 파산선고 전의 점유취득시효완성을 원인으로 한 소유권이전등기절차의 이행을 청구할 수 없다.

5. 원인무효등기 당시에 시효를 완성하였으나 무효의 등기명의인이 실체관계에 부합시킨 경우
   소유권이전등기가 경료된 당시에는 실체관계와 부합하지 아니하여 무효의 등기였다가 취득시효완성 후에 적법한 권리자로부터 권리를 양수하여 실체관계에 부합하게 된 것이라면, 그 등기명의자는 취득시효완성 후에 소유권을 취득한 자에 해당하므로 그에 대하여 취득시효완성을 주장할 수 없다.

기출 취득시효완성 후 명의신탁 해지를 원인으로 명의수탁자에서 명의신탁자로 소유권이전등기가 된 경우, 시효완성자는 특별한 사정이 없는 한 명의신탁자에게 시효완성을 주장할 수 없다.
제36회

참고 점유취득시효완성을 원인으로 한 소유권이전등기청구는 시효완성 당시의 소유자를 상대로 하여야 하므로 시효완성 당시의 소유권보존등기 또는 이전등기가 무효라면 원칙적으로 그 등기명의인은 시효취득을 원인으로 한 소유권이전등기청구의 상대방이 될 수 없고, 이 경우 시효취득자는 소유자를 대위하여 위 무효등기의 말소를 구하고 다시 위 소유자를 상대로 취득시효완성을 이유로 한 소유권이전등기를 구하여야 한다.

3. 취득시효의 효과

(1) 등기 전의 효과

① 취득시효의 기간이 만료된 경우 등기를 이전하지 않았다면 아직 소유권을 취득한 것이 아니지만 점유할 정당한 권리가 생겼으므로 등기명의인은 완성자에게 소유물반환청구권을 행사할 수 없고, 부당이득반환청구권도 행사할 수 없다.

> **판례** 등기명의인은 취득시효완성자에게 소유물반환청구 및 부당이득반환청구를 할 수 없다는 사례
>
> 1. 乙이 甲소유의 대지를 소유의 의사로 평온·공연하게 20년간 점유하였다면 乙은 甲에게 소유권이전등기절차의 이행을 청구할 수 있고 甲은 이에 응할 의무가 있으므로 乙이 위 대지에 관하여 소유권이전등기를 경료하지 못한 상태에 있다고 해서 甲이 乙에 대하여 그 대지에 대한 **불법점유임을 이유로 그 지상건물의 철거와 대지의 인도를 청구할 수는 없다**(대판 87다카1979).
> 2. 부동산에 대한 취득시효가 완성되면 점유자는 소유명의자에 대하여 취득시효완성을 원인으로 한 소유권이전등기절차의 이행을 청구할 수 있고 소유명의자는 이에 응할 의무가 있으므로 점유자가 그 명의로 소유권이전등기를 경료하지 아니하여 아직 소유권을 취득하지 못하였다고 하더라도 **소유명의자는 점유자에 대하여 점유로 인한 부당이득반환청구를 할 수 없다**(대판 92다51280).

② 취득시효를 완성한 자로부터 양수한 자의 등기청구방법: 전(前) 점유자의 점유를 승계한 자는 그 점유 자체와 하자만을 승계하는 것이지 그 점유로 인한 법률효과까지 승계하는 것은 아니므로 전 점유자의 소유자에 대한 소유권이전등기청구권을 대위행사할 수 있을 뿐 전 점유자의 취득시효완성의 효과를 주장하여 직접 자기에게 소유권이전등기를 청구할 권원은 없다.

③ 취득시효이익의 포기
  ㉠ 시효이익의 포기는 취득시효완성 당시의 진정한 소유자에 대하여 하여야 하며 무효인 등기명의자에게 표시하였다고 하여 그 효력이 발생하는 것은 아니다.
  ㉡ 매수 제의를 하였다는 사실을 가지고 점유자가 시효의 이익을 포기한다는 의사표시로 보거나 타주점유로 전환된다고 할 수 없다.

참고 취득시효완성 후 시효취득자가 소유권이전등기절차 이행의 소를 제기하였으나 그 후 상대방의 소유를 인정하여 합의로 소를 취하한 경우, 시효이익의 포기이다.

(2) 등기 후의 효과

등기함으로써 권리를 취득한다. 미등기 부동산에 대한 시효가 완성된 경우라도, 점유자는 등기하여야 소유권을 취득한다.

① 취득시효로 인한 권리의 취득은 원시취득이다(통설). 따라서 종전의 제한적 권리는 모두 소멸한다. 다만, 시효완성 후에 설정된 제한적 권리는 소멸하지 않는다.

② 취득시효로 인한 소유권 취득의 효력은 점유를 개시한 때로 소급한다(제247조 제1항). 따라서 취득시효기간 동안에 취득한 이익은 정당한 권원에 의한 것이므로 원소유자에 상환할 필요가 없다.

> **참고** 취득시효완성 후 등기 전에 원소유자가 시효완성된 토지에 저당권을 설정하였고, 등기를 마친 시효취득자가 피담보채무를 변제한 경우, 이러한 변제는 자신의 이익을 위한 것이므로 원소유자에게 구상권을 행사하거나 부당이득반환을 청구할 수 없다.

예제

1. 점유취득시효에 관한 설명으로 옳은 것은? (다툼이 있으면 판례에 따름) 제30회

① 부동산에 대한 악의의 무단점유는 점유취득시효의 기초인 자주점유로 추정된다.
② 집합건물의 공용부분은 별도로 취득시효의 대상이 되지 않는다.
③ 1필의 토지 일부에 대한 점유취득시효는 인정될 여지가 없다.
④ 아직 등기하지 않은 시효완성자는 그 완성 전에 이미 설정되어 있던 가등기에 기하여 시효완성 후에 소유권이전의 본등기를 마친 자에 대하여 시효완성을 주장할 수 있다.
⑤ 부동산에 대한 압류 또는 가압류는 점유취득시효를 중단시킨다.

해설 ② 공용부분에 대하여 취득시효의 완성을 인정하여 그 부분에 대한 소유권취득을 인정한다면 전유부분과 분리하여 공용부분의 처분을 허용하고 일정 기간의 점유로 인하여 공용부분이 전유부분으로 변경되는 결과가 되어「집합건물의 소유 및 관리에 관한 법률」의 취지에 어긋나게 된다. 따라서 집합건물의 공용부분은 취득시효에 의한 소유권 취득의 대상이 될 수 없다고 봄이 타당하다(대판 2011다78200, 78217).
① 점유자가 점유개시 당시에 소유권 취득의 원인이 될 수 있는 법률행위 기타 법률요건이 없이 그와 같은 법률요건이 없다는 사실을 잘 알면서 타인 소유의 부동산을 무단점유한 것이 입증된 경우에는 특별한 사정이 없는 한 그 점유자는 타인의 소유권을 배척하고 점유할 의사를 갖고 있지 않다고 보아야 하므로 이로써 소유의 의사가 있는 점유라는 추정은 깨어진다(대판 97다55447). 즉, 악의의 무단점유임이 드러나면 자주점유의 추정이 깨어진다.
③ 1필 토지의 일부에 대한 시효취득도 인정이 된다. 다만, 1필의 토지의 일부에 대한 시효취득을 인정하기 위하여는 그 부분이 다른 부분과 구분되어 시효취득자의 점유에 속한다는 것을 인식하기에 족한 객관적인 징표가 계속하여 존재할 것을 요한다(대판 93다5581).

④ 취득시효완성에 의한 등기를 하기 전에 먼저 소유권이전등기를 경료하여 부동산 소유권을 취득한 제3자에 대하여는 그 제3자 명의의 등기가 무효가 아닌 한 시효취득을 주장할 수 없다고 함이 당원의 판례이고, 한편 가등기는 그 성질상 본등기의 순위보전의 효력만이 있어 후일 본 등기가 경료된 때에는 본등기의 순위가 가등기한 때로 소급하는 것 뿐이지 본등기에 의한 물권변동의 효력이 가등기한 때로 소급하여 발생하는 것은 아니므로 이 사건 토지에 관한 취득시효가 완성된 후 그 등기를 하기 전에 이미 설정되어 있던 가등기에 기하여 소유권이전의 본등기를 경료하였다면 원고들은 시효완성 후 부동산소유권을 취득한 제3자에 대하여 시효취득을 주장할 수 없다(대판 92다21258). 즉, 시효완성 후 제3자의 본등기가 이루어졌다면 제3자의 소유권취득의 시기는 시효완성 전인 가등기시가 아니라 시효완성 후인 본등기시이므로 시효완성자는 시효완성 후에 소유권을 취득한 제3자에게 시효완성을 주장할 수 없다.

⑤ 점유로 인한 부동산소유권의 시효취득에 있어 취득시효의 중단사유는 종래의 점유상태의 계속을 파괴하는 것으로 인정될 수 있는 사유이어야 하는데, 「민법」제168조 제2호에서 정하는 '압류 또는 가압류'는 금전채권의 강제집행을 위한 수단이거나 그 보전수단에 불과하여 취득시효기간의 완성 전에 부동산에 압류 또는 가압류 조치가 이루어졌다고 하더라도 이로써 종래의 점유상태의 계속이 파괴되었다고는 할 수 없으므로 이는 취득시효의 중단사유가 될 수 없다(대판 2018다296878).

정답 ②

2. 甲소유 부동산에 대한 乙의 점유취득시효가 완성되었다. 다음 설명 중 **틀린** 것은? (다툼이 있으면 판례에 따름)

① 乙이 甲으로부터 아직 소유권이전등기를 경료받지 못한 경우에도 甲은 乙에게 점유로 인한 부당이득반환을 청구할 수 없다.
② 甲이 乙로부터 시효완성을 이유로 소유권이전등기청구를 받은 후 소유권상실을 염려하여 선의의 丙에게 부동산을 매도하여 이전등기를 경료해 준 경우, 甲은 乙에 대하여 불법행위책임을 질 수 있다.
③ 위 ②의 경우, 乙은 丙을 상대로 취득시효완성을 이유로 소유권이전등기를 청구하여야 한다.
④ 불법점유를 이유로 甲은 乙에게 부동산의 인도를 청구할 수 없다.
⑤ 甲은 乙로부터 소유권이전등기청구를 받은 후 제3자인 丙과 통정하여 허위로 丙 앞으로 소유권이전등기를 했다면 乙은 甲을 대위하여 丙명의의 등기말소를 청구할 수 있다.

해설 ③ 취득시효기간완성 후 아직 그것을 원인으로 소유권이전등기를 경료하지 아니한 자는 종전 소유자로부터 그 부동산에 대한 등기부상 소유명의를 넘겨받은 제3자에 대하여 시효취득을 주장할 수 없으나 취득시효기간만료 전에 등기명의를 넘겨받은 시효완성 당시의 등기명의자에 대하여는 그 소유권취득을 주장할 수 있다(대판 88다카5843). 따라서 丙은 시효완성 후의 등기명의인이므로 乙은 丙에게 대항할 수 없다.
① 부동산에 대한 취득시효가 완성되면 점유자는 소유명의자에 대하여 취득시효완성을 원인으로 한 소유권이전등기절차의 이행을 청구할 수 있고 소유명의자는 이에 응할 의무가 있으므로 점유자가 그 명의로 소유권이전등기를 경료하지 아니하여 아직 소유권을 취득하지 못하였다고 하더라도 소유명의자는 점유자에 대하여 점유로 인한 부당이득반환청구를 할 수 없다(대판 92다51280).

② 등기명의인이 그 부동산의 취득시효완성 사실을 알고 그 부동산을 제3자에게 처분하여 취득시효완성을 원인으로 한 소유권이전등기의무가 이행불능에 빠진 경우 그러한 등기명의인의 처분행위는 시효취득자에 대한 소유권이전등기의무를 면탈하기 위하여 한 것으로서 위법하고, 부동산을 처분한 등기명의인은 이로 인하여 시효취득자가 입은 손해를 배상할 책임이 있다(대판 99다20926).
④ 시효취득완성자가 시효취득을 이유로 한 등기를 경료하기 전이라도 소유자는 시효취득자에게 물권적 청구권을 행사할 수 없다(대판 87다카1979).
⑤ 甲은 乙로부터 소유권이전등기청구를 받은 후 제3자인 丙과 통정하여 허위로 丙 앞으로 소유권이전등기를 했다면 丙명의의 등기는 통정허위표시에 의한 무효의 등기이고, 甲을 대위하여 丙명의 등기말소를 청구할 수 있다.

정답 ③

4. 등기부 취득시효

> **제245조 【점유로 인한 부동산소유권의 취득기간】** ② 부동산의 소유자로 등기한 자가 10년간 소유의 의사로 평온·공연하게 선의이며 과실 없이 그 부동산을 점유한 때에는 소유권을 취득한다.

(1) 10년의 등기 및 점유

① 등기부 취득시효의 요건으로서의 소유자로 등기한 자란 적법·유효한 등기를 마친 자일 필요는 없고, 무효의 등기를 마친 자라도 상관없다. 다만, 무효인 이중보존등기나 이에 터 잡은 이전등기를 가지고 등기부 취득시효를 주장할 수 없다.

② 등기의 승계문제: 등기와 점유기간은 10년이어야 한다. 여기서 문제는 점유와 마찬가지로 등기의 승계가 인정되는가 하는 점이다. 판례는 등기의 승계를 인정하고 있다.

③ 상속인의 등기부 취득시효: 상속인이 상속등기를 갖추지 않은 상태에서 등기부 취득시효를 할 수 있는지의 문제이다. 판례는 이를 인정하고 있다.

④ 등기는 물권의 효력발생요건이고 효력존속요건이 아니므로 등기부 취득시효가 완성된 후에 그 부동산에 관한 점유자 명의의 등기가 말소되거나 적법한 원인 없이 다른 사람 앞으로 소유권이전등기가 경료되었다 하더라도, 그 점유자는 등기부 취득시효의 완성에 의하여 취득한 소유권을 상실하는 것은 아니다.

참고 등기부 취득시효에 의하여 소유권을 취득하는 자는 10년간 반드시 그의 명의로 등기되어 있어야 하는 것은 아니고 앞 사람의 등기까지 아울러 그 기간 동안 부동산의 소유자로 등기되어 있으면 된다.

> 참고 선의·무과실은 시효기간 내내 계속되어야 하는 것은 아니고 점유를 개시한 때를 기준으로 한다.

(2) 평온·공연·선의·무과실의 자주점유

점유자의 평온·공연·선의·자주점유는 추정되지만(제197조 제1항), 무과실은 추정되지 않으므로 시효취득을 주장하는 자가 무과실을 입증하여야 한다. 또한 선의·무과실은 등기에 관한 것이 아니고 점유취득에 관한 것을 의미한다.

> **판례** 부동산의 등기부 시효취득에 있어서 점유에 과실이 없다는 것의 의미
> 부동산의 등기부 시효취득을 인정함에 있어서 점유에 과실이 없다고 함은 그 점유의 개시시에 과실이 없으면 된다는 취지이므로 과실 없이 점유를 시작한 이후에 이 사건 부동산의 소유권에 관한 분쟁이 있다는 것을 알았다고 하더라도 그로 인하여 피고의 점유가 과실이 있는 것으로 전환되는 것이 아니다(대판 93다21132).

② 무주물선점, 유실물 습득, 매장물 발견

1. 무주물선점

> 제252조 【무주물의 귀속】 ① 무주의 동산을 소유의 의사로 점유한 자는 그 소유권을 취득한다.
> ② 무주의 부동산은 국유로 한다.
> ③ 야생하는 동물은 무주물로 하고 사양하는 야생동물도 다시 야생상태로 돌아가면 무주물로 한다.

(1) 의의

무주물이란 현재 소유자가 없는 물건을 말한다. 무주물선점의 대상은 동산에 한하며, 무주의 부동산은 국유로 한다.

(2) 소유의 의사로 점유하여야 하다.

2. 유실물 습득

> 제253조 【유실물의 소유권 취득】 유실물은 법률에 정한 바에 의하여 공고한 후 6개월 내에 그 소유자가 권리를 주장하지 아니하면 습득자가 그 소유권을 취득한다.

(1) 의의

유실물이란 점유자의 의사에 의하지 않고서 그의 지배를 벗어난 물건을 말한다.

(2) 소유의 의사는 요구되지 않으며, 「유실물법」에 의하여 공고한 후 6개월 내에 소유자가 권리를 주장하지 않으면 습득자가 소유권을 취득한다. 다만, 6개월 내에 소유자가 나타나면 그에게 반환되고, 습득자는 소유권을 취득할 수 없다. 이 경우에 물건을 반환받은 자는 물건 가액의 100분의 5 이상 100분의 20 이하의 범위 내에서 보상금을 습득자에게 지급하여야 한다(「유실물법」 제4조).

3. 매장물 발견

> **제254조 【매장물의 소유권 취득】** 매장물은 법률에 정한 바에 의하여 공고한 후 1년 내에 그 소유자가 권리를 주장하지 아니하면 발견자가 그 소유권을 취득한다. 그러나 타인의 토지 기타 물건으로부터 발견한 매장물은 그 토지 기타 물건의 소유자와 절반하여 취득한다.

매장물이란 땅속이나 다른 물건 속에 파묻혀 있던 것으로 그 소유자를 잘 알 수 없는 물건을 말한다. 일정 기간 동안 공고하였다가 주인이 나오지 않는 경우에는 발견한 사람의 것이 되고, 발견자가 다른 사람의 토지나 물건 속에서 발견한 경우에는 그 소유자와 절반씩 나누어 가진다.

③ 첨부 제32회, 제33회

1. 의의와 법률규정

(1) 의의

첨부란 부합, 혼화, 가공의 세 가지를 총칭하는 것으로, 소유자가 각기 다른 두 개 이상의 물건이 결합하여 하나의 물건으로 된 때 원상으로 회복하는 것이 불가능하거나 또는 원상회복은 가능하지만 사회·경제적으로 불이익한 경우에 한하여 한 개의 물건으로서 한 사람에게 소유권을 귀속시키려는 제도이다.

(2) 「민법」의 규정

① 첨부에 의하여 생긴 물건을 분리하여 원상복구하는 것은 인정되지 않는다. ⇨ 강행규정

② 첨부의 결과 소유권을 상실하는 자는 보상을 청구할 수 있으며, 권리를 취득한 자는 부당이득반환에 관한 문제가 발생한다. ⇨ 임의규정

2. 부합

> **제256조 【부동산에의 부합】** 부동산의 소유자는 그 부동산에 부합한 물건의 소유권을 취득한다. 그러나 타인의 권원에 의하여 부속된 것은 그러하지 아니하다.

(1) 부동산에의 부합

① 요건

㉠ 부합물: 부합의 주된 물건은 부동산이어야 한다. 이때 부동산에 부합되는 물건이 동산에 한정되는지가 문제되는데, 판례는 부합되는 물건에 부동산도 포함된다고 본다.

㉡ 부합의 정도: 부합이란 훼손하지 아니하면 분리할 수 없거나 분리에 과다한 비용을 요하는 경우는 물론, 분리하게 되면 경제적 가치를 심하게 감소시키는 경우도 포함된다.

② 효과

㉠ 원칙: 부동산의 소유자가 그의 부동산에 부합한 물건의 소유권을 취득하는 것이므로 부합하는 물건의 가격이 부동산의 가격을 초과하는 경우라도 부동산소유권에 부합한다.

㉡ 예외: 부합한 물건이 타인의 권원에 의하여 부속된 것인 경우, 그것은 부속시킨 자의 것으로 된다(제256조 단서). 이때 권원이 있다 하더라도 설치한 물건이 독립성이 없다면 부동산에 부합될 뿐 제256조의 단서는 적용되지 않는다.

③ 관련 문제 – 건물의 부합

㉠ 토지와 건물은 별개의 부동산이므로 건물이 토지에 부합하는 일은 없다. 그런데 건물을 증·개축한 경우에 기존 건물과의 부합 여부가 문제된다. 원칙적으로 증·개축한 부분이 기존 건물과 독립된 별개의 건물인 경우에는 부합이 성립되지 않는다. 다만, 독립성의 여부는 구조상·기능상의 독립성 외에 소유자의 의사 등을 종합하여 판단한다.

㉡ 부합된 물건은 저당권설정 전에 부합되었는지, 저당권설정 후에 부합되었는지를 불문하고 저당권의 효력이 미친다. 기존 건물에 대한 경매절차에서 경매목적물로 평가되지 아니하였다고 할지라도 경락인은 부합된 증축부분의 소유권을 취득한다고 한다.

참고 주유소 지하에 매설된 유류저장탱크는 토지에 부합된다.

참고 토지임대차에서는 토지소유자의 승낙을 받음이 없이 그 임차인의 승낙만을 받은 경우에는 정당한 '권원'에 해당하지 않는다.

(2) 동산 간의 부합

부합한 합성물의 소유권은 주된 동산의 소유자에게 속한다(제257조 전단). 그러나 주종을 구별할 수 없는 때에는 동산의 소유자는 부합 당시의 가액의 비율로 합성물을 공유한다(제257조 후단).

3. 가공

(1) 원칙

타인의 동산에 가공한 때에는 그 물건의 소유권은 원재료의 소유자에게 속한다.

(2) 예외

가공으로 인한 가액의 증가가 원재료의 가액보다 현저히 다액인 때에는 가공자의 소유로 한다.

예제

부합에 관한 설명으로 옳은 것을 모두 고른 것은? (다툼이 있으면 판례에 따름) 제28회

㉠ 지상권자가 지상권에 기하여 토지에 부속시킨 물건은 지상권자의 소유로 된다.
㉡ 적법한 권원 없이 타인의 토지에 경작한 성숙한 배추의 소유권은 경작자에게 속한다.
㉢ 적법한 권원 없이 타인의 토지에 식재한 수목의 소유권은 토지소유자에게 속한다.
㉣ 건물임차인이 권원에 기하여 증축한 부분은 구조상·이용상 독립성이 없더라도 임차인의 소유에 속한다.

① ㉠   ② ㉡, ㉣   ③ ㉠, ㉡, ㉢
④ ㉡, ㉢, ㉣   ⑤ ㉠, ㉡, ㉢, ㉣

해설 ㉠ 부동산의 소유자는 그 부동산에 부합한 물건의 소유권을 취득한다. 그러나 타인의 권원에 의하여 부속된 것은 그러하지 아니하다(제256조). 즉, 권원자가 설치한 독립한 물건은 권원자의 소유가 된다.
㉡ 농작물 재배의 경우에는 파종시부터 수확까지 불과 수개월밖에 안 걸리고 경작자의 부단한 관리가 필요하며, 그 점유의 귀속이 비교적 명백하다는 것을 이유로 토지소유권에 부합되지 않고 경작자의 소유가 된다고 한다(대판 68다1995). 따라서 적법한 경작권 없이 타인의 토지를 경작하였더라도 성숙한 농작물의 소유권은 경작자에게 귀속한다(대판 79다784).
㉢ 타인의 토지상에 권원 없이 식재한 수목의 소유권은 토지소유자에게 귀속되고, 권원에 의하여 식재한 경우에는 그 소유권이 식재한 자에게 있다(대판 80도1874).
㉣ 임차인이 임차한 건물에 그 권원에 의하여 증축을 한 경우에 <u>증축된 부분이 부합으로 인하여 기존 건물의 구성 부분이 된 때에는 증축된 부분에 별개의 소유권이 성립할 수 없으나, 증축된 부분이 구조상으로나 이용상으로 기존 건물과 구분되는 독립성이 있는 때에는 구분소유권이 성립하여 증축된 부분은 독립한 소유권의 객체가 된다(대판 99다14518).</u>   **정답** ③

제3절 │ 소유권에 기한 물권적 청구권

1 소유물반환청구권

> **제213조 【소유물반환청구권】** 소유자는 그 소유에 속한 물건을 점유한 자에 대하여 반환을 청구할 수 있다. 그러나 점유자가 그 물건을 점유할 권리가 있는 때에는 반환을 거부할 수 있다.

1. 청구권의 당사자

(1) 청구권의 주체

소유물반환청구권을 행사할 수 있는 주체는 소유자이다. 소유권을 이전한 자는 더 이상 소유물반환청구권의 주체가 될 수 없다.

(2) 청구권의 상대방

① 직접점유자 · 간접점유자: 청구권의 상대방은 현재 목적물을 점유하고 있는 자이다. 직접점유자뿐 아니라 간접점유자를 상대로 반환을 청구할 수 있다.

② 점유보조자: 점유보조자는 점유자가 아니므로 독립된 점유를 가지고 있는 것처럼 보이는 경우라 할지라도 반환청구의 상대방이 되지 않는다.

참고 점유침탈자라 하더라도 현재 그 물건에 대한 점유를 상실한 때에는 청구의 상대방이 되지 않는다.

참고 회사의 직원 등 점유보조자는 독립한 점유 주체가 아니므로 그에 대한 인도 청구는 원칙적으로 허용되지 않는다.

기출 유치권자로부터 유치물의 유치방법으로 그 보관을 위탁받은 자는 특별한 사정이 없는 한 유치물 소유자의 소유물반환청구를 거부할 수 있다. 제36회

2. 점유할 권리의 부존재

상대방인 점유자가 자기의 점유를 정당하게 하는 권리를 가지고 있지 않아야 한다. 따라서 미등기 매수인으로서 점유하고 있는 자, 취득시효완성 후 점유하고 있는 자, 임차인, 전세권자, 지상권자, 유치권자, 동시이행의 항변권을 가지는 자 등은 점유할 권리가 있으므로 소유자는 이들에게 반환을 청구하지 못한다.

> **판례** 미등기 매수인에게 매수하여 점유하는 자가 소유물반환청구의 상대방이 되는지 여부 – 부정
>
> 토지의 매수인이 아직 소유권이전등기를 경료받지 아니하였다 하여도 매매계약의 이행으로 그 토지를 인도받은 때에는 매매계약의 효력으로서 이를 점유 · 사용할 권리가 생기게 된 것으로 보아야 하고, 또 <u>매수인으로부터 위 토지를 다시 매수한 자는 위와 같은 토지의 점유 · 사용권을 취득한 것으로 봄이 상당하므로</u> 매도인은 매수인으로부터 다시 위 토지를 매수한 자에 대하여 토지소유권에 기한 물권적 청구권을 행사할 수 없다(대판 97다42823).

3. 귀책사유의 불요(不要)

상대방이 점유를 취득함에 있어서 고의·과실이 있었음을 요구하지 않는다.

② 소유물방해제거청구권·소유물방해예방청구권 제33회

> 제214조【소유물방해제거·방해예방청구권】소유자는 소유권을 방해하는 자에 대하여 방해의 제거를 청구할 수 있고 소유권을 방해할 염려 있는 행위를 하는 자에 대하여 그 예방이나 손해배상의 담보를 청구할 수 있다.

제4절 | 공동소유

① 서설

2인 이상이 한 개의 소유권을 공동으로 소유하는 관계를 '공동소유'라고 한다. 공동소유에는 그 주체 사이의 법률관계 여하에 따라 공유, 합유, 총유의 세 가지 형태가 있다.

② 공유 제32회, 제33회, 제35회, 제36회

1. 의의와 성질

물건이 지분에 의하여 수인의 소유로 된 때에 이를 공유라고 한다(제262조 제1항). 지분은 하나의 소유권의 분량적 일부분이라는 견해가 통설이다(양적 분할설). 따라서 하나의 물건 위에 각자 1개의 소유권을 가지는 것이 아니라 1개의 소유권을 지분비율로 분할하여 가지는 형태가 된다.

2. 공유의 지분

(1) 지분의 내용

지분은 그 성질상 공유물 전부에 미치게 된다.
① 지분의 처분·주장: 지분은 하나의 소유권과 같은 성질로서 독립한 권리이기 때문에 그 지분을 자유롭게 처분(양도·담보제공·포기)할 수 있다.

참고
1. 공유(개인주의): 지분권 있음, 지분권은 독립된 권리로서 자유롭게 처분 가능
2. 합유(개인주의+단체주의): 지분권 있음, 처분에 일정한 제한
3. 총유(단체주의): 지분권 없음

Tip 합유와 총유는 주로 공유와 비교하여 출제되므로 개념을 정확하게 파악해 두어야 한다.

② 공유물의 사용·수익: 공유자는 공유물 전부를 지분의 비율로 사용·수익할 수 있다.

참고 공유자 간에 특별한 합의가 없는 한 공유자 1인이 공유물 전부를 배타적·독점적으로 사용할 수 없는 것이 원칙이다.

(2) 지분의 탄력성

> 제267조【지분포기 등의 경우의 귀속】공유자가 그 지분을 포기하거나 상속인 없이 사망한 때에는 그 지분은 다른 공유자에게 각 지분의 비율로 귀속한다.

참고 구분건물의 소유자가 가지는 대지사용권에 대한 지분에는 「민법」 제267조의 적용이 배제된다(「집합건물의 소유 및 관리에 관한 법률」 제22조).

① 지분권자가 사망한 경우에 상속인이 있으면 당연히 상속되고, 만일에 상속인이 없거나 지분권을 포기하는 경우에는 다른 공유자에게 귀속한다. 귀속될 때에는 균등하게 귀속되지 않고 각 지분의 비율로 귀속된다.
② 공유지분의 포기는 법률행위로서 등기를 하여야 공유지분 포기에 따른 물권변동의 효력이 발생한다.

3. 공유자 사이의 관계

(1) 공유물의 처분·변경

> 제264조【공유물의 처분·변경】공유자는 다른 공유자의 동의 없이 공유물을 처분하거나 변경하지 못한다.

① 공유지분은 각 공유자의 개별적이며 독립한 권리이므로 자유롭게 처분할 수 있지만, 공유물은 각 공유자의 지분의 총합체이므로 전원의 동의가 있어야 처분할 수 있다.
② 공유자 중 1인이 단독으로 공유물의 매매계약을 체결하면 계약 자체가 무효가 되는 것은 아니지만, 다른 공유자의 지분범위 내에서는 타인 권리의 매매가 된다.

참고 공유자 1인이 매수인 앞으로 공유물 전부의 이전등기를 해 주었다면 매도한 공유자의 지분범위 내에서는 유효하게 이전되었으므로 다른 공유자가 등기의 전부에 대한 말소를 구할 수는 없다.

(2) 공유물의 관리·보존

> 제265조【공유물의 관리·보존】공유물의 관리에 관한 사항은 공유자의 지분의 과반수로써 결정한다. 그러나 보존행위는 각자가 할 수 있다.

① 보존행위
  ㉠ 보존행위란 공유물을 지키고 유지하기 위한 일체의 행위를 말한다. 따라서 공유자라면 지분이 얼마든지 단독으로 보존행위를 할 수 있다.

ⓒ 보존행위는 <u>자신의 지분권에 근거</u>한 것이므로 다른 공유자의 지분권을 대외적으로 주장하는 것은 보존행위에 속한다고 할 수 없다.
- ✔ 甲과 乙이 X토지를 각 1/2의 지분을 가지고 공유하고 있는데 甲의 지분에 관하여 제3자 명의로 원인무효의 등기가 이루어진 경우, 乙은 공유물의 보존행위로 그 등기의 말소를 청구할 수 없다.

ⓒ 부동산 공유자의 1인은 당해 부동산에 관하여 <u>제3자 명의</u>로 원인무효의 소유권이전등기가 경료되어 있는 경우, 공유물에 관한 보존행위로서 제3자에 대하여 그 등기 전부의 말소를 구할 수 있다.

ⓔ 공유 부동산에 대한 소유명의가 <u>공유자 중의 한 사람</u> 앞으로 되어 있다 하더라도 그 공유자의 지분에 관한 한 실체관계에 부합하는 것이므로 이 부분의 말소등기절차까지 청구할 수는 없다.

ⓜ 공유물의 소수 지분권자가 목적물을 독점적으로 사용하고 있더라도 다른 소수 지분권자는 보존행위로서 목적물의 인도를 청구할 수 없다.

> **판례** 소수 지분권자의 보존행위로서 인도청구 가능 여부
>
> 공유물의 소수 지분권자가 다른 공유자와 협의 없이 공유물을 독점적으로 점유하고 있는 경우에 다른 소수 지분권자가 **보존행위로서 목적물의 인도를 청구할 수 없으며**, 지분권에 기한 방해배제청구권을 행사함으로써 위법상태를 시정하여야 한다(대판 전합 2018다287522).

② 관리행위: 공유물의 관리란 처분이나 변경에 이르지 않는 정도의 이용·개량행위를 말한다. 이에 관한 사항은 <u>지분의 과반수로써 결정</u>한다.
ⓐ 나대지에 새로이 건물을 건축한다든지 하는 것은 '관리'의 범위를 넘는 것이므로 전원의 동의가 있어야 한다.
ⓑ 공유자 1인이 지분의 과반수를 가지고 있다면 단독으로 관리사항을 결정할 수 있게 된다. 따라서 甲과 乙 중 甲이 3분의 2 지분을 가지고 있다면 甲이 단독으로 목적물을 임대하는 것도 적법한 관리행위로서 허용된다.
ⓒ 상가건물이 공유인 경우 임차인의 계약갱신요구에 대한 갱신 거절의 통지도 관리행위에 속하므로 지분의 과반수로써 결정한다.
ⓓ 공유자들이 관리에 관한 특약을 한 경우, 그 특약은 공유지분권의 본질적 부분을 침해하지 않는 한 그들의 특정승계인에게도 효력이 미친다.

참고 甲의 지분에 관하여 제3자 명의로 원인무효의 등기가 이루어진 경우, 공유자 乙은 공유물의 보존행위로 그 등기의 말소를 청구할 수 없다.

Tip 공유자의 과반수가 아님에 주의하여야 한다.

참고 甲이 공유자 乙의 동의 없이 X토지에 건물을 축조한 경우, 乙은 甲에게 그 건물 전부의 철거를 청구할 수 있다.

> **판례** 공유물의 관리행위
>
> 1. 공유토지에 관하여 과반수지분권을 가진 자가 그 공유토지의 특정된 한 부분을 배타적으로 사용·수익할 것을 정하는 것은 공유물의 관리방법으로서 적법하다.
> 2. 과반수지분의 공유자로부터 사용·수익을 허락받은 점유자에 대하여 소수지분의 공유자는 그 점유자가 사용·수익하는 건물의 철거나 퇴거 등 점유배제를 구할 수 없다.
> 3. 과반수지분의 공유자로부터 다시 그 특정부분의 사용·수익을 허락받은 제3자의 점유는 다수지분권자의 공유물관리권에 터 잡은 적법한 점유이므로 그 제3자는 소수지분권자에 대하여도 그 점유로 인하여 법률상 원인 없이 이득을 얻고 있다고는 볼 수 없다.

참고 과반수지분권자에게 자신의 지분비율에 따른 부당이득반환을 청구할 수 있다.

4. 공유물에 대한 부담

(1) 공유자는 그 지분의 비율로 공유물의 관리비용 기타 의무를 부담하며, 공유자가 1년 이상 의무이행을 지체한 때에는 다른 공유자는 상당한 가액으로 지분을 매수할 수 있다(제266조).

(2) 지분의 매수청구권을 행사할 때에는 매수대상이 되는 지분 전부의 매매대금을 제공한 다음 매수청구권을 행사하여야 한다.

5. 공유물의 분할

> 제268조【공유물의 분할청구】① 공유자는 공유물의 분할을 청구할 수 있다. 그러나 5년 내의 기간으로 분할하지 아니할 것을 약정할 수 있다.
> ② 전항의 계약을 갱신한 때에는 그 기간은 갱신한 날로부터 5년을 넘지 못한다.
> ③ 전 2항의 규정은 제215조, 제239조의 공유물에는 적용하지 아니한다.

(1) 분할의 자유

① 원칙: 각 공유자는 언제든지 자유롭게 분할을 청구하여 공유관계를 종료시킬 수 있다. 이는 인적 결합관계가 없는 공유의 본질상 당연한 것이며, 이러한 점에서 합유·총유와 구분된다.

② 예외
  ㉠ 당사자는 분할금지특약을 할 수 있으며 이 특약은 5년 내의 기간에서만 유효하다. 분할금지특약은 갱신할 수 있으나 갱신한 날로부터 5년을 넘지 못한다(제268조 제1항·제2항). 공유물이 부동산일 때에 분할금지특약은 등기하여야 제3자에게 대항할 수 있다.

참고 이러한 공유물분할청구권은 공유관계에서 수반되는 형성권이므로 공유관계가 존속하는 한 그 분할청구권만이 독립하여 시효소멸될 수 없다.

ⓒ 성질상 법률규정으로 분할을 금지하는 경우도 있다. 구분소유건물의 공용부분(제215조), 구분소유건물의 대지(「집합건물의 소유 및 관리에 관한 법률」 제8조), 경계선상의 경계표·담·구거(제239조) 등은 분할이 금지된다.

(2) 분할의 방법

> **제269조【분할의 방법】** ① 분할의 방법에 관하여 협의가 성립되지 아니한 때에는 공유자는 법원에 그 분할을 청구할 수 있다.
> ② 현물로 분할할 수 없거나 분할로 인하여 현저히 그 가액이 감손될 염려가 있는 때에는 법원은 물건의 경매를 명할 수 있다.

① 협의에 의한 분할: 공유자 중 1인이 분할을 청구하는 때에는 전원이 분할할 의무를 부담하며, 그 방법을 협의하여야 한다. 분할의 방법에는 현물분할, 대금분할, 가격배상 등이 있으며, 협의하에 자유로이 선택할 수 있다.

② 재판상 분할

ⓐ 재판상 분할은 당사자의 협의가 성립하지 않았을 때에 이루어진다. 따라서 당사자의 협의가 있었다면 재판상 분할을 청구할 수 없고 협의에 관한 이행의 소를 제기하여야 한다.

ⓑ 필요적 공동소송이므로 모든 공유자를 피고로 하여 소를 제기하여야 한다.

ⓒ 재판에 의하여 공유물을 분할하는 경우에는 현물로 분할하는 것이 원칙이다.

ⓓ 공유물분할판결은 형성판결이므로 판결이 확정되면 등기 없이 물권변동의 효력이 생긴다(제187조).

참고 분할의 방법은 당사자가 구하는 방법에 구애받지 아니하고 법원의 재량에 따라 공유관계나 객체인 물건의 제반 상황에 따라 공유자의 지분비율에 따른 합리적인 분할을 하면 된다.

판례 공유물분할에 관한 판례

1. 재판에 의하여 공유물을 분할하는 경우에 **법원은 현물로 분할하는 것이 원칙이므로**, 불가피하게 대금분할을 할 수밖에 없는 요건에 관한 객관적·구체적인 심리 없이 단순히 공유자들 사이에 분할의 방법에 관하여 의사가 합치하고 있지 않다는 등의 주관적·추상적인 사정에 터 잡아 함부로 대금분할을 명하는 것은 허용될 수 없다(대판 2009다40219, 40226).

2. 토지를 분할하는 경우에 원칙적으로는 각 공유자가 취득하는 토지의 면적이 그 공유지분의 비율과 같도록 하여야 할 것이나, 반드시 그런 방법으로만 분할하여야 하는 것은 아니고, 토지의 형상이나 위치, 그 이용상황이나 경제적 가치가 균등하지 아니할 때에는 이와 같은 제반 사정을 고려하여 **경제적 가치가 지분비율에 상응되도록 분할하는 것도 허용된다**(대판 2004다10183).

3. 공유물을 공유자 중의 1인의 단독소유 또는 수인의 공유로 하되 현물을 소유하게 되는 공유자는 다른 공유자에 대하여 그 지분의 적정하고도 합리적인 가격을 배상시키는 방법에 의한 분할도 현물분할의 하나로 이용된다(대판 2004다30583).

4. 일정한 요건이 갖추어진 경우에는 공유자 상호간에 금전으로 경제적 가치의 **과부족을 조정하게 하여 분할을 하는 것도 현물분할의 한 방법으로 허용되고**, 여러 사람이 공유하는 물건을 현물분할하는 경우에는 **분할을 원하지 않는 나머지 공유자는 공유로 남는 방법도 허용된다**(대판 93다27819).

(3) 분할의 효과

① 분할의 결과로써 각 공유자는 단독소유자가 된다.
② 공유물의 분할에는 소급효가 없다. 다만, 상속재산의 분할에는 소급효가 있다.
③ 공유자는 다른 공유자가 분할로 인하여 취득한 물건에 대하여 그 지분의 비율로 매도인과 동일한 담보책임이 있다(제270조).
④ 지분에 담보물권이 설정된 후 현물분할이 된 경우: 甲, 乙의 공유인 부동산 중 甲의 지분 위에 설정된 근저당권 등 담보물권은 특단의 합의가 없는 한 공유물분할이 된 뒤에도 종전의 지분비율대로 공유물 전부의 위에 그대로 존속하고, 근저당권설정자인 甲 앞으로 분할된 부분에 당연히 집중되는 것은 아니다.

> **예제**
>
> 1. 甲, 乙, 丙은 X토지를 각 1/2, 1/4, 1/4의 지분으로 공유하고 있다. 이에 관한 설명으로 옳은 것은? (단, 구분소유적 공유관계는 아니며, 다툼이 있으면 판례에 따름)
>   제32회
>
>   ① 乙이 X토지에 대한 자신의 지분을 포기한 경우, 乙의 지분은 甲, 丙에게 균등한 비율로 귀속된다.
>   ② 당사자 간의 특약이 없는 경우, 甲은 단독으로 X토지를 제3자에게 임대할 수 있다.
>   ③ 甲, 乙은 X토지에 대한 관리방법으로 X토지에 건물을 신축할 수 있다.
>   ④ 甲, 乙, 丙이 X토지의 관리에 관한 특약을 한 경우, 그 특약은 특별한 사정이 없는 한 그들의 특정승계인에게도 효력이 미친다.
>   ⑤ 丙이 甲, 乙과의 협의 없이 X토지를 배타적·독점적으로 점유하고 있는 경우, 乙은 공유물에 대한 보존행위로 X토지의 인도를 청구할 수 있다.

해설 ④ 공유물의 사용·수익·관리에 관한 공유자 사이의 특약은 유효하며 공유지분권의 본질적 부분을 침해하는 것이 아니라면 그 특정승계인에 대하여도 승계된다(대판 2011다58701).
① 공유자가 그 지분을 포기하거나 상속인 없이 사망한 때에는 그 지분은 다른 공유자에게 각 지분의 비율로 귀속한다(제267조).
② 공유물의 관리에 관한 사항은 공유자의 지분의 과반수로써 결정한다(제265조). 임대차는 관리행위에 속하므로 지분의 과반수가 되어야 단독으로 할 수 있다. 그러나 甲의 지분은 1/2에 불과하여 과반수에 미달하므로 단독으로 할 수 없다.
③ 다수지분권자라 하여 나대지에 새로이 건물을 건축한다든지 하는 것은 '관리'의 범위를 넘는 것이 될 것이다(대판 2000다33638, 33645). 즉, 나대지에 건물을 신축하는 것은 공유자 전원의 동의가 있어야 한다.
⑤ 공유물의 소수지분권자가 다른 공유자와 협의 없이 공유물을 독점적으로 점유하고 있는 경우에 다른 소수지분권자가 보존행위로서 목적물의 인도를 청구할 수 없으며, 지분권에 기한 방해배제청구권을 행사함으로써 위법 상태를 시정하여야 한다(대판 전합 2018다287522).

정답 ④

2. 공유물분할에 관한 설명으로 옳은 것을 모두 고른 것은? (다툼이 있으면 판례에 따름)
제35회

㉠ 재판상 분할에서 분할을 원하는 공유자의 지분만큼은 현물분할하고, 분할을 원하지 않는 공유자는 계속 공유로 남게 할 수 있다.
㉡ 토지의 협의분할은 등기를 마치면 그 등기가 접수된 때 물권변동의 효력이 있다.
㉢ 공유자는 다른 공유자가 분할로 인하여 취득한 물건에 대하여 그 지분의 비율로 매도인과 동일한 담보책임이 있다.
㉣ 공유자 사이에 이미 분할협의가 성립하였는데 일부 공유자가 분할에 따른 이전등기에 협조하지 않은 경우, 공유물분할소송을 제기할 수 없다.

① ㉠   ② ㉡, ㉢   ③ ㉢, ㉣
④ ㉠, ㉡, ㉣   ⑤ ㉠, ㉡, ㉢, ㉣

해설 ㉠ 여러 사람이 공유하는 물건을 현물분할하는 경우에는 분할을 원하지 않는 나머지 공유자는 공유로 남는 방법도 허용된다(대판 93다27819).
㉡ 토지의 협의분할은 등기를 하여야 물권변동의 효력이 생기며 등기관이 등기를 마친 경우 그 등기는 접수한 때부터 효력을 발생한다(「부동산등기법」제6조 제2항).
㉢ 제270조
㉣ 공유자 사이에 이미 분할에 관한 협의가 성립된 경우에는 또다시 공유물분할의 소를 제기하거나 이미 제기한 공유물분할의 소를 유지하는 것은 허용되지 않는다(대판 94다30348).

정답 ⑤

> **참고** 상호명의신탁(구분소유적 공유)

1. 의의

   1필의 토지를 위치와 면적을 특정하여 각각 매수하였으나 분필절차의 어려움 때문에 분필등기를 하지 않고 1필지 전체에 대하여 매수한 부분의 면적에 상응하는 공유지분등기를 하는 경우가 있는데, 판례는 이를 '구분소유적 공유'라 하고 내부적으로는 각자가 특정된 매수부분을 배타적으로 사용·수익할 수 있는 것으로 본다.

2. 효력

   ① 대내적 관계: 지분권자는 **내부관계에 있어서는 특정부분에 한하여 소유권을 취득하고**, 이를 배타적으로 사용·수익할 수 있다.

   ② 대외적 관계: **외부관계에 있어서는 1필지 전체에 관하여 공유관계가 성립**되고 공유자로서의 권리만을 주장할 수 있는 것이므로, 제3자의 방해행위가 있는 경우에는 자기의 구분소유부분뿐 아니라 전체 토지에 대하여 공유물의 보존행위로서 그 배제를 구할 수 있다.

   ③ 공유물분할청구는 공유자의 일방이 그 공유지분권에 터 잡아서 하여야 하는 것이므로 공유지분권을 주장하지 아니하고 목적물의 특정부분을 소유한다고 주장하는 자는 그 부분에 대하여 신탁적으로 지분등기를 가지고 있는 자들을 상대로 하여 그 특정부분에 대한 **명의신탁 해지를 원인으로 한 지분이전등기절차의 이행만을 구하면 될 것이고 공유물분할청구를 할 수 없다** 할 것이다. 이때 상호간의 지분 이전은 동시이행관계에 있다.

3. 구분소유적 공유와 법정지상권

   甲과 乙의 구분소유적 공유관계는 통상적인 공유관계와는 달리 당사자 내부에 있어서 각자가 특정매수한 부분이 각자의 단독소유로 되기 때문에, 乙은 위 대지 중 그가 매수하지 아니한 부분에 관하여는 甲에게 그 소유권을 주장할 수 없어 위 대지 중 乙이 매수하지 아니한 부분지상에 있는 乙소유의 건물부분은 당초부터 건물과 토지의 소유자가 서로 다른 경우에 해당되어 그에 관하여는 **관습상의 법정지상권이 성립될 여지가 없다**.

❸ 합유 제33회, 제34회, 제36회

(1) 합유의 성립

① 합유관계는 계약 또는 법률의 규정으로 조합이 성립하는 경우에 그 조합재산에 관하여 성립한다(제271조 제1항 전단). 부동산을 합유하는 때에는 그 취지를 등기하여야 하나, 합유지분은 등기하지 아니한다.
② 법률의 규정에 의한 합유물로는 「신탁법」에 의한 신탁재산이 있다. 즉, 수인의 수탁자는 신탁재산을 합유하게 된다(「신탁법」 제50조).

(2) 합유관계

① 합유물의 보존·변경·처분
  ㉠ 합유물의 보존행위는 각자가 단독으로 할 수 있으나, 합유물을 처분 또는 변경하는 데에는 전원의 동의가 있어야 한다(제272조).
  ㉡ 합유물에 관하여 경료된 원인무효의 소유권이전등기의 말소를 구하는 소송은 합유물에 관한 보존행위로서 합유자 각자가 할 수 있다.
② 합유물에 대한 지분
  ㉠ 합유자는 전체로서의 조합재산에 대하여 지분을 가지며, 지분은 합유물 전부에 미친다.
  ㉡ 합유물에 대한 지분을 처분하는 경우에는 전원의 동의가 필요하다(제273조 제1항).
  ㉢ 합유지분권의 포기는 법률행위에 의한 것이므로 등기하여야 효력이 있다.
  ㉣ 합유자의 지위는 상속으로 승계되지 아니한다.
③ 합유물의 분할금지: 합유자는 합유관계가 종료하기 전까지는 합유물의 분할을 청구하지 못한다(제273조 제2항).
④ 합유관계의 종료: 합유관계가 종료하는 것은 합유물을 양도하거나 조합체가 해산하는 때이다. 조합의 해산으로 합유관계를 종료하게 되면 합유물을 분할하게 되는데, 그 분할에는 공유물의 분할에 관한 규정(제268조~제270조)이 준용된다(제274조).

> **참고** 합유재산을 합유자 1인 명의로 소유권보존등기를 한 것은 자신의 지분 범위에서 유효한 등기가 되는 것이 아니라 실질관계에 부합하지 않는 원인무효의 등기이다.

4 총유 제33회

(1) 법적 성질

총유는 법인이 아닌 사단의 사원이 집합체로서 소유하는 형태이다(제275조 제1항). 총유에는 공유나 합유와 같은 지분의 개념이 있을 수 없다.

(2) 총유관계

총유관계는 법인 아닌 사단의 정관 기타의 규약에 의하여 규율되나, 그에 정한 바가 없으면 다음에 의한다(제275조 제2항).

① 총유물의 관리 및 처분은 사원총회의 결의에 의한다(제276조 제1항). 유의할 점은 총유물의 보존행위도 각자 단독으로 할 수 없다는 것이다.
② 다만, 비법인사단이 타인 간의 금전채무를 보증하는 행위나 그 소유 토지의 매매를 중개한 중개업자에게 중개수수료를 지급하기로 하는 약정을 체결하는 것은 총유물의 관리·처분행위로 볼 수 없다.
③ 각 사원은 정관 기타 규약에 따라 총유물을 사용·수익할 수 있다(제276조 제2항).

> **참고** 총유재산에 관한 소송은 법인 아닌 사단이 그 명의로 사원총회의 결의를 거쳐 하거나 또는 그 구성원 전원이 당사자가 되어 필수적 공동소송의 형태로 할 수 있을 뿐 그 사단의 구성원은 설령 그가 사단의 대표자라거나 사원총회의 결의를 거쳤다 하더라도 그 소송의 당사자가 될 수 없고, 이러한 법리는 총유재산의 보존행위로서 소를 제기하는 경우에도 마찬가지라 할 것이다.

예제

「민법」상 합유에 관한 설명으로 틀린 것은? (특약은 없으며, 다툼이 있으면 판례에 따름) 제34회

① 합유자의 권리는 합유물 전부에 미친다.
② 합유자는 합유물의 분할을 청구하지 못한다.
③ 합유자 중 1인이 사망하면 그의 상속인이 합유자의 지위를 승계한다.
④ 합유물의 보존행위는 합유자 각자가 할 수 있다.
⑤ 합유자는 그 전원의 동의 없이 합유지분을 처분하지 못한다.

해설 ③ 부동산의 합유자 중 일부가 사망한 경우 합유자 사이에 특별한 약정이 없는 한 사망한 합유자의 상속인은 합유자로서의 지위를 승계하지 못하므로, 해당 부동산은 잔존 합유자가 2인 이상일 경우에는 잔존 합유자의 합유로 귀속되고 잔존 합유자가 1인인 경우에는 잔존 합유자의 단독소유로 귀속된다(대판 96다23238).
① 합유자는 전체로서의 조합재산에 대하여 지분을 가지며, 지분은 합유물 전부에 미친다.
② 제273조 제2항
④ 합유물을 처분 또는 변경함에는 합유자 전원의 동의가 있어야 한다. 그러나 보존행위는 각자가 할 수 있다(제272조).
⑤ 제273조 제1항

정답 ③

제4장 메타인지 학습체크

01 이웃의 주거에 들어가기 위하여 이웃의 승낙을 얻지 못하면 법원의 판결로써 승낙에 갈음할 수 [① 있다. / ② 없다.]

02 주위토지통행권자가 배타적으로 점유하고 있는 경우, 통행지소유자는 통행권자에 대하여 그 인도를 청구할 수 [① 있다. / ② 없다.]

03 주위토지통행권의 성립에는 등기가 필요[① 하다. / ② 없다.]

04 토지의 분할 또는 일부양도로 공로에 통하지 못하는 경우에는 다른 분할자의 토지나 양도 당사자의 토지를 통행할 수 있으며, 이때에는 [① 유상 / ② 무상]의 통행권이 인정된다.

05 인접하여 토지를 소유한 자는 공동비용으로 통상의 경계표나 담을 설치할 수 있으며, 이때 측량비용은 [① 토지의 면적에 비례하여 / ② 쌍방이 절반하여] 부담한다.

06 인접지의 [① 수목가지 / ② 수목뿌리]가 경계를 넘은 때에는 그 소유자에 대하여 제거를 청구함이 없이 임의로 제거할 수 있다.

07 건물을 축조함에는 특별한 관습이 없으면 경계로부터 [① 반미터 / ② 1미터] 이상의 거리를 두어야 한다.

08 자기 소유의 부동산이나 1필 토지의 일부에 점유취득시효가 인정[① 된다. / ② 되지 않는다.]

09 시효취득을 주장하는 자는 원칙적으로 시효의 기산점을 임의로 선택할 수 [① 있다 / ② 없다]는 것이 원칙이다.

10 취득시효 완성을 원인으로 점유자가 소유자에 대하여 가지는 소유권이전등기청구권은 [① 채권적 / ② 물권적] 청구권으로서의 성질을 가지며, 취득시효 완성자는 [③ 완성 당시 / ④ 현재]의 소유자를 상대로 하여 등기를 청구하여야 한다.

정답
01 ② 02 ① 03 ② 04 ② 05 ① 06 ② 07 ① 08 ① 09 ② 10 ①, ③

제4장 메타인지 학습체크

11 취득시효 완성자는 취득시효기간 만료 [① 전 / ② 후]에 등기명의를 넘겨받은 시효 완성 당시의 등기명의자에 대하여 등기를 청구할 수 있다.

12 등기명의인이 그 부동산의 취득시효완성 사실을 알고 그 부동산을 제3자에게 처분하였다면 [① 채무불이행 / ② 불법행위] 책임이 발생한다.

13 부동산의 소유자로 등기한 자가 [① 10년간 / ② 20년간] 소유의 의사로 평온·공연하게 선의이며 과실 없이 그 부동산을 점유한 때에는 소유권을 취득한다.

14 무효인 이중보존등기나 이에 터 잡은 이전등기를 가지고 등기부 취득시효를 주장할 수 [① 있다. / ② 없다.]

15 등기명의인은 취득시효 완성자에게 소유물반환청구권을 행사할 수 [① 있고 / ② 없고], 부당이득반환청구권을 행사할 수 [③ 있다. / ④ 없다.]

16 취득시효로 인한 권리의 취득은 [① 원시취득 / ② 승계취득]이다.

17 유실물은 법률에 정한 바에 의하여 공고한 후 [① 6개월 / ② 1년] 내에 그 소유자가 권리를 주장하지 아니하면 습득자가 그 소유권을 취득한다.

18 시가 1억원 상당의 부동산에 시가 2억원 상당의 동산이 부합하면, 특약이 없는 한 [① 동산 / ② 부동산]의 소유자가 소유권을 취득한다.

19 적법한 경작권 없이 타인의 토지를 경작한 경우, 성숙한 농작물의 소유권은 [① 토지소유자 / ② 경작자]에게 귀속한다.

20 타인의 동산에 가공한 때에는 그 가공물의 소유권은 원칙적으로 [① 원재료의 소유자 / ② 가공자]에게 속한다.

정답

11 ①   12 ②   13 ①   14 ②   15 ②, ④   16 ①   17 ①   18 ②   19 ②   20 ①

21 공유자가 그 지분을 포기하거나 상속인 없이 사망한 때에는 그 지분은 다른 공유자에게 [① 균등하게 / ② 각 지분의 비율로] 귀속한다.

22 공유물의 관리에 관한 사항은 공유자 [① 각자가 / ② 지분의 과반수로] 할 수 있다.

23 공유물의 소수 지분권자가 목적물을 독점적으로 사용하고 있는 경우에 다른 소수 지분권자는 보존행위로서 목적물의 인도를 청구할 수 [① 있다. / ② 없다.]

24 공유자 중 1인이 단독으로 공유물의 매매계약을 체결한 경우, 그 매매는 [① 유효 / ② 무효]이다.

25 과반수지분권을 가진 자가 그 공유토지의 특정된 한 부분을 배타적으로 사용·수익할 것을 정하는 것은 공유물의 관리방법으로서 [① 적법 / ② 위법]하다.

26 당사자는 분할금지특약을 할 수 있으며 이 특약은 [① 5년 / ② 10년] 내의 기간에서만 유효하다.

27 공유물분할판결은 [① 이행판결 / ② 형성판결]이므로 등기를 요하지 않고 판결이 확정되면 물권변동의 효력이 생긴다.

28 합유자는 합유물의 분할을 청구[① 할 수 있다. / ② 하지 못한다.]

29 법인이 아닌 사단의 사원이 집합체로서 물건을 소유할 때에는 [① 합유 / ② 총유]로 한다.

정답

21 ② **22** ② **23** ② **24** ① **25** ① **26** ① **27** ② **28** ② **29** ②

제5장 용익물권

❖ 지상권

- **의의**
  - 타인의 토지를 사용하는 물권
  - 독립한 권리
    - 지상물이 멸실해도 존속
    - 분리처분 가능
  - 지료는 요소가 아님
    - 특약 없으면 무상
    - 등기시 대항 가능

- **존속기간**
  - 최단기간 제한
    - 30년: 견고한 건물·수목 소유 목적
    - 15년: 견고하지 않은 건물 소유 목적
    - 5년: 공작물 소유 목적
  - 정하지 않은 경우
    - 최단존속기간
    - **종류·구조를 정하지 않은 경우**: 15년

- **갱신** — 계약갱신청구권 — 지상물매수청구권

- **처분** — 양도·임대의 자유(절대적 보장)

- **특수지상권**
  - 분묘기지권
    - 소유자의 승낙
    - 시효취득(타주점유)
    - 특약 없이 토지만 처분
  - 구분지상권 — 타인 토지의 지하 또는 지상의 일정 범위 공간을 이용
  - 법정지상권
    - **제305조**: 전세권설정자에게 인정
    - **제366조**: 저당물의 경매로 소유자가 달라진 경우
    - **관습법상**: 매매, 기타 원인으로 소유자가 달라진 경우

❖ 지역권

- **의의** — 자기 토지의 편익을 위하여 타인의 토지를 이용하는 권리

- **성질**
  - 비한정적·비배타적·공용적 성격
  - 부종성 — 요역지와 분리처분 금지
  - 불가분성
    - 공유자 중 1인이 취득 ⇨ 전원 취득
    - 공유자 중 1인이 소멸시효 중단 ⇨ 전원 중단

❖ 전세권

- **의의** — 용도에 따라 사용·수익하고 전세금을 우선변제받는 권리(용익물권 + 담보물권)

- **취득** — 설정계약 + 등기
  - **전세금**: 필수요소
  - **목적물 인도**: 요소 아님

- **존속기간**
  - 최장기간 제한 — 10년
  - 최단기간 제한 — 1년(건물 전세권에만)
  - 약정 없는 경우 — 언제든지 소멸 통고 가능 ⇨ 통고 후 6개월 경과하면 소멸
  - 갱신
    - 약정갱신
    - **법정갱신(건물 전세권만)** — 전(前) 전세권과
      - 동일 조건 ○
      - 동일 기간 ✕

- **효력**
  - 범위
    - **건물 전세권**: 토지임차권, 지상권에 미침
    - **건물 소유권이전**: 새로운 소유자만 전세금반환책임을 가짐
  - 전세권자 권리·의무
    - 사용·수익권
    - 수선·유지의무 ⇨ 필요비 청구 ✕
    - 경매청구권, 우선변제권

- **처분**
  - 처분의 자유
    - **원칙**: 설정자 동의 없이 가능
    - **예외**: 설정행위로 금지 가능 ⇨ 등기시 대항 ○
  - 양도 — 양수인은 설정자에게 양도인과 동일한 권리·의무
  - 전전세
    - 원전세권에 구속(전전세금, 존속기간, 존속 여부)
    - 책임의 가중
    - 전전세권자의 경매권
  - 담보제공

- **소멸**
  - 소멸사유
    - 물권 공통소멸사유
    - **특유한 소멸사유**: 전세권설정자의 소멸청구, 전세권의 소멸통고, 목적물의 멸실
  - 효과
    - 동시이행관계
    - 경매청구권·우선변제권

취득
- 일반적 취득 — 설정계약 + 등기
- 시효취득 — 계속되고 표현된 것에 한정

제5장 용익물권

> 지상권에서는 지상권의 성립요소와 지료문제, 양도성 관련 문제가 출제되며, 법정지상권에서는 법정지상권 인정 여부에 대한 판례가 출제되므로 관련 판례를 잘 정리하여야 한다. 또, 지역권에서는 부종성·불가분성 등 지역권의 성질을 이해하여야 하며, 전세권에서는 전세권의 성질·성립요소와 존속기간, 전세권 소멸시의 효과를 정리해 두어야 한다.

제1절 | 서설

「민법」상 타인의 물건을 일정한 범위 내에서 사용·수익하는 것을 내용으로 하는 용익물권에는 지상권, 지역권, 전세권 3가지가 있다. 이러한 용익물권은 일물일권주의의 예외로서 물건의 일부에도 설정될 수 있다.

제2절 | 지상권

1 의의와 성질 제34회, 제36회

> **제279조【지상권의 내용】** 지상권자는 타인의 토지에 건물 기타 공작물이나 수목을 소유하기 위하여 그 토지를 사용하는 권리가 있다.

(1) 타인의 토지를 사용하는 물권

① 1필의 토지 일부에도 지상권설정이 가능하다. 또한 지상권은 지표(地表)에 한하지 않고 지상이나 지하에도 그 효력이 미친다.

② 지상권은 토지에 대한 권리이므로 현재 토지 위에 지상물이 없더라도 지상권은 유효하게 성립하며, 지상물이 멸실하더라도 지상권이 소멸하지 않고 그대로 존속한다.

③ 지상권은 지상물과 운명을 함께 하지 않으므로 지상권과 지상물의 분리양도가 가능하다. 따라서 지상권자와 지상물의 소유자가 동일하여야 하는 것은 아니다.

Tip 👉 분리양도할 수 없는 지역권과 구별하여 학습하여야 한다.

> **판례** 지상권이 다른 권리에 부종하는지 여부 - 부정
>
> 1. **지상권은 독립된 물권으로서 다른 권리에 부종함이 없이 그 자체로서 양도될 수 있으며** 그 양도성은 절대적으로 보장되고 있으므로 소유자의 의사에 반하여도 자유롭게 타인에게 양도할 수 있다(대판 90다15716).
> 2. 지상권자는 지상권을 유보한 채 지상물소유권만을 양도할 수도 있고 지상물소유권을 유보한 채 지상권만을 양도할 수도 있는 것이어서 지상권자와 그 지상물의 소유권자가 반드시 일치하여야 하는 것은 아니다(대판 2006다6126, 6133).

(2) 지료를 성립요소로 하지 않는 물권

토지사용의 대가인 지료의 지급은 지상권의 성립요소가 아니다. 따라서 무상의 지상권설정이 가능하며, 지료를 가지고 대항하기 위하여는 지료를 등기하여야 한다.

2 지상권의 취득

(1) 법률행위에 의한 취득

① 지상권은 원칙적으로 당사자 간의 지상권설정계약과 그 등기에 의하여 성립한다(제186조).

② 지상권설정계약에도 「민법」 제569조(타인 권리의 매매)를 준용하여 부동산의 소유자가 아닌 자라도 향후 해당 부동산에 지상권을 설정하여 줄 것을 내용으로 하는 계약을 체결할 수 있고, 단지 그 계약상 의무자는 향후 처분권한을 취득하거나 소유자의 동의를 얻어 해당 부동산에 지상권을 설정하여 줄 의무를 부담할 뿐이라고 보아야 한다. 즉, 소유자가 아닌 자도 유효하게 지상권설정계약을 체결할 수 있다.

(2) 법률행위에 의하지 않는 취득

지상권은 부동산물권이므로 상속·공용징수·판결·경매 기타 법률의 규정에 의하여 취득될 수 있으며, 이때에는 그 등기 없이도 당연히 지상권을 취득한다. 다만, 점유취득시효로 지상권을 취득하는 경우에는 등기를 하여야 한다.

③ 지상권의 존속기간 제36회

1. 설정행위로 존속기간을 약정하는 경우

(1) 최단존속기간

> 제280조 【존속기간을 약정한 지상권】 ① 계약으로 지상권의 존속기간을 정하는 경우에는 그 기간은 다음 연한보다 단축하지 못한다.
> 1. 석조, 석회조, 연와조 또는 이와 유사한 견고한 건물이나 수목의 소유를 목적으로 하는 때에는 30년
> 2. 전호 이외의 건물의 소유를 목적으로 하는 때에는 15년
> 3. 건물 이외의 공작물의 소유를 목적으로 하는 때에는 5년
> ② 전항의 기간보다 단축한 기간을 정한 때에는 전항의 기간까지 연장한다.

지상권의 존속기간을 설정행위로써 정하는 경우에 「민법」은 지상권자를 보호하기 위하여 최단존속기간을 제한하고 있다.

> 참고 📖 최단존속기간에 관한 규정은 지상권자가 건물 등을 건축하거나 수목을 식재한 경우에만 그 적용이 있고, 기존 건물의 사용을 목적으로 지상권을 설정하는 경우에는 그 적용이 없다.

(2) 최장존속기간

① 「민법」에는 최단존속기간에 대한 제한규정만 두고 있을 뿐 최장존속기간에 대한 제한규정이 없다.
② 판례는 존속기간이 영구인 지상권을 인정한다.

2. 설정행위로 존속기간을 약정하지 않은 경우

> 제281조 【존속기간을 약정하지 아니한 지상권】 ① 계약으로 지상권의 존속기간을 정하지 아니한 때에는 그 기간은 전조의 최단존속기간으로 한다.
> ② 지상권설정 당시에 공작물의 종류와 구조를 정하지 아니한 때에는 지상권은 전조 제2호의 건물의 소유를 목적으로 한 것으로 본다.

(1) 존속기간의 정함이 없으면 최단기간으로 하며, 설정 당시에 공작물의 종류와 구조를 정하지 않은 경우에는 15년으로 한다.
(2) 수목의 소유를 목적으로 하는 경우에는 언제나 30년이다.

3. 계약의 갱신

(1) 지상권자의 갱신청구권과 매수청구권

> **제283조【지상권자의 갱신청구권, 매수청구권】** ① 지상권이 소멸한 경우에 건물 기타 공작물이나 수목이 현존한 때에는 지상권자는 계약의 갱신을 청구할 수 있다.
> ② 지상권설정자가 계약의 갱신을 원하지 아니하는 때에는 지상권자는 상당한 가액으로 전항의 공작물이나 수목의 매수를 청구할 수 있다.

① 갱신청구권
  ㉠ 존속기간의 만료로 소멸하는 경우에만 갱신을 청구할 수 있다(지료 연체로 소멸한 경우에는 행사가 불가능하다).
  ㉡ 지상물이 현존하는 경우에 계약의 갱신을 청구할 수 있다.
  ㉢ 기간만료시에 지체 없이 행사하여야 하며, 지체 없이 행사하지 않아 갱신청구권이 소멸한 경우에는 지상물매수청구권을 행사할 수 없다.

② 지상물매수청구권
  ㉠ 지상물매수청구권은 형성권에 해당한다.
  ㉡ 그 가액은 매수청구권 행사 당시의 시가 상당액이다(지상권 소멸시가 아니다).
  ㉢ 매수청구권에 관한 규정은 강행규정이므로 당사자 사이의 건물철거 특약은 특별한 사정이 없는 한 무효이다.

(2) 계약갱신과 존속기간

> **제284조【갱신과 존속기간】** 당사자가 계약을 갱신하는 경우에는 지상권의 존속기간은 갱신한 날로부터 제280조의 최단존속기간보다 단축하지 못한다. 그러나 당사자는 이보다 장기의 기간을 정할 수 있다.

4 지상권의 처분 제32회, 제34회

(1) 지상권의 양도와 임대

> **제282조【지상권의 양도, 임대】** 지상권자는 타인에게 그 권리를 양도하거나 그 권리의 존속기간 내에서 그 토지를 임대할 수 있다.

참고 갱신청구권은 형성권이 아니므로 지상권설정자는 이를 거절할 수 있으며, 갱신계약을 맺음으로써 비로소 갱신의 효과가 발생한다.

비교
1. 토지를 빌린 경우(지상권, 토지임대차, 토지전세권): 지상물매수청구
2. 건물을 빌린 경우(건물전세권, 건물임대차): 부속물매수청구

참고 매수청구권을 행사하면 즉시 매매유사계약이 성립한다. 즉, 승낙이 필요 없다.

참고 기간 만료 후 계약을 갱신할 때에도 최단존속기간의 제한을 받는다.

비교➡ 전세권은 양도금지특약이 가능하다.

① 지상권의 양도성은 절대적이며, 이는 강행규정으로 양도 또는 임대를 금지하는 특약은 무효이다.
② 지상권을 저당권의 목적으로 할 수도 있다(제371조 제1항).

(2) 지료관계

① 지료의 지급

참고📖 반면, 법정지상권은 지료를 지급하는 것을 원칙으로 한다.

㉠ 지료의 지급은 지상권의 성립요소가 아니다. 따라서 별도 약정이 없으면 무상의 지상권으로 인정된다.
㉡ 지상권설정시 지료에 관한 약정이 없는 경우 지료의 지급을 청구할 수 없으며, 등기하지 않은 경우에는 제3자에게 대항할 수 없고 지료증액을 청구할 수도 없다.

② 지료증감청구권

㉠ 지료증감청구권은 일종의 형성권이다.
㉡ 지료증감청구에 다툼이 있으면 법원이 결정하며, 법원이 결정하는 지료의 증감은 결정시부터가 아니라 그 증감청구를 한 때에 소급하여 효력이 생긴다.

③ 지료체납의 효과

㉠ 지상권자가 2년 이상의 지료를 지급하지 아니한 때에는 지상권설정자는 지상권의 소멸을 청구할 수 있다(제287조).
㉡ 토지의 양수인이 지상권자의 지료 지급이 2년 이상 연체되었음을 이유로 지상권소멸청구를 하는 경우에는 자신에게 체납된 기간이 2년 이상이어야 하며, 종전 소유자에 대한 연체기간의 합산을 주장할 수 없다.

5 지상권의 소멸 제30회

(1) 지상권의 소멸사유

① 지상권은 물권의 공통적 소멸사유인 토지의 멸실, 존속기간의 만료, 혼동, 토지수용 등에 의한 소멸 외에도 지료체납으로 인한 지상권설정자의 소멸청구, 지상권의 포기, 약정소멸사유의 발생 등으로도 소멸한다.

Tip👆 저당권자에게 소멸청구를 통지하면 즉시 소멸되는 것이 아님에 주의한다.

② 지상권이 저당권의 목적으로 되어 있는 경우 또는 그 토지 위에 있는 건물이나 수목이 저당권의 목적으로 되어 있는 경우에 지상권설정자의 소멸청구는 저당권자에게 그것을 통지한 후 상당한 기간이 경과함으로써 비로소 그 효력이 생긴다(제288조).

(2) 지상권 소멸의 효과

① 지상물수거와 매수청구권

> **제285조【수거의무, 매수청구권】** ① 지상권이 소멸한 때에는 지상권자는 건물 기타 공작물이나 수목을 수거하여 토지를 원상에 회복하여야 한다.
> ② 전항의 경우에 지상권설정자가 상당한 가액을 제공하여 그 공작물이나 수목의 매수를 청구한 때에는 지상권자는 정당한 이유 없이 이를 거절하지 못한다.

지상권이 소멸하면 지상권자는 건물 기타의 공작물이나 수목을 수거하여 토지를 원상에 회복하여야 한다. 이 경우에 토지소유자가 상당한 가액을 제공하여 공작물이나 수목의 매수를 청구하는 때에는 지상권자는 정당한 이유 없이 이를 거절하지 못한다(제285조).

② 유익비상환청구권: 지상권자의 유익비상환청구권에 대한 명문의 규정은 없으나 해석상 이를 인정한다.

> **참고** 지상권과 전세권은 필요비청구가 인정되지 않는다.

> **+ 보충** **담보지상권** 제32회, 제36회
>
> 1. 의의
>   토지에 관하여 저당권을 취득함과 아울러 그 목적이 된 토지 위에 차후 용익권이 설정되거나 건물 또는 공작물이 축조·설치되는 등으로써 그 목적물의 담보가치가 저감하는 것을 막기 위하여 취득하는 지상권을 말한다.
>
> 2. 성질 및 효력
>   ① 피담보채권이 변제 등으로 만족을 얻어 소멸한 경우는 물론이고 시효소멸한 경우에도 그 지상권은 피담보채권에 부종하여 소멸한다(대판 2011다6342).
>   ② 목적토지를 점유·사용하기 위한 것이 아니므로 그 목적토지의 소유자 또는 제3자가 저당권 및 지상권의 목적토지를 점유·사용하였어도 손해배상이나 부당이득의 반환을 청구할 수 없다(대판 2006다586).
>   ③ 제3자가 저당권의 목적인 토지 위에 건물을 신축하는 경우에는 특별한 사정이 없는 한, 지상권자는 그 방해배제청구로서 신축 중인 건물의 철거와 대지의 인도 등을 구할 수 있다.

> **예제**
>
> 지상권에 관한 설명으로 옳은 것을 모두 고른 것은? (다툼이 있으면 판례에 따름)
>
> 제31회
>
> > ㉠ 지료의 지급은 지상권의 성립요소이다.
> > ㉡ 기간만료로 지상권이 소멸하면 지상권자는 갱신청구권을 행사할 수 있다.
> > ㉢ 지료체납 중 토지소유권이 양도된 경우, 양도 전·후를 통산하여 2년에 이르면 지상권소멸청구를 할 수 있다.
> > ㉣ 채권담보를 위하여 토지에 저당권과 함께 무상의 담보지상권을 취득한 채권자는 특별한 사정이 없는 한 제3자가 토지를 불법점유하더라도 임료 상당의 손해배상청구를 할 수 없다.
>
> ① ㉡   ② ㉠, ㉢
> ③ ㉡, ㉣   ④ ㉢, ㉣
> ⑤ ㉠, ㉢, ㉣
>
> **해설** ㉠ 지상권에 있어서 지료의 지급은 그의 요소가 아니어서 지료에 관한 유상 약정이 없는 이상 지료의 지급을 구할 수 없다(대판 99다24874).
> ㉡ 지상권이 소멸한 경우에 건물 기타 공작물이나 수목이 현존한 때에는 지상권자는 계약의 갱신을 청구할 수 있다(제283조 제1항).
> ㉢ 토지양수인은 지상권자의 지료지급이 2년 이상 연체되었음을 이유로 지상권소멸청구를 함에 있어서 종전 소유자에 대한 연체기간의 합산을 주장할 수 없다(대판 99다17142).
> ㉣ 담보지상권은 지상권의 목적 토지를 점유, 사용하기 위한 것이 아니므로 그 목적 토지의 소유자 또는 제3자가 저당권 및 지상권의 목적 토지를 점유, 사용하였어도 손해배상이나 부당이득의 반환을 청구할 수 없다(대판 2006다586).   **정답** ③

6 분묘기지권 제32회, 제35회

(1) 의의

타인의 토지에 분묘를 설치한 자는 일정한 요건하에 그 분묘기지에 대하여 지상권에 유사한 관습법상의 물권을 취득한다. 이를 분묘기지권이라고 한다.

(2) 성립요건

① 승낙형: 소유자의 승낙을 얻어 그의 토지에 분묘를 설치한 때에 취득한다.
② 취득시효형: 타인의 토지에 승낙 없이 분묘를 설치한 경우, 20년간 평온·공연하게 그 분묘기지를 점유한 때에 취득한다(타주점유, 등기 없이 취득).
③ 양도형: 자기소유의 토지에 분묘를 설치한 자가 분묘에 관하여 별도의 특약이 없이 토지만을 타인에게 처분한 때에 취득한다.

참고 법률의 개정으로 2001년 1월 13일 이후에 설치된 분묘에 대해서는 더 이상 분묘기지권의 시효취득이 인정되지 않는다.

(3) 관련 판례

① 분묘기지권은 봉분 그 자체가 공시의 기능을 하므로 분묘가 평장(平葬)되거나 암장(暗葬)된 때에는 분묘기지권을 취득할 수 없다.

② 분묘기지권의 존속기간에 관하여는 「민법」의 지상권에 관한 규정에 따를 것이 아니라 당사자 사이에 약정이 있는 등 특별한 사정이 있으면 그에 따를 것이며, 그러한 사정이 없는 경우에는 권리자가 분묘의 수호와 봉사를 계속하며 그 분묘가 존속하고 있는 동안은 분묘기지권이 존속한다고 해석함이 타당하므로 제281조에 따라 5년간이라고 보아야 할 것은 아니다.

③ 분묘가 멸실된 경우라고 하더라도 유골이 존재하여 분묘의 원상회복이 가능하여 일시적인 멸실에 불과하다면 분묘기지권은 소멸하지 않고 존속하고 있다고 해석함이 상당하다.

④ 기존의 분묘 외에 새로운 분묘를 설치할 권능은 포함되지 않으므로 단분·쌍분을 불문하고 합장은 허용하지 않는다.

⑤ 분묘기지권은 권리자가 의무자에 대하여 그 권리를 포기하는 의사표시를 하는 외에 점유까지도 포기하여야만 그 권리가 소멸하는 것은 아니다.

⑥ 취득시효형의 경우 토지소유자가 지료를 청구하면 지료를 지급하여야 하며, 그 지료는 분묘를 설치한 때부터가 아니라 토지소유자가 분묘기지에 관한 지료를 청구한 날부터 지급해야 한다.

⑦ 양도형의 경우 분묘기지권자는 분묘기지권이 성립한 때부터 토지소유자에게 그 분묘의 기지에 대한 토지사용의 대가로서 지료를 지급할 의무가 있다.

참고 승낙형 분묘기지권의 경우 성립 당시 토지소유자와 분묘의 수호·관리자가 지료 지급의 약정을 하였다면 그 약정의 효력은 분묘기지의 승계인에게도 미친다.

> **예제**
>
> 분묘기지권에 관한 설명으로 옳은 것을 모두 고른 것은? (다툼이 있으면 판례에 따름)
>
> 제35회
>
> ㉠ 분묘기지권은 봉분 등 외부에서 분묘의 존재를 인식할 수 있는 형태를 갖추고 등기하여야 성립한다.
> ㉡ 토지소유자의 승낙을 얻어 분묘를 설치함으로써 분묘기지권을 취득한 경우, 설치할 당시 토지소유자와의 합의에 의하여 정한 지료지급의무의 존부나 범위의 효력은 그 토지의 승계인에게는 미치지 않는다.
> ㉢ 자기 소유 토지에 분묘를 설치한 사람이 그 토지를 양도하면서 분묘를 이장하겠다는 특약을 하지 않음으로써 분묘기지권을 취득한 경우, 분묘기지권자는 특별한 사정이 없는 한 분묘기지권이 성립한 때부터 지료를 지급할 의무가 있다.
>
> ① ㉠ ② ㉢ ③ ㉠, ㉡
> ④ ㉡, ㉢ ⑤ ㉠, ㉡, ㉢
>
> **해설** ㉠ 분묘기지권은 봉분 등 외부에서 분묘의 존재를 인식할 수 있는 형태를 갖추고 있는 경우에 한하여 인정되므로 이러한 특성상 분묘기지권은 등기 없이 취득한다(대판 96다14036).
> ㉡ 승낙에 의하여 성립하는 분묘기지권의 경우 성립 당시 토지소유자와 분묘의 수호·관리자가 지료 지급의무의 존부나 범위 등에 관하여 약정을 하였다면 그 약정의 효력은 분묘 기지의 승계인에 대하여도 미친다(대판 2017다271834, 271841).
> ㉢ '양도형' 분묘기지권의 경우에는 분묘기지권이 성립한 때부터 지료를 지급하여야 한다(대판 2017다271834, 271841).
> **정답 ②**

❼ 구분지상권

> **제289조의2 【구분지상권】** ① 지하 또는 지상의 공간은 상하의 범위를 정하여 건물 기타 공작물을 소유하기 위하여 지상권의 목적으로 할 수 있다. 이 경우 설정행위로써 지상권의 행사를 위하여 토지의 사용을 제한할 수 있다.
> ② 제1항의 규정에 의한 구분지상권은 제3자가 토지를 사용·수익할 권리를 가진 때에도 그 권리자 및 권리를 목적으로 하는 권리를 가진 자 전원의 승낙이 있으면 이를 설정할 수 있다. 이 경우 토지를 사용·수익할 권리를 가진 제3자는 그 지상권의 행사를 방해하여서는 아니 된다.

(1) 토지를 입체적으로 볼 때, 어느 일정 공간만을 사용하기 위하여 설정된다.

(2) 구분지상권은 수목을 소유하기 위하여는 설정할 수 없다.

(3) 객체는 토지의 일정 공간에 한정되므로 반드시 토지의 '상하(上下)의 범위'를 정해서 등기하여야 한다.

(4) 제3자가 토지를 사용·수익할 권리를 가진 때에는 그의 사용·수익을 방해하지 않는 경우에도 그의 승낙이 있어야 구분지상권을 설정할 수 있다.

8 법정지상권 제33회, 제34회, 제35회, 제36회

1. 제305조의 법정지상권

> **제305조【건물의 전세권과 법정지상권】** ① 대지와 건물이 동일한 소유자에 속한 경우에 건물에 전세권을 설정한 때에는 그 대지소유권의 특별승계인은 전세권설정자에 대하여 지상권을 설정한 것으로 본다. 그러나 지료는 당사자의 청구에 의하여 법원이 이를 정한다.
> ② 전항의 경우에 대지소유자는 타인에게 그 대지를 임대하거나 이를 목적으로 한 지상권 또는 전세권을 설정하지 못한다.

① 대지와 건물이 동일한 소유자인 상태에서 건물에만 전세권이 설정된 후에 토지의 소유자가 변경된 경우이다.

② 대지소유권의 특별승계인은 전세권설정자, 즉 건물의 소유자에게 법정지상권을 설정한 것으로 본다. 전세권자가 취득하는 것이 아님을 유의하여야 한다.

2. 관습법상 법정지상권

(1) 의의

동일인에게 속하고 있었던 토지와 건물 중의 어느 한쪽이 매매 기타의 원인으로 인하여 그 소유자를 각각 달리하게 될 경우에 당사자 사이에 특약이 없는 한 건물소유자는 당연히 지상권을 취득하게 된다는 것이 관습법상 인정되고 있다.

(2) 요건

① 토지와 건물이 동일인 소유에 속하였을 것: 관습법상의 법정지상권이 성립되기 위하여는 토지와 건물 중 어느 하나가 처분될 당시에 토지와 그 지상건물이 동일인의 소유에 속하였으면 족하고 원시적으로 동일인의 소유였을 필요는 없다.

㉠ 토지와 건물소유권의 동일인에게의 귀속과 그 후의 각기 다른 사람에게의 귀속은 법의 보호를 받을 수 있는 권리변동으로 인한 것이어야 하므로, 원래 동일인에게의 소유권 귀속이 원인무효로 이루어졌다가 그 뒤 원인무효임이 밝혀져 그 등기가 말소됨으로써 그 건물과 토지의 소유자가 달라지게 된 경우에는 관습상의 법정지상권을 허용할 수 없다(대판 98다64189).

기출 토지에 관한 저당권 설정 당시 해당 토지에 일시 사용을 위한 가설건축물이 존재하였던 경우, 법정지상권은 성립하지 않는다.

참고 타인의 토지 위에 토지소유자의 승낙을 얻어 신축한 건물을 매수한 자는 관습법상의 법정지상권을 취득할 수 없다.

ⓒ 토지 위에 건물이 존재하여야 한다. 그 건물은 건물로서의 요건을 갖추고 있는 이상 무허가 건물이거나 미등기 건물이어도 상관없다.
ⓒ 토지와 건물이 동일인 소유이어야 한다.

> **판례** 관습법상 법정지상권의 성립 여부(소극) - '함께' 판례

미등기 건물을 그 대지와 함께 매도하였다면 비록 매수인에게 그 대지에 관하여만 소유권이전등기가 경료되고 건물에 관하여는 등기가 경료되지 아니하여 형식적으로 대지와 건물이 그 소유명의자를 달리하게 되었다 하더라도 매도인에게 관습상의 법정지상권을 인정할 이유가 없다.

Tip 토지와 건물을 '함께' 처분하고 대지만 등기하였다는 말이 나오면 무조건 법정지상권이 성립되지 않는다.

② 매매 기타의 원인으로 소유자가 변동되었을 것: 토지와 건물이 동일한 소유자에게 속하였다가 매매, 증여, 대물변제, 강제경매, 공유지의 분할, 공매, 귀속재산의 불하 등의 사유로 소유자가 달라진 경우에 인정된다.
③ 건물철거특약이 존재하지 않을 것: 관습법상 법정지상권은 강제적인 것은 아니므로 당사자의 철거약정은 유효하다. 따라서 관습법상 법정지상권은 스스로 포기할 수도 있다.
④ 등기 불필요
  ㉠ 관습상의 지상권은 법률행위로 인한 물권의 취득이 아니므로 등기를 요하지 않는다.
  ㉡ 관습상의 법정지상권은 물권으로서의 효력에 의하여 이를 취득할 당시의 토지소유자나 이로부터 소유권을 전득한 제3자에 대하여도 등기 없이 위 지상권을 주장할 수 있다.

참고
1. 대지상의 건물만을 매수하면서 대지에 관한 임대차계약을 체결하였다면 위 건물 매수로 인하여 취득하게 될 관습상의 법정지상권을 포기한 것으로 보아야 한다.
2. 토지와 건물의 소유자가 토지만을 타인에게 증여한 후 구건물을 철거하되 그 지상에 자신의 이름으로 건물을 다시 신축하기로 합의한 경우, 그 건물 철거의 합의는 건물소유자가 토지의 계속 사용을 그만두고자 하는 내용의 합의로 볼 수 없어 관습상의 법정지상권의 발생을 배제하는 효력이 인정되지 않는다.

> **판례** 관습법상 법정지상권의 성립 여부

1. 매매 - 인정
   동일인 소유에 속하였던 토지 및 가옥이 매매로 인하여 각 소유자를 달리할 때에는 그 가옥 매매에 있어 이를 철거한다는 특약이 없는 한 가옥소유자는 그 가옥을 위하여 그 지상에 지상권을 취득한다(대판 4292민상944).

2. 강제경매 - 인정
   ① 강제경매의 목적이 된 토지 또는 그 지상건물의 소유권이 강제경매로 인하여 그 절차상 매수인에게 이전된 경우, 건물 소유를 위한 관습법상 법정지상권의 성립요건인 '토지와 그 지상건물이 동일인 소유에 속하였는지'를 판단하는 기준시기는 **압류 또는 가압류의 효력발생시**이다.
   ② 강제경매를 위한 압류나 그 압류에 선행한 가압류가 있기 이전에 저당권이 설정되어 있다가 강제경매로 저당권이 소멸한 경우, 토지와 그 지상건물이 동일인 소유에 속하였는지를 판단하는 기준시기는 저당권설정 당시이다.

참고 매각대금 완납시 ×

3. 토지공유자 중의 1인이 토지지분을 전매한 경우 – 부정
   토지공유자 중의 1인이 공유토지 위에 건물을 소유하고 있다가 토지지분만을 전매한 경우 관습상의 법정지상권이 성립된 것으로 보게 된다면 이는 마치 토지공유자의 1인으로 하여금 다른 공유자의 지분에 대하여서까지 지상권설정의 처분행위를 허용하는 셈이 되어 부당하다 할 것이므로 관습상의 법정지상권이 성립될 수 없다(대판 86다카2188).

4. 나대지상에 환매특약의 등기가 마쳐진 상태에서 대지소유자가 그 지상에 건물을 신축하였다가 환매권자가 환매권을 행사한 경우 – 부정
   나대지상에 환매특약의 등기가 마쳐진 상태에서 대지소유자가 그 지상에 건물을 신축하였다면, 특별한 사정이 없는 한 환매권의 행사에 따라 토지와 건물의 소유자가 달라진 경우 그 건물을 위한 관습상의 법정지상권은 애초부터 생기지 않는다(대판 2010두16431).

5. 환지처분 – 부정
   환지로 인하여 새로운 분할지적선이 그어진 결과 환지 전에는 동일인에게 속하였던 토지와 그 지상건물의 소유자가 달라졌다 하더라도 환지의 성질상 건물의 부지에 관하여 소유권을 상실한 건물소유자가 환지된 토지(건물부지)에 대하여 건물을 위한 관습상의 법정지상권을 취득한다거나 그 환지된 토지의 소유자가 그 건물을 위한 관습상의 법정지상권의 부담을 안게 된다고는 할 수 없다(대판 2001다4101).

6. 명의신탁의 해지 – 부정
   토지소유권을 명의신탁받은 수탁자가 위 명의신탁 중 토지상에 건물을 신축하고 그 후 **명의신탁이 해지**되어 소유권 회복이 된 경우, 위 명의수탁자는 신탁자와의 대내적 관계에 있어서 그 토지가 자기소유에 속하는 것이었다고 주장할 수 없고 따라서 위 건물은 어디까지나 명의신탁자 소유의 토지 위에 지은 것이라 할 것이므로 그 후 소유 명의가 신탁자 명의로 회복될 당시 위 수탁자가 신탁자들에 대하여 지상건물의 소유를 위한 관습상의 지상권을 취득하였다고 주장할 수 없다(대판 86다카62).

7. 구분소유적 공유관계에 있는 자가 자신의 특정 소유가 아닌 부분에 건물을 신축한 경우 – 부정
   甲과 乙의 구분소유적 공유관계는 통상적인 공유관계와는 달리 당사자 내부에 있어서는 각자가 특정매수한 부분은 각자의 단독소유로 되었다 할 것이므로, 乙은 위 대지 중 그가 매수하지 아니한 부분에 관하여는 甲에게 그 소유권을 주장할 수 없어 위 대지 중 **乙이 매수하지 아니한 부분지상에 있는 乙소유의 건물부분**은 당초부터 건물과 토지의 소유자가 서로 다른 경우에 해당되어 그에 관하여는 관습상의 법정지상권이 성립될 여지가 없다(대판 93다49871).

   > **비교판례** 甲과 乙이 1필지의 대지를 구분소유적으로 공유하고 乙이 **자기 몫의 대지 위에** 건물을 신축하여 점유하던 중 위 대지의 乙의 지분을 甲이 경락취득한 경우 乙은 관습상의 법정지상권을 취득한다(대판 89다카24094).

3. 제366조의 법정지상권

> **제366조【법정지상권】** 저당물의 경매로 인하여 토지와 그 지상건물이 다른 소유자에 속한 경우에는 토지소유자는 건물소유자에 대하여 지상권을 설정한 것으로 본다. 그러나 지료는 당사자의 청구에 의하여 법원이 이를 정한다.

(1) 의의

토지와 건물의 소유자가 동일한 상태에서 설정된 저당권의 실행으로 토지와 건물이 소유자가 서로 달라지게 되는 경우에 인정되는 법정지상권이다.

(2) 요건

① 저당권설정 당시에 건물이 존재할 것
  ㉠ 지상에 건물이 존재하면 족하고 미등기·무허가 건물이라도 상관없다.
  ㉡ 저당권설정 당시에 건물이 존재하여야 하므로 나대지상태에서 저당권이 설정된 후에 신축된 건물에 대하여는 법정지상권이 인정될 수 없다.

② 토지와 건물이 동일인 소유일 것: 저당권설정 당시에만 동일인이면 족하다. 즉, 그 이전의 동일성은 묻지 않으며, 그 이후에 소유자가 달라져도 법정지상권은 성립된다.

③ 토지와 건물의 어느 한쪽이나 양쪽에 저당권이 설정되어야 하며, 경매로 토지와 건물의 소유자가 달라져야 한다.

④ 강행규정: 제366조는 가치권과 이용권의 조절을 위한 공익상의 이유로 지상권의 설정을 강제하는 것이므로 저당권설정 당사자 간의 특약으로 저당목적물인 토지에 대하여 법정지상권을 배제하는 약정을 하더라도 그 특약은 효력이 없다.

> **판례** 법정지상권 성립 여부
>
> 1. 나대지에 담보권 설정 후 신축한 건물: 부정
> 2. 나대지에 근저당권이 설정될 당시 근저당권자가 건물 신축에 동의한 경우: 부정
> 3. 건물공유자의 1인이 그 건물의 부지인 토지를 단독으로 소유하면서 그 토지에 관하여만 저당권을 설정하였다가 위 저당권에 의한 경매로 토지소유자가 달라진 경우: 인정
>
> **비교판례** 공유토지상의 공유건물에서 건물공유자 중 1인이 달라진 경우에는 관습법상 법정지상권이 성립되지 않는다.

Tip 👆 '나대지'란 말이 나오면 법정지상권은 인정되지 않는다.

4. 토지의 저당권설정 당시에 존재하던 건물을 철거하고 신축한 경우: 구 건물을 기준으로 인정
5. 공동저당이 설정된 후 건물을 철거하고 신축한 경우: 부정

> **예제**
>
> 甲에게 법정지상권 또는 관습법상 법정지상권이 인정되는 경우를 모두 고른 것은? (다툼이 있으면 판례에 따름) 제33회
>
> ㉠ 乙소유의 토지 위에 乙의 승낙을 얻어 신축한 丙소유의 건물을 甲이 매수한 경우
> ㉡ 乙소유의 토지 위에 甲과 乙이 건물을 공유하면서 토지에만 저당권을 설정하였다가, 그 실행을 위한 경매로 丙이 토지소유권을 취득한 경우
> ㉢ 甲이 乙로부터 乙소유의 미등기건물과 그 대지를 함께 매수하고 대지에 관해서만 소유권이전등기를 한 후, 건물에 대한 등기 전 설정된 저당권에 의해 대지가 경매되어 丙이 토지소유권을 취득한 경우
>
> ① ㉠
> ② ㉡
> ③ ㉠, ㉢
> ④ ㉡, ㉢
> ⑤ ㉠, ㉡, ㉢
>
> **해설** ㉠ 타인의 토지 위에 토지소유자의 승낙을 얻어 신축한 건물을 매수한 자는 관습법상의 법정지상권을 취득할 수 없다(대판 71다2124). 토지소유자의 승낙을 얻어 신축한 건물이라면 토지소유자와 건물소유자가 다르기 때문이다.
> ㉡ 건물공유자의 1인이 그 건물의 부지인 토지를 단독으로 소유하면서 그 토지에 관하여만 저당권을 설정하였다가 위 저당권에 의한 경매로 토지소유자가 달라진 경우, 위 건물공유자들은 「민법」제366조에 의하여 토지 전부에 관하여 건물의 존속을 위한 법정지상권을 취득한다고 보아야 한다(대판 2010다67159).
> ㉢ 미등기건물을 그 대지와 함께 매수한 사람이 그 대지에 관하여만 소유권이전등기를 넘겨받고 건물에 대하여는 그 등기를 이전받지 못하고 있다가 대지에 대하여 저당권을 설정하고 그 저당권의 실행으로 대지가 경매되어 다른 사람의 소유로 된 경우에는, 그 저당권의 설정 당시에 이미 대지와 건물이 각각 다른 사람의 소유에 속하고 있었으므로 법정지상권이 성립될 여지가 없다(대판 2002다9660).
>
> **정답** ②

4. 법정지상권의 효과

(1) 지료

① 지상권자가 결정된 2년분 이상의 지료를 지급하지 아니하면 제287조(지상권소멸청구권)에 따른 지상권소멸청구의 의사표시에 의하여 소멸한다.

② 법정지상권에 관한 지료가 결정된 바 없다면 법정지상권자가 지료를 지급하지 아니하였다 하더라도 지료 지급을 지체한 것으로는 볼 수 없으므로, 법정지상권자가 2년 이상의 지료를 지급하지 아니하였음을 이유로 하는 토지소유자의 지상권소멸청구는 허용되지 않는다.

(2) 법정지상권이 성립한 후에 토지나 건물의 이전

① 토지가 이전된 경우: 취득할 당시의 토지소유자나 이로부터 소유권을 전득한 제3자에 대하여도 **등기 없이 위 지상권을 주장할 수 있다.**

② 건물이 이전된 경우

ㄱ. 법정지상권이 딸린 건물이 경매로 이전되는 경우: 건물 소유를 위하여 법정지상권을 취득한 자로부터 경매에 의하여 그 건물의 소유권을 이전받은 경락인은 위 지상권도 당연히 이전받았다 할 것이고 이는 그에 대한 등기가 없어도 그 후에 토지를 전득한 자에게 대항할 수 있다.

ㄴ. 법정지상권이 딸린 건물이 법률행위로 이전되는 경우

ⓐ **건물의 양수인은 법정지상권의 이전등기를 하여야 지상권자가 된다.**

ⓑ **지상권의 이전등기가 없으면 아직 지상권자는 아니지만 곧 법정지상권을 취득할 지위에 있으므로 대지소유자가 건물철거를 구하는 것은 신의성실의 원칙상 허용될 수 없다.**

ⓒ 건물의 양도인이 등기설자에 협력하지 아니할 때 건물의 양수인은 양도인을 대위하여 대지소유자에게 법정지상권설정등기를 양도인에게 해 줄 것을 청구할 수 있고 이어서 자신 앞으로 지상권이전등기를 양도인에게 청구할 수 있다.

기출 법정지상권이 성립한 건물을 매매계약에 기해 양수한 자는 등기하여야 법정지상권을 취득한다. 제36회

참고 임료 상당의 부당이득반환은 청구할 수 있다.

제3절 | 지역권

1 서설 제32회, 제33회, 제34회, 제35회, 제36회

1. 의의

> **제291조【지역권의 내용】** 지역권자는 일정한 목적을 위하여 타인의 토지를 자기 토지의 편익에 이용하는 권리가 있다.

지역권이란 어느 토지의 편익을 위하여 타인의 토지를 이용하는 용익물권의 일종이다.

참고 어느 토지에 대하여 통행지역권을 주장하려면 그 토지의 통행으로 편익을 얻는 요역지가 있음을 주장·증명해야 한다.

2. 성질

지역권은 지상권이나 전세권과 같은 용익물권이기는 하지만 다음의 점에서 차이가 있다.

(1) 비한정적·비배타적·공용적 성격

토지 사용목적은 강행법규에 반하지 않는 한 제한이 없다. 또한 지역권은 배타적인 권리가 아니므로 지역권 행사에 방해가 되지 않는 한 승역지소유자도 토지를 이용할 수 있다. 즉, 공용적 성격을 가진다.

(2) 부종성

> **제292조【부종성】** ① 지역권은 요역지소유권에 부종하여 이전하며 또는 요역지에 대한 소유권 이외의 권리의 목적이 된다. 그러나 다른 약정이 있는 때에는 그 약정에 의한다.
> ② 지역권은 요역지와 분리하여 양도하거나 다른 권리의 목적으로 하지 못한다.

① 수반성
  ㉠ 내용
    ⓐ 지역권은 요역지의 소유권이 이전되면 당연히 함께 이전한다. 별도의 지역권 이전합의가 필요하지 않으며, 법률규정에 의하여 당연히 이전한다.
    ⓑ 요역지소유권이전등기가 있으면 **지역권이전등기가 없어도** 지역권 이전의 효력이 생긴다(제187조).

ⓒ 배제특약: 지역권의 수반성은 당사자가 특약으로 배제할 수 있다(제292조 제1항). 이 경우에 요역지가 없는 지역권은 존재가치가 없으므로 지역권은 당연히 소멸하게 된다.

② 부종성: 지역권은 요역지에 종된 권리이기 때문에 요역지와 분리하여 **지역권만을 따로 양도하거나 다른 권리의 목적으로 하지 못한다.**

(3) 불가분성

① 토지공유자의 1인은 지분에 관하여 그 토지를 위한 지역권 또는 그 토지가 부담한 지역권을 소멸하게 하지 못한다(제293조 제1항).

② 토지의 분할이나 토지의 일부양도의 경우, 지역권은 요역지의 각 부분을 위하여 또는 그 승역지의 각 부분에 존속한다(제293조 제2항).

③ 공유자의 1인이 지역권을 취득한 때에는 다른 공유자도 이를 취득한다(제295조 제1항).
  ✔ 점유로 인한 지역권취득기간의 중단은 지역권을 행사하는 모든 공유자에 대한 사유가 아니면 그 효력이 없다.

④ 요역지가 수인의 공유인 경우에 그 1인에 의한 지역권 소멸시효의 중단 또는 정지는 다른 공유자를 위하여 효력이 있다(제296조).
  ✔ 지역권이 소멸시효로써 소멸하려면 모든 공유자의 지역권의 소멸시효가 완성되어야 한다.

Tip 👉 요역지공유자에게 항상 유리하게 해석하여야 한다는 점을 이해하면 된다.

3. 대가와 존속기간

「민법」은 대가와 존속기간에 대하여는 아무런 규정도 두고 있지 않지만, 판례는 영구무한의 지역권을 인정하고 있다. 또한 지료는 지역권의 성립요소가 아니므로 무상의 지역권이 인정된다.

4. 지역권에 기한 물권적 청구권

지역권자는 자신이 편익을 얻는 것에 대한 방해가 있는 경우에는 방해제거청구권 또는 방해예방청구권의 물권적 청구권을 행사할 수 있다. 그러나 반환청구권은 인정되지 않는다.

❷ 지역권의 취득 제32회, 제33회, 제34회, 제35회

(1) 일반적 취득

① 지역권은 설정계약과 등기에 의하여 취득하는 것이 일반적이며, 그 밖에 유언·상속·양도 등에 의하여도 취득된다.

② 요역지는 1필의 토지이어야 한다. 따라서 1필 토지의 일부를 위해서는 지역권을 설정할 수 없다.
③ 승역지는 1필 토지의 일부라도 상관없다. 따라서 1필 토지의 일부에 지역권을 설정할 수 있다.

> 기출 지역권에 있어서 요역지는 반드시 1필의 토지이어야 하나, 승역지는 1필 토지의 일부라도 상관없다.
> 제33회

(2) 시효에 의한 취득

> **제294조【지역권 취득기간】** 지역권은 계속되고 표현된 것에 한하여 제245조의 규정을 준용한다.

① 지역권은 계속되고 표현된 것에 한하여 취득시효의 대상이 된다. 따라서 불계속·비표현의 지역권은 시효취득할 수 없다.
② 취득시효의 기간이 만료된 경우에는 등기를 함으로써 지역권을 취득한다.
③ 통행지역권을 시효취득한 자는 승역지소유자에게 보상을 하여야 한다.

> 참고 통행지역권 취득시효의 요건
> 1. 요역지소유자가 스스로 통로를 개설할 것
> 2. 적법한 점유일 것. 따라서 요역지의 소유자뿐 아니라 지상권자, 전세권자도 시효취득을 할 수 있다.

③ 지역권의 효력 제32회, 제33회, 제36회

(1) 지역권자의 권능

지역권자는 설정행위에서 정해진 목적에 따라 승역지를 자기 토지의 편익을 위하여 사용할 수 있다. 또한 지역권이 설정된 토지의 임차권자나 지상권자 등도 당연히 그 지역권을 행사할 수 있다.

① 용수지역권

> **제297조【용수지역권】** ① 용수승역지의 수량이 요역지 및 승역지의 수요에 부족한 때에는 그 수요 정도에 의하여 먼저 가용에 공급하고 다른 용도에 공급하여야 한다. 그러나 설정행위에 다른 약정이 있는 때에는 그 약정에 의한다.
> ② 승역지에 수개의 용수지역권이 설정된 때에는 후순위의 지역권자는 선순위의 지역권자의 용수를 방해하지 못한다.

② 공작물의 공동사용

> **제300조【공작물의 공동사용】** ① 승역지의 소유자는 지역권의 행사를 방해하지 아니하는 범위 내에서 지역권자가 지역권의 행사를 위하여 승역지에 설치한 공작물을 사용할 수 있다.
> ② 전항의 경우에 승역지의 소유자는 수익 정도의 비율로 공작물의 설치·보존의 비용을 분담하여야 한다.

> 기출 승역지에 수개의 용수지역권이 설정된 때에는 후순위의 지역권자는 선순위의 지역권자의 용수를 방해하지 못한다.

(2) 승역지소유자의 의무

> **제298조【승역지소유자의 의무와 승계】** 계약에 의하여 승역지소유자가 자기의 비용으로 지역권의 행사를 위하여 공작물의 설치 또는 수선의 의무를 부담한 때에는 승역지소유자의 특별승계인도 그 의무를 부담한다.
>
> **제299조【위기에 의한 부담면제】** 승역지의 소유자는 지역권에 필요한 부분의 토지소유권을 지역권자에게 위기(委棄)하여 전조의 부담을 면할 수 있다.

① 승역지소유자는 승역지가 요역지의 편익에 이용되는 범위에서 지역권자의 행위를 인용하고 일정한 이용을 하지 않을 부작위의무를 부담한다. 또한 이러한 의무는 승역지소유자의 특별승계인도 부담한다.

② 승역지소유자는 지역권에 필요한 부분의 토지소유권을 지역권자에게 위기(委棄)하여 의무의 부담을 면할 수 있다. 위기에 의하여 지역권은 혼동으로 소멸한다.

용어 위기(委棄)
토지소유권을 지역권자에게 이전한다는 일방적 의사표시를 말한다.

기출
1. 지역권자는 지역권에 기한 방해제거나 방해예방을 청구할 수 있다.
2. 지역권에 기한 승역지 반환청구권은 인정되지 않는다.

(3) 지역권에 기한 물권적 청구권

지역권자는 자신이 편익을 얻는 것에 대한 방해가 있는 경우에는 방해제거청구권 또는 방해예방청구권의 물권적 청구권을 행사할 수 있다. 다만, 지역권자는 승역지를 점유할 권능이 없으므로 반환청구권은 인정되지 않는다.

❹ 지역권의 소멸

지역권은 요역지 또는 승역지의 멸실, 존속기간의 만료, 지역권자의 포기, 소멸시효, 혼동, 약정소멸사유의 발생, 승역지의 시효취득, 승역지소유자의 위기(委棄) 등으로 소멸한다.

✔ 위기는 지역권의 특유한 소멸사유이다.

> **예제**
>
> 지역권에 관한 설명으로 **틀린** 것은? 　제35회
> ① 지역권은 요역지와 분리하여 양도할 수 없다.
> ② 지역권은 표현된 것이 아니더라도 시효취득할 수 있다.
> ③ 요역지의 소유권이 이전되면 다른 약정이 없는 한 지역권도 이전된다.
> ④ 요역지의 공유자 1인은 그 토지 지분에 관한 지역권을 소멸시킬 수 없다.
> ⑤ 공유자의 1인이 지역권을 취득한 때에는 다른 공유자도 지역권을 취득한다.

해설
② 지역권은 계속되고 표현된 것에 한하여 취득시효의 규정을 준용한다(제294조).
① 지역권은 요역지와 분리하여 양도하거나 다른 권리의 목적으로 하지 못한다(제292조 제2항).
③ 지역권은 요역지소유권에 부종하여 이전하며 또는 요역지에 대한 소유권 이외의 권리의 목적이 된다(제292조 제1항).
④ 토지공유자의 1인은 지분에 관하여 그 토지를 위한 지역권 또는 그 토지가 부담한 지역권을 소멸하게 하지 못한다(제292조 제1항).
⑤ 공유자의 1인이 지역권을 취득한 때에는 다른 공유자도 이를 취득한다(제295조 제1항).

정답 ②

제4절 | 전세권

1 서설 제36회

(1) 의의

> **제303조【전세권의 내용】** ① 전세권자는 전세금을 지급하고 타인의 부동산을 점유하여 그 부동산의 용도에 좇아 사용·수익하며, 그 부동산 전부에 대하여 후순위 권리자 기타 채권자보다 전세금의 우선변제를 받을 권리가 있다.
> ② 농경지는 전세권의 목적으로 하지 못한다.

① 전세권은 용익물권의 성질과 담보물권의 성질을 함께 갖는다.
② 전세권은 우리나라에만 존재하는 물권이다.

(2) 법적 성질

① 전세권의 객체인 부동산은 1필의 토지 또는 1동의 건물 전부일 필요는 없으며, 1필의 토지 일부 또는 1동의 건물 일부라도 상관없다. 다만, 농경지는 전세권의 목적으로 할 수 없다.
② 용익물권: 전세권은 목적부동산을 점유하여 그 부동산의 용도에 좇아 사용·수익하는 용익물권이다.
③ 담보물권: 전세권자는 그 부동산 전부에 관하여 후순위 권리자 기타 채권자보다 전세금의 우선변제를 받을 권리가 있다. 즉, 전세권은 담보물권의 성질을 가지기 때문에 경매를 청구할 수 있으며(제318조) 우선변제를 받을 권리가 인정된다. 따라서 전세권도 담보물권의 통유성인 부종성, 수반성, 불가분성, 물상대위성을 갖는다.

Tip 👉 담보물권의 통유성은 제6장 담보물권에서 상세히 설명하고 있다(p.248 참고).

기출 전세권이 존속하는 동안에는 특별한 사정이 없는 한 전세권을 존속시키면서 전세금반환채권만을 확정적으로 양도할 수 없다. 제36회

> **판례** 전세금반환청구권의 분리양도 가능 여부
>
> 전세권이 존속하는 동안은 전세권을 존속시키기로 하면서 전세금반환채권만을 전세권과 분리하여 확정적으로 양도하는 것은 허용되지 않으며, 다만 전세권 존속 중에는 장래에 그 전세권이 소멸하는 경우에 전세금반환채권이 발생하는 것을 조건으로 그 장래의 조건부 채권을 양도할 수 있을 뿐이라 할 것이다.

② 전세권의 취득과 존속기간 제33회, 제34회

1. 전세권의 취득

(1) 전세권설정계약과 전세권설정등기를 함으로써 전세권을 취득한다. 또한 전세권의 양도나 상속 등에 의하여도 취득할 수 있다.

(2) 성립요건

① 전세금의 지급

㉠ 전세금의 지급은 전세권의 성립요건이다.

㉡ 전세금은 반드시 현실로 수수될 필요는 없으며 **기존의 채권으로 갈음할 수 있다.** 전세금은 등기하여야 하며, 등기된 전세금은 제3자에게 대항할 수 있다.

참고 지료는 지상권과 지역권이 성립하기 위한 요소가 아니지만, 전세금은 전세권의 필수요소이다.

> **판례** 기존의 채권으로 전세금 지급에 갈음할 수 있는지 여부(적극)
>
> 전세금의 지급은 전세권 성립의 요소가 되는 것이지만 그렇다고 하여 전세금의 지급이 반드시 현실적으로 수수되어야만 하는 것은 아니고, 기존의 채권으로 전세금의 지급에 갈음할 수도 있다(대판 94다18508).

② 목적물의 인도 – 성립요소가 아님: 목적물을 인도하지 아니한 경우라 하더라도 장차 전세권자가 목적물을 사용·수익하는 것을 완전히 배제하는 것이 아니라면 그 전세권의 효력을 부인할 수는 없다.

③ 전세권이 용익물권적인 성격과 담보물권적인 성격을 모두 갖추고 있는 점에 비추어 전세권 존속기간이 시작되기 전에 마친 전세권설정등기도 특별한 사정이 없는 한 유효한 것으로 추정된다.

2. 전세권의 존속기간

(1) 존속기간의 약정이 있는 경우

> **제312조【전세권의 존속기간】** ① 전세권의 존속기간은 10년을 넘지 못한다. 당사자의 약정기간이 10년을 넘는 때에는 이를 10년으로 단축한다.
> ② 건물에 대한 전세권의 존속기간을 1년 미만으로 정한 때에는 이를 1년으로 한다.
> ③ 전세권의 설정은 이를 갱신할 수 있다. 그 기간은 갱신한 날로부터 10년을 넘지 못한다.
> ④ 건물의 전세권설정자가 전세권의 존속기간 만료 전 6월부터 1월까지 사이에 전세권자에 대하여 갱신거절의 통지 또는 조건을 변경하지 아니하면 갱신하지 아니한다는 뜻의 통지를 하지 아니한 경우에는 그 기간이 만료된 때에 전 전세권과 동일한 조건으로 다시 전세권을 설정한 것으로 본다. 이 경우 전세권의 존속기간은 그 정함이 없는 것으로 본다.

① 최장존속기간의 제한: 전세권의 존속기간은 10년을 넘지 못하며, 당사자의 약정기간이 10년을 넘는 때에는 10년으로 단축된다.

② 최단존속기간의 제한 – 건물전세권에만 인정: 건물에 대한 전세권의 존속기간을 1년 미만으로 정한 때에는 이를 1년으로 한다.

③ 법정갱신 – 건물전세권에만 인정
  ㉠ 법정갱신이 되면 그 기간이 만료된 때에 전에 설정된 전세권과 동일한 조건으로 다시 전세권을 설정한 것으로 본다(동일한 기간 ×).
  ㉡ 법정갱신의 경우에는 등기 없이도 효력이 발생하며 제3자에게 대항할 수 있다(제187조).

> **판례** 전세권의 법정갱신의 경우 등기 없이도 제3자에게 대항할 수 있는지 여부(적극)
> 전세권의 법정갱신은 법률의 규정에 의한 부동산에 관한 물권의 변동이므로 전세권갱신에 관한 등기를 필요로 하지 아니하고 전세권자는 그 등기 없이도 전세권설정자나 그 목적물을 취득한 제3자에 대하여 그 권리를 주장할 수 있다(대판 88다카21029).

  ㉢ 법정갱신이 되면 기간은 정함이 없는 것으로 된다. 따라서 각 당사자는 언제든지 상대방에 대하여 전세권의 소멸을 통고할 수 있고, 상대방이 이 통고를 받은 날로부터 6월이 경과하면 전세권은 소멸한다(제313조).

참고 최단기간 1년의 제한과 법정갱신은 토지전세권에는 적용이 없으며, 건물전세권에만 적용된다.

(2) 존속기간의 약정이 없는 경우

전세권의 존속기간을 약정하지 아니한 때에는 각 당사자는 언제든지 상대방에 대하여 전세권의 소멸을 통고할 수 있고, 상대방이 이 통고를 받은 날로부터 6월이 경과하면 전세권은 소멸한다(제313조).

❸ 전세권의 효력 제32회, 제34회, 제35회, 제36회

(1) 물적 범위

타인의 토지에 있는 건물에 전세권을 설정한 때에는 전세권의 효력은 그 건물의 소유를 목적으로 한 지상권 또는 임차권에 미친다(제304조 제1항).

(2) 인적 범위 – 목적물의 소유자가 변경된 경우

전세권이 성립된 후 목적물의 소유자가 변경된 경우에는 종전소유자는 전세금반환의무를 면하게 되고 새로운 소유자가 전세금반환의무를 부담하게 된다.

> **참고** 소유자 甲이 乙에게 전세권을 설정한 후에 목적물을 丙에게 매도하여 소유권을 이전하였다면 전세권자 乙은 丙에게만 전세권의 효력을 주장할 수 있고 甲은 그 책임을 면하게 된다.

(3) 전세권자의 권리·의무

① 사용·수익권
  ㉠ 전세권자는 부동산을 점유하여 그 부동산의 용도에 좇아 사용·수익할 권리를 가진다(제303조 제1항).
  ㉡ 전세권자가 용도에 위반한 사용·수익을 하는 경우 전세권설정자는 전세권의 소멸을 청구할 수 있으며, 이 경우에 전세권설정자는 전세권자에 대하여 원상회복 또는 손해배상을 청구할 수 있다(제311조).

② 유지·수선의무

> **제309조【전세권자의 유지, 수선의무】** 전세권자는 목적물의 현상을 유지하고 그 통상의 관리에 속한 수선을 하여야 한다.

  ㉠ 유지·수선의무는 전세권자가 부담한다.
  ㉡ 전세권자가 통상적인 관리 및 유지를 위하여 필요비를 지출한 경우에도 그 비용의 상환을 청구할 수 없다. 다만, 유익비의 상환은 청구할 수 있다(제310조 제1항).

③ 전세금증감청구권: 전세금이 목적부동산에 관한 조세·공과금 기타 부담의 증감이나 경제사정의 변동으로 인하여 상당하지 아니하게 된 때에는 당사자는 장래에 대하여 그 증감을 청구할 수 있다.

④ 경매청구권과 우선변제권

④ 전세권의 처분

(1) 전세권 처분의 자유와 제한

> 제306조 【전세권의 양도, 임대 등】 전세권자는 전세권을 타인에게 양도 또는 담보로 제공할 수 있고 그 존속기간 내에서 그 목적물을 타인에게 전전세 또는 임대할 수 있다. 그러나 설정행위로 이를 금지한 때에는 그러하지 아니하다.

① 전세권은 물권이므로 원칙적으로 소유자의 동의 없이 자유롭게 양도할 수 있다.
② 다만, 당사자는 설정행위로써 처분금지특약을 할 수 있고, 이를 등기하면 제3자에게 대항할 수 있다.

Tip 👉 지상권의 양도금지특약은 무효라는 점과 비교하여 학습하여야 한다.

(2) 전세권의 양도

> 제307조 【전세권 양도의 효력】 전세권양수인은 전세권설정자에 대하여 전세권양도인과 동일한 권리의무가 있다.

① 전세권의 양도는 부동산물권변동의 일반원칙에 따른다. 즉, 전세권양도합의와 전세권이전등기에 의하여 전세권은 양도된다.
② 양수인은 전세권설정자에 대하여 양도인과 동일한 권리·의무를 가지게 되므로 전세권설정자는 양수인에 대하여 전세금반환의무를 지게 된다.

(3) 전전세(轉傳貰)

① 의의: 전전세란 기존의 전세권은 그대로 존속하면서 그 전세권을 목적으로 하는 전세권을 다시 설정하는 것을 말한다.
② 요건
  ㉠ 전전세권의 당사자는 전세권자와 전전세권자이며, 전세권설정자는 당사자가 되지 않는다.
  ㉡ 전전세권도 하나의 전세권이므로 부동산물권변동의 일반원칙에 따라 물권적 합의와 등기를 하여야 한다. 전전세권의 설정에 전세권설정자의 동의는 필요하지 않다. 또한 전전세권자는 원전세권설정자에 대하여 직접 의무를 부담하지 않는다.
  ㉢ 전전세권의 존속기간은 전세권의 존속기간 내이어야 하며, 전전세금은 전세금의 한도를 넘지 못한다.

③ 효과
  ㉠ 전전세권이 설정되더라도 전세권은 소멸하지 않는다.
  ㉡ 전세권이 소멸하면 전전세권도 소멸한다.
  ㉢ 책임의 가중: 전세권의 목적물을 전전세 또는 임대한 경우에는 전세권자는 전전세 또는 임대하지 아니하였으면 면할 수 있는 불가항력으로 인한 손해에 대하여 그 책임을 부담한다(제308조).
  ㉣ 전전세권자의 경매권: 전전세권자는 원전세권의 존속기간이 만료하고, 원전세권설정자가 원전세권자에게 전세금의 반환을 지체한 경우에 한하여 전전세권자는 경매를 청구할 수 있다.

(4) 전세권의 담보 제공

전세권을 담보로 제공할 수 있다. 전세권을 목적으로 할 수 있는 담보는 저당권뿐이므로 결국 전세권은 저당권의 목적이 될 수 있다는 의미이다.

> **판례** 전세권에 대한 저당에서 전세권이 소멸한 경우
>
> 전세권이 **기간 만료로 종료된 경우** 전세권은 전세권설정등기의 말소등기 없이도 당연히 소멸하고, 저당권의 목적물인 전세권이 소멸하면 저당권도 당연히 소멸하는 것이므로 전세권을 목적으로 한 저당권자는 전세권의 목적물인 부동산의 소유자에게 <u>더 이상 저당권을 주장할 수 없다</u>.

참고 이러한 경우에는 저당권의 목적물인 전세권에 갈음하여 존속하는 것으로 볼 수 있는 전세금반환채권에 대하여 압류 등을 통하여 물상대위를 행사할 수 있다.

5 전세권의 소멸 제32회, 제33회, 제35회, 제36회

1. 전세권에 특유한 소멸사유

(1) 전세권설정자의 전세권소멸청구

전세권자가 전세권설정계약 또는 그 목적물의 성질에 의하여 정하여진 용법으로 이를 사용·수익하지 아니한 경우에는 전세권설정자는 전세권의 소멸을 청구할 수 있다(제311조).

(2) 전세권소멸통고

전세권의 존속기간을 약정하지 아니한 때에는 각 당사자는 언제든지 상대방에 대하여 전세권의 소멸을 통고할 수 있고, 상대방이 이 통고를 받은 날로부터 6월이 경과하면 전세권은 소멸한다(제313조).

(3) 목적물의 멸실

① 불가항력으로 인한 멸실
  ㉠ 전부의 멸실: 목적물의 전부가 불가항력으로 멸실한 때에는 전세권은 소멸하고 전세권자는 전세금의 반환을 청구할 수 있다.
  ㉡ 일부의 멸실
    ⓐ 멸실된 부분의 전세권은 소멸하고 잔존부분에 전세권이 존속하며, 멸실부분에 해당하는 만큼의 전세금은 감액된다.
    ⓑ 목적을 달성할 수 없는 경우에 전세권자는 전세권설정자에 대하여 전세권 전부의 소멸을 통고하고 전세금의 반환을 청구할 수 있다(당연소멸 ×).

② 전세권자의 귀책사유로 인한 멸실: 목적물의 전부 또는 일부가 전세권자의 귀책사유로 멸실한 때에는 전세권자는 손해를 배상할 책임을 진다.

> 참고 전세금반환청구권이 소멸하는 것은 아니다.

2. 전세권 소멸의 효과

(1) 동시이행관계

① 전세권이 소멸하면 전세권설정자는 전세금을 반환하여야 하고, 전세권자는 목적물의 인도와 말소에 필요한 등기서류 등을 교부하여야 한다(제317조). 전세금의 반환과 목적물의 인도 및 말소에 필요한 등기서류 등의 교부는 동시이행관계에 있다.

② 전세권자인 채권자가 전세목적물에 대한 경매를 청구하려면 우선 전세권설정자에 대하여 전세목적물의 인도의무 및 전세권설정등기말소의무의 이행제공을 완료하여 전세권설정자를 이행지체에 빠뜨려야 한다.

> 참고 이를 「민사집행법」상 집행개시요건이라고 한다.

(2) 경매청구권 및 우선변제권

① 우선변제권
  ㉠ 선순위 전세권과 후순위 저당권의 관계: 후순위 저당권자가 경매를 신청한 경우에는 전세권은 소멸하지 않는 것을 원칙으로 한다. 다만, 전세권자가 배당을 요구하면 소멸되고(즉, 언제나 존속하는 것이 아님), 이때 설정순위에 따라 전세권자가 먼저 배당을 받는다.
  ㉡ 후순위 전세권과 선순위 저당권의 관계: 누가 경매를 신청하든 양자 모두 소멸하고, 배당은 설정순위에 따라 저당권자가 먼저 받는다.

② 일부전세권의 문제: 건물 일부의 전세권자는 목적물 전부에 대하여 우선변제권은 인정되어도 전부에 대한 경매신청권은 인정될 수 없다.

3. 원상회복의무 · 부속물수거권 · 부속물매수청구권

> 제316조【원상회복의무, 매수청구권】① 전세권이 그 존속기간의 만료로 인하여 소멸한 때에는 전세권자는 그 목적물을 원상에 회복하여야 하며 그 목적물에 부속시킨 물건은 수거할 수 있다. 그러나 전세권설정자가 그 부속물건의 매수를 청구한 때에는 전세권자는 정당한 이유 없이 거절하지 못한다.
> ② 전항의 경우에 그 부속물건이 전세권설정자의 동의를 얻어 부속시킨 것인 때에는 전세권자는 전세권설정자에 대하여 그 부속물건의 매수를 청구할 수 있다. 그 부속물건이 전세권설정자로부터 매수한 것인 때에도 같다.

(1) 원상회복의무

(2) 부속물수거권

(3) 전세권설정자의 부속물매수청구권

전세권의 목적부동산에 부속시킨 물건을 수거하면 일반적으로 그 가치가 감소하게 된다. 따라서「민법」은 전세권이 소멸한 경우에 전세권설정자가 그 부속물건의 매수를 청구한 때에는 전세권자는 정당한 이유 없이 거절하지 못하도록 하고 있다.

(4) 전세권자의 부속물매수청구권

전세권이 소멸한 경우, 그 부속물건이 전세권설정자의 동의를 얻어 부속시킨 것인 때와 전세권설정자로부터 매수한 것인 때에는 전세권자는 전세권설정자에 대하여 그 부속물건의 매수를 청구할 수 있다. 이러한 매수청구권은 형성권에 해당한다.

> **판례** 토지전세권자에게 지상물매수청구권이 인정될 수 있는지 여부
> 토지임차인의 건물 기타 공작물의 매수청구권에 관한「민법」제643조의 규정은 성질상 토지의 전세권에도 유추적용될 수 있다고 할 것이지만, 그 매수청구권은 토지임차권 등이 건물 기타 공작물의 소유 등을 목적으로 한 것으로서 기간이 만료되어야 하고 건물 기타 지상시설이 현존하여야만 행사할 수 있는 것이다.

4. 유익비상환청구권

(1) 전세권자는 필요비의 상환을 청구할 수 없다.

(2) 유익비에 관하여는 그 가액의 증가가 현존하는 경우에 한하여 전세권설정자의 선택에 따라 그 지출액이나 증가액의 상환을 청구할 수 있다. 이 경우 법원은 설정자의 청구에 의하여 상당한 상환기간을 허여할 수 있다(제310조).

예제

전세권에 관한 설명으로 옳은 것은? (다툼이 있으면 판례에 따름) 제34회

① 전세권설정자의 목적물 인도는 전세권의 성립요건이다.
② 타인의 토지에 있는 건물에 전세권을 설정한 경우, 전세권의 효력은 그 건물의 소유를 목적으로 한 지상권에 미친다.
③ 전세권의 사용·수익 권능을 배제하고 채권담보만을 위해 전세권을 설정하는 것은 허용된다.
④ 전세권설정자는 특별한 사정이 없는 한 목적물의 현상을 유지하고 그 통상의 관리에 속한 수선을 해야 한다.
⑤ 건물전세권이 법정갱신된 경우, 전세권자는 이를 등기해야 제3자에게 대항할 수 있다.

해설 ② 타인의 토지에 있는 건물에 전세권을 설정한 때에는 전세권의 효력은 그 건물의 소유를 목적으로 한 지상권 또는 임차권에 미친다(제304조 제1항).
①③ 전세권이 용익물권적 성격과 담보물권적 성격을 겸비하고 있다는 점 및 목적물의 인도는 전세권의 성립요건이 아닌 점 등에 비추어 볼 때, 당사자가 주로 채권담보의 목적으로 전세권을 설정하였고, 그 설정과 동시에 목적물을 인도하지 아니한 경우라 하더라도 장차 전세권자가 목적물을 사용·수익하는 것을 완전히 배제하는 것이 아니라면, 그 전세권의 효력을 부인할 수는 없다(대판 94다18508). 즉, 목적물의 인도는 전세권의 성립요건이 아니지만 사용·수익 권능을 완전히 배제하는 것은 물권법정주의 위반으로 무효가 된다.
④ 전세권자는 목적물의 현상을 유지하고 그 통상의 관리에 속한 수선을 하여야 한다(제309조). 즉, 수선·유지의무는 전세권설정자가 아니라 전세권자에게 있다.
⑤ 전세권의 법정갱신은 법률의 규정에 의한 부동산에 관한 물권의 변동이므로 전세권갱신에 관한 등기를 필요로 하지 아니하고 전세권자는 그 등기 없이도 전세권설정자나 그 목적물을 취득한 제3자에 대하여 그 권리를 주장할 수 있다(대판 88다카21029). **정답** ②

제5장 메타인지 학습체크

01 지상권과 지상물의 분리양도는 허용[① 된다. / ② 되지 않는다.]

02 지상권의 존속기간을 설정행위로써 정하는 경우에 「민법」은 지상권자를 보호하기 위하여 [① 최단존속기간 / ② 최장존속기간]을 제한하고 있다.

03 지상권설정 당시에 공작물의 종류와 구조를 정하지 않은 경우에는 [① 15년 / ② 30년]으로 한다.

04 지상권자는 타인에게 그 권리를 양도하거나 그 권리의 존속기간 내에서 그 토지를 임대할 수 있으며, 이를 금지하는 약정은 [① 유효 / ② 무효]이다.

05 토지의 양수인이 지상권자의 지료지급이 2년 이상 연체되었음을 이유로 지상권소멸청구를 하는 경우에는 자신에게 체납된 기간이 2년 이상이어야 하며, 종전 소유자에 대한 연체기간의 합산을 주장할 수 [① 있다. / ② 없다.]

06 지상권이 저당권의 목적인 경우 지료연체를 이유로 한 지상권소멸청구는 저당권자에게 통지하고 [① 즉시 / ② 상당한 기간이 경과하면] 그 효력이 생긴다.

07 지료는 지상권의 성립요소가 아니며 지료에 관하여 약정이 없는 경우에는 [① 무상 / ② 유상]의 지상권이다.

08 지상권자는 [① 필요비 / ② 유익비]의 상환을 청구할 수는 없다.

09 분묘기지권을 시효취득하는 경우 지료를 지급할 필요가 [① 있다. / ② 없다.]

10 구분지상권은 [① 공작물 / ② 수목]을 소유하기 위해서 설정할 수는 없다.

정답
01 ① 02 ① 03 ① 04 ② 05 ② 06 ② 07 ① 08 ① 09 ① 10 ②

11 동일한 소유자에게 속한 대지와 건물 중 건물에 대하여 전세권이 설정된 후 그 대지소유권을 특별승계한 자는 [① 전세권자 / ② 전세권설정자]에 대하여 지상권을 설정한 것으로 본다.

12 무허가건물이나 미등기 건물에 관습법상의 법정지상권이 인정될 수 [① 있다. / ② 없다.]

13 甲으로부터 대지와 건물이 함께 乙에게 매도되었으나 대지에 관하여만 乙명의로 소유권이전등기가 경료되고 건물의 소유 명의가 甲에게 남아 있는 경우에는 관습법상의 법정지상권을 인정할 수 [① 있다. / ② 없다.]

14 지상건물이 없는 토지에 관하여 근저당권이 설정되었고, 그 설정 당시 근저당권자가 건물의 건축에 동의한 경우 제366조의 법정지상권은 성립될 수 [① 있다. / ② 없다.]

15 관습법상의 법정지상권을 배제하는 약정은 [① 유효 / ② 무효]이나 제366조의 저당물 경매로 인한 법정지상권을 배제하는 약정은 [③ 유효 / ④ 무효]이다.

16 법정지상권이 붙은 건물을 매수한 자는 등기[① 하여야 / ② 없이] 법정지상권을 취득한다.

17 법정지상권이 붙은 건물을 경락받은 자는 등기[① 하여야 / ② 없이] 법정지상권을 취득한다.

18 지역권은 1필의 토지의 일부를 요역지로 하여 설정될 수 [① 있다. / ② 없다.]

19 지역권은 [① 요역지 / ② 승역지]와 분리하여 양도하거나 다른 권리의 목적으로 하지 못한다.

20 요역지가 수인의 공유인 경우에 그 1인의 지역권 취득시효의 [① 완성 / ② 중단]은 다른 공유자를 위하여 효력이 있다.

정답

11 ② | 12 ① | 13 ② | 14 ② | 15 ①, ④ | 16 ① | 17 ② | 18 ② | 19 ① | 20 ①

제5장 메타인지 학습체크

21 [① 전세금의 지급은 / ② 목적물의 인도는] 전세권의 성립요소이다.

22 [① 토지 / ② 건물]에 대한 전세권의 존속기간을 1년 미만으로 정한 때에는 이를 1년으로 한다.

23 전세권의 법정갱신은 법률의 규정에 의한 부동산에 관한 물권의 변동이므로 전세권갱신에 관한 등기를 필요로 하지 않고, 전세권자는 등기[① 하여야 / ② 없이도] 전세권설정자나 그 목적물을 취득한 제3자에게 대항할 수 있다.

24 [① 전세권자 / ② 전세권설정자]는 목적물의 현상을 유지하고 그 통상의 관리에 속한 수선을 하여야 한다.

25 소유자 甲이 乙에게 전세권을 설정한 후에 목적물을 丙에게 매도하여 소유권을 이전하였다면 전세권자 乙은 [① 甲 / ② 丙]에게 전세금의 반환을 청구하여야 한다.

26 전세권자의 전세목적물 인도의무 및 전세권설정등기 말소등기의무와 전세권설정자의 전세금반환의무는 동시이행의 관계에 [① 있다. / ② 있지 않다.]

27 건물 일부에 대한 전세권자는 건물 전부의 경매를 청구할 수 [① 있다. / ② 없다.]

28 건물의 일부에 대하여 전세권이 설정되어 있는 경우 그 전세권자는 건물 전부에 대하여 후순위 권리자 기타 채권자보다 전세금의 우선변제를 받을 권리가 [① 있다. / ② 없다.]

정답

21 ① 　 22 ② 　 23 ② 　 24 ① 　 25 ② 　 26 ① 　 27 ② 　 28 ①

MEMO

제6장 담보물권

❖ 유치권

- 의의 ── 채권변제시까지 채권과 관련된 목적물의 인도를 거절하는 권리

- 성립요건
  - 목적물 ── 타인소유 / 동산, 부동산, 유가증권
  - 견련성 ── **채권과 목적물**: 필요 ○ / **채권과 목적물의 점유**: 필요 ✕
  - 변제기 도래
  - 적법한 점유 ── 간접점유도 무방, 단 채무자의 직접점유시 성립 ✕
  - 배제특약 부존재 ── 포기특약 가능

- 효력
  - 유치권자의 권리
    - 인도거절권
    - 경매권 ⇨ 우선변제 ✕
    - 간이변제충당권
    - 별제권
    - 과실수취권
    - 비용상환청구권
  - 유치권자의 의무
    - 선관주의의무
    - 승낙 없는 사용·대여·담보제공 금지

- 소멸
  - 일반적 소멸사유
  - 특유한 소멸사유
    - 채무자의 소멸청구
    - 다른 담보의 제공
    - 점유의 상실

제6장 5개년 평균 출제문항 수 | 총 40문제 | 4문제

- ❖ **저당권**
  - 의의 — 목적물의 점유 없이 설정자가 제공한 담보로부터 우선변제받는 권리
  - 성립
    - 당사자 — 저당권자와 저당권설정자
    - 설정계약과 등기
    - 피담보채권 — 금전채권에 한정하지 않음 ⇨ 등기시에는 금액으로 표시
      - 장래 발생할 채권도 가능
  - 효력
    - 피담보채권의 범위 — 원본, 이자(무제한), 위약금, 지연배상(1년분), 실행비용
    - 목적물의 범위
      - 부합물·종물 — 시기를 불문하고 미침(배제특약 가능)
      - 과실 — 목적물 압류 후부터 미침
      - 일괄경매
        - 토지에 저당권설정 후 건물 신축
        - 저당권설정자의 건물 소유
        - 의무가 아님
        - 토지로부터만 우선변제
    - 우선변제적 효력
  - 제3취득자
    - 경매인이 될 수 있는 권리
    - 피담보채권만 변제(전액 변제 ×)
    - 비용의 우선상환
  - 침해와 구제
    - 물권적 청구권 — 반환청구는 불가
    - 손해배상청구권 — 침해자의 귀책사유
      - 손해의 발생
    - 담보물보충청구권 — 설정자의 귀책사유
    - 즉시변제청구권 — 채무자의 기한이익 상실
  - 처분 — 저당권만의 분리양도 불가
  - 소멸 — 피담보채권의 소멸(변제·소멸시효 등)

제6장 담보물권

담보물권의 성질을 이해하고 유치권의 성립요건과 유치권의 효력에 관한 판례를 정리하여야 하며, 저당권에서는 목적물의 범위, 제3취득자의 지위, 저당권의 침해와 구제를 이해하여야 한다. 또, 공동저당에서는 동시배당과 이시배당의 경우를 각각 구분하고 근저당권은 근저당의 의미를 파악하며 피담보채권의 확정을 잘 정리하여야 한다.

참고 담보물권의 통유성
- 부종성
- 수반성
- 불가분성
- 물상대위성

제1절 | 서설 – 담보물권의 성질

제34회, 제36회

1 부종성

(1) 담보물권은 피담보채권이 전제되어야 존재할 수 있다. 즉, 피담보채권이 소멸하면 담보물권도 당연히 소멸한다.

(2) 부종성은 법정담보물권(유치권)에서 엄격히 나타나며, 약정담보물권(근저당권)에서는 완화될 수 있다.

2 수반성

피담보채권이 그 동일성을 유지하면서 이전하게 되면 담보물권도 역시 그에 따라 이전하는 성질을 수반성이라 한다.

참고 유치권의 불가분성은 그 목적물이 분할 가능하거나 수개의 물건인 경우에도 적용된다.

3 불가분성

담보물권을 가진 자는 피담보채권의 전부를 변제받을 때까지 목적물의 전부에 관하여 담보물권을 행사할 수 있다.

4 물상대위성

(1) 담보물권의 목적물이 멸실·훼손·공용징수되어 그 목적물에 갈음하는 금전 기타의 물건으로 변한 경우, 담보물권이 목적물의 가치변형물 위에 존속하는 성질을 물상대위성이라 한다.

(2) 물상대위를 행사하기 위해서는 보상금 등의 지급 또는 인도 전에 압류하여야 한다. 이때 압류는 반드시 저당권자가 스스로 압류할 것을 요건으로 하지 않으며 제3자가 압류하여도 상관없다.

(3) 담보물이 매매 또는 임차된 경우에는 담보물권이 그 목적물 위에 여전히 존속하므로 그 **매매대금**이나 **차임**, 「공익사업을 위한 토지 등의 취득 및 보상에 관한 법률」에 따라 **협의취득**된 경우에 저당권자는 그 **보상금**에 대하여 물상대위권을 행사할 수 없다.

(4) 우선변제권이 없는 유치권에는 물상대위성이 인정되지 않는다.

Tip 👆 매매대금채권, 차임채권, 협의취득으로 인한 보상금에는 물상대위가 인정되지 않는다.

Tip 👆 물상대위는 우선변제를 전제로 인정된다.

제2절 | 유치권

1 의의와 성질

(1) **의의**

유치권은 타인의 물건 또는 유가증권을 점유하는 자가 그 물건이나 유가증권에 관하여 생긴 채권이 변제기에 있는 경우에 변제를 받을 때까지 그 물건 또는 유가증권을 유치하여 채무이행을 간접적으로 강제하는 **법정담보물권**이다.

(2) **법적 성질**

① 유치권은 일정한 요건을 갖추면 법률상 당연히 성립하는 법정담보물권이다.

② 유치권은 법정담보물권이므로 유치권 목적물과의 견련관계가 인정되지 않는 채권을 당사자 사이의 약정을 근거로 유치권의 피담보채권으로 인정할 수 없다.

③ 유치권의 불가분성은 그 목적물이 분할 가능하거나 수 개의 물건인 경우에도 적용된다. 여러 필지의 토지에 대하여 유치권이 성립한 경우 유치권의 불가분성으로 인하여 각 필지의 토지는 다른 필지의 토지와 관계없이 피담보채권의 전부를 담보한다. 이때 일부 필지 토지에 대한 점유를 상실하여도 나머지 필지 토지에 대하여 피담보채권의 담보를 위한 유치권이 존속한다.

기출 📑 유치물과 견련관계가 인정되지 않는 채권을 피담보채권으로 하는 유치권을 인정하는 것은 물권법정주의에 반한다. 제36회

④ 다세대주택 창호 등의 공사를 완성한 하수급인이 공사대금채권 잔액을 변제받기 위하여 위 다세대주택 중 한 세대를 점유하여 유치권을 행사하는 경우, 그 유치권은 위 한 세대에 대하여 시행한 공사대금만이 아니라 다세대주택 전체에 대하여 시행한 공사대금채권의 잔액 전부를 피담보채권으로 하여 성립한다(대판 2005다16942).

핵심 다른 담보물권과 비교

구분	우선변제권	물상대위성
저당권	O	O
질권	O	O
유치권	×	×

2 유치권의 성립요건 제32회, 제33회, 제34회, 제35회, 제36회

> 제320조【유치권의 내용】① 타인의 물건 또는 유가증권을 점유한 자는 그 물건이나 유가증권에 관하여 생긴 채권이 변제기에 있는 경우에는 변제를 받을 때까지 그 물건 또는 유가증권을 유치할 권리가 있다.
> ② 전항의 규정은 그 점유가 불법행위로 인한 경우에 적용하지 아니한다.

(1) 유치권의 목적물

① 유치권의 목적이 될 수 있는 것은 동산 · 부동산 또는 유가증권이다. 유치권의 성립에 있어서 부동산유치권이라 하더라도 등기를 하지 않는다.
② **타인의 물건**이어야 한다. 타인의 물건이라면 목적물은 채무자 소유뿐만 아니라 제3자의 소유에 속한 것이라도 상관없다. 즉, 자기 물건에 대한 유치권은 인정되지 않는다.

(2) 견련관계

① 채권과 목적물의 견련관계 – 채권이 목적물 자체로부터 발생한 경우: 예를 들어 목적물에 지출한 비용상환청구권, 목적물로부터 받은 손해배상청구권, 수급인이 목적물에 들인 공사금채권 등은 목적물 그 자체로부터 발생한 것으로서 견련성이 인정된다.

참고 유치권은 타(他) 물권인 점에 비추어 볼 때 수급인의 재료와 노력으로 건축되었고 독립한 건물에 해당되는 기성부분은 수급인의 소유라 할 것이므로 수급인은 공사대금을 지급받을 때까지 이에 대하여 유치권을 가질 수 없다.

참고 유치권이 인정되지 않는 경우
1. 임차보증금반환청구권
2. 권리금의 반환을 약정한 경우 권리금반환청구권
3. 매매계약에 따른 매매대금채권
4. 지상물매수 · 부속물매수를 위한 대금채권
5. 임대인의 의무 위반으로 인한 손해배상채권

참고 건물신축공사를 도급받은 수급인이 사회통념상 독립한 건물이 되지 못한 정착물을 토지에 설치한 상태에서 공사가 중단된 경우, 그 토지에 대해 유치권을 행사할 수 없다.

② 채권과 목적물의 점유와 견련관계 - 불요
  ㉠ 판례는 채권과의 견련성이 요구되는 것은 목적물이며, 목적물의 점유와의 견련성은 요구되지 않는다고 한다.
  ㉡ 따라서 유치권이 인정되기 위한 채권은 점유 중에 발생한 채권에 한정하지 않으며, 채권이 먼저 발생하고 후에 점유를 취득한 경우에도 유치권은 성립한다.

(3) 채권 변제기의 도래
① 채권의 변제기가 도래하여야 한다(제320조 제1항).
② 유익비상환청구에 관하여 법원이 상환기간을 허여하면 유치권은 행사될 수 없다(변제기 도래 ×).

(4) 적법한 점유
① 유치권자는 반드시 목적물을 점유하여야 한다
  ㉠ 직접점유이든 간접점유이든 상관없다. 유치권자가 어떠한 이유에서든지 점유를 상실하면 유치권은 소멸한다(1년 이내에 점유물반환청구를 행사하여 점유를 회복하면 소멸하지 않음).
  ㉡ 간접점유라도 상관없으나, 채무자를 직접점유자로 한 경우에는 성립할 수 없다.
② 점유는 불법행위로 인하여 취득한 것이 아니어야 한다(제320조 제2항)
  ㉠ 타인의 물건을 횡령하거나 절취하여 그 물건에 수선비를 지출하더라도 유치권은 인정되지 않는다.
  ㉡ 임대차계약을 체결하지 않고 점유한 경우뿐 아니라 계약이 있었다 하더라도 종료되거나 해지된 이후에 권원 없이 수선비용을 지출한 경우에는 유치권은 인정되지 않는다.

> **참고** 유치권이 존속하기 위해서는 침탈자를 상대로 점유회수의 소를 제기하여 승소한 것만으로는 부족하며 점유를 회복하여야 한다.

(5) 유치권배제특약의 부존재
① 유치권 발생을 배제하는 당사자 간의 특약은 유효하므로 당사자 사이에 유치권의 발생을 배제하는 특약을 하지 않았어야 한다.
② 유치권배제특약은 특약의 상대방뿐 아니라 제3자도 주장할 수 있으며 유치권배제특약을 함에 있어서 조건을 붙이는 것도 인정된다.

> **참고** 건물의 임차인이 임대차관계 종료시에는 건물을 원상으로 복구하여 임대인에게 명도하기로 약정한 것은 건물에 지출한 각종 유익비 또는 필요비의 상환청구권을 미리 포기하기로 한 취지의 특약이라고 볼 수 있어 임차인은 유치권을 주장할 수 없다.

> **예제**
>
> 유치권 성립을 위한 견련관계가 인정되는 경우를 모두 고른 것은? (다툼이 있으면 판례에 따름)
> 제32회
>
> > ㉠ 임대인과 임차인 사이에 건물명도시 권리금을 반환하기로 약정을 한 때, 권리금 반환청구권을 가지고 건물에 대한 유치권을 주장하는 경우
> > ㉡ 건물의 임대차에서 임차인의 임차보증금반환청구권으로써 임차인이 그 건물에 유치권을 주장하는 경우
> > ㉢ 가축이 타인의 농작물을 먹어 발생한 손해에 관한 배상청구권에 기해 그 타인이 그 가축에 대한 유치권을 주장하는 경우
>
> ① ㉠   ② ㉡   ③ ㉢   ④ ㉠, ㉡   ⑤ ㉡, ㉢
>
> **해설** ㉠ 임대인과 임차인 사이에 건물명도시 권리금을 반환하기로 하는 약정이 있었다 하더라도 그와 같은 권리금반환청구권은 건물에 관하여 생긴 채권이라 할 수 없으므로 그와 같은 채권을 가지고 건물에 대한 유치권을 행사할 수 없다(대판 93다62119).
> ㉡ 건물의 임대차에 있어서 임차인의 임대인에게 지급한 임차보증금반환청구권이나 임대인이 건물시설을 아니하기 때문에 임차인에게 건물을 임차목적대로 사용 못한 것을 이유로 하는 손해배상청구권은 모두 「민법」 제320조 소정 소위 그 건물에 관하여 생긴 채권이라 할 수 없다(대판 75다1305).
> ㉢ 甲의 말 2필이 乙의 밭에 들어가 농작물을 먹어치운 경우 乙은 손해배상청구권을 담보하기 위하여 말을 유치할 수 있다(대판 69다1592).
> **정답** ③

3 유치권의 효력 제33회, 제34회, 제35회, 제36회

(1) 유치권자의 권리 - 유치할 권리

① 인도거절권: 유치권자는 변제를 받을 때까지 목적물 전부를 유치할 권리가 있다.

② 제3자에 대한 효력

㉠ 절대적(대세적) 효력

ⓐ 유치권은 물권이므로 유치권자는 채무자뿐만 아니라 모든 사람에게 주장할 수 있다. 따라서 유치권자는 경매에 있어서 유치권을 가지고 **경락인에게도 인도를 거절할 수 있다**. 다만, **경락인에게 채무의 변제를 청구할 수는 없다**.

ⓑ 유치권을 가지고 경락인에게 대항하기 위해서는 경매개시결정 등기 전(압류 전)까지 유치권을 취득하여야 한다. 만일 경매개시결정의 기입등기가 마쳐져 압류의 효력이 발생한 후에 유치권을 취득한 경우에는 그로써 부동산에 관한 경매절차의 매수인에게 대항할 수 없다.

> **참고** 가압류등기가 경료된 후 점유를 이전받아 유치권을 취득한 경우에는 매수인에게 대항할 수 있다.

ⓒ 재판상 행사
ⓐ 목적물인도청구의 소에 대하여 유치권자가 유치권을 행사하지 않는다면 법원도 유치권의 존재를 이유로 인도청구를 배척하지 못한다(원고전부승소판결). ⇨ 직권조사 ×
ⓑ 유치권자가 자신의 유치권을 주장하였다면 원고패소판결을 할 것이 아니라 그 물건에 관하여 생긴 채권의 변제와 상환으로 그 물건의 인도를 명하여야 한다. 즉, 상환급부판결(원고일부승소판결)을 하여야 한다.

(2) 경매권과 간이변제충당권 등

> 제322조【경매, 간이변제충당】① 유치권자는 채권의 변제를 받기 위하여 유치물을 경매할 수 있다.
> ② 정당한 이유 있는 때에는 유치권자는 감정인의 평가에 의하여 유치물로 직접변제에 충당할 것을 법원에 청구할 수 있다. 이 경우에는 유치권자는 미리 채무자에게 통지하여야 한다.

① 경매권: 유치권자는 채권의 변제를 받기 위하여 유치물을 경매할 수 있다. 이 경우 원칙적으로 유치권은 경매로써 소멸하고 일반채권자와 동등한 배당을 받을 뿐이며 유치권자에게 우선변제권이 인정되지 않는다(우선변제가 아닌 환가를 위한 경매임).
② 간이변제충당권
  ㉠ 유치물로써 직접 자기 채권의 변제에 충당하는 것을 말한다.
  ㉡ 간이변제충당이 인정되기 위하여 정당한 이유가 있어야 하며 감정인의 평가를 거쳐야 한다. 또한 자신이 임의로 충당하는 것이 아니라 법원에 청구하여야 하며, 채무자에게 미리 그 뜻을 통지하여야 한다.
③ 파산시 별제권: 채무자가 파산한 경우에는 유치권자는 별제권을 갖는다.
④ 과실수취권: 유치권자는 유치물의 과실을 수취하여 다른 채권보다 먼저 그 채권의 변제에 충당할 수 있다(제323조 제1항).
⑤ 비용상환청구권: 유치권자는 필요비와 유익비의 상환청구권을 갖는다(제325조).

(3) 유치권자의 의무

> **제324조 【유치권자의 선관의무】** ① 유치권자는 선량한 관리자의 주의로 유치물을 점유하여야 한다.
> ② 유치권자는 채무자의 승낙 없이 유치물의 사용, 대여 또는 담보 제공을 하지 못한다. 그러나 유치물의 보존에 필요한 사용은 그러하지 아니하다.
> ③ 유치권자가 전 2항의 규정에 위반한 때에는 채무자는 유치권의 소멸을 청구할 수 있다.

① 선관주의의무: 유치권자는 유치물을 자기 재산과 동일한 주의의무가 아닌 선량한 관리자의 주의로 점유하여야 한다.

② 사용·대여·담보제공 금지의무: 유치권자는 채무자의 승낙 없이 사용·대여·담보제공을 할 수 없다. 다만, **보존에 필요한 사용**은 채무자의 **승낙 없이도 할 수 있다.**

> **판례** 보존에 필요한 사용과 부당이득의 반환
>
> 공사대금채권에 기하여 유치권을 행사하는 자가 스스로 유치물인 주택에 거주하며 사용하는 것은 특별한 사정이 없는 한 유치물인 주택의 보존에 도움이 되는 행위로서 유치물의 보존에 필요한 사용에 해당한다고 할 것이다. 그리고 유치권자가 유치물의 보존에 필요한 사용을 한 경우에도 특별한 사정이 없는 한 차임에 상당한 이득을 소유자에게 반환할 의무가 있다.

③ 의무 위반의 효과
  ㉠ 유치권자가 그의 의무에 위반한 경우 채무자는 유치권의 소멸을 청구할 수 있다(제324조 제3항).
  ㉡ 이는 형성권이므로 유치권자가 채무자의 의무 위반을 이유로 유치권의 소멸을 청구하면 유치권은 소멸한다(당연소멸 ×).

④ 유치권의 소멸 제35회

(1) 일반적 소멸사유

① 물권의 일반적 소멸사유인 목적물의 멸실·혼동·포기·토지수용으로 소멸하고, 또한 담보물권의 일반적 소멸사유인 피담보채권의 소멸 등으로 소멸한다.

② 유치권의 행사는 **채권의 소멸시효의 진행에 영향을 미치지 아니한다**(제326조).

참고 주택을 공사한 자가 공사대금채권을 가지고 유치권을 행사하면서 그 주택을 주거용도로 사용한 것은 보존에 필요한 사용에 해당한다.

참고 여러 필지의 토지에 대하여 유치권이 성립한 경우, 일부 필지 토지에 대한 유치권자의 선량한 관리자의 주의의무 위반을 이유로 유치권 소멸청구가 있는 경우에도 그 위반 필지 토지에 대히여만 소멸청구가 허용된다.

참고 유치권을 포기한 경우 곧바로 유치권은 소멸하며 점유의 상실까지 있어야 하는 것은 아니다.

(2) 유치권의 특유한 소멸사유

① 의무위반시 채무자의 소멸청구

② 다른 담보의 제공으로 인한 소멸청구

> **+ 보충** 「민법」 제327조에 따라 채무자나 소유자가 제공하는 담보가 상당한지 여부 판단
>
> 유치물 가액이 피담보채권액보다 많을 경우에는 피담보채권액에 해당하는 담보를 제공하면 되고, 유치물 가액이 피담보채권액보다 적을 경우에는 유치물 가액에 해당하는 담보를 제공하면 된다(대판 2019다216077).

참고 유치권자가 그의 의무에 위반한 경우 채무자는 유치권의 소멸을 청구할 수 있다(제324조 제3항).

③ 점유의 상실

㉠ 점유는 유치권의 성립요건이자 존속요건이므로 점유를 상실하면 유치권은 당연히 소멸한다.

㉡ 점유를 침탈당하여 점유를 상실한 경우에도 유치권은 소멸하지만 1년 이내에 점유물반환청구를 행사하여 점유를 회복하면 그 점유는 계속된 것으로 되어 유치권은 처음부터 소멸하지 않았던 것으로 된다. 이 경우 침탈자를 상대로 점유회수의 소를 제기하여 승소한 것만으로는 부족하며 점유를 회복하여야 한다.

핵심 유치권 종합

의의	채권담보를 목적으로 하는 법정담보물권
성립요건	① 타인의 물건일 것 ② 채권과 목적물의 견련성 ③ 채권의 변제기 도래 ④ 목적물의 적법한 점유 ⑤ 유치권배제특약의 부존재
효력	① 인도거절권(대세적 효력) ② 재판상 행사 ⇨ 상환급부판결 ③ 경매권, 간이변제충당권, 과실수취권, 비용상환청구권
의무	① 선관주의의무 ② 승낙 없는 사용·대여·담보제공 금지의무(보존에 필요한 사용은 가능)
소멸사유	① 의무위반 ② 상당한 담보의 제공 ③ 점유의 상실

예제

1. X물건에 대한 甲의 유치권 성립에 영향을 미치지 <u>않는</u> 것은? (다툼이 있으면 판례에 따름) 제30회

① X의 소유권자가 甲인지 여부
② X에 관하여 생긴 채권의 변제기가 도래하였는지 여부
③ X에 대한 甲의 점유가 채무자를 매개로 한 간접점유가 아닌 한, 직접점유인지 간접점유인지 여부
④ X에 대한 甲의 점유가 불법행위에 의한 것인지 여부
⑤ X에 관하여 생긴 채권에 기한 유치권을 배제하기로 한 채무자와의 약정이 있었는지 여부

해설 ③ 유치권의 성립요건이자 존속요건인 유치권자의 점유는 직접점유이든 간접점유이든 관계가 없으나, 다만 유치권은 목적물을 유치함으로써 채무자의 변제를 간접적으로 강제하는 것을 본체적 효력으로 하는 권리인 점 등에 비추어, 그 직접점유자가 채무자인 경우에는 유치권의 요건으로서의 점유에 해당하지 않는다고 할 것이다(대판 2007다27236). 즉, 채무자가 직접점유를 하는 경우가 아니라면 직접점유인지 간접점유인지 여부는 유치권 성립에 영향을 미치지 않는다.

> 제320조 【유치권의 내용】 ① 타인의 물건 또는 유가증권을 점유한 자는 그 물건이나 유가증권에 관하여 생긴 채권이 변제기에 있는 경우에는 변제를 받을 때까지 그 물건 또는 유가증권을 유치할 권리가 있다.
> ② 전항의 규정은 그 점유가 불법행위로 인한 경우에 적용하지 아니한다.

① 유치권이 성립하기 위해서는 X물건은 타인소유이어야 한다.
② 유치권이 성립하기 위해서는 X에 관하여 생긴 채권의 변제기가 도래하였어야 한다.
④ 유치권이 성립하기 위해서는 X에 대한 甲의 점유가 불법행위에 의한 것이 아니어야 한다.
⑤ 유치권이 성립하기 위해서는 유치권의 배제특약이 없어야 한다. **정답 ③**

2. 「민법」상 유치권에 관한 설명으로 옳은 것은? (다툼이 있으면 판례에 따름) 제33회

① 유치권자는 유치물에 대한 경매신청권이 없다.
② 유치권자는 유치물의 과실인 금전을 수취하여 다른 채권보다 먼저 피담보채권의 변제에 충당할 수 있다.
③ 유치권자는 채무자의 승낙 없이 유치물을 담보로 제공할 수 있다.
④ 채권자가 채무자를 직접점유자로 하여 간접점유하는 경우에도 유치권은 성립한다.
⑤ 유치권자는 유치물에 관해 지출한 필요비를 소유자에게 상환청구할 수 없다.

해설 ② 유치권자는 유치물의 과실을 수취하여 다른 채권보다 먼저 그 채권의 변제에 충당할 수 있다. 그러나 과실이 금전이 아닌 때에는 경매하여야 한다(제323조 제1항).
① 유치권자는 채권의 변제를 받기 위하여 유치물을 경매할 수 있다(제322조 제1항).

③ 유치권자는 채무자의 승낙 없이 유치물의 사용·대여 또는 담보제공을 하지 못한다. 그러나 유치물의 보존에 필요한 사용은 그러하지 아니하다(제324조 제2항).
④ 유치권자의 점유는 직접점유이든 간접점유이든 관계가 없다. 다만, 유치권은 목적물을 유치함으로써 채무자의 변제를 간접적으로 강제하는 것을 본체적 효력으로 하는 권리인 점 등에 비추어, 그 직접점유자가 채무자인 경우에는 유치권의 요건으로서의 점유에 해당하지 않는다고 할 것이다(대판 2007다27236).
⑤ 유치권자가 유치물에 관하여 필요비를 지출한 때에는 소유자에게 그 상환을 청구할 수 있다(제325조 제1항).

정답 ②

제3절 | 저당권

1 의의와 성질

(1) 의의

> 제356조【저당권의 내용】 저당권자는 채무자 또는 제3자가 점유를 이전하지 아니하고 채무의 담보로 제공한 부동산에 대하여 다른 채권자보다 자기채권의 우선변제를 받을 권리가 있다.

저당권은 채무자 또는 제3자(물상보증인)가 채무의 담보로 제공한 부동산 또는 부동산물권(지상권·전세권)을 채권자가 인도받지 않고서 그 목적물을 관념상으로만 지배하면서, 채무의 변제가 없는 경우에 그 목적물로부터 우선변제를 받는 약정담보물권이다(제356조).

(2) 법적 성질
① 우선변제적 효력
② 점유를 수반하지 않는 권리
③ 담보물권으로서의 통유성인 부종성·수반성·불가분성·물상대위성을 갖는다.

2 저당권의 성립요건 제34회, 제36회

(1) 저당권설정계약의 당사자
① 저당권설정자는 피담보채권의 채무자인 것이 보통이지만 제3자, 즉 물상보증인이라도 상관없다. 다만, 저당권자는 원칙적으로 채권자에 한한다.

참고 📖 이와 같은 법리는 전세권, 가등기담보권에도 그대로 적용된다.

② 채권자와 채무자 및 제3자 사이에 합의가 있었고, 나아가 제3자에게 그 채권이 실질적으로 귀속되었다고 볼 수 있는 특별한 사정이 있는 경우에는 제3자 명의의 저당권등기도 유효하다.

(2) 저당권설정등기

① 물권변동의 일반원칙에 따라 저당권을 설정하기 위해서는 저당권설정계약 외에 등기를 하여야 한다. 등기는 효력발생요건이지 효력존속요건이 아니므로 저당권등기가 불법말소되어도 저당권은 존속한다. 따라서 말소회복을 요구할 수 있다.

② 저당권설정등기가 불법말소된 후 경매가 실행된 경우에는 말소회복등기를 할 수 없다.

> **판례** 불법말소된 후 경매가 실행된 경우의 말소회복등기 여부(소극)
>
> 근저당권설정등기가 위법하게 말소되어 아직 회복등기를 경료하지 못한 연유로 그 부동산에 대한 경매절차에서 피담보채권액에 해당하는 금액을 전혀 배당받지 못한 근저당권자로서는 위 경매절차에서 실제로 배당받은 자에 대하여 부당이득반환청구로서 그 배당금의 한도 내에서 그 근저당권설정등기가 말소되지 아니하였더라면 배당받았을 금액의 지급을 구할 수 있을 뿐이고, 이미 소멸한 **근저당권에 관한 말소등기의 회복등기를 위하여 현 소유자를 상대로 그 승낙의 의사표시를 구할 수는 없다** (대판 98다27197).

(3) 저당권의 객체

저당권은 점유를 수반하지 않으므로 목적물은 반드시 등기·등록의 대상이 될 수 있는 것이어야 한다.

(4) 저당권을 설정할 수 있는 채권(피담보채권)

기출 📖 피담보채권은 금전채권이 아니어도 된다. 제36회

① 저당권에 의하여 담보될 수 있는 채권, 즉 피담보채권은 대개 금전채권이지만 반드시 금전채권에 한정되는 것은 아니다.

② 피담보채권이 금전을 목적으로 하지 아니한 채권인 때에는 피담보채권의 가액을 금전으로 산정하여 이를 등기하여야 한다.

③ 조건부 채권이나 기한부 채권처럼 아직 확정되지 아니한 장래 발생할 채권을 위하여도 저당권을 설정할 수 있으며, 장래에 발생할 불특정채권을 위한 저당권도 설정할 수 있다.

❸ 저당권의 효력 제32회, 제33회, 제34회, 제35회, 제36회

1. 저당권의 효력이 미치는 범위

(1) 피담보채권의 범위

> **제360조【피담보채권의 범위】** 저당권은 원본, 이자, 위약금, 채무불이행으로 인한 손해배상 및 저당권의 실행비용을 담보한다. 그러나 지연배상에 대하여는 원본의 이행기일을 경과한 후의 1년분에 한하여 저당권을 행사할 수 있다.

① 원본: 등기된 원본채권은 담보된다. 금전채권이 아닌 경우에는 그 가액을 금전으로 평가하여 등기하여야 한다.

② 이자: 등기된 이자는 무제한 담보된다.

③ 위약금: 등기된 위약금은 담보된다.

④ 채무불이행으로 인한 손해배상(지연배상): 등기하지 않아도 원본의 이행기일을 경과한 후의 **1년분에 한하여** 저당권에 의하여 담보된다(제360조 단서).

> **참고 지연배상금의 한정**
>
> 지연배상금을 1년분으로 한정한 것은 후순위 권리자 기타 제3자를 보호하기 위한 것이다. 따라서 채무자가 임의로 변제할 때에는 1년분을 초과한 지연배상도 전부 변제하여야 한다.

⑤ 실행비용: 등기하지 않아도 담보된다.

참고: 저당물의 보존비용이나 저당물로부터 발생한 손해배상채권은 담보되지 않는다.

예제

저당권의 피담보채권의 범위에 속하지 <u>않는</u> 것은? 제29회

① 원본
② 위약금
③ 저당권의 실행비용
④ 저당목적물의 하자로 인한 손해배상금
⑤ 원본의 이행기일을 경과한 후의 1년분의 지연배상금

해설 ④ 저당권은 원본, 이자, 위약금, 채무불이행으로 인한 손해배상 및 저당권의 실행비용을 담보한다. 그러나 지연배상에 대하여는 원본의 이행기일을 경과한 후의 1년분에 한하여 저당권을 행사할 수 있다(제360조). 저당목적물의 하자로 인한 손해배상금이나 저당물의 보존비용은 담보되지 않는다.   **정답 ④**

(2) 목적물의 범위

> **제358조 【저당권의 효력의 범위】** 저당권의 효력은 저당 부동산에 부합된 물건과 종물에 미친다. 그러나 법률에 특별한 규정 또는 설정행위에 다른 약정이 있으면 그러하지 아니하다.
>
> **제359조 【과실에 대한 효력】** 저당권의 효력은 저당 부동산에 대한 압류가 있은 후에 저당권설정자가 그 부동산으로부터 수취한 과실 또는 수취할 수 있는 과실에 미친다. 그러나 저당권자가 그 부동산에 대한 소유권, 지상권 또는 전세권을 취득한 제3자에 대하여는 압류한 사실을 통지한 후가 아니면 이로써 대항하지 못한다.

① 부합물·종물
  ㉠ 저당권의 효력은 저당 부동산에 부합된 물건과 종물에 미친다. 다만, 법률에 특별한 규정(제256조 단서; 권원에 의하여 설치된 독립성 있는 물건) 또는 다른 약정이 있으면 미치지 않으며, 이를 등기하면 제3자에게 대항할 수 있다.
  ㉡ 저당권설정 당시에 이미 부합된 것인지 아니면 설정 후에 부합된 것인지를 묻지 않는다.

> **판례** 저당권 목적물의 범위
>
> 1. "저당권의 효력은 저당 부동산에 부합된 물건과 종물에 미친다."고 규정하고 있는바, 이 규정은 저당 부동산에 종된 권리에도 유추적용되어 건물에 대한 저당권의 효력은 그 건물의 소유를 목적으로 하는 지상권에도 미친다고 보아야 할 것이다.
> 2. 구분소유의 전유부분만에 관하여 설정된 저당권의 효력은 종된 권리인 대지사용권에까지 당연히 미친다.

② 과실
  ㉠ 저당 부동산의 과실에는 원칙적으로 저당권의 효력이 미치지 않는다. 저당권은 목적물의 사용·수익권을 저당권설정자에게 유보하여 두기 때문이다.
  ㉡ 저당 부동산에 대한 압류가 있은 후에는 저당권설정자가 수취한 과실 또는 수취할 수 있는 과실에 대하여 저당권의 효력이 미친다(제359조).

참고 따라서 저당 부동산에 대한 압류 이후에 저당 부동산으로부터 발생한 저당권설정자의 차임채권에는 저당권의 효력이 미친다.

(3) 저당권이 설정된 토지 위의 건물

> **제365조 【저당지상의 건물에 대한 경매청구권】** 토지를 목적으로 저당권을 설정한 후 그 설정자가 그 토지에 건물을 축조한 때에는 저당권자는 토지와 함께 그 건물에 대하여도 경매를 청구할 수 있다. 그러나 그 건물의 경매대가에 대하여는 우선변제를 받을 권리가 없다.

토지를 저당권의 목적으로 하는 경우에는 독립한 부동산인 건물에는 당연히 저당권의 효력이 미치지 않는다. 따라서 저당권설정자가 저당권을 설정한 후 저당목적물인 토지상에 건물을 축조하게 되면 저당권의 실행으로 건물이 철거되어야 하며 저당목적물의 담보가치는 하락하게 되는데, 이를 방지할 필요성이 있으므로 일괄경매를 규정한다.

① 요건
  ㉠ 저당권설정 후에 저당지상에 건물이 신축된 경우이어야 한다. 따라서 저당권설정 당시에 이미 건물이 존재하고 있다면 일괄경매는 인정될 수 없다.
  ㉡ **저당권설정자가 소유하고 있어야 한다.** 따라서 저당권설정자가 아닌 제3자가 건물을 소유하고 있다면 일괄경매를 할 수 없다. 판례는 용익권자가 축조한 건물이라도 저당권설정자가 이를 매수하였다면 일괄경매를 허용한다.
  ㉢ 일괄경매는 권리이지 의무가 아니다.

② 효과
  ㉠ 일괄경매를 할지라도 저당권자는 **건물의 매각대금으로부터 우선변제를 받지 못한다.**
  ㉡ 대지만의 매각대금으로 경매비용과 피담보채권을 변제하는 데 충분하다 하더라도 건물도 이와 일괄하여 경매하였다 하여 위법하다고 할 수 없다.

> **참고** 저당지상의 건물에 대한 일괄경매청구권은 저당권설정자가 건물을 축조한 경우뿐만 아니라 저당권설정자로부터 저당 토지에 대한 용익권을 설정받은 자가 그 토지에 건물을 축조한 경우라도 그 후 저당권설정자가 그 건물의 소유권을 취득한 경우에는 저당권자는 토지와 함께 그 건물에 대하여 경매를 청구할 수 있다.

> 예제

1. 법률상 특별한 규정이나 당사자 사이에 다른 약정이 없는 경우, 저당권의 효력이 미치는 것을 모두 고른 것은? (다툼이 있으면 판례에 따름) 제30회

   ㉠ 저당권설정 이전의 저당부동산의 종물로서 분리·반출되지 않은 것
   ㉡ 저당권설정 이후의 저당부동산의 부합물로서 분리·반출되지 않은 것
   ㉢ 저당부동산에 대한 압류 이전에 저당부동산으로부터 발생한 저당권설정자의 차임채권

   ① ㉡   ② ㉠, ㉡   ③ ㉠, ㉢
   ④ ㉡, ㉢   ⑤ ㉠, ㉡, ㉢

   해설 ㉠㉡ 저당권의 효력은 저당부동산에 부합된 물건과 종물에 미치며 그 부합물, 종물이 설정 전에 것인지 설정 후에 것인지 묻지 않는다.
   ㉢ 저당권의 효력은 저당부동산에 대한 압류가 있은 후에 저당권설정자가 그 부동산으로부터 수취한 과실 또는 수취할 수 있는 과실에 미친다(제359조 본문). 따라서 저당부동산에 대한 압류 이전에 저당부동산으로부터 발생한 과실인 저당권설정자의 차임채권에 대해서는 미치지 않는다.   **정답** ②

2. 법률에 특별한 규정 또는 설정행위에 다른 약정이 없는 경우, 저당권의 우선변제적 효력이 미치는 것을 모두 고른 것은? (다툼이 있으면 판례에 따름) 제33회

   ㉠ 토지에 저당권이 설정된 후 그 토지 위에 완공된 건물
   ㉡ 토지에 저당권이 설정된 후 토지소유자가 그 토지에 매설한 유류저장탱크
   ㉢ 저당토지가 저당권 실행으로 압류된 후 그 토지에 관하여 발생한 저당권설정자의 차임채권
   ㉣ 토지에 저당권이 설정된 후 토지의 전세권자가 그 토지에 식재하고 등기한 입목

   ① ㉡   ② ㉠, ㉣   ③ ㉡, ㉢
   ④ ㉠, ㉢, ㉣   ⑤ ㉡, ㉢, ㉣

   해설 ㉠ 건물은 토지와 별개의 독립한 물건이므로 토지에 설정된 저당권의 효력이 그 토지 위의 건물에 미치지 않는다.
   ㉡ 저당권의 효력은 저당부동산에 부합된 물건과 종물에 미친다(제358조 본문). 토지에 매설한 유류저장탱크는 그 토지의 부합물이므로 토지에 설정된 저당권의 효력이 미친다.
   ㉢ 저당권의 효력은 저당부동산에 대한 압류가 있은 후에 저당권설정자가 그 부동산으로부터 수취한 과실 또는 수취할 수 있는 과실에 미친다(제359조 본문). 따라서 저당토지가 압류된 후 그 토지에 관하여 발생한 저당권설정자의 차임채권(= 과실)에는 저당권의 효력이 미친다.
   ㉣ 등기된 입목이나 명인방법을 갖춘 수목은 토지와는 별개의 독립한 물건이므로 토지에 설정된 저당권의 효력이 미치지 않는다.   **정답** ③

2. 우선변제적 효력

(1) 채무자가 채권의 변제기가 도래하였음에도 불구하고 채무를 변제하지 않는 경우에는 저당권자는 경매를 청구할 수 있고, 이로부터 다른 채권자보다 자기 채권을 우선변제받을 권리가 있다.

(2) 저당권자가 직접 저당권을 실행하여 우선변제를 받을 수 있으며, 또한 다른 채권자의 저당목적물에 대한 경매신청에 대하여 배당에 참가하여 우선변제를 받을 수도 있다.

(3) 선순위의 가압류채권이 있는 경우에는 선순위 가압류채권자와 저당권자는 안분배당을 받는다.

> **참고** 경매시 배당순위
>
> 1. 1순위: 경매실행(집행)비용(경매신청 채권자가 지출한 경매신청비용 이하 모든 비용, 즉 감정평가료, 신문공고비용, 집행관 집행수수료, 송달료, 각종 인지대 등)
> 2. 2순위: 제3취득자가 경매목적 부동산에 지출한 필요비, 유익비
> 3. 3순위
>   ① 소액임차인의 보증금 중 일정액
>   ② 최종 3개월분 임금채권
>   ③ 최종 3년분 퇴직금
>   ④ 재해보상금
> 4. 4순위(당해세): 당해세란 당해 부동산에 부과된 국세(상속세, 증여세 및 종합부동산세), 지방세나 가산금을 말한다.
>   ✔ 예외: 대항력 있는 주택임차인의 확정일자가 법정기일보다 빠를 경우 임차인의 보증금을 우선 배당
> 5. 5순위(시간순에 의하여 우선변제)
>   ① 저당권, 전세권, 담보가등기
>   ② 대항요건과 확정일자를 갖춘 임차인의 임차보증금채권
>   ③ 당해세 이외의 조세채권(국세, 지방세)
> 6. 6순위: 최종 3개월분의 임금을 제외한 임금채권
> 7. 7순위: 전세권이나 저당권 등의 설정일보다 법정기일이 늦은 조세채권
> 8. 8순위: 국민연금, 의료보험, 전기세, 수도세, 공과금 등
> 9. 9순위: 일반채권

3. 제3취득자의 지위

(1) 의의

① 부동산에 저당권이 설정된 후에 소유권, 지상권, 전세권 등을 취득한 자를 제3취득자라고 한다.

② 후순위 근저당권자는 제3취득자에 해당하지 않는다.

(2) 제3취득자의 보호규정

① 경매인이 될 수 있는 권리

> 기출 📖 저당물의 소유권을 취득한 제3자는 그 저당물의 경매에서 경매인이 될 수 있다. 제36회

> 제363조 【저당권자의 경매청구권, 경매인】 ② 저당물의 소유권을 취득한 제3자도 경매인이 될 수 있다.

제3취득자는 저당권이 실행되면 경매인이 될 수 있다고 함으로써 권리를 보전하는 방법을 두고 있다.

② 제3취득자의 변제

> 제364조 【제3취득자의 변제】 저당 부동산에 대하여 소유권, 지상권 또는 전세권을 취득한 제3자는 저당권자에게 그 부동산으로 담보된 채권을 변제하고 저당권의 소멸을 청구할 수 있다.

> 참고 📖 제3취득자가 피담보채무를 인수하면서 매수하였다면 채무자의 지위로 변경되므로 제364조의 규정은 적용될 여지가 없다.

㉠ 제3취득자는 보통저당권의 경우에는 담보된 채권(지연이자는 1년 분까지만), 근저당권인 경우에는 최고액만을 변제하면 된다.

㉡ 후순위 근저당권자는 제3취득자가 아니다. 따라서 후순위 근저당권자는 최고액만을 변제하고 근저당권의 말소를 청구할 수 없다.

③ 비용의 우선상환

㉠ 저당물의 제3취득자가 그 부동산의 보존·개량을 위하여 필요비 또는 유익비를 지출한 때에는 저당물의 경매대가에서 우선상환을 받을 수 있다.

㉡ 제3취득자가 경매절차를 통하지 않고 직접 저당권설정자, 저당권자 또는 경매절차 매수인 등에 대하여 비용상환을 청구할 수 있는 권리는 인정되지 않는다. 따라서 제3취득자는 「민법」 제367조에 의한 비용상환청구권을 피담보채권으로 주장하면서 유치권을 행사할 수 없다(대판 2022다265093).

4. 저당권의 침해에 대한 구제

(1) 저당권의 침해

저당권은 목적물에 대한 교환가치를 파악하여 그 채권의 담보를 목적으로 하는 것이므로 교환가치를 감소시키는 것은 저당권에 대한 침해가 된다.

(2) 구제방법

① 물권적 청구권 – 침해행위의 제거·예방청구
  ㉠ 저당권의 침해가 있는 경우 방해제거나 예방을 청구할 수 있다. 이 물권적 청구권은 그 침해가 있는 한 비록 손해가 발생하지 않았다 하더라도 행사할 수 있다.
  ㉡ 저당권은 목적물을 점유하는 것을 내용으로 하지 않기 때문에 반환청구권이 인정되지 않는다.

참고 저당권자는 목적물에서 임의로 분리·반출된 물건을 자신에게 반환할 것을 청구할 수 없다.

② 손해배상청구권
  ㉠ 고의 또는 과실에 의한 저당권의 침해로 목적물의 가액에서 피담보채권의 변제가 부족하게 되었을 때, 즉 손해가 발생한 때에는 손해배상을 청구할 수 있다.
  ㉡ 손해가 발생하였다면 저당권 실행 전에도 손해배상을 청구할 수 있다.

③ 담보물(저당물)보충청구권

> **제362조【저당물의 보충】** 저당권설정자의 책임 있는 사유로 인하여 저당물의 가액이 현저히 감소된 때에는 저당권자는 저당권설정자에 대하여 그 원상회복 또는 상당한 담보제공을 청구할 수 있다.

  ㉠ 저당권설정자의 귀책사유가 있어야 한다.
  ㉡ 담보물보충청구권을 행사한 경우에는 채권자는 채무자에 대하여 손해배상청구권이나 기한이익의 상실로 인한 즉시변제청구권을 행사할 수 없다.

④ 즉시변제청구권
  ㉠ 채무자가 담보를 손상·감소·멸실하게 한 때에는 기한의 이익을 잃는다(제388조). 따라서 저당권자는 곧 변제를 청구하거나 저당권을 실행할 수 있다.
  ㉡ 즉시변제청구권은 손해배상청구권과 함께 행사할 수 있으나, 담보물보충청구권과는 선택적으로 행사할 수 있을 뿐이다.

④ 저당권의 처분과 소멸 제34회

(1) 저당권의 처분

> **제361조【저당권의 처분제한】** 저당권은 그 담보한 채권과 분리하여 타인에게 양도하거나 다른 채권의 담보로 하지 못한다.

기출 저당권은 그 담보한 채권과 분리하여 타인에게 양도하거나 다른 채권의 담보로 할 수 없다.

① 「민법」은 저당권의 처분에 관하여 부종성을 강조하는 입장을 보이고 있다. 따라서 저당권은 그 담보한 채권과 분리하여 타인에게 양도하거나 다른 채권의 목적으로 하지 못한다. 채권과 분리하여 저당권만을 양도하는 것은 무효가 된다.

② 저당권 양도에서 물권적 합의는 저당권을 양도·양수받는 당사자 사이에 있으면 족하고, 그 외에 그 채무자나 물상보증인 사이에까지 있어야 하는 것은 아니라 할 것이며, 단지 채무자에게 채권양도의 통지나 이에 대한 채무자의 승낙이 있으면 채권양도를 가지고 채무자에게 대항할 수 있게 되는 것이다(대판 2002다15412, 15429).

③ 원래 채권의 불성립·무효로 처음부터 채권이 없는 경우 또는 피담보채권이 변제 기타의 사유로 소멸한 경우에는 저당권부 채권양도의 부기등기가 되었더라도 저당권을 취득할 수 없다.

(2) 저당권의 소멸

> **제369조【부종성】** 저당권으로 담보한 채권이 시효의 완성 기타 사유로 인하여 소멸한 때에는 저당권도 소멸한다.

기출 저당권으로 담보한 채권이 시효완성으로 소멸하면 저당권도 소멸한다.

① 피담보채권이 소멸하면 저당권은 당연히 소멸하며, 등기가 말소되어야 소멸하는 것이 아니다. 피담보채권과 분리하여 저당권만이 단독으로 소멸시효에 걸리는 경우는 없으며, 다만 피담보채권이 소멸시효로써 소멸하면 저당권은 부종성으로 인하여 소멸하게 된다.

② 지상권 또는 전세권을 목적으로 저당권을 설정한 자는 저당권자의 동의 없이 지상권 또는 전세권을 소멸하게 하는 행위를 하지 못한다(제371조 제2항). 지상권 또는 전세권이 소멸하면 이를 목적으로 하는 저당권도 소멸하기 때문이다.

핵심 저당권 종합

성립	① 당사자: 저당권자와 저당권설정자 ② 요건: 저당권설정계약 + 등기 ③ 객체: 등기·등록이 가능한 것 ④ 피담보채권: 금전채권에 한정되지 않음(단, 등기시 금전으로 표시)
피담보채권의 범위	원본, 이자(무제한), 위약금, 지연배상(1년분에 한정), 실행비용
목적물의 범위	① 부합물·종물: 저당권설정 전후를 불문하고 미침(임의규정) ② 과실: 목적물의 압류 후에는 미침 ③ 목적토지 위의 건물: 미치지 않음 ⇨ 일괄경매
침해에 대한 구제	① 물권적 청구권: 반환청구는 불가 ② 손해배상: 귀책사유와 손해발생을 필요로 함 ③ 담보물보충청구권: 저당권설정자의 귀책사유를 필요로 함 ④ 즉시변제청구권

5 공동저당

> **제368조【공동저당권 대가의 배당, 차순위자의 대위】** ① 동일한 채권의 담보로 수개의 부동산에 저당권을 설정한 경우에 그 부동산의 경매대가를 동시에 배당하는 때에는 각 부동산의 경매대가에 비례하여 그 채권의 분담을 정한다.
> ② 전항의 저당 부동산 중 일부의 경매대가를 먼저 배당하는 경우에는 그 대가에서 그 채권 전부의 변제를 받을 수 있다. 이 경우에는 그 경매한 부동산의 차순위 저당권자는 선순위 저당권자가 전항의 규정에 의하여 다른 부동산의 경매대가에서 변제를 받을 수 있는 금액의 한도에서 선순위자를 대위하여 저당권을 행사할 수 있다.

1. 의의와 성질

(1) 의의

동일한 채권의 담보를 위하여 수개의 부동산 위에 설정된 저당권을 공동저당이라고 한다.

(2) 성질

복수의 부동산 위에 1개의 저당권이 있는 것이 아니라 각 부동산마다 1개의 저당권이 있는 것이다.

2. 공동저당의 성립

(1) 설정계약

반드시 한 번에 모두 설정되어야 하는 것은 아니며, 때를 달리하여 추가담보로 설정될 수도 있다.

(2) 등기

① 공동저당에 의하여 각 부동산 위에 저당권이 성립하므로 각 목적물 위의 저당권마다 일반원칙에 따른 등기를 하면 된다.
② 목적 부동산의 수가 5개 이상인 때에는 공동담보목록을 첨부하여야 한다.

3. 공동저당의 실행

(1) 공동저당목적물이 모두 채무자 소유일 경우

① 동시배당: 동일한 채권의 담보로 수개의 부동산에 저당권을 설정한 경우에 그 부동산의 경매대가를 동시에 배당하는 때에는 **각 부동산의 경매대가에 비례**하여 그 채권의 분담을 정한다(제368조 제1항).
 ㉠ 이 사례에서 X·Y·Z건물을 동시에 배당하는 때에는 경매대가에 비례하여 배당액을 정한다. 즉, X·Y·Z의 경매대가가 3:2:1 (각각 3억원, 2억원, 1억원)의 비율이므로 선순위 권리자인 甲은 X건물에서 자신의 채권액 3억원의 6분의 3인 1억 5천만원을 배당받고, Y건물에서 6분의 2인 1억원, Z건물에서 6분의 1인 5천만원을 배당받는다. 후순위 권리자인 A·B·C는 경매대가의 잔액이 있으면 후순위로 우선변제를 받을 수 있으며, 잔액이 없으면 일반채권이 될 뿐이다.
 ㉡ 동시배당시에 경매대가에 비례한다는 규정은 후순위 권리자가 없는 경우에도 적용된다.

> **참고** 주택과 대지가 함께 경매되어 대지와 건물의 매각대금에서 동시에 배당받을 경우, 소액임차인의 최우선변제권은 대지와 건물의 가액에 비례하여 안분배당받음이 원칙이다.

🔨 **판례** 주택임차인이 소액보증금에 대하여 대지와 건물 모두로부터 배당을 받는 경우 「민법」 제368조 제1항을 유추적용하는지 여부(적극)

「주택임대차보호법」 제8조에 규정된 소액보증금반환청구권은 임차목적 주택에 대하여 저당권에 의하여 담보된 채권, 조세 등에 우선하여 변제받을 수 있는 이른바 법정담보물권으로서, 주택임차인이 대지와 건물 모두로부터 배당을 받는 경우에는 마치 그 대지와 건물 전부에 대한 공동저당권자와 유사한 지위에 서게 되므로 대지와 건물이 동시에 매각되어 주택임차인에게 그 경매대가를 동시에 배당하는 때에는 「민법」 제368조 제1항을 유추적용하여 <u>대지와 건물의 경매대가에 비례하여 그 채권의 분담을 정하여야 한다</u>(대판 2001다66291).

② 이시배당: 저당 부동산 중 일부의 경매대가를 먼저 배당하는 경우에는 그 대가에서 그 채권 전부의 변제를 받을 수 있다. 이 경우에는 그 경매한 부동산의 차순위 저당권자는 선순위 저당권자가 동시배당에 의하여 다른 부동산의 경매대가에서 변제를 받을 수 있는 금액의 한도에서 선순위 권리자를 대위하여 저당권을 행사할 수 있다(제368조 제2항).

㉠ 甲이 동시배당을 하였다면 X부동산에서 1억 5천만원, Y부동산에서 1억원, Z부동산에서 5천만원을 배당받게 되는데, X부동산으로부터 전액을 변제받았으므로 후순위 권리자인 A가 甲 대신 Y부동산에서 1억원을, Z부동산에서 5천만원을 대위하여 변제받게 된다.

㉡ 공동저당권자가 채권의 전부를 변제받은 경우뿐만 아니라 일부변제를 받은 경우에도 후순위 저당권자의 대위권이 인정된다.

🔨 **판례** 부동산과 선박에 대하여 저당권이 설정된 경우에 제368조 제2항 후문의 규정이 적용되는지 여부(소극)

동일한 채권의 담보로 **부동산과 선박에 대하여 저당권이 설정된 경우에는** 「민법」 제368조 제2항 후문의 규정이 적용 또는 유추적용되지 아니하므로 동일한 채권을 담보하기 위하여 부동산과 선박에 선순위 저당권이 설정된 후 선박에 대하여서만 후순위 저당권이 설정된 경우 먼저 선박에 대하여 담보권 실행절차가 진행되어 선순위 저당권자가 선박에 대한 경매대가에서 피담보채권 전액을 배당받음으로써 선박에 대한 후순위 저당권자가 부동산과 선박에 대한 담보 실행절차가 함께 진행되어 동시에 배당을 하였더라면 받을 수 있었던 금액보다 적은 금액만을 배당받게 되었다고 하더라도 선박에 대한 **후순위 저당권자는** 「민법」 **제368조 제2항 후문의 규정에 따라 부동산에 대한 선순위 저당권자의 저당권을 대위할 수 없다**(대판 2001다53264).

✔ 제368조의 공동저당에서 후순위권자의 대위권을 수개의 부동산 위에 공동저당이 설정된 경우에만 적용하고 있다.

(2) 공동저당목적물의 일부가 물상보증인 소유일 경우

① 동시배당: 이 경우에는 "부동산의 경매대가를 동시에 배당하는 때에는 각 부동산의 경매대가에 비례하여 그 채권의 분담을 정한다."고 규정하고 있는 제368조 제1항이 적용되지 않는다.

② 이시배당
  ㉠ 채무자 소유의 부동산이 먼저 경매된 경우: 채무자 소유인 X부동산에 대하여 먼저 경매가 이루어져 甲이 채권 전부 또는 일부를 변제받은 경우 채무자 소유 부동산의 후순위 권리자인 A는 **물상보증인 소유 부동산에 대위할 수 없다.**
  ㉡ 물상보증인 소유의 부동산이 먼저 경매된 경우: 물상보증인 소유인 Y부동산에 대하여 먼저 경매가 이루어져 甲이 채권 전부 또는 일부를 변제받은 경우 물상보증인 소유 부동산의 후순위 권리자인 B는 **채무자 소유 부동산에 대위할 수 있다.**
  ㉢ 판례는 물상보증인과 채무자 소유 부동산의 후순위저당권자 사이의 이익충돌에 있어서, 물상보증인을 우선하는 입장을 취하고 있다.

> **참고** 이러한 경우 경매법원으로서는 채무자 소유 부동산의 경매대가에서 공동저당권자에게 우선적으로 배당을 하고, 부족분이 있는 경우에 한하여 물상보증인 소유 부동산의 경매대가에서 추가로 배당을 하여야 한다.

> **예제**
> 甲은 乙에 대한 3억원의 채권을 담보하기 위하여 乙소유의 X토지와 Y건물에 각각 1번 공동저당권을 취득하고, 丙은 X토지에 피담보채권 2억 4천만원의 2번 저당권을, 丁은 Y건물에 피담보채권 1억 6천만원의 2번 저당권을 취득하였다. X토지와 Y건물이 모두 경매되어 X토지의 경매대가 4억원과 Y건물의 경매대가 2억원이 동시에 배당되는 경우, 丁이 Y건물의 경매대가에서 배당받을 수 있는 금액은? (단, 경매비용이나 이자 등은 고려하지 않음)
> 제27회
>
> ① 0원 ② 4천만원
> ③ 6천만원 ④ 1억원
> ⑤ 1억 6천만원

> **해설** ④ 그 부동산의 경매대가를 <u>동시에 배당하는 때에는</u> 각부동산의 <u>경매대가에 비례하여</u> 그 채권의 분담을 정한다(제368조 제1항). 위 부동산이 경매대가는 X, Y 부동산이 2 : 1(4억원 : 2억원)의 비율이 된다. 따라서 甲은 X토지에서 2억원, Y건물에서 1억원을 배당받게 된다. 한편 丁의 채권액은 1억 6천만원이지만 甲이 2억원의 Y건물에서 먼저 1억원을 배당받았으므로 남는 배당금은 1억원이다. 따라서 Y건물에서 1억원만 배당받게 된다. **정답 ④**

6 근저당 제33회, 제34회, 제35회

> **제357조【근저당】** ① 저당권은 그 담보할 채무의 최고액만을 정하고 채무의 확정을 장래에 보류하여 이를 설정할 수 있다. 이 경우에는 그 확정될 때까지의 채무의 소멸 또는 이전은 저당권에 영향을 미치지 아니한다.
> ② 전항의 경우에는 채무의 이자는 최고액 중에 산입한 것으로 본다.

(1) 의의 및 성질
① 의의: 근저당권이란 계속적인 거래관계(기본계약)로부터 발생하는 불특정한 장래의 채권을 일정한 한도액(최고액)까지 담보하기 위하여 설정하는 저당권이다.

② 성질
  ㉠ 부종성의 완화: 근저당권은 장래의 증감변동하는 불특정의 채권을 담보하므로 피담보채권이 일시소멸하더라도 기본계약이 존속하는 한 근저당권은 소멸하지 않는다.
  ㉡ 피담보채권의 불특정성: 원본이 확정될 때까지는 어느 채권이 담보되는가는 특정되지 않는다. 즉, 근저당권은 최고액의 한도 내에서 불특정의 채권을 담보하는 저당권이다.

(2) 근저당권설정등기
① 근저당권설정등기에는 등기원인이 근저당권설정이라는 취지와 채권의 최고액 및 채무자를 기재하여야 한다.
② 근저당권의 존속기간이나 기존 거래관계의 결산기에 관한 약정은 등기하지 않아도 된다.

(3) 효력

① 피담보채권의 범위

㉠ 계속적 거래관계에서 발생한 채권이 최고액을 초과하면 최고액만을, 최고액에 미달하면 그 확정액만을 우선변제받을 수 있다.

㉡ 채무의 이자는 최고액 중에 포함된다(제357조 제2항). 따라서 **지연배상은 1년분에 한정하지 않고** 최고액에 포함되는 이상 모두 담보된다.

㉢ **근저당권 실행비용은 최고액에 포함되지 않는다.**

㉣ 채권 총액이 최고액을 초과할 경우 **채무자가** 임의변제할 때에는 **채권액 전부를 변제**하여야만 근저당의 말소를 청구할 수 있으나, 물상보증인이나 제3취득자는 최고액만을 변제하고 근저당의 말소를 청구할 수 있다.

㉤ 최고액은 책임의 한도가 아니라 우선변제의 한도액에 해당한다.

> **참고** 최고액은 당사자 사이의 계속적 거래관계에서 생긴 채권 중 담보할 한도액을 말하는 것이므로 실행비용은 포함되지 않는다.

> **판례** 채권최고액은 책임의 한도가 아니라 우선변제의 한도액에 해당한다는 사례
>
> 근저당권의 채권최고액은 후순위 담보권자나 저당목적 부동산의 제3취득자에 대한 우선변제권의 한도로서의 의미를 갖는 것에 불과하고 그 부동산으로서는 그 최고액 범위 내의 채권에 한하여서만 변제를 받을 수 있다는 이른바 책임의 한도라고까지는 볼 수 없으므로 제3취득자나 후순위 근저당권자가 없는 한 근저당권자의 채권액이 근저당권의 최고액을 초과하는 경우에 경락대금 중 그 채권최고액을 초과하는 금액이 있더라도 이는 근저당권설정자에게 반환할 것은 아니고 근저당권자의 채권최고액을 초과하는 채무의 변제에 충당하여야 할 것이다(대판 92다1896).

② 근저당권의 변경: 근저당권은 피담보채무가 확정되기 이전이라면 채무의 범위 또는 채무자를 변경할 수 있는 것이고, 채무의 범위나 채무자가 변경된 경우에는 당연히 변경 후의 범위에 속하는 채권이나 채무자에 대한 채권만이 당해 근저당권에 의하여 담보된다.

③ 피담보채권의 확정

㉠ 피담보채권이 확정되면 더 이상의 채권액의 증감변동은 없으며, 이후부터 근저당권은 부종성을 가지게 되어 보통의 저당권과 같은 취급을 받게 된다. 따라서 피담보채권이 확정된 후에 채권액이 증가하였더라도 그 부분은 담보되지 않는다.

> **참고** 변경 전의 범위에 속하는 채권이나 채무자에 대한 채권은 그 근저당권에 의하여 담보되는 채무의 범위에서 제외된다.

ⓛ 확정 후에 발생하는 이자나 지연손해금채권은 최고액 범위 내에서 여전히 담보된다.
ⓒ 피담보채권의 확정사유
　ⓐ 존속기간 만료 내지 결산기 도래
　ⓑ 기본계약의 종료(해지)
　ⓒ 채무자의 파산 또는 회생절차의 개시
　ⓓ 경매신청

> **핵심 피담보채권의 확정시기**
>
> 1. 근저당권자가 스스로 경매를 신청한 경우 – 신청시 확정
>   ① 근저당권자가 피담보채무의 불이행을 이유로 경매신청을 한 경우에는 경매신청시에 근저당권이 확정되고 근저당권이 확정되면 그 후에 발생한 원금채권은 그 근저당권에 의하여 담보되지 않는다 할 것이다.
>   ② 경매신청을 하여 경매개시결정이 있었다면 경매신청이 취하되었다고 하더라도 채무 확정의 효과가 번복되는 것은 아니다.
> 2. 후순위 근저당권자가 경매를 신청한 경우 – 매각(경락)대금 완납시 확정
>   후순위 근저당권자가 경매를 신청한 경우 선순위 근저당권의 피담보채권은 그 근저당권이 소멸하는 시기, 즉 경락인이 경락대금을 완납한 때에 확정된다고 보아야 한다.

(4) 근저당권의 이전

① 피담보채권이 확정되기 전(前)
　㉠ 피담보채권이 확정되기 전에 채권의 전부·일부가 양도되거나 대위변제가 된 경우에는 이를 원인으로 근저당권이전등기를 할 수 없다.
　㉡ 근저당권에서는 보통의 저당권과는 달리 계속적 계약관계에서 발생하는 채권을 담보하기 때문에 그 기본계약의 승계가 있어야만 근저당권의 이전도 가능하다.
② 피담보채권이 확정된 후(後): 피담보채권이 확정되면 근저당권은 일반저당권과 동일하게 되므로 채권의 전부·일부가 양도되거나 대위변제된 경우에는 양수인 또는 대위변제자에게 근저당권이 이전된다.

> **예제**
>
> 근저당권에 관한 설명으로 틀린 것은? (다툼이 있으면 판례에 따름)   제34회
>
> ① 채권최고액에는 피담보채무의 이자가 산입된다.
> ② 피담보채무 확정 전에는 채무자를 변경할 수 있다.
> ③ 근저당권자가 피담보채무의 불이행을 이유로 경매신청을 한 경우, 특별한 사정이 없는 한 피담보채무액은 그 신청시에 확정된다.
> ④ 물상보증인은 채권최고액을 초과하는 부분의 채권액까지 변제할 의무를 부담한다.
> ⑤ 특별한 사정이 없는 한, 존속기간이 있는 근저당권은 그 기간이 만료한 때 피담보채무가 확정된다.
>
> **해설** ④ 근저당권의 물상보증인은 「민법」 357조에서 말하는 채권의 최고액만을 변제하면 근저당권설정등기의 말소청구를 할 수 있고 채권최고액을 초과하는 부분의 채권액까지 변제할 의무가 있는 것이 아니다(대판 74다998).
> ① 채무의 이자는 최고액 중에 산입한 것으로 본다(제357조 제2항).
> ② 근저당권은 피담보채무가 확정되기 이전이라면 채무의 범위 또는 채무자를 변경할 수 있는 것이고, 채무의 범위나 채무자가 변경된 경우에는 당연히 변경 후의 범위에 속하는 채권이나 채무자에 대한 채권만이 당해 근저당권에 의하여 담보되고, 변경 전의 범위에 속하는 채권이나 채무자에 대한 채권은 그 근저당권에 의하여 담보되는 채무의 범위에서 제외된다(대판 97다15777).
> ③ 근저당권자가 피담보채무의 불이행을 이유로 경매신청을 한 경우, 근저당권의 피담보채무액은 경매신청시에 확정된다(대판 2001다73022).
> ⑤ 피담보채무는 근저당권설정계약에서 <u>근저당권의 존속기간을 정하거나 근저당권으로 담보되는 기본적인 거래계약에서 결산기를 정한 경우에는 원칙적으로 존속기간이나 결산기가 도래한 때에 확정되지만</u>, 이 경우에도 근저당권에 의하여 담보되는 채권이 전부 소멸하고 채무자가 채권자로부터 새로이 금원을 차용하는 등 거래를 계속할 의사가 없는 경우에는, 그 존속기간 또는 결산기가 경과하기 전이라 하더라도 근저당권설정자는 계약을 해지하고 근저당권설정등기의 말소를 구할 수 있고, 한편 존속기간이나 결산기의 정함이 없는 때에는 근저당권의 피담보채무의 확정방법에 관한 다른 약정이 있으면 그에 따르되 이러한 약정이 없는 경우라면 근저당권설정자가 근저당권자를 상대로 언제든지 해지의 의사표시를 함으로써 피담보채무를 확정시킬 수 있다(대판 2002다7176).
>
> **정답** ④

제6장 메타인지 학습체크

01 유치권은 [① 약정담보물권 / ② 법정담보물권]에 해당한다.

02 매매계약에 따른 매매대금채권을 위하여 유치권을 행사할 수 [① 있다. / ② 없다.]

03 임대인이 임대차 종료 후에 권리금을 지급하여 주기로 약정한 경우, 임차인은 권리금을 받을 때까지 목적물을 점유하여 유치권을 행사할 수 [① 있다. / ② 없다.]

04 채권자가 채무자를 직접점유자로 하여 간접점유하는 경우에도 유치권은 성립할 수 [① 있다. / ② 없다.]

05 유치권을 가지고 경락인에게 대항하기 위해서는 [① 가압류 / ② 압류] 전까지 유치권을 취득하여야 한다.

06 당사자 간에 유치권의 발생을 배제하는 특약은 [① 유효 / ② 무효]이다.

07 유치권자는 경매에 있어서 유치권을 가지고 경락인에게도 인도를 거절할 수 [① 있으나 / ② 없으나], 경락인에게 채무의 변제를 청구할 수 [③ 있다. / ④ 없다.]

08 목적물인도청구의 소송에서 유치권 항변이 인용되는 경우에 법원은 [① 원고전부패소판결 / ② 원고일부승소판결]을 하여야 한다.

09 유치권자에게 경매시에 우선변제권이 인정[① 된다. / ② 되지 않는다.]

10 유치권자는 유치물을 [① 자기재산과 동일한 주의의무 / ② 선량한 관리자의 주의의무]로 점유하여야 한다.

11 유치권자는 채무자의 승낙 없이 사용·대여·담보제공을 할 수 없다. 다만, [① 보존 / ② 개량]에 필요한 사용은 승낙 없이도 할 수 있다.

정답

01 ② 　 02 ② 　 03 ② 　 04 ② 　 05 ② 　 06 ① 　 07 ①, ④ 　 08 ② 　 09 ② 　 10 ② 　 11 ①

제6장 메타인지 학습체크

12 유치권의 행사는 채권의 소멸시효의 진행에 영향을 [① 미친다. / ② 미치지 아니한다.]

13 저당권이 설정된 경우에 채무불이행으로 인한 손해배상, 즉 지연배상은 [① 무제한 / ② 1년분에 한하여] 담보된다.

14 저당권의 효력은 저당부동산에 부합된 물건과 종물에 미친다는 규정은 [① 임의규정 / ② 강행규정]에 해당한다.

15 저당권설정 당시에 이미 건물이 존재하고 있는 경우에 일괄경매가 인정될 수 [① 있다. / ② 없다.]

16 저당권설정자로부터 용익권을 설정받은 자가 건축한 건물을 저당권설정자가 나중에 소유권을 취득한 경우에 일괄경매청구가 허용[① 된다. / ② 되지 않는다.]

17 일괄경매가 인정되는 경우에 토지의 저당권자는 [① 토지로부터만 / ② 토지와 건물로부터] 우선변제를 받을 수 있다.

18 「공익사업을 위한 토지 등의 취득 및 보상에 관한 법률」에 따라 협의취득된 경우에 저당권자는 그 보상금에 대하여 물상대위권을 행사할 수 [① 있다. / ② 없다.]

19 물상대위를 행사하기 위해서는 보상금 등의 지급 또는 인도 [① 전에 / ② 후에] 압류하여야 한다.

20 부동산에 저당권이 설정된 후에 소유권·지상권·전세권 등을 취득한 자를 [① 제3취득자 / ② 채무자]라고 한다.

21 저당부동산의 제3취득자는 부동산의 보존·개량을 위해 지출한 비용을 그 부동산의 경매대가에서 우선변제받을 수 [① 있다. / ② 없다.]

정답

| 12 ② | 13 ② | 14 ① | 15 ② | 16 ① | 17 ① | 18 ② | 19 ① | 20 ① | 21 ① |

22 저당권자는 저당권의 침해를 이유로 자신에게 저당물에 대한 [① 반환을 / ② 방해제거를] 청구할 수 없다.

23 저당권설정자에게 책임 [① 있는 / ② 없는] 사유로 저당물의 가액이 현저히 감소된 경우에 저당권자는 담보물의 보충을 요구할 수 있는 권리를 가진다.

24 저당권은 그 담보한 채권과 분리하여 타인에게 양도하거나 다른 채권의 담보로 할 수 [① 있다. / ② 없다.]

25 동일한 채권의 담보로 수개의 부동산에 저당권을 설정한 경우에 그 부동산의 경매대가를 동시에 배당하는 때에는 [① 채권자의 의사에 따라 / ② 각 부동산의 경매대가에 비례하여] 그 채권의 분담을 정한다.

26 공동저당에 있어 동시배당에 관한 「민법」의 규정은 후순위 저당권자가 없는 경우에 적용[① 된다. / ② 되지 않는다.]

27 공동저당의 목적물 중 일부가 물상보증인에게 속하고 채무자 소유의 목적부동산 위에 후순위 저당권자가 있을 때 [① 물상보증인을 / ② 후순위 저당권자를] 우선시킨다.

28 채무자의 채무액이 채권최고액을 초과하는 경우, 제3취득자 또는 물상보증인은 [① 채무 전액을 변제해야 / ② 최고액만 변제하고] 말소를 청구할 수 있다.

29 채무자의 채무액이 채권최고액을 초과하는 경우, 채무자는 [① 채무 전액을 변제해야 / ② 최고액만 변제하고] 말소를 청구할 수 있다.

30 채권최고액은 [① 책임의 한도 / ② 우선변제의 한도]에 해당한다.

31 후순위 근저당권자가 경매를 신청한 경우에는 [① 경매신청시 / ② 매각대금 완납시]에 선순위 근저당권의 피담보채권액이 확정된다.

정답

| 22 ① | 23 ① | 24 ② | 25 ② | 26 ① | 27 ① | 28 ② | 29 ① | 30 ② | 31 ② |

제 3 편
계약법

◆ **최근 5개년 출제경향 분석**

- 제 1 장 | 계약법 총론
- 제 2 장 | 계약법 각론

제1장 계약법 총론

❖ 계약의 성립

❖ 계약체결상 과실책임

❖ 동시이행의 항변권

- **의의** — 상대방이 채무이행을 제공할 때까지 자신의 채무이행을 거절할 권능

- **요건**
  - 동일한 쌍무계약으로부터 채무발생 — 별개 약정으로 채무가 발생한 경우는 특약이 없는 한 불인정
  - 상대방 채무의 이행기 도래 — **예외**
    - 불안의 항변권
    - 상대방의 후이행채무 이행기 도래
  - 상대방의 이행 또는 이행제공이 없을 것

- **효력**
  - 이행지체책임의 면제
  - **소송상 효력**: 상환급부판결

❖ 위험부담

- **요건**
  - 후발적 불능
  - 채무자의 귀책사유가 없을 것

- **효력**
  - **원칙** — 채무자 부담주의(임의규정)
    - 채무자는 이행청구 불가
    - 이미 지급된 것은 부당이득반환
  - **예외** — 채권자 부담주의
    - **요건**
      - 수령지체 중에 불능
      - 채권자의 책임으로 불능
    - **효력**
      - 채무자는 이행청구 가능
      - 채무를 면함으로 얻은 이익은 반환

제1장 계약법 총론

❖ 계약의 해제

- **의의** ── 당사자 일방의 의사표시로 계약을 소급적으로 소멸시키는 것

- **발생**
  - 약정해제
    - 손해배상 ×
    - 받은 날로부터 이자 가산 ○
  - 법정해제
    - 이행지체 ── 상당한 기간을 정하여 최고
    - 이행불능
      - 최고 ×
      - 이행기 × ── 최고 없이 즉시 해제
      - 이행제공 ×
    - 불완전이행
      - **추완 가능**: 최고 ○
      - **추완 불가능**: 최고 ×

- **행사**
  - 상대방에 대한 일방적 의사표시 ── 철회 불가
  - 해제권의 불가분성
    - 행사상의 불가분성
    - 소멸상의 불가분성 ── 임의규정

- **효과**
  - 소급적 실효 ── **제3자 보호**: 단순 이해관계인이 아닌 완전한 권리자 보호
  - 원상회복
    - 원물상환의 원칙
    - 금전은 받은 날로부터 이자 가산
  - 손해배상 ── 이행이익의 배상(신뢰이익 선택 가능)

- **소멸**
  - 상대방의 최고에 의한 소멸
  - 해제권자의 목적물 훼손
  - 불가분성에 의한 소멸

제1장 계약법 총론

계약의 성립은 청약과 승낙을, 위험부담은 사례형 문제에 대비하여 채무자·채권자 부담주의 원칙을 이해하여야 하며, 동시이행항변권은 성립요건과 인정 여부에 대한 판례를 정리해야 한다. 또, 제3자를 위한 계약에서는 계약당사자와 관련한 보상관계나 대가관계의 흠결이 계약의 효력에 미치는지 여부와 제3자의 권리문제, 해제에서는 법정해제와 합의해제의 비교, 법정해제권의 발생원인으로 이행지체와 이행불능, 해제의 효력으로서 소급효와 이에 따른 제3자 보호를 정리해 두어야 한다.

제1절 | 서론

1 계약의 종류 제33회, 제35회, 제36회

(1) 전형계약과 비전형계약

「민법」 제3편 제2장에 규정되어 있는 15가지의 계약을 전형계약(典型契約) 또는 유명계약(有名契約)이라고 하고, 「민법」에서는 정하고 있지 않지만 계약자유의 원칙에 따라 당사자의 합의에 의하여 이루어지는 계약을 비전형계약(非典型契約) 또는 무명계약(無名契約)이라고 한다.

(2) 쌍무계약·편무계약

① 쌍무계약
  ㉠ 계약 당사자의 쌍방이 서로 대가적 의미를 가지는 채무를 부담하는 계약을 말한다.
  ㉡ 매매, 교환, 임대차, 고용, 도급, 조합, 화해 등이 쌍무계약에 속하고, 소비대차, 위임, 임치도 유상인 때에는 쌍무계약이 된다.

② 편무계약
  ㉠ 계약 당사자의 일방만이 채무를 부담하거나, 또는 쌍방이 채무를 부담하더라도 그 채무가 서로 대가적 의미를 갖지 않는 계약을 말한다.
  ㉡ 증여, 사용대차, 현상광고가 편무계약에 속하고, 소비대차, 위임, 임치도 무상인 때에는 편무계약이 된다.

③ **구별의 실익**: 쌍무계약에 있어서는 동시이행의 항변(제536조), 위험부담(제537조 이하)의 문제가 생기지만, 편무계약에서는 원칙적으로 이러한 문제가 생기지 않는다.

Tip 👆 쌍무계약은 모두 유상계약이지만, 유상계약이 모두 쌍무계약인 것은 아니다.

(3) 유상계약·무상계약

계약의 전과정을 통해 계약 당사자가 서로 대가적 의미를 가진 재산상 출연 내지 출재(出財)를 하느냐에 따라 유상계약과 무상계약으로 구별한다.

① 유상계약
  ㉠ 계약 당사자가 서로 대가적 의미가 있는 재산상의 출연을 하는 계약이다.
  ㉡ 매매, 임대차 등 모든 쌍무계약과 현상광고는 유상계약에 속한다.

② 무상계약
  ㉠ 당사자 일방만이 급부를 하거나 또는 당사자 쌍방이 급부를 하더라도 그 급부 사이에 대가적 의미가 없는 계약이다.
  ㉡ 증여, 사용대차 등이 무상계약에 속한다.

③ **구별의 실익**: 「민법」상 유상계약에는 매매에 관한 규정(계약금, 담보책임 등)이 준용된다(제567조).

핵심 쌍무계약과 유상계약의 관계

쌍무계약은 모두 유상계약이나, 유상계약이 모두 쌍무계약인 것은 아니다.

(4) 낙성계약·요물계약

① 낙성계약: 당사자의 합의만으로 성립하는 계약이며, 「민법」상 전형계약은 현상광고를 제외하고는 모두 낙성계약에 속한다.

② 요물계약: 당사자의 합의 이외에 물건의 인도 기타의 급부를 하여야만 성립하는 계약으로, 「민법」상 전형계약 중에서 현상광고만이 요물계약이다. 비전형계약 중에는 대물변제, 계약금계약, 보증금계약 등이 요물계약에 해당한다.

참고 요물계약
현상광고, 대물변제, 계약금계약, 보증금계약(다수설)

(5) 계속적 계약과 일시적 계약

계약의 효과로서 발생하는 채권관계가 계속적으로 실현되는 것을 계속적 계약이라고 하고, 목적물의 인도나 대금의 지급 등이 있으면 계약의 목적이 실현되는 계약을 일시적 계약이라고 한다. 임대차·고용 등은 계속적 계약이며, 통상의 매매·증여 등은 일시적 계약이다.

> **예제**
>
> 1. 「민법」상 계약에 관한 설명으로 옳은 것은? 제35회
>   ① 매매계약은 요물계약이다.
>   ② 도급계약은 편무계약이다.
>   ③ 교환계약은 무상계약이다.
>   ④ 증여계약은 요식계약이다.
>   ⑤ 임대차계약은 유상계약이다.
>
>   **해설** ① 매매계약은 낙성계약이다
>   ② 도급계약은 쌍무계약이다.
>   ③ 교환계약은 유상계약이다.
>   ④ 증여계약은 불요식계약이다. **정답** ⑤
>
> 2. 계약의 유형에 관한 설명으로 옳은 것은? (다툼이 있으면 판례에 따름) 제28회
>   ① 부동산매매계약은 유상, 요물계약이다.
>   ② 중개계약은 「민법」상의 전형계약이다.
>   ③ 부동산교환계약은 무상, 계속적 계약이다.
>   ④ 증여계약은 편무, 유상계약이다.
>   ⑤ 임대차계약은 쌍무, 유상계약이다.
>
>   **해설** ① 부동산매매계약은 유상, 낙성계약이다.
>   ② 중개계약은 비전형계약이다.
>   ③ 부동산교환계약은 유상, 일시적 계약이다.
>   ④ 증여계약은 편무, 무상계약이다. **정답** ⑤

❷ 약관에 의한 계약 제32회

1. 의의

약관이란 계약의 일방 당사자가 다수의 상대방과 계약을 체결하기 위하여 일정한 형식에 의하여 미리 마련한 계약의 내용을 말한다.

2. 약관의 구속력

(1) 구속력의 근거

약관이 구속력을 갖는 이유는 당사자 합의에 의하여 약관이 계약의 내용에 편입되었기 때문이다(계약설).

> **판례** 구속력의 근거
>
> 보통 보험약관이 계약 당사자에 대하여 구속력을 가지는 것은 그 자체가 법규범 또는 법규범적 성질을 가진 약관이기 때문이 아니라 보험계약 당사자 사이에서 계약 내용에 포함시키기로 합의하였기 때문이라고 볼 것이다.

(2) 명시·설명의무

① 원칙: 사업자는 계약을 체결할 때에는 고객에게 약관의 내용을 계약의 종류에 따라 일반적으로 예상되는 방법을 분명하게 밝히고, 고객이 요구할 경우 그 약관의 사본을 고객에게 내주어 고객이 약관의 내용을 알 수 있게 하여야 한다(「약관의 규제에 관한 법률」 제3조 제2항). 이를 위반한 경우에 사업자는 그 약관을 계약의 내용으로 주장하지 못한다(「약관의 규제에 관한 법률」 제3조 제4항). 다만, 고객이 명시·설명을 받지 못한 약관의 효력을 주장하는 것은 허용된다.

② 예외

㉠ 일정한 업종에 해당하는 약관이나 계약의 성질상 설명이 현저하게 곤란한 경우에는 그러하지 아니하다(「약관의 규제에 관한 법률」 제3조 제2항·제3항).

㉡ 고객이 그 내용에 대하여 충분히 잘 알고 있는 사항에 대하여는 명시·설명의무가 면제된다. 이 경우 그 약관의 내용을 충분히 잘 알고 있다는 점은 이를 주장하는 사업자 측에서 입증하여야 한다.

㉢ 약관의 내용이 이미 법령에 의하여 정하여진 것을 되풀이 하는 것에 불과한 경우에는 약관 작성자에게 명시·설명의무가 없다.

(3) 약관의 해석

① 객관적 해석의 원칙: 약관은 신의성실의 원칙에 따라 공정하게 해석되어야 하며 고객에 따라 다르게 해석되어서는 아니 된다(「약관의 규제에 관한 법률」 제5조 제1항).

② 작성자 불이익의 원칙: 약관의 뜻이 명백하지 아니한 경우에는 고객에게 유리하게 해석되어야 한다(「약관의 규제에 관한 법률」 제5조 제2항).

③ 개별약정 우선의 원칙: 약관에서 정하고 있는 사항에 관하여 사업자와 고객이 약관의 내용과 다르게 합의한 사항이 있을 때에는 당해 합의사항은 약관에 우선한다(「약관의 규제에 관한 법률」 제4조).

> **참고** 일정한 업종
> 1. 여객운송업
> 2. 전기·가스 및 수도사업
> 3. 우편업
> 4. 공중전화 서비스 제공 통신업

(4) 불공정조항

무효로 한다.

(5) 일부무효의 특칙

약관의 전부 또는 일부의 조항이 무효인 경우 계약은 나머지 부분만으로 유효하게 존속한다. 다만, 유효한 부분만으로는 계약의 목적달성이 불가능하거나 그 유효한 부분이 한쪽 당사자에게 부당하게 불리한 경우에는 그 계약은 무효로 한다(「약관의 규제에 관한 법률」 제16조).

제2절 | 계약의 성립

❶ 청약과 승낙에 의한 계약의 성립 제32회, 제33회, 제35회, 제36회

> 참고 이러한 합의가 있기 위해서는 '객관적 합치(내용의 합치)'와 '주관적 합치(상대방의 합치)'가 있어야 한다.

계약이 성립하려면 당사자의 서로 대립하는 의사표시인 청약과 승낙의 합치, 즉 '합의'가 있어야만 한다.

> **참고** 숨은 불합의(무의식적 불합의)와 착오
>
> 1. 숨은 불합의의 의의
>   계약의 당사자가 의사표시의 불일치를 인식하지 못하는 경우이다. 예를 들어 甲과 乙이 甲의 토지를 2억원에 매매하기로 합의를 하였으나 甲은 시골에 있는 토지를 매도할 생각으로 청약을 하였고, 乙은 도시에 있는 甲의 토지를 매수하는 것으로 알고 승낙을 한 경우이다.
> 2. 숨은 불합의와 착오
>   숨은 불합의가 있는 경우에는 계약 자체가 성립되지 않았으므로 착오를 이유로 한 취소는 문제될 여지가 없다.

1. 청약

(1) 의의

① 청약은 승낙과 결합하여 일정한 계약을 성립시킬 것을 목적으로 하는 구체적·확정적 의사표시로서 법률사실이다.
② 청약은 그에 대한 승낙에 의하여 곧바로 계약의 성립에 필요한 의사합치에 이를 수 있을 정도로 내용적으로 확정되어 있거나 해석에 의하여 확정될 수 있어야 한다.

(2) 성질과 요건

① 청약은 하나의 의사표시이다. 그러나 청약만으로 계약이 성립하지는 않으므로 청약이 법률행위에 해당하는 것은 아니다.

② **불특정 다수인에 대한 청약도 유효**하다(예 자동판매기의 설치, 신문광고에 의한 청약, 버스의 정류소에서의 정차 등).

③ 청약의 유인: 청약의 유인이란 타인을 꾀어내어 자기에게 청약을 하게 하려는 행위를 말한다(예 구인광고, 분양광고, 견적서의 제시 등). 청약의 유인은 청약을 하기 전의 사전 준비행위이므로 확정적일 필요가 없다.

> **판례** 분양광고의 내용이 계약의 내용으로 되지 않았다고 본 사례
>
> 상가를 분양하면서 그곳에 첨단 오락타운을 조성·운영하고 전문경영인에 의한 위탁경영을 통하여 분양계약자들에게 일정액 이상의 수익을 보장한다는 광고를 하고, 분양계약 체결시 이러한 광고내용을 계약상대방에게 설명하였더라도, 체결된 분양계약서에는 이러한 내용이 기재되지 않은 점과 그 후의 위 상가 임대운영 경위 등에 비추어 볼 때, **위와 같은 광고 및 분양계약 체결시의 설명은 청약의 유인에 불과할 뿐** 상가분양계약의 내용으로 되었다고 볼 수 없고, 따라서 분양회사는 위 상가를 첨단 오락타운으로 조성·운영하거나 일정한 수익을 보장할 의무를 부담하지 않는다(대판 99다55601, 55618). 따라서 사기나 착오를 이유로 취소할 수 없다.
>
> ✔ 다만, 광고는 일반적으로 청약의 유인에 불과하지만 그 내용이 명확하고 확정적이며 광고주가 광고의 내용대로 계약에 구속되려는 의사가 명백한 경우에는 이를 청약으로 볼 수 있다.

참고 광고는 일반적으로 청약의 유인에 불과하지만 그 내용이 명확하고 확정적이며 광고주가 광고의 내용대로 계약에 구속되려는 의사가 명백한 경우에는 이를 청약으로 볼 수 있다(예 분양광고에서 아파트의 외형과 재질은 계약의 내용으로 보는 것이 보통이지만, 선시공·후분양되는 경우 별도의 약정이 없는 한 계약의 내용으로 볼 수 없다).

(3) 효력

① 청약의 효력발생시기(도달주의)

　㉠ 청약도 하나의 의사표시이므로 원칙적으로 도달에 의하여 효력이 발생한다(제111조 제1항). 즉, 격지자·대화자를 구별하지 않고 도달시에 그 효력이 발생한다.

　㉡ 청약자가 청약을 발신한 후 그것이 상대방에게 도달하기 전에 사망하거나 또는 제한능력자가 되더라도 청약의 효력에는 영향을 미치지 아니한다(제111조 제2항).

② 청약의 구속력

> **제527조【계약의 청약의 구속력】** 계약의 청약은 이를 철회하지 못한다.
>
> **제528조【승낙기간을 정한 계약의 청약】** ① 승낙의 기간을 정한 계약의 청약은 청약자가 그 기간 내에 승낙의 통지를 받지 못한 때에는 그 효력을 잃는다.

제529조 【승낙기간을 정하지 아니한 계약의 청약】 승낙의 기간을 정하지 아니한 계약의 청약은 청약자가 상당한 기간 내에 승낙의 통지를 받지 못한 때에는 그 효력을 잃는다.

㉠ 청약이 상대방에게 도달하여 효력을 발생한 때에는 임의로 이를 철회하지 못한다(제527조).
㉡ 미리 철회권을 유보한 청약이나 승낙기간을 정하지 아니한 대화자 사이의 청약은 예외적으로 도달 후에도 철회할 수 있다.
㉢ 예외적으로 근로계약의 합의해지에서는 청약의 구속력에 대한 예외를 인정하여 근로자는 사직원의 제출에 따른 사용자의 승낙의사가 형성되어 확정적으로 근로계약 종료의 효과가 발생하기 전에는 그 사직의 의사표시를 자유로이 철회할 수 있다.

> **판례** 근로계약의 합의해지에서 청약의 구속력의 예외를 인정한 사례
>
> 근로자가 일방적으로 근로계약관계를 종료시키는 해약의 고지방법에 의하여 임의 사직하는 경우가 아니라, **근로자가 사직원의 제출방법에 의하여 근로계약관계의 합의해지를 청약하고 이에 대하여 사용자가 승낙함으로써 당해 근로관계를 종료시키게 되는 경우**에 있어서는, 근로자는 위 사직원의 제출에 따른 사용자의 승낙의사가 형성되어 확정적으로 **근로계약 종료의 효과가 발생하기 전에는 그 사직의 의사표시를 자유로이 철회할 수 있다**고 보아야 할 것이며, 다만 근로계약 종료의 효과발생 전이라고 하더라도 근로자가 사직의 의사표시를 철회하는 것이 사용자에게 불측의 손해를 주는 등 신의칙에 반한다고 인정되는 특별한 사정이 있는 경우에 한하여 그 철회가 허용되지 않는다고 해석함이 상당하다(대판 91다43138).

기출 명예퇴직의 합의가 있었다면 명예퇴직 예정일 전이라도 원칙적으로 명예퇴직 청약을 철회할 수 없다.
제36회

2. 승낙

(1) 의의

승낙이란 청약에 응하여 계약을 성립시키려고 청약의 상대방이 청약자에 대하여 하는 의사표시이다.

① 승낙의 상대방: 승낙은 청약과 달리 반드시 특정인, 즉 청약자에게 하여야 한다. 또한 승낙은 청약의 내용과 객관적으로 합치하여야 한다.
② 변경을 가한 승낙: 청약에 조건 기타 변경을 붙인 승낙은 승낙으로서의 효력이 생기지 않지만 이러한 승낙을 청약의 거절과 함께 새로운 청약을 한 것으로 본다(제534조).

참고 청약자가 미리 정한 기간 내에 이의를 하지 아니하면 승낙한 것으로 간주한다는 뜻을 청약시에 표시하였다고 하더라도 이는 상대방을 구속하지 않는다.

③ 승낙의 자유: 승낙 여부는 자유이며, 청약의 상대방은 청약에 대하여 회답할 의무를 지지 않는다.

> **판례** 청약자가 미리 정한 기간 내에 이의를 하지 아니하면 승낙한 것으로 간주한다는 뜻을 청약시 표시한 경우, 그 효력
>
> 청약의 상대방에게 청약을 받아들일 것인지 여부에 관하여 <u>회답할 의무가 있는 것은 아니므로</u>, 청약자가 미리 정한 기간 내에 이의를 하지 아니하면 승낙한 것으로 간주한다는 뜻을 청약시 표시하였다고 하더라도 이는 <u>상대방을 구속하지 아니하고 그 기간은 경우에 따라 단지 승낙기간을 정하는 의미를 가질 수 있을 뿐이다</u>(대판 98다48903).

(2) 연착된 승낙

① 통상적인 연착: 승낙기간 내에 도달하지 못한 승낙은 승낙으로서의 효력을 갖지 못한다(제528조 제1항). 다만, 이러한 연착된 승낙은 새로운 청약으로 볼 수 있다.

② 사고로 인한 연착(비통상적인 연착)

> 제528조 【승낙기간을 정한 계약의 청약】 ② 승낙의 통지가 전항의 기간 후에 도달한 경우에 보통 그 기간 내에 도달할 수 있는 발송인 때에는 청약자는 지체 없이 상대방에게 그 연착의 통지를 하여야 한다. 그러나 그 도달 전에 지연의 통지를 발송한 때에는 그러하지 아니하다.
> ③ 청약자가 전항의 통지를 하지 아니한 때에는 승낙의 통지는 연착되지 아니한 것으로 본다.

상대방이 승낙기간 내에 도달할 수 있도록 발송하였으나 특별한 사정으로 연착된 경우에는 청약자가 지체 없이 연착의 사실을 통지하여야 한다. 만약 통지를 하지 않은 경우에는 계약은 성립된 것으로 보게 된다(제528조 제3항).

(3) 계약의 성립시기

① 대화자 간의 승낙 – 도달주의: 대화자 간 계약의 성립시기에 관하여는 특별한 규정이 없으므로 도달주의 원칙에 따라 승낙이 청약자에게 도달한 때에 그 효력이 발생하고 계약도 성립하게 된다.

② **격지자 간의 승낙 – 발신주의**
㉠ 격지자 간 계약의 성립시기에 관하여는 예외적으로 발신주의를 취하고 있다(제531조).

Tip 연착의 통지는 '보통 그 기간 내에 도달할 수 있는 발송인 때에 문제가 된다.

Tip 도달주의와 발신주의에 대해서는 제1편 제2장 제2절에서 자세히 설명하고 있다(p.67~68 참고).

> 참고 격지자 사이라고 하더라도 승낙기간 내에 도달되지 않았다면 계약은 불성립이며 발신주의는 의미가 없는 것이고, 승낙기간 내에 도달되었어야 승낙을 발송한 때에 성립이 인정된다.

ⓒ 승낙기간 내에 도달하지 않은 때에는 계약의 효력을 인정할 수 없다. 즉, 격지자 간의 승낙은 승낙기간 또는 상당한 기간 내에 부도달을 해제조건으로 하여 발신과 동시에 효력이 발생한다고 본다.

❷ 기타 방법에 의한 계약의 성립 제35회, 제36회

(1) 교차청약(交叉請約)에 의한 계약의 성립

> 제533조 【교차청약】 당사자 간에 동일한 내용의 청약이 상호교차된 경우에는 양 청약이 상대방에게 도달한 때에 계약이 성립한다.

① 의의: 교차청약이란 당사자들이 우연히 같은 내용의 청약을 서로 행한 경우를 말한다. 이때 계약이 성립하기 위하여는 그 청약의 내용이 완전히 일치하여야 한다.

> 참고 甲이 乙에게 A건물을 1억원에 팔겠다는 청약을 하여 乙에게 청약서가 10월 22일에 도달하였고, 乙 역시 그 청약을 받기 전에 우연히 甲에게 그 A건물을 1억원에 사겠다고 청약하여 甲에게 10월 24일에 청약서가 도달하였다면 계약은 나중의 청약이 도달한 10월 24일에 성립하게 된다.

② 계약의 성립시기: 교차청약에 의한 계약은 **양 청약이 상대방에게 도달한 때에 성립**한다. 즉, 나중의 청약이 도달한 때에 계약은 성립한다.

(2) 의사실현에 의한 계약의 성립

> 제532조 【의사실현에 의한 계약 성립】 청약자의 의사표시나 관습에 의하여 승낙의 통지가 필요하지 아니한 경우에는 계약은 승낙의 의사표시로 인정되는 사실이 있는 때에 성립한다.

① 의의: 의사실현이란 의사표시는 아니지만 그로부터 일정한 효과의사를 추단할 수 있는 행위를 가리킨다.

② 계약의 성립시기: 의사실현에 의한 계약은 승낙으로 인정되는 사실이 있는 때에 성립하며, 청약자가 그 사실을 인식할 것을 요구하지 않는다.

> 참고 서점에서 필요한 책을 사기로 하고 책에 이름을 적는 경우, 유료 주차장에 주차를 하는 경우, 그때 계약이 성립한 것으로 된다.

예제

계약의 성립에 관한 설명으로 틀린 것은? (다툼이 있으면 판례에 따름) 제28회

① 청약은 그에 대한 승낙만 있으면 계약이 성립하는 구체적·확정적 의사표시이어야 한다.
② 아파트 분양광고는 청약의 유인의 성질을 갖는 것이 일반적이다.
③ 당사자 간에 동일한 내용의 청약이 상호교차된 경우, 양 청약이 상대방에게 발송한 때에 계약이 성립한다.
④ 승낙자가 청약에 대하여 조건을 붙여 승낙한 때에는 그 청약의 거절과 동시에 새로 청약한 것으로 본다.
⑤ 청약자가 미리 정한 기간 내에 이의를 하지 아니하면 승낙한 것으로 본다는 뜻을 청약시 표시하였더라도 이는 특별한 사정이 없는 한 상대방을 구속하지 않는다.

해설 ③ 당사자 간에 동일한 내용의 청약이 상호교차된 경우에는 양 청약이 상대방에게 도달한 때에 계약이 성립한다(제533조). 즉, 교차청약에 의한 계약의 성립은 양 청약이 모두 도달된 때에 인정된다.
① 계약이 성립하기 위한 법률요건인 청약은 그에 응하는 승낙만 있으면 곧 계약이 성립하는 구체적, 확정적 의사표시여야 하므로 청약은 계약의 내용을 결정할 수 있을 정도의 사항을 포함시키는 것이 필요하다(대판 2003다41463).
② 상가나 아파트의 분양광고의 내용은 청약의 유인으로서의 성질을 갖는 데 불과한 것이 일반적이라 할 수 있다(대판 2005다5812, 5829, 5836). 즉, 구인광고, 물품판매광고, 상품목록배부, 분양광고, 견적서의 제시 등은 청약을 하기 전의 사전 준비행위로서 청약의 유인에 해당한다.
④ 제534조
⑤ 청약의 상대방에게 청약을 받아들일 것인지 여부에 관하여 회답할 의무가 있는 것은 아니므로, 청약자가 미리 정한 기간 내에 이의를 하지 아니하면 승낙한 것으로 간주한다는 뜻을 청약시 표시하였다고 하더라도 이는 상대방을 구속하지 아니하고 그 기간은 경우에 따라 단지 승낙기간을 정하는 의미를 가질 수 있을 뿐이다(대판 98다48903). **정답** ③

3 계약체결상의 과실책임 제35회

제535조【계약체결상의 과실】 ① 목적이 불능한 계약을 체결할 때에 그 불능을 알았거나 알 수 있었을 자는 상대방이 그 계약의 유효를 믿었음으로 인하여 받은 손해를 배상하여야 한다. 그러나 그 배상액은 계약이 유효함으로 인하여 생길 이익액을 넘지 못한다.
② 전항의 규정은 상대방이 그 불능을 알았거나 알 수 있었을 경우에는 적용하지 아니한다.

(1) 의의

계약체결상의 과실이란 계약의 성립과정에서 당사자 일방의 귀책사유로 상대방에게 손해를 준 경우를 말한다. 그리고 이로 인한 손해의 배상책임을 '계약체결상의 과실책임'이라고 한다.

(2) 제535조(계약체결상의 과실)의 요건

① 원시적(객관적·전부) 불능: 계약의 내용이 원시적으로 불능이기 때문에 계약이 무효이어야 한다. 또한 전부가 불능이어야 계약체결상의 과실책임을 물을 수 있으며, 일부불능시에는 담보책임이 적용된다.

② 일방의 악의 또는 과실: 계약의 당사자 일방이 그 불능을 알았거나 알 수 있었어야 한다. 즉, 악의 또는 과실이 있어야 한다.

③ 상대방의 선의·무과실, 손해의 발생: **상대방은 선의임과 동시에 무과실이어야 한다.** 그리고 상대방이 계약을 유효한 것으로 믿었기 때문에 손해를 입었어야 한다.

> 참고 📖 만일 계약이 성립한 후에 소실되었다면 이는 후발적 불능으로서 계약은 무효가 되는 것이 아니라 채무불이행이나 위험부담의 문제가 생기게 된다.

(3) 효과

위와 같은 요건을 갖춘 경우에 과실 있는 당사자는 상대방이 그 계약을 유효라고 믿었기 때문에 입은 손해(신뢰이익)를 배상하여야 한다. 그러나 그 배상액은 그 계약이 유효함으로써 상대방이 얻었을 이익액, 즉 이행이익(예 전매차익, 시세차익)을 넘지 못한다(제535조 제1항). 따라서 이행이익의 배상을 한도로 신뢰이익의 배상을 청구할 수 있다.

(4) 적용범위

판례는 제535조 이외에는 계약체결상의 과실책임을 적용하지 않고 있다.

> 참고 📖 판례는 원시적·객관적·전부 불능 이외의 경우에는 계약체결상의 과실책임을 확대적용하지 않는다.

⚖️ 판례 계약체결상의 과실책임 확대적용 여부

1. 부동산 매매계약에 있어서 실제면적이 계약면적에 미달하는 경우에는 그 매매가 수량지정매매에 해당할 때에 한하여 「민법」 제574조, 제572조에 의한 대금감액청구권을 행사함은 별론으로 하고, 그 매매계약이 그 미달부분만큼 일부무효임을 들어 이와 별도로 일반 부당이득반환청구를 하거나 그 부분의 원시적 불능을 이유로 「민법」 제535조가 규정하는 **계약체결상의 과실에 따른 책임의 이행을 구할 수 없다.**

2. [1] 어느 일방이 교섭단계에서 계약이 확실하게 체결되리라는 정당한 기대 내지 신뢰를 부여하여 상대방이 그 신뢰에 따라 행동하였음에도 상당한 이유 없이 계약의 체결을 거부하여 손해를 입혔다면 이는 신의성실의 원칙에 비추어 볼 때 계약자유원칙의 한계를 넘는 위법한 행위로서 **불법행위를 구성한다.**

> 기출 📖 계약이 의사의 불합치로 성립하지 않는다는 사실을 알지 못하여 손해를 입은 당사자는 계약체결 당시에 그 계약이 불성립될 수 있다는 것을 안 상대방에게 계약체결상의 과실책임을 물을 수 없다.

[2] 계약교섭의 부당한 중도파기가 불법행위를 구성하는 경우, 그러한 불법행위로 인한 손해는 일방이 신의에 반하여 상당한 이유 없이 계약교섭을 파기함으로써 계약체결을 신뢰한 상대방이 입게 된 **신뢰손해에 한정된다.**

✔ 판례는 계약교섭단계에서 일방의 부당파기는 채무불이행책임으로 다루지 않고, 불법행위책임으로 다룬다.

예제

계약체결상의 과실책임에 관한 설명으로 옳은 것을 모두 고른 것은? (다툼이 있으면 판례에 따름)
제35회 변형

> ㉠ 계약이 의사의 불합치로 성립하지 않는다는 사실을 알지 못하여 손해를 입은 당사자는 계약체결 당시 그 계약이 불성립될 수 있다는 것을 안 상대방에게 계약체결상의 과실책임을 물을 수 있다.
> ㉡ 부동산 수량지정 매매에서 실제면적이 계약면적에 미달하는 경우 그 부분의 원시적 불능을 이유로 계약체결상의 과실책임을 물을 수 없다.
> ㉢ 계약체결 전에 이미 매매목적물이 전부 멸실된 사실을 과실 없이 알지 못하여 손해를 입은 계약당사자는 계약체결 당시 그 사실을 안 상대방에게 계약체결상의 과실책임을 물을 수 있다.

① ㉠
② ㉡
③ ㉠, ㉢
④ ㉡, ㉢
⑤ ㉠, ㉡, ㉢

해설 ㉠ 계약이 의사의 불합치로 성립하지 아니한 경우 그로 인하여 손해를 입은 당사자가 상대방에게 부당이득반환청구 또는 불법행위로 인한 손해배상청구를 할 수 있는지는 별론으로 하고, 상대방이 계약이 성립되지 아니할 수 있다는 것을 알았거나 알 수 있었음을 이유로「민법」제535조를 유추적용하여 계약체결상의 과실로 인한 손해배상청구를 할 수는 없다(대판 2015다10929).

㉡ 부동산매매계약에 있어서 실제 면적이 계약면적에 미달하는 경우에는 그 매매가 수량지정매매에 해당할 때에 한하여「민법」제574조, 제572조에 의한 대금감액청구권을 행사함은 별론으로 하고, 그 매매계약이 그 미달 부분만큼 일부 무효임을 들어 이와 별도로 일반 부당이득 반환청구를 하거나 그 부분의 원시적 불능을 이유로「민법」제535조가 규정하는 계약체결상의 과실에 따른 책임의 이행을 구할 수 없다(대판 99다47396).

㉢ **제535조【계약체결상의 과실】** ① 목적이 불능한 계약을 체결할 때에 그 불능을 알았거나 알 수 있었을 자는 상대방이 그 계약의 유효를 믿었음으로 인하여 받은 손해를 배상하여야 한다. 그러나 그 배상액은 계약이 유효함으로 인하여 생길 이익액을 넘지 못한다. ② 전항의 규정은 상대방이 그 불능을 알았거나 알 수 있었을 경우에는 적용하지 아니한다.

정답 ④

제3절 | 쌍무계약의 효력

1 동시이행의 항변권 제32회, 제33회, 제35회, 제36회

> **제536조【동시이행의 항변권】** ① 쌍무계약의 당사자 일방은 상대방이 그 채무이행을 제공할 때까지 자기의 채무이행을 거절할 수 있다. 그러나 상대방의 채무가 변제기에 있지 아니하는 때에는 그러하지 아니하다.
> ② 당사자 일방이 상대방에게 먼저 이행하여야 할 경우에 상대방의 이행이 곤란할 현저한 사유가 있는 때에는 전항 본문과 같다.

1. 의의

(1) 쌍무계약의 당사자 일방은 상대방이 그 채무의 이행을 제공할 때까지 자기의 채무이행을 거절할 수 있다(제536조). 이와 같은 이행거절의 권능을 '동시이행의 항변권'이라고 한다.

(2) 여기서 이행이란 완전한 이행을 의미한다. 즉, 가압류등기 등이 있는 부동산의 매매계약에 있어서는 매도인의 소유권이전등기의무와 아울러 가압류등기의 말소의무도 매수인의 대금지급의무와 동시이행관계에 있다고 할 것이다.

> **판례** 쌍무계약에서의 동시이행관계
> 1. 매매계약에서 이행이란 완전한 이행을 의미하므로 가압류등기 등이 있는 부동산의 매매계약에 있어서는 매도인의 소유권이전등기의무와 아울러 가압류등기의 말소의무도 매수인의 대금지급의무와 동시이행관계에 있다고 할 것이다(대판 2000다8533).
> 2. 동시이행의 관계에 있는 쌍방의 채무 중 어느 한 채무가 이행불능이 됨으로 인하여 발생한 손해배상채무도 여전히 다른 채무와 동시이행의 관계에 있다(대판 97다30066).

2. 성립요건

(1) 양 채무가 서로 대가적 의미를 가지고 있을 것

① 각 당사자가 채무를 부담하더라도 그 채무가 별개의 원인으로부터 생기거나, 동일계약으로부터 생기더라도 대가적 의미를 가지지 않을 때에는 특약이 없는 한 동시이행의 항변권은 성립되지 않는다.

참고 쌍무계약에 있어서 상대방의 주된 의무가 아닌 부수적 사항에 관한 의무 위반만을 이유로 동시이행의 항변권을 행사할 수 없다.

② 당사자가 변경되더라도 채무가 동일성을 유지한 상태로 변경되었다면 (상속·채권양도·채무인수) 동시이행의 항변권은 존속한다. 다만, 경개가 이루어지면 동일성이 상실되므로 동시이행의 항변권은 소멸한다.
③ 임대인의 필요비상환의무는 임차인의 차임지급의무와 서로 대응하는 관계에 있으므로, 임차인은 지출한 필요비 금액의 한도에서 차임의 지급을 거절할 수 있다.

📌 동시이행의 항변권 인정 여부

동시이행의 항변권이 인정되는 경우	
「민법」 및 민사특별법에서 인정하는 경우	통설·판례가 인정하는 경우
① 계약해제로 인한 원상회복의무(제549조) ② 매도인의 담보책임(제583조) ③ 전세계약의 종료시 전세금반환의무와 전세목적물 인도 및 전세권말소등기에 필요한 서류의 교부의무 ④ 가등기담보에 있어 청산금 지급과 목적부동산의 본등기 및 인도의무(「가등기담보 등에 관한 법률」 제4조 제3항) ⑤ 매매에 있어 목적이 된 권리의 이전과 대금지급의무 (제568조 제2항)	① 계약이 무효·취소된 경우 당사자 상호간의 부당이득 반환의무 ② 변제와 영수증의 교부 　✔ 변제와 채권증서 반환은 동시이행 × ③ 임대차 종료시 목적물반환의무와 보증금반환의무 ④ 지상물매수청구에 있어 토지소유자의 대금지급과 토지이용권자의 인도 및 이전등기의무 ⑤ 동시이행관계에 있는 쌍방채무 중 한 채무가 이행불능이 됨으로 인하여 발생한 손해배상채무와 상대방의 다른 채무 ⑥ 구분소유적 공유관계가 해소되는 경우에 상호간의 지분이전등기 ⑦ 매수인이 양도소득세를 부담하기로 하는 특약이 있는 경우, 매도인의 소유권이전등기의무와 매수인의 양도소득세액 제공의무

동시이행의 항변권이 부정되는 경우

① **경매가 무효가 되어** 근저당권자가 근저당채무자를 대위하여 매수인(경락인)에게 소유권이전등기말소를 청구하는 경우, 그 등기말소의무와 근저당권자의 배당금반환의무는 서로 이행의 상대방을 달리하는 것으로서 동시이행관계에 있지 않다.
② **채무담보의 목적으로** 경료된 채권자 명의의 소유권이전등기나 그 가등기의 말소를 구하려면 먼저 채무를 변제하여야 하고 피담보채무의 변제와 교환적으로 말소를 구할 수는 없다.
　✔ 채무변제가 선이행채무이다.
③ 임대인의 임대차보증금의 반환의무와 **임차권등기명령**에 의한 임차인의 임차권등기말소의무는 동시이행관계가 아니다.
　✔ 보증금반환이 선이행의무이다.
　✔ 「민법」 제621조에 의하여 임차권등기를 마친 경우, 임대차 종료시 임대인의 임차보증금 반환의무와 임차인의 임차권등기 말소의무는 동시이행관계이다.

④ 토지거래허가구역에서 허가신청절차에 **협력할 의무**의 이행과 대금의 지급은 동시이행관계가 아니다.
　✔ 협력의무이행이 선이행의무이다.
⑤ 채권증서반환청구권은 영수증교부의무와는 달리 변제와 동시이행관계에 있지 않다.
⑥ **권리금회수기회 방해**로 인한 임대인의 손해배상의무와 임차인의 목적물반환의무는 동시이행관계가 아니다.

(2) 상대방의 채무가 변제기에 있을 것

① 원칙: 상대방의 채무가 변제기에 있어야 한다. 상대방의 채무의 변제기가 도래하기 전에 이행할 의무가 있는 자, 즉 선이행 의무자에게는 원칙적으로 동시이행의 항변권이 인정되지 않는다.

② 예외

㉠ 불안의 항변권: 후이행 의무자에게 재산상태의 악화 등으로 채무의 이행이 곤란할 현저한 사유가 있는 때에는 선이행 의무자에게도 동시이행의 항변권이 인정된다(제536조 제2항).

㉡ 선이행의무의 불이행 중 후이행채무 변제기의 도래

ⓐ 선이행 의무자가 이행을 하지 않고 있는 동안 상대방의 후이행채무의 변제기가 도래한 경우에는 동시이행의 항변권을 행사할 수 있다.

> 참고 📖 따라서 매수인은 중도금지체에 대한 책임을 잔금일까지는 져야 하지만 잔금일 이후부터는 동시이행관계가 인정되므로 잔금일 이후부터는 이행지체의 문제가 생기지 않는다.

ⓑ 매수인이 선이행하여야 할 중도금 지급을 하지 아니한 채 잔대금 지급일을 경과한 경우에는 매수인의 중도금 및 이에 대한 지급일 다음 날부터 잔대금 지급일까지의 지연손해금과 잔대금의 지급채무는 매도인의 소유권이전등기의무와 특별한 사정이 없는 한 동시이행관계에 있다.

(3) 상대방이 이행 또는 이행의 제공을 하지 않았을 것

① 상대방이 이행 또는 이행의 제공을 하였다면 자신도 반대급부를 하여야 하므로 동시이행의 항변권을 주장할 여지가 없다. 즉, 상대방이 이행 또는 이행의 제공을 하지 않고 이행을 청구하였어야 한다.

② 상대방이 이행의 제공을 하였음에도 불구하고 수령하지 않음으로써 수령지체에 빠진 당사자도 그 이행의 제공이 계속되지 않는 한 동시이행의 항변권을 행사할 수 있는지가 문제되는데, 판례는 이를 인정하고 있다.

> 참고 📖 매도인 甲이 소유권이전에 필요한 등기서류를 교부하였는데 매수인 乙이 그 수령을 거절한 경우, 후에 甲이 등기서류의 제공 없이 乙에게 대금지급을 청구하면 乙은 동시이행을 주장하여 대금지급을 거절할 수 있다.

> **판례** 쌍무계약의 당사자 일방이 한 번 현실의 제공을 하였으나 상대방의 수령을 지체한 경우, 상대방의 동시이행항변권 상실 여부(소극)
>
> 쌍무계약의 당사자 일방이 먼저 한 번 현실의 제공을 하고, 상대방을 수령지체에 빠지게 하였다고 하더라도 그 이행의 제공이 계속되지 않는 경우에는 **과거에 이행의 제공이 있었다는 사실만으로 상대방이 가지는 동시이행의 항변권이 소멸하는 것은 아니다.**

3. 효력

(1) 이행거절의 권능

동시이행의 항변권은 상대방의 청구권을 영구적으로 부인하는 것은 아니며 연기적 항변권이다.

(2) 이행지체책임의 면제

① 동시이행의 항변권을 가지는 자는 비록 이행기에 이행을 하지 않더라도 이행지체가 되지 않는다.
② 이행거절 의사를 구체적으로 밝히지 아니하였다고 할지라도 이행지체책임은 발생하지 않는다. 즉, 동시이행의 항변권은 존재하는 것 자체만으로 이행지체책임을 면하게 한다.

(3) 소송상의 효력

법원이 직권으로 고려할 수 없고 당사자가 주장을 하여야만 법원은 피고에 대하여 원고와 상환으로 이행할 것을 명하는 '**상환급부(이행)판결**'을 하게 된다. 만일 일방이 동시이행의 항변권을 주장하지 않았다면 원고일부승소인 상환급부판결이 아니라 원고전부승소판결을 하게 된다.

(4) 동시이행의 항변권이 부착된 채권을 자동채권으로 상계하지 못한다. 항변권이 부착되어 있는 채권을 자동채권으로 하여 상대방 채무와의 상계를 허용하면 일방의 의사표시에 의하여 상대방의 항변권 행사 기회를 상실하게 하는 결과가 되기 때문이다.

(5) 동시이행의 항변권을 행사하더라도 채권의 소멸시효는 진행된다.

> **참고** 이와 같은 이행거절의 권능을 가지는 경우에는 비록 이행거절 의사를 구체적으로 밝히지 아니하였다고 할지라도 이행거절 권능의 존재 자체로 이행지체책임은 발생하지 않는다.

> **참고** 임대차 종료 후 보증금이 반환되지 않는 경우에 임차인의 목적물에 대한 점유는 적법점유이지만 임차인이 목적물을 계속하여 사용·수익하였다면 부당이득반환의무는 발생한다.

> **참고** 동시이행의 항변권이 붙은 채권을 수동채권으로 하는 상계는 허용된다.

> **예제**
>
> 동시이행의 관계에 있는 것을 모두 고른 것은? (다툼이 있으면 판례에 따름) 제31회
>
> ㉠ 임대차 종료시 임차보증금 반환의무와 임차물반환의무
> ㉡ 피담보채권을 변제할 의무와 근저당설정등기 말소의무
> ㉢ 매도인의 토지거래허가 신청절차에 협력할 의무와 매수인의 매매대금지급의무
> ㉣ 토지임차인이 건물매수청구권을 행사한 경우, 토지임차인의 건물인도 및 소유권이전등기의무와 토지임대인의 건물대금지급의무
>
> ① ㉣   ② ㉠, ㉡
> ③ ㉠, ㉣   ④ ㉡, ㉢
> ⑤ ㉠, ㉢, ㉣
>
> **해설** ㉠ 임대차 종료 후 임차인의 임차목적물명도의무와 임대인의 연체차임, 기타 손해배상금을 공제하고 남은 임대차보증금반환채무와는 동시이행의 관계에 있다(대판 87다카2114).
> ㉡ 소비대차계약에 있어서 채무의 담보목적으로 저당권설정등기를 경료한 경우에 채무자의 채무변제는 저당권설정등기 말소등기에 앞서는 선행의무이며 채무의 변제와 동시이행관계에 있는 것이 아니다(대판 69다1173).
> ㉢ 협력의무의 이행과 대금의 지급은 동시이행관계가 아니다(96다23825). 따라서 대금의 미지급을 이유로 협력의무 이행을 거절할 수 없다.
> ㉣ 「민법」 제643조의 규정에 의한 토지임차인의 매수청구권행사로 지상건물에 대하여 시가에 의한 매매유사의 법률관계가 성립된 경우에 토지임차인의 건물명도 및 그 소유권이전등기의무와 토지임대인의 건물대금지급의무는 서로 대가관계에 있는 채무이므로 토지임차인은 토지임대인의 건물명도청구에 대하여 대금지급과의 동시이행을 주장할 수 있다(대판 91다3260).
>
> **정답** ③

② 위험부담 제32회, 제34회, 제35회, 제36회

(1) 의의

위험부담은 쌍무계약으로부터 생기는 양 채무의 '존속상의 견련관계'를 정하는 제도이다. 즉, 쌍무계약에 있어 서로 대가적 의미의 채무를 부담하는 경우에 일방의 채무가 채무자의 책임 없는 사유로 후발적 불능이 되어 소멸한 경우, 다른 일방의 채무는 존속하는가 아니면 소멸하는가의 문제이다.

> **참고** 불능시 법률관계
>
> 1. 계약 성립 전에 목적부동산이 화재로 소실된 경우 – 원시적 불능(무효)
>   원시적 불능으로 무효에 해당한다. 일정한 요건 아래 계약체결상의 과실책임(제535조)이 문제된다.
> 2. 계약 성립 후에 목적부동산이 화재로 소실된 경우 – 후발적 불능(유효)
>   ① 채무자에게 귀책사유가 있는 경우: 채무불이행이며 위험부담의 문제는 생기지 않는다. 매수인은 채무불이행을 이유로 계약을 해제할 수 있으며, 이에 따른 손해배상을 청구할 수 있다.
>   ② 채무자에게 귀책사유가 없는 경우: 채무자에게 귀책사유가 없으므로 채무불이행이 될 수 없고, 위험부담의 문제가 발생한다. ⇨ 채무불이행이 아니므로 해제나 손해배상의 문제는 생길 수 없다.

(2) 채무자주의 – 원칙

① 요건: 채무자가 위험을 부담하기 위하여는 쌍무계약의 당사자 일방의 채무가 당사자 쌍방의 책임 없는 사유로 이행할 수 없게 되었어야 한다. 이때 불능은 후발적 불능이어야 한다.

② 효과
　㉠ 채무자는 상대방의 이행을 청구하지 못한다(제537조). 즉, 채무자는 자기의 채무를 면하지만 동시에 채권자에 대하여 반대급부를 청구할 수 있는 권리를 잃는다.
　㉡ 채권자는 이미 지급한 것이 있으면 부당이득반환을 청구할 수 있다.
　㉢ 대상청구권: 채권자는 채무자의 채무가 불능이 됨으로써 발생한 가치의 변형물(예 화재로 인한 보험금, 수용으로 인한 보상금 등)에 대하여 대상청구권을 행사할 수 있다. 이 경우에 채권자도 자신의 반대급부를 이행하여야 한다.

(3) 채권자주의

① **채권자에게 책임**이 있거나 채권자의 **수령지체** 중에 후발적으로 불능이 되었을 때에는 채권자주의로 전환되어 채무자는 반대급부를 청구할 수 있게 된다(제538조 제1항).

② 채권자가 위험을 부담하는 경우에 채무자가 자기의 채무를 면함으로써 얻은 이익은 채권자에게 반환하여야 한다(제538조 제2항).

기출 당사자는 특약으로 채권자가 대가위험을 부담하는 것으로 정할 수 있다. 제36회

참고 채권자는 대상청구권을 행사할 수 있으며, 이 경우에 채권자도 자신의 반대급부를 이행하여야 한다.

참고 매도인이 이행비용을 부담하기로 하였으나 수령지체 중에 물건이 소실되어 이행이 불능으로 되었다면, 매도인은 대금을 청구할 수 있으면서 동시에 이행비용도 부담하지 않게 되어 더 큰 이익을 보기 때문이다.

> **예제**
>
> 甲과 乙은 甲소유의 X토지에 대하여 매매계약을 체결하였으나 그 후 甲의 채무인 소유권이전등기의무의 이행이 불가능하게 되었다. 다음 설명 중 옳은 것을 모두 고른 것은? (다툼이 있으면 판례에 따름)
> 제34회
>
> > ㉠ 甲의 채무가 쌍방의 귀책사유 없이 불능이 된 경우, 이미 대금을 지급한 乙은 그 대금을 부당이득법리에 따라 반환청구할 수 있다.
> > ㉡ 甲의 채무가 乙의 귀책사유로 불능이 된 경우, 특별한 사정이 없는 한 甲은 乙에게 대금지급을 청구할 수 있다.
> > ㉢ 乙의 수령지체 중에 쌍방의 귀책사유 없이 甲의 채무가 불능이 된 경우, 甲은 乙에게 대금지급을 청구할 수 없다.
>
> ① ㉠
> ② ㉢
> ③ ㉠, ㉡
> ④ ㉡, ㉢
> ⑤ ㉠, ㉡, ㉢
>
> **해설** ㉠ 쌍방의 귀책사유 없이 채무가 불능이 되었으므로 위험부담의 문제가 발생한다. 채무자 위험부담주의 원칙(제537조)에 따라 양 당사자는 채무를 면하게 되며 乙이 이미 지급한 대금은 부당이득으로 반환청구할 수 있다.
> ㉡㉢ 쌍무계약의 당사자 일방의 채무가 채권자의 책임 있는 사유로 이행할 수 없게 된 때에는 채무자는 상대방의 이행을 청구할 수 있다. 채권자의 수령지체 중에 당사자 쌍방의 책임 없는 사유로 이행할 수 없게 된 때에도 같다(제538조 제1항). 즉, 수령지체 중이거나 채권자의 귀책사유가 있으면 甲은 乙에게 매매대금의 지급을 청구할 수 있으므로 ㉡은 옳은 지문이며 ㉢은 틀린 지문이다.
>
> **정답 ③**

Tip 제3자를 위한 계약은 주로 사례형 문제로 출제되므로 이에 대비하여야 한다.

❸ 제3자를 위한 계약 제32회, 제33회, 제34회, 제35회

> **제539조【제3자를 위한 계약】** ① 계약에 의하여 당사자 일방이 제3자에게 이행할 것을 약정한 때에는 그 제3자는 채무자에게 직접 그 이행을 청구할 수 있다.
> ② 전항의 경우에 제3자의 권리는 그 제3자가 채무자에 대하여 계약의 이익을 받을 의사를 표시한 때에 생긴다.

(1) 의의

제3자를 위한 계약이란 계약 당사자의 일방이 제3자, 즉 계약 당사자 이외의 자에게 직접 채무를 부담할 것을 내용으로 하는 계약을 말한다(제539조 제1항). 예를 들어 甲·乙 간의 계약으로 甲이 乙에 대하여 그 소유의 부동산을 이전하는 채무를 지고 乙이 그 대가로서 지급하는 대금을 직접 丙에 대하여 부담하는 경우이다.

참고 이때 甲을 '요약자(要約者)', 乙을 '낙약자(諾約者)', 丙을 '수익자(受益者)'라고 한다.

(2) 법적 성질
① 계약의 당사자
  ㉠ 제3자를 위한 계약의 당사자는 요약자와 낙약자(채무자)이며, 제3자(수익자)는 당사자가 아니다.
  ㉡ 제3자(수익자)는 계약 당시에 특정·현존하지 않아도 된다. 즉, 태아 또는 설립 중인 법인을 제3자로 하는 계약도 가능하다.
② 제3자 약관
  ㉠ 제3자에게 새로운 권리를 직접 취득하게 하는 약정이 있어야 한다.
  ㉡ 보험계약, 변제공탁, 병존적(중첩적) 채무인수 등은 제3자를 위한 계약에 해당한다.

(3) 계약의 원인관계
① 보상관계(기본관계) – 요약자와 낙약자의 관계
  ㉠ 보상관계의 흠결이나 하자는 제3자를 위한 계약에 직접 영향을 미치게 된다.
  ㉡ 제3자(수익자)는 보상관계가 무효·취소·해제되었을 때에 보호받는 제3자가 아니다. 따라서 계약의 당사자는 보상관계에서의 무효·취소·해제사유로써 수익자에게 대항할 수 있다.
② 대가관계(원인관계) – 요약자와 수익자의 관계
  ㉠ 대가관계의 흠결이나 하자는 제3자를 위한 계약에 영향을 미치지 않는다.
  ㉡ 대가관계가 무효·취소·해제되더라도 낙약자는 제3자(수익자)에게 대항할 수 없다.

참고 제3자를 위한 계약이 성립하기 위해서는 일반적으로 제3자로 하여금 직접 권리를 취득하게 하는 조항이 필요하지만, 당사자가 제3자에 대하여 가진 채권에 관하여 그 채무를 면제하는 계약도 제3자를 위한 계약에 준하는 것으로 유효하다.

| 참고 | 보상관계와 대가관계의 하자 비교 |

구분	보상관계의 하자	대가관계의 하자
제3자를 위한 계약	영향 ○	영향 ×
수익자에 대항 가능 여부	대항 ○	대항 ×

(4) 계약의 효력

① 제3자는 낙약자에 대하여 계약의 이익을 받을 의사표시, 즉 수익의 의사표시를 함으로써 직접 권리를 취득한다(제539조).

② 제3자가 하는 수익의 의사표시는 제3자를 위한 계약에 있어서 제3자의 권리의 발생요건이지 계약의 성립요건이 아니다.

③ 낙약자는 상당한 기간을 정하여 계약의 이익의 향수 여부의 확답을 제3자에게 최고할 수 있고, 낙약자가 그 기간 내에 확답을 받지 못한 때에는 제3자가 계약의 이익을 받을 것을 거절한 것으로 본다(제540조).

④ 수익의 의사표시 이후에는 **당사자는 합의로써 제3자의 권리를 변경 또는 소멸시키지 못한다.** 그러나 당사자가 미리 변경·소멸시킬 수 있음을 유보하여 두거나 제3자가 동의한 경우에는 가능하다.

> **판례** 제3자를 위한 계약에 있어 제3자의 권리를 변경·소멸시키는 행위의 효력
>
> 제3자를 위한 계약에 있어서 제3자가 「민법」 제539조 제2항에 따라 수익의 의사표시를 함으로써 제3자에게 권리가 확정적으로 귀속된 경우에는, 요약자와 낙약자의 합의에 의하여 제3자의 권리를 변경·소멸시킬 수 있음을 **미리 유보하였거나, 제3자의 동의가 있는 경우가 아니면** 계약의 당사자인 요약자와 낙약자는 제3자의 권리를 변경·소멸시키지 못하고, 만일 계약의 당사자가 제3자의 권리를 임의로 변경·소멸시키는 행위를 한 경우 이는 제3자에 대하여 효력이 없다(대판 2001다30285).

⑤ 수익의 의사표시 이후라도 계약의 당사자가 되는 것은 아니므로 낙약자가 의무를 이행하지 않는 것을 이유로 수익자는 계약을 **해제하거나 원상회복을 요구하는 것은 허용되지 않는다.** 다만, 요약자가 낙약자의 채무불이행을 이유로 계약을 해제한 경우에 **손해배상은 청구할 수 있다.**

> **판례** 수익자의 권리
>
> 1. 제3자를 위한 계약의 당사자가 아닌 수익자는 **계약의 해제권이나 해제를 원인으로 한 원상회복청구권이 있다고 볼 수 없다**(대판 92다41559).

참고 계약 성립시로 소급하여 권리를 취득하는 것은 아니다.

참고 계약의 성질상 변제공탁이나 제3자를 위한 보험계약에서는 수익의 의사표시를 요하지 않는다.

참고 계약 당사자는 제3자의 권리가 발생한 후에는 합의해제를 할 수 없고, 설사 합의해제를 하더라도 그로써 이미 제3자가 취득한 권리에는 아무런 영향을 미치지 못한다.

2. 제3자를 위한 계약에 있어서 수익의 의사표시를 한 **수익자는 낙약자에게 직접 그 이행을 청구할 수 있을 뿐만** 아니라 요약자가 계약을 해제한 경우에는 **낙약자에게 자기가 입은 손해의 배상을 청구할 수 있는 것이므로**, 수익자가 완성된 목적물의 하자로 인하여 손해를 입었다면 수급인은 그 손해를 배상할 의무가 있다(대판 92다41559).

⑥ 제3자를 위한 유상·쌍무계약의 경우, 요약자는 낙약자의 채무불이행을 이유로 제3자의 동의 없이 계약을 해제할 수 있다.
⑦ 낙약자는 계약의 당사자이므로 취소권·해제권을 가진다. 낙약자가 요약자의 불이행을 이유로 **계약을 해제한 경우**, 낙약자는 원상회복을 요약자에게 청구하여야 하며 **수익자에게 청구할 수 없다.**

> **판례** 낙약자가 이미 제3자에게 급부한 것에 대하여 계약해제에 기한 원상회복 또는 부당이득을 원인으로 제3자를 상대로 그 반환을 구할 수 있는지 여부(소극)
>
> 제3자를 위한 계약관계에서 낙약자와 요약자 사이의 법률관계(이른바 기본관계)를 이루는 계약이 해제된 경우 그 계약관계의 청산은 계약의 당사자인 낙약자와 요약자 사이에 이루어져야 하므로, 특별한 사정이 없는 한 낙약자가 이미 제3자에게 급부한 것이 있더라도 낙약자는 계약해제에 기한 원상회복 또는 부당이득을 원인으로 제3자를 상대로 그 반환을 구할 수 없다(대판 2005다7566, 7573).

예제

매도인 甲과 매수인 乙 사이에 매매대금을 丙에게 지급하기로 하는 제3자를 위한 계약을 체결하였고, 丙이 乙에게 수익의 의사표시를 하였다. 다음 설명 중 옳은 것은? (다툼이 있으면 판례에 따름) 제35회

① 乙의 대금채무 불이행이 있는 경우, 甲은 丙의 동의 없이 乙과의 계약을 해제할 수 없다.
② 乙의 기망행위로 甲과 乙의 계약이 체결된 경우, 丙은 사기를 이유로 그 계약을 취소할 수 있다.
③ 甲과 丙의 법률관계가 무효인 경우, 특별한 사정이 없는 한 乙은 丙에게 대금지급을 거절할 수 있다.
④ 乙이 매매대금을 丙에게 지급한 후에 甲과 乙의 계약이 취소된 경우, 乙은 丙에게 부당이득반환을 청구할 수 있다.
⑤ 甲과 乙이 계약을 체결할 때 丙의 권리를 변경시킬 수 있음을 유보한 경우, 甲과 乙은 丙의 권리를 변경시킬 수 있다.

> **해설** ⑤ 제3자를 위한 계약에 있어서, 제3자가 수익의 의사표시를 함으로써 제3자에게 권리가 확정적으로 귀속된 경우에는, 요약자와 낙약자의 합의에 의하여 제3자의 권리를 변경·소멸시킬 수 있음을 미리 유보하였거나, 제3자의 동의가 있는 경우가 아니면 계약의 당사자인 요약자와 낙약자는 제3자의 권리를 변경·소멸시키지 못하고, 만일 계약의 당사자가 제3자의 권리를 임의로 변경·소멸시키는 행위를 한 경우 이는 제3자에 대하여 효력이 없다(대판 2001다30285).
> ① 제3자를 위한 계약의 경우 요약자는 낙약자의 채무불이행을 이유로 제3자의 동의 없이 계약을 해제할 수 있다(대판 69다1410).
> ② 수익자는 계약의 당사자가 아니므로 계약의 취소권이나 해제권을 행사할 수 없다.
> ③ 요약자와 수익자 사이의 관계를 대가관계라 하는데, 대가관계의 흠결이나 하자는 제3자를 위한 계약에 영향을 미치지 않는다(대판 2003다49771). 따라서 甲과 丙의 법률관계가 무효인 경우, 특별한 사정이 없는 한 乙은 丙에게 대금지급을 거절할 수 없다.
> ④ 제3자를 위한 계약에서 요약자와 낙약자 사이의 법률관계(이른바 기본관계)를 이루는 계약이 해제된 경우, 낙약자는 이미 제3자에게 급부한 것에 대해 계약해제에 기한 원상회복 또는 부당이득을 원인으로 제3자를 상대로 그 반환을 청구할 수 없다(대판 2005다7566).
>
> **정답** ⑤

제4절 | 계약의 해제와 해지

1 서설

(1) 해제의 의의

① 계약이 체결되어 일단 효력이 발생한 후에 당사자 일방의 의사표시로 계약의 효력을 소급적으로 소멸시키는 것을 계약의 해제라고 한다.

② 해제권은 해제권자의 일방적 의사표시로 효력이 발생하는 형성권에 해당한다.

> **판례** 의무를 위반한 자도 해제의 효력을 주장할 수 있는지 여부
>
> 일방 당사자의 계약 위반을 이유로 한 상대방의 계약해제 의사표시에 의하여 계약이 해제되었음에도 상대방이 계약이 존속함을 전제로 계약상 의무의 이행을 구하는 경우 <u>계약을 위반한 당사자도 당해 계약이 상대방의 해제로 소멸되었음을 들어 그 이행을 거절할 수 있다.</u>

참고 소제기로써 계약해제권을 행사한 후 그 뒤 그 소송을 취하하였다 하여도 해제권은 형성권이므로 그 행사의 효력에는 아무런 영향을 미치지 아니한다.

(2) 해제권의 종류

해제에는 당사자가 미리 계약에서 해제권을 유보하였다가 그에 의하여 해제하는 약정해제와 법률의 규정에 따라 해제하는 법정해제가 있다. 법정해제는 보통 채무불이행을 원인으로 한다.

❷ 해제와 구별되는 제도 제32회, 제35회, 제36회

(1) 취소

구분		해제	취소
차이점	대상	계약에 한정	법률행위 전반
	효과	원상회복	부당이득반환
	종류	약정해제, 법정해제	법률규정(제한능력, 착오, 사기·강박)
공통점		① 형성권(단독행위) ② 소급효 인정 ③ 권리행사가 있어야 소멸(즉, 당연소멸 ×)	

(2) 해제계약(합의해제)

해제는 해제권자의 일방적인 의사표시에 의하여 성립하는 단독행위라는 점에서 계약 당사자가 체결한 계약의 효력을 합의에 의하여 소멸시키는 해제계약(합의해제)과 구별된다. 합의해제는 묵시적으로 이루어질 수 있으며, 매매계약의 합의해제시에도 소유권은 소급적으로 매도인에게 당연히 회복된다.

① 계약의 합의해제의 효력은 그 합의의 내용에 의하여 다루어지는 것이고, 이에는 해제에 관한 제543조 이하의 규정이 적용되지 않는다.
② 매매계약이 합의해제된 경우에도 매수인에게 이전되었던 소유권은 당연히 매도인에게 복귀되는 것이므로 합의해제에 따른 매도인의 원상회복청구권은 소유권에 기한 물권적 청구권이라 할 것이고, 이는 소멸시효의 대상이 되지 아니한다.
③ 계약의 합의해제에 있어서도 제548조의 해제의 경우와 같이 제3자의 권리를 해할 수 없다.

참고 📖 매도인이 해제를 주장하며 수령한 대금을 공탁하고 매수인이 이의 없이 수령한 경우, 특별한 사정이 없는 한 합의해제된 것으로 본다.

참고 📖 따라서 특약이 없는 한 손해배상을 청구할 수 없으며, 반환할 금전에 그 받은 날로부터의 이자를 가하여야 할 의무도 없다.

기출 📑 합의해제를 무효화시키고 해제된 매매계약을 부활시키는 약정은 원칙적으로 당사자 사이에서 그 효력이 있다. 제36회

> **판례** 합의해제(해제계약)

1. 계약의 합의해제의 효력은 그 합의의 내용에 의하여 다루어지는 것이고 이에는 해제에 관한 「민법」 제543조 이하 규정은 적용되지 않는다(대판 79다1455).
   - ✔ 따라서 특약이 없는 한 **손해배상을 청구할 수 없다**(대판 86다카1147). 반환할 금전에 그 받은 날로부터의 **이자를 가하여야 할 의무가 없다**(대판 2000다5336).

2. 매매계약이 **합의해제된 경우에도** 매수인에게 이전되었던 소유권은 당연히 매도인에게 복귀하는 것이므로 합의해제에 따른 **매도인의 원상회복청구권은 소유권에 기한 물권적 청구권이라 할 것이고 이는 소멸시효의 대상이 되지 아니한다**(대판 92다43975).

3. 「민법」상 해제에 관한 규정은 적용되지 아니하나 매도인의 등기말소청구권은 소유권에 기한 물권적 청구권이므로 매매계약의 합의해제시에도 해제에서와 마찬가지로 소유권은 소급적으로 매도인에게 당연히 복귀된다. 따라서 계약의 **합의해제에 있어서도 「민법」 제548조의 해제의 경우와 같이 이로써 제3자의 권리를 해할 수 없다**(대판 91다2601).

> **예제**

부동산의 매매계약이 합의해제된 경우에 관한 설명으로 틀린 것은? (다툼이 있으면 판례에 따름) 제31회

① 특별한 사정이 없는 한 채무불이행으로 인한 손해배상을 청구할 수 있다.
② 매도인은 원칙적으로 수령한 대금에 이자를 붙여 반환할 필요가 없다.
③ 매도인으로부터 매수인에게 이전되었던 소유권은 매도인에게 당연히 복귀한다.
④ 합의해제의 소급효는 법정해제의 경우와 같이 제3자의 권리를 해하지 못한다.
⑤ 매도인이 잔금기일 경과 후 해제를 주장하며 수령한 대금을 공탁하고 매수인이 이의 없이 수령할 경우, 특별한 사정이 없는 한 합의해제된 것으로 본다.

해설 ①② 계약의 합의해제의 효력은 그 합의의 내용에 의하여 다루어지는 것이고, 이에는 해제에 관한 「민법」 제543조 이하 규정은 적용되지 않는다(대판 79다1455). 따라서 특약이 없는 한 손해배상을 청구할 수 없으며 반환할 금전에 그 받은 날로부터의 이자를 가하여야 할 의무가 없다.
③ 매매계약이 합의해제된 경우에도 매수인에게 이전되었던 소유권은 당연히 매도인에게 복귀하는 것이므로 합의해제에 따른 매도인의 원상회복청구권은 소유권에 기한 물권적 청구권이라 할 것이고, 이는 소멸시효의 대상이 되지 아니한다(대판 92다43975).
④ 계약의 합의해제에 있어서도 「민법」 제548조의 해제의 경우와 같이 이로써 제3자의 권리를 해할 수 없다(대판 91다2601).
⑤ 매매계약에 있어서 매도인이 잔대금 지급기일을 지나 계약해제를 주장하여 이미 지급받은 계약금과 중도금을 반환하는 공탁을 하였을 때, 매수인이 아무런 이의 없이 그 공탁금을 수령하였다면 위 매매계약은 특단의 사정이 없는 한 합의해제된 것으로 봄이 상당하다(대판 79다1457). 즉, 합의해제는 묵시적으로도 가능하다는 취지이다.   **정답** ①

(3) 해제조건(실권약관)

해제는 해제권자의 의사표시(해제권의 행사)에 의하여 계약이 소급하여 소멸하나, 해제조건은 별도의 의사표시 없이 조건의 성취로 인하여 효력이 소멸하게 된다.

> **판례** 해제조건
>
> 매매계약에 있어서 매수인이 **중도금**을 약정한 일자에 지급하지 아니하면 그 계약을 무효로 한다고 하는 특약이 있는 경우, 매수인이 약정한 대로 중도금을 지급하지 아니하면(해제의 의사표시를 요하지 않고) <u>그 불이행 자체로써 계약은 그 일자에 자동적으로 해제</u>된 것이라고 보아야 한다.
>
> **비교판례** 부동산 매매계약에 있어서 매수인이 **잔대금** 지급기일까지 그 대금을 지급하지 못하면 그 계약이 자동적으로 해제된다는 취지의 약정이 있더라도 특별한 사정이 없는 한 매수인의 잔대금 지급의무와 매도인의 소유권이전등기의무는 동시이행의 관계에 있으므로 매도인이 잔대금 지급기일에 소유권이전등기에 필요한 서류를 준비하여 매수인에게 알리는 등 이행의 제공을 하여 <u>매수인으로 하여금 이행지체에 빠지게 하였을 때에 비로소 자동적으로 매매계약이 해제된다</u>고 보아야 하고, 매수인이 그 약정기한을 도과하였더라도 이행지체에 빠진 것이 아니라면 대금 미지급으로 계약이 자동해제된 것으로 볼 수 없다.

(4) 해지

임대차와 같은 계속적 채권관계에서 당사자 일방의 의사표시에 의하여 장래를 향하여 그 계약관계를 소멸시키는 것을 해지라고 하는데, 이는 소급효가 없다는 점에서 해제와 구별된다.

비교 ➡ 해지와 해제

해지	해제
• 계속적 채권관계	• 일회적 채권관계
• 장래효	• 소급효
• 청산의무	• 원상회복의무
• 손해배상청구 인정	• 손해배상청구 인정

3 약정해제권의 발생

(1) 약정에 의하여 당사자는 일정한 경우에 해제권을 발생시킬 수 있고, 그 해제권을 당사자 일방이나 쌍방에게 유보할 수 있다.

(2) 약정해제권을 행사하는 경우에는 그 해제사유가 채무불이행이 아니므로 법정해제의 경우와는 달리 그 해제의 효과로서 손해배상의 청구를 할 수 없다.

(3) 「민법」상 해제에 관한 규정을 적용하므로 원상회복시 금전을 받은 자는 받은 날로부터 이자를 가산하여야 한다.

4 법정해제권의 발생 제33회, 제35회

(1) 이행지체로 인한 해제권

> **제544조【이행지체와 해제】** 당사자 일방이 그 채무를 이행하지 아니하는 때에는 상대방은 상당한 기간을 정하여 그 이행을 최고하고 그 기간 내에 이행하지 아니한 때에는 계약을 해제할 수 있다. 그러나 채무자가 미리 이행하지 아니할 의사를 표시한 경우에는 최고를 요하지 아니한다.

① 보통의 이행지체(정기행위가 아닌 경우): 이행지체로 인한 해제권이 발생하기 위하여는 상당한 기간을 정하여 최고하고 그 기간 내에도 이행이 없으면 계약을 해제할 수 있다.
  ㉠ 채무자의 귀책사유로 인하여 이행하지 않을 것
  ㉡ 상당한 기간을 정한 이행을 최고할 것
    ⓐ 상당한 기간에 미달하는 최고는 최고로서의 효력은 있으나 상당한 기간이 경과한 후에 해제권이 발생한다.
    ⓑ 예외
      • 채무자가 미리 이행하지 아니할 의사를 표시한 경우에는 최고를 요하지 아니한다(제544조 단서).
      • 그러나 그 이행 거절의 의사표시가 적법하게 철회된 경우 상대방으로서는 자기 채무의 이행을 제공하고 상당한 기간을 정하여 이행을 최고한 후가 아니면 채무불이행을 이유로 계약을 해제할 수 없다.
  ㉢ 최고기간 내에 이행을 하지 않을 것
    ⓐ 채무자가 최고기간 내에 이행 또는 이행의 제공을 하지 않은 경우에는 계약을 해제할 수 있다
    ⓑ 당사자의 일방이 이행을 제공하더라도 상대방이 상당한 기간 내에 그 채무를 이행할 수 없음이 객관적으로 명백한 경우에는 그 일방은 자신의 채무의 이행을 제공하지 않더라도 상대방의 이행지체를 이유로 계약을 해제할 수 있다.

참고 📖 이행최고는 반드시 미리 일정한 기간을 명시하여 최고하여야 하는 것은 아니다.

참고 📖 최고를 요하지 않는 경우
1. 채무자가 미리 이행하지 않을 의사를 표시한 때(제544조)
2. 이행거절의 의사표시가 없더라도 이행의사가 없음이 객관적으로 명백한 때
3. 정기행위의 이행지체
4. 이행불능(제546조)
5. 추완이 불가능한 불완전이행
6. 약정해제

참고 📖 이때 상대방이 채무를 이행할 수 없음이 명백한지의 여부는 계약해제시를 기준으로 하여 판단한다.

② 정기행위에서의 이행지체

> **제545조 【정기행위와 해제】** 계약의 성질 또는 당사자의 의사표시에 의하여 일정한 시일 또는 일정한 기간 내에 이행하지 아니하면 계약의 목적을 달성할 수 없을 경우에 당사자 일방이 그 시기에 이행하지 아니한 때에는 상대방은 전조의 최고를 하지 아니하고 계약을 해제할 수 있다.

㉠ 정기행위에 있어서는 채무불이행이 있으면 곧 해제권이 발생하고, 보통의 계약에서와 같은 최고를 필요로 하지 않는다(제545조).
㉡ 정기행위에서 이행지체가 있으면 해제권이 발생할 뿐이고 곧 해제의 효과가 발생하는 것은 아니다. 즉, 정기행위에 있어서 최고는 필요하지 않으나 해제의 의사표시는 필요하다.

(2) (협의의) 이행불능으로 인한 해제권

> **제546조 【이행불능과 해제】** 채무자의 책임 있는 사유로 이행이 불능하게 된 때에는 채권자는 계약을 해제할 수 있다.

이행불능(협의의 이행불능)이란 계약이 성립한 후에 채무자의 귀책사유로 인하여 채무를 이행할 수 없게 된 경우를 말한다.
① 최고를 할 필요가 없다.
② 이행기가 도래할 필요가 없다.
③ 자신의 이행 또는 이행의 제공을 할 필요가 없다.

> **판례** 소유권이전등기의무의 이행불능을 이유로 매매계약을 해제함에 있어서 잔대금 지급의무의 이행제공이 필요한지 여부(소극)
> 매도인의 매매계약상의 소유권이전등기의무가 <u>이행불능</u>이 되어 이를 이유로 매매계약을 해제함에 있어서는 상대방의 잔대금 지급의무가 매도인의 소유권이전등기의무와 <u>동시이행관계에 있다고 하더라도 그 이행의 제공을 필요로 하는 것이 아니다</u>(대판 2000다22850).

참고 계약 성립 후 건물에 가압류가 되었다는 사유만으로는 계약 위반을 이유로 계약을 해제할 수 없다.

참고 이행불능이 매수인의 귀책사유에 의한 경우에는 매수인은 그 이행불능을 이유로 계약을 해제할 수 없다.

(3) 불완전이행으로 인한 해제권

완전이행이 가능(추완 가능)한 경우에는 채권자가 상당기간을 정하여 완전이행을 최고하여야 하고, 완전이행이 불가능(추완 불가능)한 경우에는 채권자는 최고 없이 곧바로 해제권을 행사할 수 있다.

(4) 부수적 의무의 불이행으로 인한 해제권

주된 채무가 아닌 부수적 채무를 불이행한 것에 지나지 아니한 경우에는 계약을 해제할 수 없다.

> 참고 다만, 수령의무나 협력의무가 이행되지 않으면 계약 목적을 달성할 수 없는 때에는 채무자는 수령의무나 협력의무 위반을 이유로 계약을 해제할 수 있다.

(5) 채권자지체로 인한 해제

채권자지체가 성립하는 경우 그 효과로서 원칙적으로 채권자에게 「민법」 규정에 따른 일정한 책임이 인정되는 것 외에, 손해배상이나 계약해제를 주장할 수는 없다.

5 해제권의 불가분성

> **제547조【해지, 해제권의 불가분성】** ① 당사자의 일방 또는 쌍방이 수인인 경우에는 계약의 해지나 해제는 그 전원으로부터 또는 전원에 대하여 하여야 한다.
> ② 전항의 경우에 해지나 해제의 권리가 당사자 1인에 대하여 소멸한 때에는 다른 당사자에 대하여도 소멸한다.

(1) 행사상의 불가분성

① 당사자의 일방 또는 쌍방이 수인인 경우에 계약의 해지나 해제는 그 전원으로부터 또는 전원에 대하여 하여야 한다. 그러나 반드시 동시에 하지 않아도 된다.

> **판례** 해제권 행사상의 불가분성
>
> 수인의 매수인에게 부동산을 공동매도하였으나 매수인이 대금을 지급하지 않는 경우, 매도인의 이행최고 및 해제의 통지가 다수의 매수인 중 일부에 대하여 그 송달이 불능으로 되었다면 해제의 효력은 매수인 전원에 대하여 발생할 수 없다(대판 68다696).

② 해제권의 불가분성에 관한 규정은 임의규정이므로 당사자의 특약으로 이를 배제할 수 있다.

(2) 소멸상의 불가분성

해제의 권리가 당사자 1인에 대하여 소멸한 때에는 다른 당사자에 대하여도 소멸한다.

6 해제의 효과 제33회, 제34회, 제35회

> **제548조【해제의 효과, 원상회복의무】** ① 당사자 일방이 계약을 해제한 때에는 각 당사자는 그 상대방에 대하여 원상회복의 의무가 있다. 그러나 제3자의 권리를 해하지 못한다.
> ② 전항의 경우에 반환할 금전에는 그 받은 날로부터 이자를 가하여야 한다.
> **제551조【해지, 해제와 손해배상】** 계약의 해지 또는 해제는 손해배상의 청구에 영향을 미치지 아니한다.

(1) 의의
당사자 일방의 채무불이행이 있는 경우 계약을 해제하면 처음부터 그러한 계약이 있지 않았던 것과 같은 상태로 되돌아가게 된다.

(2) 해제의 소급효
① 계약의 소급적 실효
  ㉠ 계약에 의하여 생긴 채권·채무는 해제에 의하여 소급하여 소멸한다.
  ㉡ 계약이 해제되면 일단 이전되었던 권리는 등기나 인도 없이 당연히 복귀한다.
② 제3자의 보호
  ㉠ 제3자란 그 해제된 계약으로부터 생긴 법률적 효과를 기초로 하여 새로운 이해관계를 가졌을 뿐 아니라 등기·인도 등으로 완전한 권리를 취득한 자를 지칭하는 것이고, 계약상의 채권을 양도받은 양수인은 특별한 사정이 없는 한 이에 포함되지 않는다. 즉, 완전한 권리가 아닌 단순히 채권에 대한 이해관계인은 제3자에서 제외한다.
  ㉡ 해제 이전은 물론이고(선·악 불문), 해제 이후라 하더라도 그 등기가 말소되기 전에 해제 사실을 모르고(선의) 권리를 취득한 경우에는 제3자로서 보호된다.

핵심 제3자의 보호 여부

계약해제시 보호되는 제3자	계약해제시 보호되지 않는 자
① 계약대상 부동산 자체를 가압류한 매수인의 채권자	① 해제에 의하여 소멸하는 채권의 양수인
② 계약해제로 소유권을 상실하게 된 자로부터 임대차계약을 체결하고 대항요건을 갖춘 임차인	② 해제에 의하여 소멸하는 채권 자체의 가압류채권자
③ 계약해제 후 매도인 앞으로 등기가 회복되기 전에 매수인으로부터 선의로 목적물의 소유권(저당권, 전세권 등의 물권)을 취득한 자	③ 매수인의 소유권이전등기청구권을 가압류한 매수인의 채권자
④ 매수인과 매매계약을 체결한 후 그에 기한 소유권이전등기청구권 보전을 위한 가등기를 마친 자	④ 미등기 무허가 건물에 관한 매매계약이 해제되기 전에 매수인으로부터 해당 무허가 건물을 다시 매수하고 무허가건물관리대장에 소유자로 등재된 자
	⑤ 해제된 매매계약의 목적 토지 위에 매수인이 신축한 건물의 양수인

> **참고** 계약의 해제시 선의의 점유자라도 과실을 취득할 수 없다.

③ 원상회복
㉠ 해제로 인한 원상회복시에는 상대방의 선의·악의와 현존이익 여부를 묻지 않고 급부를 전부 상대방에게 반환하여야 한다.
㉡ 원상회복은 원물상환을 원칙으로 한다. 그러나 수령한 원물의 멸실·훼손·소비 등으로 원물상환이 불가능하게 된 때에는 가격상환(해제 당시의 가격)을 하게 된다.
㉢ 채무의 이행으로 금전이 급부된 경우에는 그 받은 금액에 관하여 **받은 날로부터** 이자를 붙여서 반환하여야 한다(제548조 제2항).
✔ 이자는 부당이득반환의 성질을 가지는 것이지 이행지체로 인한 손해배상이 아니다.

④ 손해배상
㉠ 해제와 손해배상은 택일적 관계에 있는 것이 아니라 양립하며 함께 행사할 수 있다.
㉡ 채무불이행을 이유로 계약해제와 아울러 손해배상을 청구하는 경우 이행이익의 배상을 구하는 것이 원칙이지만, 선택적으로 신뢰이익의 배상을 구할 수 있다.

⑤ 해제의 효과와 동시이행: 계약 당사자가 해제한 결과로서 원상회복 및 손해배상의 의무를 상호 부담하는 경우에는 그 관계는 쌍무계약의 경우와 유사하여 동시이행의 관계가 인정된다(제536조, 제549조).

7 해제권의 소멸

해제권은 채무자의 이행 또는 이행의 제공·포기·제척기간(10년)의 경과 등에 의하여 소멸하지만, 「민법」이 규정하는 특수한 소멸원인에 의하여도 소멸한다.

(1) 상대방의 최고에 의한 소멸

해제권의 행사의 기간을 정하지 아니한 때에는 상대방은 상당한 기간을 정하여서 최고하고 그 기간 내에 해제의 통지를 받지 못하면 해제권은 소멸한다(제552조).

(2) 해제권자에 의한 목적물의 훼손 등에 의한 소멸

해제권자가 고의나 과실로 인하여 계약의 목적물이 현저히 훼손되거나 이를 반환할 수 없게 된 때 또는 가공이나 개조로 인하여 다른 종류의 물건으로 변경된 때에는 해제권은 소멸한다(제553조).

(3) 당사자가 수인 있는 경우의 소멸

당사자의 일방 또는 쌍방이 수인 있는 경우, 1인에 관하여 해제권이 소멸하면 다른 모든 자에 대한 관계에서도 소멸한다(제547조 제2항).

예제

1. 계약해제·해지에 관한 설명으로 틀린 것은? (다툼이 있으면 판례에 따름) 제31회
   ① 계약의 해지는 손해배상청구에 영향을 미치지 않는다.
   ② 채무자가 불이행 의사를 명백히 표시하더라도 이행기 도래 전에는 최고 없이 해제할 수 없다.
   ③ 이행불능으로 계약을 해제하는 경우, 채권자는 동시이행관계에 있는 자신의 급부를 제공할 필요가 없다.
   ④ 일부 이행불능의 경우, 계약목적을 달성할 수 없으면 계약 전부의 해제가 가능하다.
   ⑤ 계약당사자 일방 또는 쌍방이 여러 명이면, 해지는 특별한 사정이 없는 한 그 전원으로부터 또는 전원에게 해야 한다.

   해설 ② 채무자가 미리 이행하지 아니할 의사를 표시한 경우에는 최고를 요하지 아니한다(제544조 단서).
   ① 계약의 해지 또는 해제는 손해배상청구에 영향을 미치지 않는다(제551조).
   ③ 매도인의 소유권이전등기의무의 이행불능을 이유로 매수인이 매매계약을 해제하는 경우 잔대금지급의무의 이행제공이 필요한 것은 아니다(대판 2000다22850). 즉, 이행불능을 이유로 계약을 해제할 때에는 최고, 이행제공, 이행기에 상관없이 즉시 해제할 수 있다.

④ 계약의 일부의 이행이 불능인 경우에는 이행이 가능한 나머지 부분만의 이행으로 계약의 목적을 달할 수 없을 경우에만 계약 전부의 해제가 가능하다(대판 94다57817).
⑤ 제547조(해지·해제권의 불가분성) **정답 ②**

2. 매도인 甲과 매수인 乙 사이의 X주택에 관한 계약이 적법하게 해제된 경우, 해제 전에 이해관계를 맺은 자로서 '계약해제로부터 보호되는 제3자'에 해당하지 않는 자는? (다툼이 있으면 판례에 따름) 제35회

① 乙의 소유권이전등기청구권을 압류한 자
② 乙의 책임재산이 된 X주택을 가압류한 자
③ 乙명의로 소유권이전등기가 된 X주택에 관하여 저당권을 취득한 자
④ 乙과 매매예약에 따라 소유권이전등기청구권보전을 위한 가등기를 마친 자
⑤ 乙명의로 소유권이전등기가 된 X주택에 관하여 「주택임대차보호법」상 대항요건을 갖춘 자

해설 ① 소유권이전등기청구권의 가압류나 압류가 행하여져도 기본적 계약관계인 매매계약 자체를 해제할 수 있고, 그 채권 자체를 압류 또는 전부한 채권자는 여기서 말하는 제3자에 해당하지 아니한다(대판 99다51685). **정답 ①**

제1장 메타인지 학습체크

01 교환계약은 [① 낙성 / ② 요물]계약이다.

02 [① 청약 / ② 승낙]은 불특정 다수인에게 할 수 있으나, [③ 청약 / ④ 승낙]은 반드시 특정인에게 하여야 한다.

03 일반적으로 아파트 분양광고나 구인광고는 [① 청약 / ② 청약의 유인]에 해당한다.

04 청약은 원칙적으로 [① 도달 / ② 발송]에 의하여 효력을 발생한다.

05 승낙기간을 정한 청약은 승낙기간 내에 승낙의 통지를 [① 받지 못한 때 / ② 발송하지 않은 때]에는 그 효력을 잃는다.

06 격지자 간의 계약은 승낙의 통지가 청약자에게 [① 도달한 때 / ② 발송된 때]에 성립한다.

07 당사자 간에 동일한 내용의 청약이 상호교차된 경우, 양 청약이 상대방에게 [① 발송된 때 / ② 도달한 때]에 계약이 성립한다.

08 계약이 체결된 후 매매목적 건물이 전소된 경우, 그 매매계약은 [① 유효 / ② 무효]이다.

09 목적이 불능한 계약을 체결할 때에 그 불능을 알았거나 알 수 있었을 자는 상대방이 그 불능을 과실 없이 알지 못한 경우에는 [① 신뢰이익 / ② 이행이익]을 배상하여야 한다.

10 동시이행의 관계에 있는 쌍방의 채무 중 어느 한 채무가 이행불능이 됨으로 인하여 발생한 손해배상채무는 다른 채무와 동시이행의 관계에 [① 있다. / ② 있지 않다.]

정답

01 ①　02 ①, ④　03 ②　04 ①　05 ①　06 ②　07 ②　08 ①　09 ①　10 ①

메타인지 학습체크

11 선이행의무자가 이행을 지체하는 동안에 상대방의 채무의 변제기가 도래한 경우, 특별한 사정이 없는 한 쌍방의 의무는 동시이행관계가 [① 된다. / ② 되지 않는다.]

12 동시이행의 항변권을 가지는 자는 이행거절의 의사를 [① 밝혀야 / ② 밝히지 않아도] 이행지체가 되지 않는다.

13 임대차 종료 후 보증금을 반환받지 못한 임차인이 동시이행의 항변권에 기하여 임차목적물을 점유하는 경우, [① 불법행위 / ② 부당이득반환]책임을 진다.

14 동시이행의 항변권이 붙은 채권은 이를 [① 자동채권 / ② 수동채권]으로 하여 상계(相計)하지 못한다.

15 쌍무계약에 있어서 위험부담은 [① 원시적 / ② 후발적] 불능의 경우에 문제가 된다.

16 우리 「민법」은 위험부담과 관련하여 원칙적으로 [① 채무자 / ② 채권자] 위험부담주의를 취하고 있다.

17 매수인의 수령지체 중에 당사자의 책임 없는 사유로 목적물이 소실된 경우, 매도인은 매수인에게 매매대금의 지급을 청구할 수 [① 있다. / ② 없다.]

18 수익자의 수익의 의사표시는 [① 요약자 / ② 낙약자]에게 하여야 한다.

19 낙약자는 [① 보상관계 / ② 대가관계]에 기한 항변으로 제3자에게 대항할 수 있다.

20 제3자의 수익의 의사표시는 제3자를 위한 계약에 있어서 [① 제3자의 권리발생요건 / ② 계약의 성립요건]에 해당한다.

정답

11 ① 12 ② 13 ② 14 ① 15 ② 16 ① 17 ① 18 ② 19 ① 20 ①

21 제3자를 위한 계약의 수익자는 계약의 해제권이나 해제를 원인으로 한 원상회복청구권이 [① 있다. / ② 없다.]

22 제3자를 위한 계약에서 요약자는 낙약자의 채무불이행을 이유로 제3자의 [① 동의 없이 / ② 동의를 얻어야] 계약을 해제할 수 있다

23 낙약자가 상당한 기간을 정하여 제3자에게 수익 여부의 확답을 최고하였으나 그 기간 내에 확답을 받지 못한 때에는 제3자가 [① 수익의 의사를 표시한 것 / ② 수익을 거절한 것]으로 본다.

24 낙약자가 요약자의 불이행을 이유로 계약을 해제한 경우, 낙약자는 원상회복을 수익자에게 청구할 수 [① 있다. / ② 없다.]

25 [① 합의해제 / ② 법정해제]는 특약이 없는 한 손해배상의 문제가 발생되지 않으며, 금전을 반환하는 때에도 받은 날로부터 이자를 가산한다는 규정은 적용하지 않는다.

26 매매계약에 있어서 매수인이 [① 중도금 / ② 잔대금]을 약정한 일자에 지급하지 아니하면 그 계약을 무효로 한다고 하는 특약이 있는 경우, 매수인이 약정한 대로 지급하지 아니하면 그 불이행 자체로써 계약은 그 일자에 자동적으로 해제된 것이라고 보아야 한다.

27 이행최고는 반드시 미리 일정한 기간을 명시하여 최고하여야 [① 한다. / ② 하는 것은 아니다.]

28 [① 이행지체 / ② 이행불능]의 경우에는 해제에 앞서 이행의 최고를 할 필요가 없으며 계약을 해제하기 위하여 자신의 이행 또는 이행의 제공을 할 필요도 없다.

29 당사자의 쌍방이 수인일 때에 계약의 해제를 그 1인에 대하여 한 경우 해제의 효력이 [① 있다. / ② 없다.]

정답

21 ② **22** ① **23** ② **24** ② **25** ① **26** ① **27** ② **28** ② **29** ②

제1장 메타인지 학습체크

30 해제권의 불가분성에 관한 규정은 [① 임의규정 / ② 강행규정]에 해당한다.

31 매매계약에 의하여 매수인 명의로 이전등기된 부동산을 계약해제 전에 가압류 집행한 자는 해제시에 보호되는 제3자에 해당[① 한다. / ② 하지 않는다.]

32 토지매수인으로부터 그 토지 위에 신축된 건물을 매수한 자는 토지매매계약의 해제로 인하여 보호받는 제3자에 해당[① 한다. / ② 하지 않는다.]

33 계약해제로 금전을 반환하여야 할 경우에는 [① 받은 날 / ② 받은 다음 날]로부터 이자를 가산하여야 한다.

정답

30 ① **31** ① **32** ② **33** ①

MEMO

제2장 계약법 각론

❖ 매매

- **의의**
  - 일방의 재산권이전약정과 상대방의 대금지급약정으로 성립
  - 낙성·쌍무·유상·불요식계약

- **매매의 예약**
  - 의의 — 본계약을 체결할 것을 약속하는 채권계약
  - 일방예약 — 예약완결권
    - 일방적 행사(형성권)
    - 양도 가능
    - 제척기간 10년

- **계약금**
  - 의의 — 계약시 일방이 제공하는 금전 기타 물건
  - 계약금계약
    - 매매계약과는 독립한 요물계약
    - 주된 계약과 동시 성립 ×
  - 종류
    - 증약금 — 최소한의 성질
    - 손해배상액의 예정 — 특약이 있는 경우에만 인정
    - 해약금
      - 교부자는 포기
      - 수령자는 배액상환
      - 일방이 이행에 착수하기 전까지 가능

- **담보책임**
  - 성질
    - 무과실책임
    - 배제특약 가능
  - 내용
    - 권리의 하자
      - 전부타인의 권리
      - 일부타인의 권리
      - 수량부족·일부멸실
      - 용익적 권리에 의한 제한
      - 전세권·저당권 행사에 의한 제한
    - 물건의 하자
      - 특정물의 하자
      - 종류물의 하자
    - 경매에서의 담보책임
      - 경매는 유효할 것
      - 권리의 하자일 것

제2장 계약법 각론

> 계약금에서는 예약금의 성질로서의 해약금과 손해배상액의 예정에 대해서 정확하게 이해하여야 하며, 담보책임에서는 주로 권리의 하자와 관련된 사례문제가 많이 출제되므로 이에 대비하여야 한다. 또한, 임대차에서는 주로 임차인의 권리·의무를 중심으로 학습하고 이 중에서도 임차인의 비용상환청구권, 지상물매수청구권, 부속물매수청구권을 정리하고, 임차권의 양도와 전대가 사례문제로 출제되는 것에 대비하여야 한다.

제1절 | 매매

1 매매의 의의 제34회, 제36회

(1) 의의

매매란 당사자의 일방이 재산권의 이전을 약정하고, 상대방이 대금의 지급을 약정함으로써 성립하는 계약을 말한다.

(2) 법적 성질

① 매매는 낙성·쌍무·유상·불요식계약으로서, 매매에 관한 규정은 다른 유상계약에 준용된다(제567조).
② 매매는 재산권의 이전을 목적으로 하는 계약이다. 매매의 목적물인 재산권은 계약 당시에 매도인에게 귀속하고 있을 필요가 없고 현존할 것을 요구하지 않으며, 장래에 있어서 성립할 재산권도 매매의 목적이 될 수 있다.
③ 매매는 대금의 지급을 목적으로 한다. 재산권의 이전에 대한 반대급부로서 금전 이외의 다른 물건이나 권리의 이전을 약정하는 것은 매매가 아니라 교환이다(제596조).

> Tip 👉 매매의 목적물은 물건에 한정하지 않으므로 지상권, 전세권도 매매의 목적이 될 수 있다.

(3) 성립

매매는 재산권의 이전에 관하여 대금을 지급하는 것을 목적으로 하는 낙성계약이므로 당사자의 청약과 승낙의 합치만 있으면 유효하게 성립한다.
① 합의는 매매계약의 본질적 구성부분인 재산권이전과 대금지급에 관하여 이루어지면 충분하다.
② 채무의 이행시기·변제장소·계약비용 등과 같은 부수적인 내용에 관하여 합의가 없더라도 매매계약은 성립한다.

> **판례** 매매계약의 성립요건으로서 목적물과 대금의 특정 정도
>
> 1. 매매계약에 있어서 그 목적물과 대금은 반드시 계약체결 당시에 구체적으로 특정될 필요는 없고 이를 사후에라도 구체적으로 특정할 수 있는 방법과 기준이 정해져 있으면 족하다(대판 96다26176).
> 2. 매매계약 체결 당시에 반드시 매매목적물과 대금을 구체적으로 특정할 필요는 없지만, 적어도 매매계약의 당사자인 매도인과 매수인이 누구인지는 구체적으로 특정되어 있어야만 매매계약이 성립할 수 있다(대판 2018다223054).

❷ 매매의 예약 제33회, 제34회, 제36회

(1) 예약의 의의

예약이란 본계약을 체결할 것을 약속하는 계약을 말하며, 예약도 채권계약이므로 계약의 일반원칙에 따른다.

참고 일방예약이 성립하려면 본계약인 매매계약의 요소가 되는 내용이 확정되어 있거나 확정할 수 있어야 한다.

(2) 매매의 일방예약

> **제564조【매매의 일방예약】** ① 매매의 일방예약은 상대방이 매매를 완결할 의사를 표시하는 때에 매매의 효력이 생긴다.
> ② 전항의 의사표시의 기간을 정하지 아니한 때에는 예약자는 상당한 기간을 정하여 매매완결 여부의 확답을 상대방에게 최고할 수 있다.
> ③ 예약자가 전항의 기간 내에 확답을 받지 못한 때에는 예약은 그 효력을 잃는다.

① 예약권리자가 매매를 완결할 의사를 표시한 때, 즉 예약완결권을 행사하면 그때에 매매의 효력이 발생한다.
② 당사자의 특별한 약정이 없는 한 일방예약으로 추정된다.

참고 예약체결시로 소급하여 매매의 효력이 발생하는 것이 아니다.

(3) 예약완결권(형성권)

예약권리자가 상대방에 대하여 매매완결의 의사표시를 할 수 있는 권리를 말한다.
① 예약완결권은 양도할 수 있다(의무자의 승낙은 필요 없음).
② 부동산물권에 대한 예약완결권은 가등기할 수 있다.
③ 당사자가 예약완결권의 행사기간을 정한 경우에는 그 약정에 의하고, 예약완결권은 형성권이므로 그 기간을 정하지 않은 때에는 그 **예약이 성립한 때로부터 10년**의 제척기간 내에 행사하지 않으면 소멸한다.

참고 예약완결권을 행사기간 내에 행사하였는지에 관하여 당사자의 주장이 없어도 법원은 이를 고려하여야 한다.

참고 기산점은 예약이 성립한 때(권리가 발생한 때)이며 당사자가 약정한 때로부터가 아니다.

④ 예약완결권의 존속기간을 정하지 아니한 경우, 예약의무자는 상당기간을 정하여 매매완결 여부의 확답을 최고할 수 있으며, 상당기간 내 확답을 받지 못하면 예약은 효력을 상실한다(도달주의).
⑤ 상대방이 예약목적물인 부동산을 인도받은 경우라도 예약완결권은 10년의 제척기간 경과로 인하여 소멸한다.
⑥ 매매예약이 성립한 이후 상대방의 예약완결권 행사 전에 목적물이 전부 멸실되어 이행불능이 된 경우에는 예약완결권을 행사할 수 없다.

> **참고** 약정이 있는 경우의 행사기간
>
> 당사자 사이에 약정하는 예약완결권의 행사기간에 특별한 제한은 없으므로 10년을 초과하여 행사기간을 정할 수도 있다.

예제

甲은 그 소유의 X부동산에 관하여 乙과 매매의 일방예약을 체결하면서 예약완결권은 乙이 가지고 20년 내에 행사하기로 약정하였다. 이에 관한 설명으로 옳은 것은? (다툼이 있으면 판례에 따름) 제33회

① 乙이 예약체결시로부터 1년 뒤에 예약완결권을 행사한 경우, 매매는 예약체결시로 소급하여 그 효력이 발생한다.
② 乙의 예약완결권은 형성권에 속하므로 甲과의 약정에도 불구하고 그 행사기간은 10년으로 단축된다.
③ 乙이 가진 예약완결권은 재산권이므로 특별한 사정이 없는 한 타인에게 양도할 수 있다.
④ 乙이 예약완결권을 행사기간 내에 행사하였는지에 관해 甲의 주장이 없다면 법원은 이를 고려할 수 없다.
⑤ 乙이 예약완결권을 행사하더라도 甲의 승낙이 있어야 비로소 매매계약은 그 효력이 발생한다.

해설 ③ 예약완결권은 재산권으로 양도성이 있으며, 양도를 함에 있어서 예약의무자의 승낙은 요구되지 않는다.
① 매매의 일방예약은 상대방이 매매를 완결할 의사를 표시하는 때에 매매의 효력이 생긴다(제564조 제1항). 즉, 예약완결권을 행사한 때에 매매의 효력이 생기는 것이지 예약체결시로 소급하지 않는다.
② 당사자 사이에 약정하는 예약완결권의 행사기간에 특별한 제한은 없으므로 10년을 초과하여 행사기간을 정할 수도 있다(대판 2016다42077).

④ 매매예약완결권의 제척기간이 도과하였는지 여부는 소위 직권조사사항으로서 이에 대한 당사자의 주장이 없더라도 법원이 당연히 직권으로 조사하여 재판에 고려하여야 하므로, 상고법원은 매매예약완결권이 제척기간 도과로 인하여 소멸되었다는 주장이 적법한 상고이 유서 제출기간 경과 후에 주장되었다 할지라도 이를 판단하여야 한다(대판 99다18725). 즉, 예약완결권의 행사기간은 제척기간이며, 제척기간이 도과하였는지의 여부는 법원의 직권조사사항이다.
⑤ 일방예약에서 예약완결권은 형성권이므로 예약완결권 행사에 있어서 상대방의 승낙은 요구되지 않는다.

정답 ③

3 계약금 제34회

1. 의의

계약금이란 계약을 체결할 때에 당사자의 일방이 상대방에 대하여 교부하는 금전 기타의 유가물을 말한다.

2. 계약금계약의 성질

(1) 요물계약으로 계약금의 전부가 지급되어야 성립한다.

> **판례** 약정만으로 계약금계약은 성립할 수 없고, 계약금계약이 성립하지 않았다면 당사자가 임의로 주계약을 해제할 수는 없다는 사례
>
> 계약이 일단 성립한 후에는 당사자의 일방이 이를 마음대로 해제할 수 없는 것이 원칙이고, 다만 주된 계약과 더불어 계약금계약을 한 경우에는 「민법」제565조 제1항의 규정에 따라 임의해제를 할 수 있기는 하나, 계약금계약은 금전 기타 유가물의 교부를 요건으로 하므로 단지 계약금을 지급하기로 약정만 한 단계에서는 아직 계약금으로서의 효력, 즉 위 「민법」 규정에 의하여 계약해제를 할 수 있는 권리는 발생하지 않는다고 할 것이다. 따라서 **교부자가 계약금의 잔금 또는 전부를 지급하지 아니하는 한 계약금계약은 성립하지 아니하므로 당사자가 임의로 주계약을 해제할 수는 없다 할 것이다**(대판 2007다73611).

(2) 매매 기타의 계약에 부수하여 행하여지는 종된 계약이다. 따라서 주된 계약이 무효·취소·해제된 경우에는 계약금계약도 당연히 효력을 잃는다.

(3) 주된 계약과 동시에 이루어질 필요는 없다.

참고 교부자가 계약금의 잔금 또는 전부를 지급하지 아니하는 한 계약금계약은 성립하지 아니하므로 당사자가 임의로 주계약을 해제할 수는 없다.

3. 계약금의 종류

(1) 증약금

계약금은 합의가 있었는지의 여부가 불분명한 경우에 언제나 증약금으로서의 기능을 한다. 즉, 증약금은 계약금의 최소한으로서의 성질이다.

(2) 해약금

계약의 해제권을 보류하는 작용을 갖는 계약금을 말한다. 계약금을 교부한 자는 계약금을 포기하고, 이를 수령한 자는 그 배액을 상환함으로써 계약을 해제할 수 있다.

(3) 손해배상액의 예정으로서 위약금

① 계약금은 해약금으로 추정될 뿐 특약이 없는 한 손해배상액의 예정으로 볼 수 없다.

② 계약금을 교부한 자가 불이행한 경우에는 계약금을 몰수하고, 이를 교부받은 자가 불이행한 경우에는 배액을 배상할 것을 약정한 경우(즉, 특약이 있는 경우) 계약금은 손해배상액의 예정으로서의 성질을 갖는다.

✔ 특약이 있으면 계약금은 해약금과 손해배상예정액의 성질을 함께 갖는다.

③ 특약이 없는 경우 계약금을 몰수할 수 없고, 자신의 손해를 별도로 입증하여 배상을 청구하여야 한다.

④ 특약이 있는 경우 채무자에게 채무불이행이 있으면 채권자는 실제 손해액을 증명할 필요 없이 그 예정액을 청구할 수 있는 반면에, 실제 손해액이 예정액을 초과하더라도 그 초과액을 청구할 수 없다.

⑤ 만일 일방에 대하여만 위약금의 특약을 하였다면 그 일방에 대하여는 손해배상액의 예정의 성질을 갖지만 상대방에 대하여는 인정되지 않는다.

Tip 👉 특약이 없어도 해약금으로 추정되지만, 특약이 없다면 손해배상의 예정액으로 추정되지 않는다.
1. 원칙: 몰취 ×
2. 특약 有: 몰취 ○

4. 해약금(임의규정)

> **제565조【해약금】** ① 매매의 당사자 일방이 계약 당시에 금전 기타 물건을 계약금, 보증금 등의 명목으로 상대방에게 교부한 때에는 당사자 간에 다른 약정이 없는 한 당사자의 일방이 이행에 착수할 때까지 교부자는 이를 포기하고 수령자는 그 배액을 상환하여 매매계약을 해제할 수 있다.
> ② 제551조의 규정은 전항의 경우에 이를 적용하지 아니한다.

(1) 해제의 요건

① 교부자의 계약금 포기: 계약금을 교부한 자는 이를 포기하고 일방적으로 매매계약을 해제할 수 있다.

② 수령자의 배액 상환: 계약금을 수령한 자는 그 배액을 상환하여 매매계약을 해제할 수 있다.

참고 📖 해약금의 기준이 되는 금원
계약금의 일부만 지급된 경우 계약금에 의한 해제는 할 수 없지만, 설령 할 수 있다고 하더라도 해약금의 기준이 되는 금원은 '실제 교부받은 계약금'이 아니라 '약정 계약금'으로 본다.

㉠ 계약해제의 의사표시는 그 의사표시만으로는 부족하고, 그 배액의 제공이 있어야 계약해제의 효과가 생긴다.
  ㉡ 상대방이 이를 수령하지 아니한다 하여 이를 공탁할 필요는 없다.
③ 해제 가능한 시기 – 당사자 일방이 이행에 착수하기 전까지
  ㉠ 이행에 착수한다는 것은 단순히 이행의 준비를 하는 것만으로는 부족하나, 반드시 계약 내용에 들어맞는 이행의 제공에까지 이르러야 하는 것은 아니다.
  ㉡ 보통 매수인이 중도금을 지급하면 이행에 착수한 것으로 본다. 어음을 교부한 경우에도 마찬가지이다.
  ㉢ 상대방인 매도인이 매매계약의 이행에는 전혀 착수한 바가 없다 하더라도 매수인이 중도금을 지급하여 이미 이행에 착수한 이상 매수인은 제565조에 의하여 계약금을 포기하고 매매계약을 해제할 수 없다.
  ㉣ 특별한 사정이 없는 한 이행기 이전에 이행에 착수할 수도 있다.
  ㉤ 토지거래허가구역에서 관할 관청으로부터 그 허가를 받았다 하더라도 그러한 사정만으로는 아직 이행의 착수가 있다고 볼 수 없어 매도인으로서는 제565조에 의하여 계약금의 배액을 상환하여 매매계약을 해제할 수 있다.
  ㉥ 매도인이 매수인에게 매매계약의 이행을 최고하고 매매잔대금의 지급을 구하는 소송을 제기한 것만으로는 이행에 착수하였다고 볼 수 없다.
④ 배제특약이 없을 것: 제565조의 해약권은 당사자 간에 다른 약정이 없는 경우에 한하여 인정되는 것이고, 만일 당사자가 제565조의 해약권을 배제하기로 하는 약정을 하였다면 더 이상 그 해제권을 행사할 수 없다.

(2) 해제의 효과

① 해약금에 의한 해제도 보통의 해제와 마찬가지로 소급효가 존재한다. 다만, 이는 이행에 착수하기 전에만 할 수 있으므로 원상회복의 문제는 발생하지 않는다. 또한 해약금에 의한 해제는 약정에 의한 해제이지 채무불이행에 의한 해제가 아니므로 손해배상의 문제는 발생하지 않는다.
② 계약금이 교부되었다 하더라도 채무불이행에 의한 계약해제를 금지하는 것은 아니다. 즉, 약정해제와 법정해제는 별개로 존재한다.

참고 해약금에 의한 해제의 효과
1. 소급효 ○
2. 손해배상 ×
3. 원상회복 ×

> **예제**
>
> 甲은 자신의 X토지를 乙에게 매도하는 계약을 체결하고 乙로부터 계약금을 수령하였다. 이에 관한 설명으로 틀린 것은? (다툼이 있으면 판례에 따름) 제31회
> ① 乙이 지급한 계약금은 해약금으로 추정한다.
> ② 甲과 乙이 계약금을 위약금으로 약정한 경우, 손해배상액의 예정으로 추정한다.
> ③ 乙이 중도금 지급기일 전 중도금을 지급한 경우, 甲은 계약금 배액을 상환하고 해제할 수 없다.
> ④ 만약 乙이 甲에게 약정한 계약금의 일부만 지급한 경우, 甲은 수령한 금액의 배액을 상환하고 계약을 해제할 수 없다.
> ⑤ 만약 X토지가 토지거래허가구역 내에 있고 매매계약에 대하여 허가를 받은 경우, 甲은 계약금 배액을 상환하고 해제할 수 없다.
>
> **해설** ⑤ 토지거래계약에 관한 허가구역에서 당사자가 토지거래허가신청을 하고 이에 따라 관할 관청으로부터 그 허가를 받았다 하더라도, 그러한 사정만으로는 아직 이행의 착수가 있다고 볼 수 없어 매도인으로서는 「민법」제565조에 의하여 계약금의 배액을 상환하여 매매계약을 해제할 수 있다(대판 2008다62427).
> ①② 계약금은 해약금으로 추정되므로(제565조 제1항), 계약금은 별도의 특약이 없어도 해약금의 성질을 갖지만 손해배상액의 예정으로서의 추정되기 위해서는 위약금의 특약이 있어야 한다(대판 95다33726).
> ③ 이행기의 약정이 있더라도 당사자가 채무의 이행기 전에는 착수하지 아니하기로 하는 특약을 하는 등의 특별한 사정이 없는 한 이행기 전에 이행에 착수할 수 있다(대판 92다31323).
> ④ 계약금의 일부만 지급된 경우에는 계약금계약이 성립하지 않았으므로 계약금에 의한 해제를 할 수 없다(대판 2007다73611). 설령 해제할 수 있다고 하더라도 해약금의 기준이 되는 금원은 '실제 교부받은 계약금'이 아니라 '약정 계약금'이라고 봄이 타당하므로, 매도인이 계약금의 일부로서 지급받은 금원의 배액을 상환하는 것으로는 매매계약을 해제할 수 없다 (대판 2014다231378). **정답 ⑤**

4 매매의 효력 제34회

(1) 매매계약에 관한 비용은 특약이 없으면 당사자 쌍방이 균분하여 부담한다.

(2) 과실의 귀속

> **제587조【과실의 귀속, 대금의 이자】** 매매계약이 있은 후에도 인도하지 아니한 목적물로부터 생긴 과실은 매도인에게 속한다. 매수인은 목적물의 인도를 받은 날로부터 대금의 이자를 지급하여야 한다. 그러나 대금의 지급에 대하여 기한이 있는 때에는 그러하지 아니하다.

참고 매매계약에 관한 비용이란 목적물의 측량비용, 계약서 작성비용 등을 말하며 등기비용은 포함되지 않는다.

① 매수인에게 목적물이 인도된 경우
  ㉠ 매매계약이 있은 후에 목적물이 매수인에게 인도되었다면 그때부터의 과실은 매수인이 취득한다. 매수인이 대금을 지급하지 않았더라도 마찬가지이다.
  ㉡ 다만, 매수인은 이에 대응하여 목적물을 인도받은 날로부터 대금의 이자를 지급하여야 한다.
    ⓐ 그러나 약정에 의하여 매도인이 먼저 인도를 하기로 한 것이었다면 매수인은 자신의 이행기까지는 이자를 가산할 필요가 없다.
    ⓑ 또한 매수인의 대금지급의무와 매도인의 소유권이전등기의무가 동시이행관계에 있는 등으로 매수인이 대금지급을 거절할 정당한 사유가 있는 경우에는 매매목적물을 미리 인도받았다 하더라도 위「민법」규정에 의한 이자를 지급할 의무는 없다고 보아야 한다(대판 2011다98129).

② 매수인에게 목적물이 인도되지 않은 경우
  ㉠ 특별한 사정이 없는 한 매매계약이 있은 후에도 인도하지 아니한 목적물로부터 생긴 과실은 매도인에게 속한다(제587조).
  ㉡ 다만, 매매목적물의 인도 전이라도 매수인이 매매대금을 완납한 때에는 그 이후의 과실수취권은 매수인에게 귀속된다고 보아야 할 것이다(대판 2021다220666).

> **판례** 매수인이 이전등기는 하였으나 목적물을 인도받지 못하고 대금을 지급하지 않은 경우의 과실취득권자 - 매도인
>
> 부동산 매매에 있어 목적부동산을 제3자가 점유하고 있어 **인도받지 아니한 매수인**이 명도소송제기의 방편으로 미리 소유권이전등기를 경료받았다고 하여도 아직 **매매대금을 완급하지 않은 이상** 부동산으로부터 발생하는 과실은 **매수인이 아니라 매도인에게 귀속되어야 한다**(대판 91다32527).

참고 매수인이 대금지급을 거절할 정당한 사유가 있는 경우라면 목적물을 미리 인도받더라도 대금 이자의 지급의무가 없다.

기출 매매계약이 있은 후에도 인도하지 아니한 목적물로부터 생긴 과실은 매도인에게 속한다.

기출 매수인이 과실을 취득하기 위해서는 목적물을 인도받거나 대금을 지급하였어야 한다.

(3) 당사자 일방에 대한 의무이행의 기한이 있는 때에는 상대방의 의무이행에 대하여도 동일한 기한이 있는 것으로 추정한다(제585조).

(4) 매도인이 목적물의 인도와 동시에 대금을 지급할 경우에는 그 인도장소에서 이를 지급하여야 한다(제586조).

(5) 매매의 목적물에 대하여 권리를 주장하는 자가 있는 경우에 매수인이 매수한 권리의 전부나 일부를 잃을 염려가 있는 때에는 매수인은 그 위험의 한도에서 대금의 전부나 일부의 지급을 거절할 수 있다. 그러나 매도인이 상당한 담보를 제공한 때에는 그러하지 아니하다(제588조).

> **예제**
>
> 매매계약에 관한 설명으로 틀린 것은? (다툼이 있으면 판례에 따름) 제30회
> ① 매매계약은 요물계약이다.
> ② 매매계약은 유상·쌍무계약이다.
> ③ 매도인의 담보책임은 무과실책임이다.
> ④ 타인의 권리도 매매의 대상이 될 수 있다.
> ⑤ 매매계약에 관한 비용은 특별한 사정이 없는 한 당사자 쌍방이 균분하여 부담한다.
>
> **해설** ① 매매는 당사자 일방이 재산권을 상대방에게 이전할 것을 약정하고 상대방이 그 대금을 지급할 것을 약정함으로써 그 효력이 생긴다(제563조). 즉, 매매계약은 청약과 승낙으로 성립하는 낙성계약이며 물건의 인도나 지정행위의 완료가 있어야 성립하는 요물계약이 아니다.
> ② 매매계약은 쌍무·유상·낙성·불요식계약이다.
> ③ 「민법」 제581조, 제580조에 기한 매도인의 하자담보책임은 법이 특별히 인정한 무과실책임이다(대판 94다23920).
> ④ 매매의 목적이 된 권리가 타인에게 속한 경우에는 매도인은 그 권리를 취득하여 매수인에게 이전하여야 한다(제569조).
> ⑤ 매매계약에 관한 비용은 당사자 쌍방이 균분하여 부담한다(제566조). **정답** ①

5 매도인의 담보책임 제32회, 제33회, 제34회, 제36회

(1) 의의

매매계약을 이행함에 있어서 매도인은 매수인에게 완전한 권리, 완전한 물건을 이전해 주어야 한다. 따라서 매수인이 취득하는 권리 또는 물건에 흠결 내지 하자가 있는 경우에는 매도인이 매수인에게 책임을 부담하게 되는데 이를 매도인의 담보책임이라고 한다.

(2) 법적 성질

① 매도인의 담보책임은 법정·무과실책임이다.
② 임의규정: 특약으로 감경·면책시킬 수 있다. 다만, 매도인이 알고 고지하지 아니한 사실 및 제3자에게 권리를 설정 또는 양도한 행위에 대하여는 책임을 면하지 못한다.
③ 유상계약에 준용한다.

(3) 담보책임의 종류

매도인의 담보책임의 내용으로 ① 대금감액청구권, ② 해제권, ③ 손해배상청구권, ④ 완전물급부청구권을 규정하고 있다.

(4) 담보책임의 내용

담보책임원인		매수인의 선의·악의	담보책임의 내용			권리행사 기간 (제척기간)
			대금감액 청구권	해제권	손해배상 청구권	
권리의 하자	전부 타인의 권리 (제570조)	선의	×	○	○	제한 없음
		악의	×	○	×	
	일부 타인의 권리 (제572조)	선의	○	잔존부분만이면 매수하지 아니하였을 때에 있음	○	그 사실을 안 날로부터 1년
		악의	○	×	×	계약한 날로부터 1년
	수량부족·일부멸실 (제574조)	선의	○	잔존부분만이면 매수하지 아니하였을 때에 있음	○	그 사실을 안 날로부터 1년
		악의	×	×	×	—
	용익적 권리에 의한 제한 (제575조)	선의	×	목적을 달성할 수 없는 때에만 있음	○	그 사실을 안 날로부터 1년
		악의	×	×	×	—
	저당권·전세권 행사에 의한 제한 (제576조)	선의	×	담보권 행사로 소유권을 취득할 수 없거나, 취득한 소유권을 잃은 때에 있음	담보권 행사로 소유권을 취득할 수 없거나, 취득한 소유권을 잃은 때, 매수인의 출재로 소유권을 보존한 때에 있음	제한 없음
		악의	×			
물건의 하자	특정물 하자 (제580조)	선의·무과실	×	목적을 달성할 수 없는 때에 있음	○	그 사실을 안 날로부터 6월
		악의	×	×	×	—
	종류물 하자 (제581조)	선의·무과실	×	목적을 달성할 수 없는 때에 있음	손해배상 또는 완전물급부 청구권	그 사실을 안 날로부터 6월
		악의	×	×	×	—

(5) 권리의 하자에 대한 담보책임

① 권리의 전부가 타인에게 속하는 경우(제570조)

> 제569조 【타인의 권리의 매매】 매매의 목적이 된 권리가 타인에게 속한 경우에는 매도인은 그 권리를 취득하여 매수인에게 이전하여야 한다.
>
> 제570조 【동전 – 매도인의 담보책임】 전조의 경우에 매도인이 그 권리를 취득하여 매수인에게 이전할 수 없는 때에는 매수인은 계약을 해제할 수 있다. 그러나 매수인이 계약 당시 그 권리가 매도인에게 속하지 아니함을 안 때에는 손해배상을 청구하지 못한다.
>
> 제571조 【동전 – 선의의 매도인의 담보책임】 ① 매도인이 계약 당시에 매매의 목적이 된 권리가 자기에게 속하지 아니함을 알지 못한 경우에 그 권리를 취득하여 매수인에게 이전할 수 없는 때에는 매도인은 손해를 배상하고 계약을 해제할 수 있다.
> ② 전항의 경우에 매수인이 계약 당시 그 권리가 매도인에게 속하지 아니함을 안 때에는 매도인은 매수인에 대하여 그 권리를 이전할 수 없음을 통지하고 계약을 해제할 수 있다.

㉠ 타인 권리의 매매계약도 유효하다.
㉡ 해제권: 매도인이 권리를 이전하지 못하는 경우, 매수인은 선·악을 불문하고 계약을 해제할 수 있다.
㉢ 손해배상청구권: 매수인은 선의인 경우에 한하여 손해배상을 청구할 수 있다.
  ✔ 불능 당시를 기준으로 이행이익을 배상한다.
㉣ 제척기간: 제척기간의 제한은 없다.
㉤ 선의의 매도인에 대한 특칙: 매도인이 선의인 경우에는 매도인에게 계약의 해제권을 인정한다. 다만, 손해배상책임은 매수인의 선·악에 따라 달라진다.
  ⓐ 매수인이 선의인 경우: 선의의 매도인은 손해를 배상하고 계약을 해제할 수 있다.
  ⓑ 매수인이 악의인 경우: 선의의 매도인은 매수인에 대하여 손해를 배상할 필요 없이 그 권리를 이전할 수 없음을 통지하고 계약을 해제할 수 있다.

참고 📖 목적물을 매수인에게 이전할 수 없게 된 것이 오직 매수인의 귀책사유에 기인한 경우에는 매도인은 담보책임을 지지 않는다.

참고 📖 하자의 발생 및 그 확대에 가공한 매수인의 잘못을 참작하여 손해배상의 범위를 정해야 한다.

참고 📖 선의의 매도인의 해제권은 권리의 일부를 이전할 수 없는 경우에는 인정되지 않는다.

② 권리의 일부가 타인에게 속하는 경우(제572조)

> **제572조 【권리의 일부가 타인에게 속한 경우와 매도인의 담보책임】** ① 매매의 목적이 된 권리의 일부가 타인에게 속함으로 인하여 매도인이 그 권리를 취득하여 매수인에게 이전할 수 없는 때에는 매수인은 그 부분의 비율로 대금의 감액을 청구할 수 있다.
> ② 전항의 경우에 잔존한 부분만이면 매수인이 이를 매수하지 아니하였을 때에는 선의의 매수인은 계약 전부를 해제할 수 있다.
> ③ 선의의 매수인은 감액청구 또는 계약해제 외에 손해배상을 청구할 수 있다.

㉠ 대금감액청구권: 선·악을 불문하고 인정된다.
㉡ 해제권: 선의자에게만 인정된다(잔존부분만이면 매수하지 않았을 경우).
㉢ 손해배상청구권: 선의자에게만 인정된다.
㉣ 제척기간: 선의인 경우에는 사실을 안 날로부터, 악의인 경우에는 계약일로부터 1년 내에 권리를 행사하여야 한다.

> **참고** '사실을 안 날'의 의미
> 단순히 권리의 일부가 타인에게 속한 사실을 안 날이 아니라, 그 때문에 매도인이 이를 취득하여 매수인에게 이전할 수 없게 되었음이 확실하게 된 사실을 안 날을 말한다.

③ 목적물의 수량부족 또는 일부멸실의 경우(제574조)

> **제574조 【수량부족, 일부멸실의 경우와 매도인의 담보책임】** 전 2조의 규정은 수량을 지정한 매매의 목적물이 부족되는 경우와 매매목적물의 일부가 계약 당시에 이미 멸실된 경우에 매수인이 그 부족 또는 멸실을 알지 못한 때에 준용한다.

참고 '수량을 지정한 매매'란 당사자가 매매의 목적인 특정물이 일정한 수량을 가지고 있다는 데에 중점을 두고, 대금도 이 수량을 기준으로 정한 경우를 말한다.

㉠ 대금감액청구권: 선의의 매수인에게만 인정된다.
㉡ 해제권: 선의자에게만 인정된다(잔존부분만이면 매수하지 않았을 경우).
㉢ 손해배상청구권: 선의자에게만 인정된다.
㉣ 제척기간: 그 사실을 안 날로부터 1년 내에 권리를 행사하여야 한다.

참고 악의자에게는 인정되는 권리가 없으므로 제척기간이 문제되지 않는다.

④ 용익적 권리(제한물권)에 의하여 제한되어 있는 경우(제575조)

> **제575조【제한물권 있는 경우와 매도인의 담보책임】** ① 매매의 목적물이 지상권, 지역권, 전세권, 질권 또는 유치권의 목적이 된 경우에 매수인이 이를 알지 못한 때에는 이로 인하여 계약의 목적을 달성할 수 없는 경우에 한하여 매수인은 계약을 해제할 수 있다. 기타의 경우에는 손해배상만을 청구할 수 있다.
> ② 전항의 규정은 매매의 목적이 된 부동산을 위하여 존재할 지역권이 없거나 그 부동산에 등기된 임대차계약이 있는 경우에 준용한다.
> ③ 전 2항의 권리는 매수인이 그 사실을 안 날로부터 1년 내에 행사하여야 한다.

㉠ 대금감액청구권: 성질상 인정되지 않는다(양적 제한이 아니라 질적인 제한이므로).
㉡ 해제권: 선의자에게만 인정된다(목적을 달성할 수 없는 경우).
㉢ 손해배상청구권: 선의자에게만 인정된다.
㉣ 제척기간: 그 사실을 안 날로부터 1년 내에 권리를 행사하여야 한다.

참고 악의자에게는 인정되는 권리가 없으므로 제척기간이 문제되지 않는다.

⑤ 저당권·전세권의 행사로 제한이 있는 경우(제576조)

> **제576조【저당권·전세권의 행사와 매도인의 담보책임】** ① 매매의 목적이 된 부동산에 설정된 저당권 또는 전세권의 행사로 인하여 매수인이 그 소유권을 취득할 수 없거나 취득한 소유권을 잃은 때에는 매수인은 계약을 해제할 수 있다.
> ② 전항의 경우에 매수인의 출재로 그 소유권을 보존한 때에는 매도인에 대하여 그 상환을 청구할 수 있다.
> ③ 전 2항의 경우에 매수인이 손해를 받은 때에는 그 배상을 청구할 수 있다.

참고 전세권이 설정된 것으로 책임을 물을 때에는 제575조에 의한다.

㉠ 선의자와 악의자를 구별하지 않는다.
㉡ 저당권이나 전세권이 설정된 것만으로 책임을 물을 수는 없다.
  ✔ 실행(행사)으로 인한 책임이다.
㉢ 대금감액청구권: 성질상 인정되지 않는다.
㉣ 해제권: 선·악을 불문하고 인정된다.
㉤ 손해배상청구권: 선·악을 불문하고 인정된다.
㉥ 제척기간: 제척기간의 제한이 없다.
㉦ 저당채무를 인수하고 매수한 경우에는 담보책임을 묻거나 구상권을 행사할 수 없다.

> **판례** 제576조(저당권·전세권 행사와 매도인의 담보책임)를 준용한 사례

1. <u>가등기목적이 된 부동산을 매수한 사람</u>이 그 뒤 가등기에 기한 본등기가 경료됨으로써 그 부동산의 소유권을 상실하게 된 때에는 매매의 목적부동산에 설정된 저당권 또는 전세권의 행사로 인하여 매수인이 취득한 소유권을 상실한 경우와 유사하므로, 이와 같은 경우 「민법」 제576조의 규정이 준용된다고 보아 같은 조 소정의 담보책임을 진다고 보는 것이 상당하고 「민법」 제570조에 의한 담보책임을 진다고 할 수 없다.

2. <u>가압류목적이 된 부동산을 매수한 사람</u>이 그 후 가압류에 기한 강제집행으로 부동산소유권을 상실하게 되었다면 이는 매매의 목적부동산에 설정된 저당권 또는 전세권의 행사로 인하여 매수인이 취득한 소유권을 상실한 경우와 유사하므로, 이와 같은 경우 매도인의 담보책임에 관한 「민법」 제576조의 규정이 준용된다고 보아 매수인은 같은 조 제1항에 따라 매매계약을 해제할 수 있고, 같은 조 제3항에 따라 손해배상을 청구할 수 있다고 보아야 한다.

> **판례** 저당채무를 인수하고 매수한 경우의 담보책임 여부 – 부정

매수인이 매매목적물에 관한 근저당권의 <u>피담보채무를 인수하는 것으로 매매대금의 지급에 갈음하기로 약정한 경우</u>에는 특별한 사정이 없는 한, 매수인으로서는 매도인에 대하여 「민법」 제576조 제1항의 <u>담보책임을 면제하여 주었거나 이를 포기한 것으로 봄이 상당</u>하므로, 매수인이 매매목적물에 관한 근저당권의 피담보채무 중 일부만을 인수한 경우 매도인으로서는 자신이 부담하는 피담보채무를 모두 이행한 이상 매수인이 인수한 부분을 이행하지 않음으로써 근저당권이 실행되어 매수인이 취득한 소유권을 잃게 되더라도 <u>「민법」 제576조 소정의 담보책임을 부담하게 되는 것은 아니다</u>(대판 2002다11151).

예제

권리의 하자에 대한 매도인의 담보책임과 관련하여 '악의의 매수인에게 인정되는 권리'로 옳은 것을 모두 고른 것은? 제33회

㉠ 권리의 전부가 타인에게 속하여 매수인에게 이전할 수 없는 경우 – 계약해제권
㉡ 권리의 일부가 타인에게 속하여 그 권리의 일부를 매수인에게 이전할 수 없는 경우 – 대금감액청구권
㉢ 목적물에 설정된 저당권의 실행으로 인하여 매수인이 소유권을 취득할 수 없는 경우 – 계약해제권
㉣ 목적물에 설정된 지상권에 의해 매수인의 권리행사가 제한되어 계약의 목적을 달성할 수 없는 경우 – 계약해제권

① ㉠, ㉡　　② ㉠, ㉣　　③ ㉡, ㉢
④ ㉢, ㉣　　⑤ ㉠, ㉡, ㉢

> **해설** ㉠ 권리의 전부가 타인에게 속하여 매수인에게 이전할 수 없는 경우, 매수인은 선·악을 불문하고 계약을 해제할 수 있다(제570조).
> ㉡ 권리의 일부가 타인에게 속하여 그 권리의 일부를 매수인에게 이전할 수 없는 경우, 매수인은 선·악을 불문하고 대금감액청구권을 행사할 수 있다(제572조).
> ㉢ 목적물에 설정된 저당권의 실행으로 인하여 매수인이 소유권을 취득할 수 없는 경우, 매수인은 선·악을 불문하고 계약을 해제할 수 있으며 손해배상도 청구할 수 있다(제576조).
> ㉣ 목적물에 설정된 지상권에 의해 매수인의 권리행사가 제한되어 계약의 목적을 달성할 수 없는 경우, 매수인이 선의인 경우에 한하여 계약해제권을 행사할 수 있다(제575조).
> **정답 ⑤**

(6) 목적물(물건)의 하자에 대한 담보책임

① 매수인이 선의 그리고 무과실인 경우에만 해제권과 손해배상청구권을 인정한다.

② 종류물(불특정물) 매매의 경우에는 매수인은 계약의 해제 또는 손해배상을 청구하지 않고, 하자 없는 완전물의 급여를 청구할 수도 있다.

③ 제척기간
  ㉠ 그 사실을 안 날로부터 6월 내에 권리를 행사하여야 한다.
  ㉡ 다만, 손해배상청구권은 채권 소멸시효의 규정이 적용되므로 손해배상청구는 6월이 아닌 목적물을 인도받은 때로부터 10년 내에 청구할 수 있다.

④ 건축을 목적으로 매매된 토지에 대하여 건축허가를 받을 수 없어 건축이 불가능한 경우, 위와 같은 법률적 제한 내지 장애 역시 매매목적물의 하자에 해당한다 할 것이나, 다만 위와 같은 하자의 존부는 매매계약 성립시를 기준으로 판단하여야 할 것이다.

> **판례** 법률적 장애가 권리의 하자인지 목적물의 하자인지 여부 – 목적물의 하자
>
> 건축을 목적으로 매매된 토지에 대하여 건축허가를 받을 수 없어 건축이 불가능한 경우, 위와 같은 법률적 제한 내지 장애 역시 **매매목적물의 하자에 해당한다** 할 것이나, 다만 위와 같은 **하자의 존부는 매매계약 성립시를 기준으로 판단하여야 할 것이다**(대판 98다18506).

참고 완전물급부청구는 해제, 손해배상과 함께 청구할 수 없다.

> **예제**
>
> 불특정물의 하자로 인해 매도인의 담보책임이 성립한 경우, 매수인의 권리로 규정된 것을 모두 고른 것은?   제31회
>
> | ㉠ 계약해제권 | ㉡ 손해배상청구권 |
> | ㉢ 대금감액청구권 | ㉣ 완전물급부청구권 |
>
> ① ㉢
> ② ㉠, ㉢
> ③ ㉡, ㉣
> ④ ㉠, ㉡, ㉣
> ⑤ ㉠, ㉡, ㉢, ㉣
>
> **해설** ㉠㉡㉣ 인정된다.
> ㉢ 대금감액청구권은 권리의 하자 중에서 권리의 일부가 타인에게 속한 경우(선·악 불문)와 수량지정 매매에서 수량부족·일부멸실의 경우(선의)에서만 인정된다. 용익적 권리에 의하여 제한되어 있는 경우(제575조)의 담보책임을 준용하는 목적물의 하자에서는 대금감액청구권이 인정되지 않는다.   **정답** ④

(7) 경매에서의 담보책임

① 경매절차 자체가 무효인 경우에는 담보책임이 문제되지 않는다.
② 경매에서의 담보책임은 권리에 하자가 있는 경우에만 물을 수 있으며, 물건의 하자의 경우에는 문제되지 않는다.
③ 1차적으로 채무자에게 계약의 해제 또는 대금감액을 청구할 수 있고, 채무자가 자력이 없는 때에는 2차적으로 대금의 배당을 받은 채권자에 대하여 그 대금 전부나 일부의 반환을 청구할 수 있다.
④ 원칙적으로 손해배상책임을 포함하지 않는다. 그러나 채무자가 물건 또는 권리의 흠결을 알고 고지하지 아니하거나, 채권자가 이를 알고 경매를 청구한 때에는 경락인은 그 흠결을 안 채무자나 채권자에 대하여 손해배상을 청구할 수 있다.

> **기출** 특정물 하자로 인한 담보책임은 경매의 경우에는 적용되지 않는다. 제36회

(8) 채권매도인의 담보책임

> **제579조 【채권 매매와 매도인의 담보책임】** ① 채권의 매도인이 채무자의 자력을 담보한 때에는 매매계약 당시의 자력을 담보한 것으로 추정한다.
> ② 변제기에 도달하지 아니한 채권의 매도인이 채무자의 자력을 담보한 때에는 변제기의 자력을 담보한 것으로 추정한다.

6 환매 제32회, 제33회, 제34회

(1) 의의

환매란 매도인이 매매계약과 동시에 특약으로 환매권을 유보한 경우에 그 환매권을 일정한 기간 내에 행사하여 매매의 목적물을 다시 매수하는 것을 말한다.

(2) 요건

① 목적물: 환매의 목적물에는 제한이 없다. 즉, 동산·부동산 기타 재산권에 대하여도 환매의 특약이 가능하다.

② 시기: 환매특약은 매매계약과 반드시 동시에 하여야 한다. 그리고 환매특약은 매매계약의 종된 계약이므로 매매계약이 무효·취소되면 환매계약도 무효로 된다.

> 참고 환매특약만을 소멸시킬 수는 있으나, 매매계약만을 소멸시킬 수는 없다.

③ 환매대금(매매대금 + 매매비용)
  ㉠ 환매권자는 매매대금 및 매수인이 부담한 매매비용을 반환하고 그 목적물을 환매할 수 있다.
  ㉡ 환매대금에 특별한 약정이 있으면 그 약정에 의한다.
  ㉢ 목적물의 과실과 대금의 이자는 특별한 약정이 없으면 이를 상계한 것으로 본다.

④ 환매기간: 부동산은 5년, 동산은 3년을 넘지 못한다. 이 기간보다 길게 약정한 경우에는 부동산은 5년, 동산은 3년으로 단축된다. 또한 일단 정한 기간은 연장하지 못한다. 계약시 환매기간을 정하지 않은 때 환매기간은 부동산은 5년, 동산은 3년으로 한다.

⑤ 환매의 등기
  ㉠ 매매의 목적물이 부동산인 경우에 매매등기와 동시에 환매권의 보류를 등기한 때에는 제3자에 대하여 효력이 있다(제592조). 등기는 매매에 의한 이전등기에 부기등기하는 형식으로 한다.
  ㉡ 환매특약의 등기가 부동산의 매수인의 처분권을 금지하는 효력을 가지는 것은 아니므로 부동산의 매수인은 전득자인 제3자에 대하여 환매특약의 등기사실만으로 제3자의 소유권이전등기청구를 거절할 수 없다.
  ㉢ 환매권의 행사로 발생한 소유권이전등기청구권은 환매권의 행사기간과는 별도로 환매권을 행사한 때로부터 일반채권과 같이 10년의 소멸시효의 기간이 진행된다.

> 참고 환매권의 행사로 발생한 소유권이전등기청구권은 특별한 사정이 없는 한 그 환매기간 내에 행사하지 않았다고 하여 소멸하는 것은 아니다.

(3) 실행

① 환매권 행사방법
  ㉠ 매도인이 환매기간 내에 환매대금을 제공하고 환매의 의사표시를 하여야 한다. 환매권을 행사함이 없이 환매기간을 경과하면 환매권은 소멸한다.
  ㉡ 환매권은 양도할 수 있으며, 환매권의 보류를 등기한 때에는 목적물의 전득자에 대하여 환매권을 행사할 수 있다.
  ㉢ 매수인이나 전득자가 목적물에 대하여 비용을 지출한 때에는 매도인은 제203조(점유자의 상환청구권)의 규정에 의하여 이를 상환하여야 한다.

② 환매권의 대위행사: 환매권은 일신전속권이 아니므로 양도성이 있고, 매도인의 채권자는 환매권을 대위행사할 수 있다.

(4) 공유지분의 환매

공유지분도 자유로이 처분할 수 있으므로 공유자는 자신의 지분에 환매권을 보류하고 매도할 수 있다.

참고 매도인이 환매기간 내에 환매의 의사표시만으로 권리를 취득하는 것이 아니라 그 환매에 의한 권리취득의 등기를 하여야 한다.

참고 환매등기가 마쳐진 경우 매도인이 환매기간 내에 적법하게 환매권을 행사하면 환매등기 후에 마쳐진 제3자의 근저당권은 소멸한다.

예제

부동산의 환매에 관한 설명으로 틀린 것은? (다툼이 있으면 판례에 따름) 제33회

① 환매특약은 매매계약과 동시에 이루어져야 한다.
② 매매계약이 취소되어 효력을 상실하면 그에 부수하는 환매특약도 효력을 상실한다.
③ 환매시 목적물의 과실과 대금의 이자는 특별한 약정이 없으면 이를 상계한 것으로 본다.
④ 환매기간을 정하지 않은 경우, 그 기간은 5년으로 한다.
⑤ 환매기간을 정한 경우, 환매권의 행사로 발생한 소유권이전등기청구권은 특별한 사정이 없는 한 그 환매기간 내에 행사하지 않으면 소멸한다.

해설 ⑤ 환매권의 행사로 발생한 소유권이전등기청구권은 위 제척기간(= 환매권의 행사기간)과는 별도로 환매권을 행사한 때로부터 일반채권과 같이「민법」제162조 소정의 10년의 소멸시효의 기간이 진행된다(대판 92다4673).
① 매도인이 매매계약과 동시에 환매할 권리를 보류한 때에는 그 영수한 대금 및 매수인이 부담한 매매비용을 반환하고 그 목적물을 환매할 수 있다(제590조 제1항). 즉, 환매특약은 반드시 매매계약과 동시에 하여야 한다.
② 환매특약은 매매계약의 종된 계약이므로 매매계약이 무효·취소되면 환매계약도 소멸한다.
③ 목적물의 과실과 대금의 이자는 특별한 약정이 없으면 이를 상계한 것으로 본다(제590조 제3항).
④ 환매기간을 정하지 아니한 때에는 그 기간은 부동산은 5년, 동산은 3년으로 한다(제591조 제3항).

정답 ⑤

제2절 | 교환

❶ 의의와 법적 성질 제32회, 제36회

(1) 의의

① 교환은 당사자 쌍방이 금전 이외의 재산권을 서로 이전할 것을 약정함으로써 성립하는 계약이다.
② 매매와의 차이점: 매매는 반대급부가 금전이어야 하지만 교환은 목적물이 금전 이외의 재산권에 한한다는 점에서 다르다.

(2) 법적 성질

낙성·쌍무·유상·불요식계약이다.

Tip 교환은 요물계약이 아님에 유의한다.

❷ 성립 제32회, 제36회

교환은 당사자 쌍방이 모두 금전 이외의 재산권을 이전하기로 하는 약정이 있어야 성립한다.

(1) 보충금

① 의의: 교환은 금전 이외의 재산권을 목적으로 하나, 당사자 일방이 일정액의 금전을 보충 지급할 것을 약정하는 경우가 있다. 이 경우에 지급되는 금전을 보충금이라고 한다.
② 보충금 지급의 약정이 있는 경우에는 그 보충금에 관하여는 매매대금에 관한 규정이 준용된다.
③ 보충금의 미지급은 교환계약의 해제사유가 된다.

(2) 교환은 유상·쌍무계약이므로 위험부담, 동시이행의 항변권, 담보책임에 관한 규정 등이 적용된다.

참고 보충금 지급의 약정이 있다고 하여 교환계약으로서의 성질이 변하는 것은 아니다.

참고 甲의 X건물과 乙의 Y토지를 교환하는 계약을 체결하였는데 태풍으로 X건물이 멸실되었다면 甲은 乙에게 Y토지의 인도를 청구할 수 없다.

예제

甲은 자신의 2억원 상당 건물을 乙의 토지와 교환하는 계약을 체결하면서 乙로부터 1억원을 보충하여 지급받기로 하였다. 다음 설명 중 틀린 것은? (다툼이 있으면 판례에 따름)

제25회

① 甲·乙 사이의 계약은 불요식계약이다.
② 甲과 乙은 특별한 사정이 없는 한 서로 하자담보책임을 지지 않는다.
③ 乙의 보충금 1억원의 미지급은 교환계약의 해제사유에 해당된다.
④ 계약체결 후 건물이 乙의 과실로 소실되었다면, 乙의 보충금지급의무는 소멸하지 않는다.
⑤ 보충금의 지급기한을 정하지 않았다면, 乙은 건물을 인도받은 날부터 지급하지 않은 보충금의 이자를 甲에게 지급해야 한다.

해설 ② 교환계약은 유상계약이므로 교환 목적물에 하자가 있을 때에는 매도인의 담보책임에 관한 규정이 적용된다.
① 교환계약은 낙성·쌍무·유상·불요식계약이다.
③ 일방이 보충금을 지급하지 아니한 것으로 평가할 수 있는 특별한 사정이 있는 경우에는 상대방은 채무인수인에 대하여 동액 상당의 손해배상채권 또는 구상채권을 갖게 되는 것이며, 한편 이와 같은 특별한 사정이 있다는 사유를 들어 교환계약을 해제할 수도 있다(대판 98다13877).
④ 교환계약은 쌍무계약으로서 위험부담의 법리가 적용된다. 따라서 계약체결 후 건물이 乙의 과실로 소실되었다면, 乙이 그 위험을 부담하게 되므로 甲은 인도의무를 면하지만 乙의 보충금지급의무는 소멸하지 않는다.
⑤ 보충금은 매매대금의 관한 규정을 준용한다(제597조). 따라서 매수인은 목적물의 인도를 받은 날로부터 대금의 이자를 지급하여야 한다는 제587조에 의해 乙은 건물을 인도받은 날부터 지급하지 않은 보충금의 이자를 甲에게 지급해야 한다.   **정답** ②

제3절 | 임대차

1 의의와 법적 성질 제32회, 제33회

(1) 임대차란 임대인이 임차인에게 목적물을 사용·수익하게 할 것을 약정하고, 임차인이 이에 대하여 차임을 지급할 것을 약정함으로써 성립하는 낙성·쌍무·유상·불요식계약이다.

(2) 사용·수익의 대가로서 차임의 지급은 임대차의 성립요소이다.
   ① 차임은 금전에 한하지 않는다.
   ② 임대차계약에서 보증금 및 임료를 지급하였다는 입증책임은 모두 임차인이 부담한다.

(3) 임대차의 목적물은 물건이다.

(4) 임대차는 채권계약에 해당하며, 임대인은 임대물에 대한 소유권 또는 처분할 권한을 가지고 있을 것을 요구하는 것은 아니다.

❷ 임대차의 존속기간 제34회

1. 임대차기간을 약정한 경우

(1) 기간 제한에 대한 별도의 규정은 없으며 존속기간을 영구로 하는 것도 허용된다.

> **참고** 따라서 임차인은 언제든지 해지통고를 할 수 있다.

(2) 영구임대라는 취지는, 임대인에게는 임대차기간의 보장이 의무가 되나 임차인에게는 권리의 성격을 갖는 것이므로 임차인으로서는 언제라도 그 권리를 포기할 수 있고, 그렇게 되면 임대차계약은 임차인에게 기간의 정함이 없는 임대차가 된다.

(3) 임대차의 갱신
   ① 약정갱신
   ② 묵시의 갱신(법정갱신) - 강행규정

> **참고**
> 1. 동일한 조건 ○
> 2. 동일한 기간 ✕

   ㉠ 임대차기간이 만료한 후에도 임차인이 임차물의 사용·수익을 계속하는 경우에 임대인이 상당한 기간 내에 이의를 제기하지 아니한 때에는 전 임대차와 동일한 조건으로 다시 임대차한 것으로 본다(제639조 제1항).

> **참고** 임대인이 전 임대차기간 만료 후 차임증액청구권을 행사하였다는 사정만으로는 「민법」 제639조 제1항의 이의를 하였다고 보기 어렵다.

   ㉡ 묵시의 갱신이 이루어지면 기간의 약정이 없는 것으로 보아 각 당사자는 언제든지 해지의 통고를 할 수 있다. 토지·건물 기타 공작물에 대하여는 임대인이 해지를 통고한 경우에는 임차인이 받은 날로부터 6월, 임차인이 해지를 통고한 경우에는 임대인이 받은 날로부터 1월이 경과하면 소멸한다(동산은 구별 없이 5일).

> **참고** 여기서 말하는 담보란 질권·저당권 그 밖의 보증 등을 가리키는 것으로 보아야 할 것이고, 건물의 임차보증금채권까지도 포함되는 개념이라고 해석할 수 없다.

   ㉢ 묵시의 갱신이 되면 전 임대차에 대하여 제3자가 제공한 담보는 기간의 만료로 인하여 소멸한다.

2. 임대차기간을 약정하지 않은 경우

(1) 임대차기간의 약정이 없는 때에는 당사자는 언제든지 계약해지의 통고를 할 수 있다.

(2) 토지, 건물 기타 공작물에 대하여는 임대인이 해지를 통고한 경우에는 6월, 임차인이 해지를 통고한 경우에는 1월이 경과하면 소멸하고, 동산에 대하여는 5일이 경과하면 소멸한다.

3 임대차의 효력 제32회, 제33회, 제34회, 제35회, 제36회

1. 임대인의 권리와 의무

(1) 임대인의 권리

① 차임지급청구권

② 차임증액청구권

  ㉠ 임차물에 대한 공과부담의 증가 기타 경제사정의 변동으로 인하여 약정한 차임이 상당하지 아니하게 된 때에는 임대인은 장래에 대한 차임의 증액을 청구할 수 있다(제628조).

  ㉡ 차임 부증액특약은 유효하나, 임대차계약에 있어서 차임 부증액의 특약이 있더라도 신의칙에 반한다고 인정될 정도의 사정변경이 있다고 보여지는 경우에는 형평의 원칙상 임대인에게 차임증액청구를 인정하여야 한다.

③ 목적물반환청구권: 임대인은 임대차 종료시에 목적물반환청구권을 갖는다.

> 참고 차임의 증액을 청구하였을 때에 그 청구가 상당하다고 인정되면, 그 효력은 판결시를 표준으로 할 것이 아니고 그 청구시에 곧 발생한다.

(2) 임대인의 의무

> **제623조【임대인의 의무】** 임대인은 목적물을 임차인에게 인도하고 계약 존속 중 그 사용·수익에 필요한 상태를 유지하게 할 의무를 부담한다.
>
> **제624조【임대인의 보존행위·인용의무】** 임대인이 임대물의 보존에 필요한 행위를 하는 때에는 임차인은 이를 거절하지 못한다.

① 목적물인도의무: 임대인은 임차인이 그 목적물을 사용·수익할 수 있도록 임차인에게 인도하여야 한다(제623조).

② 사용·수익하게 할 의무
  ㉠ 수선·유지의무
    ⓐ 원칙: 수선·유지의무는 임대인에게 있다.
    ⓑ 예외: 임차목적물의 파손 또는 장애가 사소한 것이어서 사용·수익을 방해할 정도가 아니면 임대인은 수선의무를 부담하지 않는다.
    ⓒ 면제: 임대인의 수선·유지의무는 특약으로 면제할 수 있다. 그러나 이때에도 대규모의 수선은 면제할 수 없고, 여전히 임대인이 그 수선의무를 부담하여야 한다.
  ㉡ 비용상환의무: 임대인은 특별한 약정이 없는 한 임차인이 지출한 필요비와 유익비를 상환할 의무를 부담한다(임의규정).
  ㉢ 담보책임: 임대차는 유상계약이므로 매매에 관한 규정이 준용된다(제567조). 따라서 임대인은 매도인과 같은 담보책임을 부담한다.

> **판례** 임대인의 보호의무 인정 여부
>
> 통상의 임대차관계에 있어서는 임차인의 안전을 배려해 주거나 도난을 방지하는 등의 보호의무까지 부담한다고 볼 수 없지만, 공중접객업인 숙박업을 경영하는 자는 고객의 안전을 배려하여야 할 보호의무를 부담한다.

2. 임차인의 권리와 의무

(1) 임차인의 권리

① 임차권(사용·수익권): 임차인은 계약 또는 그 목적물의 성질에 의하여 정하여진 용법으로 임차물을 사용·수익하여야 한다(제610조 제1항, 제654조).
② 등기청구권과 건물등기 있는 차지권의 대항력

> **제621조【임대차의 등기】** ① 부동산임차인은 당사자 간에 반대약정이 없으면 임대인에 대하여 그 임대차등기절차에 협력할 것을 청구할 수 있다.
> ② 부동산임대차를 등기한 때에는 그때부터 제3자에 대하여 효력이 생긴다.
>
> **제622조【건물등기 있는 차지권의 대항력】** ① 건물의 소유를 목적으로 한 토지임대차는 이를 등기하지 아니한 경우에도 임차인이 그 지상건물을 등기한 때에는 제3자에 대하여 임대차의 효력이 생긴다.
> ② 건물이 임대차기간 만료 전에 멸실 또는 후폐한 때에는 전항의 효력을 잃는다.

㉠ 부동산임차인은 당사자 간에 반대약정이 없으면 임대인에 대하여 그 임대차등기절차에 협력할 것을 청구할 수 있다.

㉡ 토지임차인은 임차권등기를 하지 않아도 **지상건물을 등기한 때에는 그때로부터** 토지임차권의 대항력이 발생한다.

✔ 토지의 물권이 임차인의 건물등기보다 빠르다면 임차인은 토지 물권자에게 대항할 수 없다.

③ 비용상환청구권

㉠ 필요비상환청구권: 임차인이 임차물의 보존에 관한 필요비를 지출한 때에는 임대차의 종료를 기다리지 않고서 **즉시** 그 상환을 청구할 수 있다.

㉡ 유익비상환청구권: 임차인이 유익비를 지출한 경우에는 그 가액의 증가가 현존한 때에 한하여 임대차 **종료시**에 청구할 수 있다.

㉢ 행사기간: 필요비 및 유익비의 상환청구권은 임대인이 목적물을 **반환받은 날로부터 6월** 내에 행사하여야 한다(제617조, 제654조).

㉣ 임의규정: 임차인의 비용상환청구권은 **임의규정**에 해당하므로 당사자 간의 약정으로 이를 포기할 수 있다.

㉤ 임차인은 비용상환청구권을 가지고 **유치권**을 행사할 수 있다.

④ 부속물매수청구권

> **제646조【임차인의 부속물매수청구권】** ① 건물 기타 공작물의 임차인이 그 사용의 편익을 위하여 임대인의 동의를 얻어 이에 부속한 물건이 있는 때에는 임대차의 종료시에 임대인에 대하여 그 부속물의 매수를 청구할 수 있다.
> ② 임대인으로부터 매수한 부속물에 대하여도 전항과 같다.

㉠ 매수청구의 대상이 되는 부속물이란 반드시 독립성이 있어야 하므로, 건물의 구성부분으로는 되지 아니한 것이어야 한다.

㉡ 매수청구권은 임대차가 **종료한 때에 행사할 수 있다.**

㉢ 부속된 물건이 오로지 임차인의 특수목적에 사용하기 위하여 부속된 것일 때에는 이에 해당하지 않는다.

㉣ 일시사용을 위한 임대차에서는 인정되지 않는다.

㉤ 임차인의 부속물매수청구권에 관한 규정은 **강행규정**에 해당한다. 따라서 임차인이 매수청구권을 포기하는 특약은 임차인에게 불리한 약정으로 무효가 된다.

㉥ 임대차계약이 임차인의 채무불이행으로 인하여 해지된 경우에는 임차인은 제646조에 의한 부속물매수청구권이 없다.

참고 "임차인은 임대인의 승인하에 개축 또는 변조할 수 있으나 부동산의 반환기일 전에 임차인의 부담으로 원상복구하기로 한다."라고 약정한 경우, 이는 임차인이 임차목적물에 지출한 각종 유익비의 상환청구권을 미리 포기하기로 한 취지의 특약이라고 본다.

> **예제**
>
> **임차인의 부속물매수청구권에 관한 설명으로 틀린 것은? (다툼이 있으면 판례에 따름)**
> 제30회
>
> ① 토지 내지 건물의 임차인에게 인정된다.
> ② 임대인으로부터 매수한 물건을 부속한 경우에도 인정된다.
> ③ 적법한 전차인에게도 인정된다.
> ④ 이를 인정하지 않는 약정으로 임차인에게 불리한 것은 그 효력이 없다.
> ⑤ 오로지 임차인의 특수목적을 위해 부속된 물건은 매수청구의 대상이 아니다.
>
> **해설** ① 건물 기타 공작물의 임차인이 그 사용의 편익을 위하여 임대인의 동의를 얻어 이에 부속한 물건이 있는 때에는 임대차의 종료시에 임대인에 대하여 그 부속물의 매수를 청구할 수 있다(제646조 제1항). 즉, 토지임차인에게 인정되는 권리가 아니다.
> ② 제646조 제2항
> ③ 제647조
> ④ 임차인의 부속물매수청구권을 규정한 「민법」 제646조는 임차인의 보호를 위한 편면적 강행규정이므로 배제특약이 있다 하더라도 이는 임차인에게 불리한 약정으로 무효이다(제652조).
> ⑤ 매수청구의 대상이 되는 부속물이란 건물에 부속된 물건으로서 임차인의 소유에 속하고 건물의 구성부분으로는 되지 아니한 것으로서 건물의 사용에 객관적인 편익을 가져오게 하는 물건이라고 할 것이므로, 부속된 물건이 오로지 임차인의 특수목적에 사용하기 위하여 부속된 것일 때에는 이에 해당하지 않는다(대판 93다25738, 25745). **정답 ①**

⑤ 토지임차인의 계약갱신청구권과 지상물매수청구권

> **제643조【임차인의 갱신청구권·매수청구권】** 건물 기타 공작물의 소유 또는 식목, 채염, 목축을 목적으로 한 토지임대차의 기간이 만료한 경우에 건물, 수목 기타 지상시설이 현존한 때에는 제283조의 규정을 준용한다.
>
> **제283조【지상권자의 갱신청구권·매수청구권】** ① 지상권이 소멸한 경우에 건물 기타 공작물이나 수목이 현존한 때에는 지상권자는 계약의 갱신을 청구할 수 있다.
> ② 지상권설정자가 계약의 갱신을 원하지 아니하는 때에는 지상권자는 상당한 가액으로 전항의 공작물이나 수목의 매수를 청구할 수 있다.

토지임차인은 1차적으로 계약의 갱신을 청구하고, 임대인이 그에 응하지 않을 때에 2차적으로 그 지상물의 매수를 청구할 수 있다.

㉠ 매수청구권의 주체는 지상물의 소유자이어야 한다. 따라서 지상물의 소유권을 이전한 임차인은 행사할 수 없다. 다만, 토지임차인이 지상물의 미등기 매수인이라면 지상물의 소유자는 아니지만 예외적으로 인정된다.

㉡ 상대방은 원칙적으로 임차권 소멸 당시의 토지소유자인 임대인이다.

참고 기간의 약정 없는 토지임대차계약에서 임대인이 해지통고를 하였다면, 계약갱신청구의 유무에 불구하고 건물매수청구권을 행사할 수 있다.

참고 토지소유자가 아닌 제3자가 토지를 임대한 경우에 임대인은 특별한 사정이 없는 한 지상물매수청구권의 상대방이 될 수 없다.

ⓒ 임차인의 지상물매수청구권은 형성권이다. 따라서 계약갱신을 거절당한 임차인이 이를 행사하면 그 즉시 지상물에 대한 매매가 성립하는 것이지 임대인의 승낙이 있어야 성립하는 것은 아니다.

ⓔ 임차인의 지상물매수청구권에 관한 규정은 강행규정이다. 따라서 특별한 사정이 없는 한 지상건물 철거특약은 무효이다.

ⓜ 임대인이 임차인의 채무불이행을 이유로 임대차계약을 해지하였을 경우에는 임차인이 지상물매수청구권을 행사할 수 없다.

ⓗ 지상물매수청구는 철거판결 전까지 매수청구를 하여야 하는 것이 아니라 철거집행 전까지 할 수 있다.

판례 | 지상물매수청구 관련 주요 판례

1. 지상물매수청구권 행사의 주체 – 원칙적으로 소유자에 한하지만 미등기 매수인도 가능
   지상물매수청구권은 지상물의 소유자에 한하여 행사할 수 있다(대판 93다6386). 그러나 건물을 매수하여 점유하고 있는 사람은 소유자로서의 등기 명의가 없다 하더라도 그 권리의 범위 내에서는 그 점유 중인 건물에 대하여 법률상 또는 사실상의 처분권을 가지고 있으므로 지상물매수청구권제도의 목적, 미등기 매수인의 법적 지위 등에 비추어 볼 때, 종전 임차인으로부터 미등기 무허가건물을 매수하여 점유하고 있는 임차인은 특별한 사정이 없는 한 비록 소유자로서의 등기 명의가 없어 소유권을 취득하지 못하였다 하더라도 임대인에 대하여 지상물매수청구권을 행사할 수 있는 지위에 있다(대판 2013다48364, 48371).

2. 매수청구의 대상이 적법한 건물이어야 하는지 여부 – 불요(不要)
   비록 행정관청의 허가를 받은 적법한 건물이 아니더라도 임차인의 건물매수청구권의 대상이 될 수 있다(대판 97다37753).

3. 매수청구의 대상이 객관적 가치가 있어야 하는지 여부 – 불요(不要)
   지상건물이 객관적으로 경제적 가치가 있는지 여부나 임대인에게 소용이 있는지 여부가 행사요건이라고 볼 수 없다(대판 2001다42080).

4. 매수청구의 대상이 임대인의 동의를 얻어 신축한 것이어야 하는지 여부 – 불요(不要)
   매수청구권의 대상이 되는 건물은 그것이 토지의 임대목적에 반하여 축조되고, 임대인이 예상할 수 없을 정도의 고가의 것이라는 특별한 사정이 없는 한 임대차기간 중에 축조되었다고 하더라도 그 만료시에 그 가치가 잔존하고 있으면 그 범위에 포함되는 것이고, 반드시 임대차계약 당시의 기존 건물이거나 임대인의 동의를 얻어 신축한 것에 한정된다고는 할 수 없다(대판 93다34589).

5. 임대인이 지급할 대금에 기존 건물의 철거비용 등이 포함되는지 여부(소극)
「민법」제643조 소정의 지상물매수청구권이 행사되면 임대인과 임차인 사이에서는 임차지상의 건물에 대하여 **매수청구권 행사 당시의 건물시가를 대금으로 하는** 매매계약이 체결된 것과 같은 효과가 발생하는 것이지, **임대인이 기존 건물의 철거비용을 포함하여 임차인이 임차지상의 건물을 신축하기 위하여 지출한 모든 비용을 보상할 의무를 부담하게 되는 것은 아니다**(대판 2002다46003, 46010, 46027).

6. 제3자 토지 위에 건립된 부분도 매수청구의 대상이 되는지 여부(소극)
건물 소유를 목적으로 하는 토지임대차에 있어서 임차인 소유 건물이 임대인이 임대한 토지 외에 임차인 또는 **제3자 소유의 토지 위에 걸쳐서 건립되어 있는 경우에는, 임차지상에 서 있는 건물부분 중 구분소유의 객체가 될 수 있는 부분에 한하여 임차인에게 매수청구가 허용된다**(대판 93다42364).

7. 대항력을 갖춘 임차인이 새로운 토지소유자에게 매수청구를 할 수 있는지 여부(적극)
건물의 소유를 목적으로 한 토지임차인의 건물매수청구권 행사의 상대방은 통상의 경우 기간의 만료로 인한 임차권 소멸 당시 토지소유자인 임대인뿐만 아니라 임차권 소멸 후 임대인이 그 토지를 제3자에게 양도하는 등 그 소유권이 이전되었을 때에는 그 건물에 대하여 보존등기를 필하여 **제3자에 대하여 대항할 수 있는 차지권을 가지고 있는 토지임차인은 그 신 소유자에 대하여도 위 매수청구권을 행사할 수 있다**(대판 75다348).

8. 건물에 근저당권이 설정되어 있는 경우에도 토지임차인의 건물매수청구권이 인정되는지 여부(적극)
「민법」제643조 소정의 매수청구권은 매수청구의 대상이 되는 **건물에 근저당권이 설정되어 있는 경우에도 인정된다**. 이 경우에 그 건물의 매수가격은 건물 자체의 가격 외에 건물의 위치, 주변 토지의 여러 사정 등을 종합적으로 고려하여 매수청구권 행사 당시 건물이 현존하는 대로의 상태에서 평가된 시가 상당액을 의미하고, 여기에서 근저당권의 채권최고액이나 피담보채무액을 공제한 금액을 매수 가격으로 정할 것은 아니다. 다만, 매수청구권을 행사한 지상건물소유자가 위와 같은 근저당권을 말소하지 않는 경우 토지소유자는 「민법」제588조에 의하여 위 근저당권의 말소등기가 될 때까지 그 채권최고액에 상당한 대금의 지급을 거절할 수 있다(대판 2007다4356).

⑥ 차임감액청구권

㉠ 일부멸실로 인한 차임감액청구권

> 제627조【일부멸실 등과 감액청구, 해지권】① 임차물의 일부가 임차인의 과실 없이 멸실 기타 사유로 인하여 사용, 수익할 수 없는 때에는 임차인은 그 부분의 비율에 의한 차임의 감액을 청구할 수 있다.

② 전항의 경우에 그 잔존부분으로 임차의 목적을 달성할 수 없는 때에는 임차인은 계약을 해지할 수 있다.

ⓐ 임차물의 일부가 임차인의 과실 없이 멸실 기타 사유로 인하여 사용·수익할 수 없는 경우 임차인은 그 부분의 비율에 의한 차임의 감액을 청구할 수 있다.
ⓑ 차임감액청구권은 형성권이므로 차임감액을 청구하면 임대인의 승낙을 기다리지 않고 당연히 감액된다. 제627조는 강행규정이므로 이에 위반하는 약정으로서 임차인에게 불리한 것은 무효이다.

ⓒ 경제사정의 변동으로 인한 차임감액청구권

> **제628조 【차임증감청구권】** 임대물에 대한 공과부담의 증감 기타 경제사정의 변동으로 인하여 약정한 차임이 상당하지 아니하게 된 때에는 당사자는 장래에 대한 차임의 증감을 청구할 수 있다.

제628조는 강행규정이므로 이에 위반하는 약정으로서 임차인에게 불리한 것은 무효이다. 따라서 차임감액을 금지하는 특약은 임차인에게 불리한 것으로서 무효인 데 반하여, 차임을 증액하지 않는다는 특약은 임차인에게 유리하므로 유효하다.

참고 당연히 감액되는 것이 아니라 감액청구를 하여야 감액된다.

예제

甲은 건물 소유를 목적으로 乙소유의 X토지를 임차한 후, 그 지상에 Y건물을 신축하여 소유하고 있다. 위 임대차계약이 종료된 후, 甲이 乙에게 Y건물에 관하여 지상물매수청구권을 행사하는 경우에 관한 설명으로 **틀린** 것은? (다툼이 있으면 판례에 따름) 제34회

① 특별한 사정이 없는 한 Y건물이 미등기 무허가건물이라도 매수청구권의 대상이 될 수 있다.
② 임대차기간이 만료되면 甲이 Y건물을 철거하기로 한 약정은 특별한 사정이 없는 한 무효이다.
③ Y건물이 X토지와 제3자 소유의 토지 위에 걸쳐서 건립되었다면, 甲은 Y건물 전체에 대하여 매수청구를 할 수 있다.
④ 甲의 차임연체를 이유로 임대차계약이 해지된 경우, 甲은 매수청구권을 행사할 수 없다.
⑤ 甲이 적법하게 매수청구권을 행사한 후에도 Y건물의 점유·사용을 통하여 X토지를 계속하여 점유·사용하였다면, 甲은 乙에게 X토지 임료 상당액의 부당이득반환의무를 진다.

> **해설** ③ 건물 소유를 목적으로 하는 토지임대차에 있어서 임차인 소유 건물이 임대인이 임대한 토지 외에 임차인 또는 제3자 소유의 토지 위에 걸쳐서 건립되어 있는 경우에는, 임차지상에 서 있는 건물부분 중 구분소유의 객체가 될 수 있는 부분에 한하여 임차인에게 매수청구가 허용된다(대판 93다42364).
> ① 비록 행정관청의 허가를 받은 적법한 건물이 아니더라도 임차인의 건물매수청구권의 대상이 될 수 있다(대판 97다37753).
> ② 토지임대인과 임차인 사이에 임대차기간 만료 후 임차인이 지상건물을 철거하여 토지를 인도하고 만약 지상건물을 철거하지 아니할 경우에는 그 소유권을 임대인에게 이전하기로 한 약정은 「민법」 제643조 소정의 임차인의 지상물매수청구권을 배제하기로 하는 약정으로서 임차인에게 불리한 것이므로 무효이다(대판 90다19695).
> ④ 임대인이 임차인의 채무불이행을 이유로 임대차계약을 해지하였을 경우에는 임차인이 지상물매수청구권을 행사할 수 없다(대판 90다19695).
> ⑤ 건물 기타 공작물의 소유를 목적으로 한 대지임대차에 있어서 임차인이 그 지상건물 등에 대하여 「민법」 제643조 소정의 매수청구권을 행사한 후에 그 임대인인 대지의 소유자로부터 매수대금을 지급받을 때까지 그 지상건물 등의 인도를 거부할 수 있다고 하여도, 지상건물 등의 점유·사용을 통하여 그 부지를 계속하여 점유·사용하는 한 그로 인한 부당이득으로서 부지의 임료 상당액은 이를 반환할 의무가 있다(대판 99다60535). **정답** ③

(2) 임차인의 의무

① 차임지급의무

㉠ 임차인의 차임지급의무는 그가 임대인으로부터 목적물을 인도받았는지와 무관하게 발생한다.

> **판례** 임차인의 차임 지급의무는 그가 임대인으로부터 목적물을 인도받았는지와 무관하게 임대차계약의 효력으로서 발생하는지 여부(적극)
>
> 임대인과 임차인의 의무는 특별한 사정이 없는 한 임대차계약이 유효하게 성립하면 발생하는 것이고, 상대방의 의무 이행이나 이행의 제공이 있어야 비로소 발생하는 것은 아니다. 그러므로 <u>임차인의 차임 지급의무는 그가 임대인으로부터 목적물을 인도받았는지와 무관하게 임대차계약의 효력으로서 발생한다</u>. 다만, 임대인의 위와 같은 의무는 임차인의 차임 지급의무와 서로 대응하는 관계에 있으므로, 임대인이 이러한 의무를 불이행하여 목적물의 <u>사용·수익에 지장이 있으면 임차인은 지장이 있는 한도에서 차임 지급을 거절할 수 있다</u>(대판 2024다256116).

㉡ 차임연체와 해지: 차임을 2기에 달하도록 연체한 때에는 임대인은 계약을 해지할 수 있다(제640조). 연속하여 2기를 연체하여야 하는 것은 아니며, 연체액이 2기에 달하기만 하면 해지권이 발생한다.

② 임차물보관의무
   ㉠ 임차인은 임대차관계의 종료로 임차물을 임대인에게 반환할 때까지 선량한 관리자의 주의를 가지고 보관할 의무가 있다(제374조).
   ㉡ 임차인의 임대차목적물반환의무가 이행불능이 된 경우 임차인이 그 이행불능으로 인한 손해배상책임을 면하려면 그 이행불능이 임차인의 귀책사유로 인한 것이 아님을 입증할 책임이 있다.
③ 임차물반환의무: 임차인은 임대차가 종료한 때에는 임차목적물을 임대인에게 반환하여야 한다.
④ 원상회복의무: 반환시에는 임차물을 원상에 회복하여야 한다. 설령 임대인의 귀책사유로 임대차계약이 해지되었다고 하더라도 임차인은 그로 인한 손해배상을 청구할 수 있음은 별론으로 하고 원상회복의무를 부담한다(대판 2002다42278).

> **참고** 다만, 임차부분의 화재로 임차 외의 건물부분이 연소된 경우에는 그 부분에 대한 손해배상을 청구하기 위해 임대인이 임차인의 의무위반을 증명해야 한다.

❹ 임차권의 양도와 전대 제32회, 제36회

> **제629조【임차권의 양도·전대의 제한】** ① 임차인은 임대인의 동의 없이 그 권리를 양도하거나 임차물을 전대하지 못한다.
> ② 임차인이 전항의 규정에 위반한 때에는 임대인은 계약을 해지할 수 있다.

1. 의의와 제한

(1) 의의
① 임차권의 양도: 임차권의 동일성을 유지하면서 이를 양수인에게 이전하게 하는 계약을 말한다.
② 임차물의 전대: 임차인이 그 임차물을 다시 제3자로 하여금 사용·수익하게 하는 계약을 말한다.

(2) 양도·전대의 제한
① 원칙: 임차권의 양도 또는 임차물의 전대는 임대인의 동의를 얻어야 한다. 임대인의 동의를 얻지 않은 경우에는 임대인에게 대항할 수 없고, 임대인은 임대차계약을 해지할 수 있다(제629조). 다만, 이는 임의규정이므로 특약으로 달리 정할 수 있다.

② 예외
   ㉠ 건물의 임차인이 그 건물의 **소부분**을 타인에게 사용하게 하는 경우에는 임대인의 동의를 요하지 않는다(제632조).
   ㉡ 임차인의 양도행위가 임대인에 대한 **배신적 행위라고 인정할 수 없는 특별한 사정**이 있는 경우에 해지권은 발생하지 않는다.
③ 임대인의 동의
   ㉠ 임대인의 동의는 양도·전대의 유효요건(효력발생요건)이 아니고 대항요건에 해당한다.
   ㉡ 임대인의 동의 없이 임차권의 양도·전대계약이 이루어져도 그 계약 자체는 유효하며, 임차인은 임대인의 동의를 얻어 줄 의무를 부담한다(사후동의도 가능하다).

> **참고** 임차권자가 임차건물에 동거하면서 함께 가구점을 경영하고 있는 자신의 아내에게 임차권을 양도한 것은 임대인에 대한 배신적 행위라고 인정할 수 없는 특별한 사정이 있는 경우이므로 해지사유가 될 수 없다.

2. 임대인의 동의 없는 양도·전대

(1) 임차인과 양수인·전차인의 관계
① 임대인의 동의를 받지 않고 임차권을 양도(전대)한 계약도 임대인에게 대항할 수 없을 뿐이지 계약 자체는 유효하다.
② 임차인은 양수인(전차인)을 위하여 임대인의 동의를 받아 줄 의무가 있다. 동의를 얻지 못하면 임차인은 이에 대한 담보책임을 져야 한다.

(2) 임대인과 양수인·전차인의 관계
① 양수인(전차인)의 목적물에 대한 점유는 임대인에 대한 관계에서는 불법점유가 된다. 따라서 임대인은 소유권에 기하여 임차물을 반환할 것을 청구할 수 있다.
② 임대인이 임차인과의 임대차계약을 해지하기 전에는 직접점유자인 임차인에게 반환할 것을 청구할 수 있고, 해지한 후에는 직접 자신에게 반환할 것을 청구할 수 있다.
③ 임대인은 임대차계약을 **해지하기 전에는** 임차인으로부터 차임을 지급받으므로 양수인(전차인)에 대하여 **손해배상을 청구하지 못한다.** 그러나 해지한 후에는 양수인(전차인)에게 손해배상을 청구할 수 있다.
④ 임대인은 전차인에게 차임청구권을 갖지 못하나 임차인의 차임청구권을 대위행사할 수 있다.

(3) 임대인과 임차인의 관계

임대인은 임대차계약을 해지할 수 있다(제629조 제2항). 그러나 해지를 하지 않는 동안에는 임차인은 종전의 지위를 그대로 유지한다. 따라서 임대차계약이 해지되지 않는 한 임대인은 임차인에 대하여 차임청구권을 가진다.

3. 임대인의 동의 있는 임차권의 양도

양도인은 임차인으로서의 지위에서 벗어나고, 양수인이 임차인의 지위를 그대로 승계하여 동일성을 유지하면서 임차인으로서의 권리·의무를 취득하게 된다. 따라서 차임지급의무도 당연히 양수인에게 이전한다. 그러나 양도인의 연체차임채무나 다른 의무 위반으로 인한 손해배상의무는 별도의 약정이 없는 한 이전하지 않는다.

4. 임대인의 동의 있는 임차물의 전대

> **제630조 【전대의 효과】** ① 임차인이 임대인의 동의를 얻어 임차물을 전대한 때에는 전차인은 직접 임대인에 대하여 의무를 부담한다. 이 경우에 전차인은 전대인에 대한 차임의 지급으로써 임대인에게 대항하지 못한다.
> ② 전항의 규정은 임대인의 임차인에 대한 권리행사에 영향을 미치지 아니한다.

(1) 임차인(전대인)과 전차인의 관계

임차인(전대인)과 전차인의 관계는 전대차계약의 내용에 의하여 결정된다.

(2) 임대인과 전차인의 관계

① 전차인은 직접 임대인에 대하여 의무를 부담한다(제630조 제1항). 따라서 전차인은 목적물보관의무, 목적물반환의무, 차임지급의무 등을 지게 된다.

> **판례** 임차인이 임대인의 동의를 얻어 임차물을 전대한 경우,「민법」제630조 제1항에 따라 전차인이 임대인에 대하여 직접 부담하는 의무의 범위(대판 2018다200518)
> [1] 전차인은 전대차계약으로 전대인에 대하여 부담하는 의무 이상으로 임대인에게 의무를 지지 않고 동시에 임대차계약으로 임차인이 임대인에 대하여 부담하는 의무 이상으로 임대인에게 의무를 지지 않는다.

참고 직접 임대인에 대하여 권리를 주장할 수는 없다.

참고 전차인은 전대차계약에 의하여 임차인(전대인)에 대해서도 의무를 지므로 임차인에게 의무이행을 한 한도 내에서 임대인에 대한 의무를 면하게 된다.

[2] 전대차계약의 내용을 변경할 수 있으며 그로 인하여 전차인이 임대인에 대하여 직접 부담하는 의무의 범위가 변경되더라도, 특별한 사정이 없는 한 전차인은 변경된 전대차계약의 내용을 임대인에게 주장할 수 있다. 전대인과 전차인이 전대차계약상의 차임을 감액한 경우도 마찬가지이다.

② 전차인은 전대인에 대한 차임의 지급으로써 임대인에게 대항하지 못한다. 전차인이 임대인에게 대항할 수 없는 차임의 범위는 전대차계약상의 차임지급시기를 기준으로 하여 그 전에 전대인에게 지급한 차임에 한정되고, 그 이후에 지급한 차임으로는 임대인에게 대항할 수 있다.
✔ 임차인에게 지급한 모든 차임에 대하여 대항할 수 없는 것은 아니다.

(3) 임대인과 임차인(전대인)의 관계
전대차의 성립은 임대인과 임차인에게 아무런 영향을 주지 않는다. 따라서 임대인이 직접 전차인에게 권리를 행사할 수 있다고 하여 임차인에게 권리를 행사할 수 없다는 것은 아니다.

(4) 전차인 보호를 위한 특별규정
① 임차인이 임대인의 동의를 얻어 임차물을 전대한 경우에는 임대인과 임차인의 합의로 계약을 종료한 때에도 전차인의 권리는 소멸하지 않는다.
② 임대차계약이 해지의 통고로 인하여 종료된 경우에 그 임차물이 적법하게 전대되었을 때에는 임대인은 전차인에 대하여 그 사유를 통지하지 아니하면 해지로써 전차인에게 대항하지 못한다.
③ 동의를 얻은 적법한 전대차이므로 토지의 전차인은 임대인에 대하여 전전대차와 동일한 조건으로 임대청구권을 행사할 수 있고 이를 거절 당한 경우에 지상물매수청구권을 행사할 수 있다.
④ 건물이나 공작물의 전차인의 경우에는 임대인의 동의를 얻어 이에 부속하였거나 임대인으로부터 매수한 경우, 또는 그의 동의를 얻어 임차인으로부터 매수한 부속물에 대하여 부속물매수청구권이 인정된다.

> 참고 📖 임차인의 차임연체액이 2기의 차임액에 달함에 따라 임대인이 임대차계약을 해지하는 경우에는 전차인에 대하여 그 사유를 통지하지 않더라도 해지로써 전차인에게 대항할 수 있고, 해지의 의사표시가 임차인에게 도달하는 즉시 임대차관계는 해지로 종료된다.

> 예제

1. 甲은 자신의 X건물을 乙에게 임대하였고, 乙은 甲의 동의 없이 X건물에 대한 임차권을 丙에게 양도하였다. 다음 설명 중 틀린 것은? (다툼이 있으면 판례에 따름)

   제28회

   ① 乙은 丙에게 甲의 동의를 받아 줄 의무가 있다.
   ② 乙과 丙 사이의 임차권 양도계약은 유동적 무효이다.
   ③ 甲은 乙에게 차임의 지급을 청구할 수 있다.
   ④ 만약 丙이 乙의 배우자이고 X건물에서 동거하면서 함께 가구점을 경영하고 있다면, 甲은 임대차계약을 해지할 수 없다.
   ⑤ 만약 乙이 甲의 동의를 받아 임차권을 丙에게 양도하였다면, 이미 발생된 乙의 연체차임채무는 특약이 없는 한 丙에게 이전되지 않는다.

   해설 ②① 임대인의 동의를 받지 아니하고 임차권을 양도한 계약도 이로써 임대인에게 대항할 수 없을 뿐 임차인과 양수인 사이에는 유효한 것이고 이 경우 임차인은 양수인을 위하여 임대인의 동의를 받아 줄 의무가 있다(대판 85다카1812). 즉, 乙과 丙 사이의 임차권 양도계약은 유동적 무효가 아니라 유효한 계약이다. 다만, 乙은 丙에게 甲의 동의를 받아 줄 의무가 있다.
   ③ 甲이 乙과의 임대차계약을 해지하지 않는 한 임대차계약은 유지되므로 甲은 乙에게 차임의 지급을 청구할 수 있다.
   ④ 임차권자가 임차건물에 동거하면서 함께 가구점을 경영하고 있는 자신의 아내에게 임차권을 양도한 것은 임대인에 대한 배신적 행위라고 인정할 수 없는 특별한 사정이 있는 경우이므로 해지사유가 될 수 없다(대판 92다45308).
   ⑤ 임차권이 적법하게 양도되면 임차권은 동일성을 유지하면서 양수인에게 이전한다. 다만, 양도 전에 이미 발생한 연체 차임이나 손해배상 채무는 양수인에게 승계되지 않는다. 따라서 이미 발생된 乙의 연체차임채무는 특약이 없는 한 丙에게 이전되지 않는다.
   정답 ②

2. 甲은 자기 소유 X창고건물 전부를 乙에게 월차임 60만원에 3년간 임대하였고, 乙은 甲의 동의를 얻어 X건물 전부를 丙에게 월차임 70만원에 2년간 전대하였다. 이에 관한 설명으로 틀린 것은? (단, 이에 관한 특약은 없으며, 다툼이 있으면 판례에 따름)

   제32회

   ① 甲과 乙의 합의로 임대차 계약을 종료한 경우 丙의 권리는 소멸한다.
   ② 丙은 직접 甲에 대해 월차임 60만원을 지급할 의무를 부담한다.
   ③ 甲은 乙에게 월차임 60만원의 지급을 청구할 수 있다.
   ④ 甲에 대한 차임연체액이 120만원에 달하여 甲이 임대차계약을 해지한 경우, 丙에게 그 사유를 통지하지 않아도 해지로써 丙에게 대항할 수 있다.
   ⑤ 전대차 기간이 만료한 경우, 丙은 甲에게 전전대차(前轉貸借)와 동일한 조건으로 임대할 것을 청구할 수 없다.

해설 ① 임차인이 임대인의 동의를 얻어 임차물을 전대한 경우에는 임대인과 임차인의 합의로 계약을 종료한 때에도 전차인의 권리는 소멸하지 아니한다(제631조).
② 임차인이 임대인의 동의를 얻어 임차물을 전대한 때에는 전차인은 직접 임대인에 대하여 의무를 부담한다. 이 경우에 전차인은 전대인에 대한 차임의 지급으로써 임대인에게 대항하지 못한다(제630조 제1항).
③ 전대차 성립에 대하여 임대인과 임차인은 아무런 영향을 받지 않는다(제630조 제2항). 따라서 임대인이 직접 전차인에게 권리를 행사할 수 있다고 하여 임차인에게 권리를 행사할 수 없다는 것은 아니다.
④ 제635조 제2항 및 제638조 제1항·제2항에 의하면 <u>임대차계약이 해지통고로 인하여 종료된 경우에 그 임대물이 적법하게 전대되었을 때에는 임대인은 전차인에 대하여 그 사유를 통지하지 아니하면 해지로써 전차인에게 대항하지 못하고</u>, 전차인이 통지를 받은 때에는 토지·건물 기타 공작물에 대하여는 임대인이 해지를 통고한 경우에는 6월, 임차인이 해지를 통고한 경우에는 1월, 동산에 대하여는 5일이 경과하면 해지의 효력이 생긴다고 할 것이지만 「민법」제640조에 터잡아 <u>임차인의 차임연체액이 2기의 차임액에 달함에 따라 임대인이 임대차계약을 해지하는 경우에는 전차인에 대하여 그 사유를 통지하지 않더라도 해지로써 전차인에게 대항할 수 있고</u>, 해지의 의사표시가 임차인에게 도달하는 즉시 임대차관계는 해지로 종료된다(대판 2012다55860).
⑤ 건물 기타 공작물의 소유 또는 식목·채염·목축을 목적으로 한 <u>토지임차인이 적법하게 그 토지를 전대한 경우에 임대차 및 전대차의 기간이 동시에 만료되고 건물·수목 기타 지상시설이 현존한 때에는 전차인은 임대인에 대하여 전전대차와 동일한 조건으로 임대할 것을 청구할 수 있다(제644조 제1항)</u>. 즉, 토지의 전차인에게 인정되는 권리이지 건물 전차인에게 인정되는 권리가 아니므로 건물을 전대차한 丙은 甲에게 전전대차(前轉貸借)와 동일한 조건으로 임대할 것을 청구할 수 없다.

정답 ①

제2장 메타인지 학습체크

01 매매는 당사자 일방이 [① 물건 / ② 재산권]을 상대방에게 이전할 것을 약정하고 상대방이 그 대금을 지급할 것을 약정함으로써 그 효력이 생긴다.

02 매매의 예약완결권은 일방적 의사표시에 의하여 본계약인 매매를 성립시키는 것이므로 [① 형성권 / ② 청구권]에 해당한다.

03 예약완결권은 그 기간을 정하지 않은 때에는 그 예약이 성립한 때로부터 [① 5년 / ② 10년]의 제척기간 내에 행사하지 않으면 소멸한다.

04 계약금계약은 요물계약으로 계약금의 [① 일부 / ② 전부]를 지급한 경우에 성립한다.

05 계약금 포기에 의한 계약해제의 경우, 상대방은 채무불이행을 이유로 손해배상을 청구할 수 [① 있다. / ② 없다.]

06 계약금은 별도의 약정이 없는 한 [① 해약금 / ② 손해배상액의 예정]으로 추정된다.

07 계약금을 포기하고 행사할 수 있는 해제권은 당사자의 합의로 배제할 수 [① 있다. / ② 없다.]

08 매매계약에 관한 비용은 [① 쌍방이 균분하여 / ② 매수인이] 부담한다.

09 매매계약이 있은 후에도 인도하지 아니한 목적물로부터 생긴 과실은 [① 매도인 / ② 매수인]에게 속한다.

10 부동산매매에 있어 인도받지 아니한 매수인이 미리 소유권이전등기를 경료받았으나 아직 매매대금을 완급하지 않은 경우, 부동산으로부터 발생하는 과실은 [① 매도인 / ② 매수인]에게 귀속되어야 한다.

11 매매의 목적물의 인도와 동시에 대금을 지급할 경우에는 [① 계약의 성립장소 / ② 인도장소]에서 이를 지급하여야 한다.

정답
01 ② 02 ① 03 ② 04 ② 05 ② 06 ① 07 ① 08 ① 09 ① 10 ① 11 ②

제2장 메타인지 학습체크

12 매도인의 담보책임은 [① 과실 / ② 무과실]책임이다.

13 타인의 권리를 매도한 자가 그 전부를 취득하여 매수인에게 이전할 수 없는 경우, 악의의 매수인은 계약을 해제할 수 [① 있다. / ② 없다.]

14 일부가 타인의 권리에 속하는 경우 매수인은 [① 선의에 한하여 / ② 선·악을 불문하고] 타인에게 속하는 비율만큼 대금의 감액을 청구할 수 있다.

15 수량지정매매에서 수량이 부족한 경우 매수인은 [① 선의에 한하여 / ② 선·악을 불문하고] 타인에게 속하는 비율만큼 대금의 감액을 청구할 수 있다.

16 저당권·전세권의 행사로 인한 담보책임(제576조)의 경우에 [① 선의에 한하여 / ② 선·악을 불문하고] 손해배상책임을 물을 수 있다.

17 가등기의 목적이 된 부동산을 매수한 사람이 그 뒤 가등기에 기한 본등기가 경료됨으로써 그 부동산의 소유권을 상실하게 된 때에는 [① 제576조 / ② 제570조]의 규정이 준용된다.

18 건축을 목적으로 매매된 토지에 대하여 건축허가를 받을 수 없어 건축이 불가능한 경우와 같은 법률적 제한 내지 장애는 [① 목적물의 하자 / ② 권리의 하자]에 해당한다.

19 경매에서의 담보책임은 [① 목적물의 하자 / ② 권리의 하자]에서는 물을 수 없다.

20 임대차에서 보증금 및 차임지급의 여부에 대한 입증책임은 [① 임차인 / ② 임대인]이 부담한다.

21 묵시적 갱신이 된 경우에 전 임대차에 대하여 [① 당사자 / ② 제3자]가 제공한 담보는 기간의 만료로 인하여 소멸한다.

정답

12 ② 13 ① 14 ② 15 ① 16 ② 17 ① 18 ① 19 ① 20 ① 21 ②

22 [① 임차인 / ② 임대인]은 계약존속 중 그 사용·수익에 필요한 상태를 유지하게 할 의무를 부담한다

23 임차인이 임차물의 보존에 관한 필요비를 지출한 때에는 [① 즉시 / ② 종료시에] 그 상환을 청구할 수 있다.

24 필요비 및 유익비의 상환청구권은 임대인이 목적물을 반환받은 날로부터 [① 6개월 / ② 1년] 내에 행사하여야 한다.

25 임차인의 부속물매수청구권에 관한 규정은 [① 임의규정 / ② 강행규정]에 해당한다.

26 임대인이 임차인의 채무불이행을 이유로 임대차계약을 해지하였을 경우에는 임차인이 지상물매수청구권을 행사할 수 [① 있다. / ② 없다.]

27 임차인의 지상물매수청구권은 [① 청구권 / ② 형성권]이다.

28 건물 기타 공작물의 임대차에는 임차인의 차임연체액이 [① 2기 / ② 3기]의 차임액에 달하는 때에는 임대인은 계약을 해지할 수 있다.

29 임차인은 임대인의 [① 동의 없이 / ② 동의를 얻어야] 그 권리를 양도하거나 임차물을 전대할 수 있다.

30 임대인의 동의는 임차권 양도·전대의 [① 유효요건 / ② 대항요건]에 해당한다.

31 임차권의 무단양도시 임대인은 임대차계약을 해지하기 전에 양수인에 대하여 손해배상을 청구할 수 [① 있다. / ② 없다.]

32 차임의 증감청구가 법원의 판결에 의할 때에는 [① 청구시 / ② 판결시]부터 증감의 효력이 발생한다.

정답

| 22 ② | 23 ① | 24 ① | 25 ② | 26 ② | 27 ② | 28 ① | 29 ② | 30 ② | 31 ② | 32 ① |

제 4 편
민사특별법

◆ **최근 5개년 출제경향 분석**

- **제 1 장** | 주택임대차보호법
- **제 2 장** | 상가건물 임대차보호법
- **제 3 장** | 집합건물의 소유 및 관리에 관한 법률
- **제 4 장** | 가등기담보 등에 관한 법률
- **제 5 장** | 부동산 실권리자명의 등기에 관한 법률

제4편 민사특별법

❖ 주택임대차보호법

- **성질**
  - 특별법
  - 편면적 강행규정

- **적용범위**
  - 인적 범위
    - **원칙**: 자연인
    - **예외**: 일정 범위의 법인
  - 물적 범위
    - 주택의 전부 또는 일부 임대차 ─┐
    - 미등기 주택 전세   ├─ 적용
    - 미등기·무허가건물   ─┘
    - 일시사용을 위한 임대차 ── 적용되지 않음

- **대항력**
  - 대항요건 ── 주택의 인도 + 주민등록
  - 내용
    - **양수인과의 관계**: 양수인은 임대인의 지위 승계
    - 제3자에 대한 관계

- **보증금의 회수**
  - 우선변제권 ── 주택의 인도 + 주민등록 + 확정일자
  - 최우선변제권 ── 보증금 중 일정액의 보호(확정일자 불요)
  - 경매신청 ── 집행개시요건의 예외
  - 임차권등기명령

- **존속기간의 보장**
  - **최단기간 보장**: 2년(임차인은 2년 미만의 약정기간 주장 가능)
  - **법정갱신**: 2년(단, 임차인은 언제든지 해지통지 가능)

- **계약갱신요구권** ── 1회에 한하여 행사 가능(존속기간 2년)

❖ 상가건물 임대차보호법

제4편 민사특별법

❖ 가등기담보 등에 관한 법률

❖ 부동산 실권리자명의 등기에 관한 법률

제1장 주택임대차보호법

회독 Check 1회 2회 3회

「주택임대차보호법」의 취지를 이해하고 적용범위, 대항요건과 우선변제권을 잘 정리하여야 하며, 보증금 중 일정액의 보호(소액보증금의 최우선변제), 최단존속기간, 집행개시요건의 예외와 임차권등기명령제도를 잘 이해해 두어야 한다. 특히 최근에 신설된 계약갱신 요구제도에 주의하여야 한다.

1 서설

(1) 의의

「주택임대차보호법」은 경제적 약자인 임차인 중 주택임차인을 보호하여 국민의 주거생활의 안정을 도모하기 위한 법령이다.

(2) 성질

① 「민법」에 대한 특별법: 주택의 임대차에만 적용되는 「주택임대차보호법」은 일반법인 「민법」에 대한 특별법에 해당한다.
② 강행규정(편면적 강행규정): 「주택임대차보호법」은 임차인의 보호를 위한 것이므로 본법의 규정보다 임차인에게 불리한 약정은 그 효력이 없다. 따라서 본법이 규정한 것보다 임대인에게 불리한 약정은 허용된다.

2 적용범위

> **제2조【적용범위】** 이 법은 주거용 건물(이하 '주택'이라 한다)의 전부 또는 일부의 임대차에 관하여 적용한다. 그 임차주택(賃借住宅)의 일부가 주거 외의 목적으로 사용되는 경우에도 또한 같다.

(1) 인적 범위

원칙적으로 자연인을 보호대상으로 하나, 법률의 개정으로 일정한 범위(한국토지주택공사나 「지방공기업법」에 따라 주택사업을 목적으로 설립된 지방공사인 경우, 「중소기업기본법」 제2조에 따른 중소기업에 해당하는 법인)의 법인도 대항력을 취득할 수 있다(「주택임대차보호법」 제3조 제2항 · 제3항). 따라서 외국인은 보호대상이 되지만, 일반법인은 보호대상에 포함되지 않는다.

참고 중소기업에 해당하는 법인이 소속 직원의 주거용으로 주택을 임차한 후 그 법인이 선정한 직원이 해당 주택을 인도받고 주민등록을 마쳤을 때에는 그 다음 날부터 제3자에 대하여 효력이 생긴다. 그러나 여기에서 말하는 '직원'은 해당 법인이 주식회사라면 그 법인에서 근무하는 사람 중 대표이사 또는 사내이사로 등기된 사람을 제외한 사람을 의미한다.

(2) 주택의 적용범위(물적 범위)

① 주택의 전부 또는 일부의 임대차: 주택의 전부를 임대차한 경우뿐만 아니라 일부에 대한 임대차에도 「주택임대차보호법」이 적용된다.

② 임차주택의 일부가 비주거용으로 사용되는 경우: 임차주택의 일부가 주거 외의 목적으로 사용되는 경우에는 적용되나, 비주거용 건물에 주거의 목적으로 일부를 사용하는 경우에는 「주택임대차보호법」의 보호대상에서 제외된다.

(3) 미등기 전세

「주택임대차보호법」이 적용된다.

(4) 미등기 무허가 건물

「주택임대차보호법」이 적용된다.

(5) 일시사용을 위한 임대차

「주택임대차보호법」은 일시사용을 위한 임대차임이 명백한 경우에는 적용하지 아니한다(제11조).

(6)

「주택임대차보호법」이 적용되는 임대차로서는 반드시 임차인과 주택의 소유자인 임대인 사이에 임대차계약이 체결된 경우에 한정된다고 할 수는 없고, 주택의 소유자는 아니지만 적법하게 임대권한을 가진 임대인과의 사이에 임대차계약이 체결된 경우도 포함된다.

> 참고 명의신탁자나 미등기 매수인은 소유자는 아니지만 임대할 적법한 권한이 인정된다.

③ 주택임차권의 대항력 제32회, 제33회, 제34회

1. 대항요건

주택의 인도 + 주민등록(전입신고) ⇨ 다음 날 0시부터 대항력 발생

(1) 주택의 인도

임차인이 직접 거주하지 않더라도 임차인과의 점유매개관계에 기하여 당해 주택에 실제로 거주하는 직접점유자(전차인)가 자신의 주민등록을 마친 경우에는 그 임차인의 임대차가 제3자에 대하여 적법하게 대항력을 취득할 수 있다.

(2) 주민등록

주민등록의 신고는 행정청에 도달하기만 하면 신고로서의 효력이 발생하는 것이 아니라 행정청이 수리한 경우에 비로소 신고의 효력이 발생한다.

① 주소의 기재: 임차인들이 주소 또는 거소를 가진 자로 등록되어 있는지를 인식할 수 있어야 한다.

다세대주택의 경우	지번뿐만 아니라 호수까지 정확하게 기재되어야 한다.
다가구주택의 경우	지번만 기재하면 되고 호수까지 기재할 필요는 없다.

② 다가구주택이 다세대주택으로 변경된 경우: 처음에 다가구용 단독주택으로 「주택임대차보호법」 소정의 대항력을 적법하게 취득한 경우, 나중에 다가구용 단독주택이 다세대주택으로 변경되었다는 사정만으로 임차인이 이미 취득한 대항력을 상실하게 되는 것은 아니다.

③ 공무원의 실수로 잘못 기재된 경우: 담당공무원의 착오로 주민등록표상에 신 거주지 지번이 다소 틀리게 기재되었다 하여 그 대항력에 영향을 주지 않는다.

④ 제3자에 의하여 주민등록이 이전된 경우: 주택임차인에게 책임을 물을 만한 사유가 없는 경우 주택임차인이 이미 취득한 대항력은 주민등록의 이전에도 불구하고 그대로 유지된다.

⑤ 임차인 본인의 주민등록에 한정하지 않는다.

⑥ 대항요건은 일시적이어서는 안 되고 계속 존속하여야 한다.

⑦ 주민등록이 행정기관에 의하여 직권말소되면 대항력이 상실됨이 원칙이나, 후에 「주민등록법」상 적법한 이의절차에 따라 회복되었다면 종전의 대항력이 소급하여 인정된다.

⑧ 임차인이 적법하게 전대차를 한 경우, 임차인은 직접점유자인 전차인이 주민등록을 마치면 대항력을 취득한다.

⑨ 소유자가 주택을 매도하고 그 주택을 다시 임차한 경우에는 소유권이전등기 다음 날로부터 대항력을 취득한다.

⑩ 임차인이 전대차 후에 임대인으로부터 소유권을 취득하였다면 전차인은 임차인이 소유권이전등기를 하는 즉시 대항력을 취득한다.

비교 ▶ 담당공무원이 착오로 수정을 요구하여, 잘못된 지번으로 수정하여 그대로 주민등록이 되었다면, 설령 담당공무원의 요구에 기인한 것이라 하더라도 대항력은 인정되지 않는다.

참고 「주민등록법」상 이의절차에 따른 것이 아니었다면 대항력이 소급효는 인정되지 않는다.

참고 임차인이 대항력을 갖춘 상태에서 전대차한 것이라면 종전 대항력이 유지된다.

2. 대항력의 내용

(1) 주택양수인과의 관계

① 임대인 지위의 승계

㉠ 임차주택의 양수인은 임대인의 지위를 승계한 것으로 본다(제3조 제4항). 따라서 임차보증금반환채무도 양수인에게 이전되며, 그에 따라 종전의 임대인은 그 채무를 면하게 된다.

㉡ 주택의 양수인이 임차인에게 보증금을 반환하더라도 특별한 사정이 없는 한 양도인에게 부당이득반환을 청구할 수 없다.

㉢ 양수인은 임대인의 지위를 승계하므로 임차인의 임대차보증금반환 채권이 가압류된 상태에서 임대주택이 양도되면 양수인이 채권가압류의 제3채무자의 지위도 승계하고, 가압류권자 또한 임대주택의 양도인이 아니라 양수인에 대하여만 위 가압류의 효력을 주장할 수 있다.

② 임대인의 지위승계를 원하지 않는 경우에는 임차인이 임차주택의 양도 사실을 안 때로부터 상당한 기간 내에 이의를 제기함으로써 승계되는 임대차관계의 구속에서 벗어날 수 있다.

(2) 제3자에 대한 관계

① 후순위 저당권의 실행으로 목적 부동산이 경락되어 그 선순위 저당권이 함께 소멸한 경우라면 비록 후순위 저당권자에게는 대항할 수 있는 임차권이더라도 소멸된 선순위 저당권보다 뒤에 등기되었거나 대항력을 갖춘 임차권은 함께 소멸한다.

② 저당권설정등기 후에 건물주와의 사이에 임차보증금을 증액하기로 한 합의는 저당권자에게는 대항할 수 없다.

참고 양수인이란 주택의 소유권을 취득한 자를 말하는 것이므로 대지만을 경락받거나, 주택의 등기를 양도담보로 한 것이라면 주택의 양수인으로 볼 수 없다.

참고 다만, 임차주택 양도 전 발생한 연체차임채권은 특별한 사정이 없는 한 양수인에게 승계되지 않는다.

4 보증금의 회수 제34회

(1) 우선변제권

> 대항요건(주택의 인도 + 주민등록) + 확정일자

우선변제권이 인정되기 위하여 대항요건과 임대차계약증서상의 확정일자를 갖추는 것 외에 계약 당시 임차보증금이 전액 지급되어 있을 것을 요구하지는 않는다.

① 임대차계약서에 임대차목적물을 표시하면서 아파트의 명칭과 그 전유부분의 동·호수의 기재를 누락하였다는 사유만으로 확정일자의 요건을 갖추지 못하였다고 볼 수는 없다.

② 우선변제권을 취득한 임차인이 그 계약서를 분실하거나 계약서가 멸실되었다고 하여 우선변제권이 소멸하는 것은 아니다.

③ 우선변제권의 발생시기: 주택의 임차인이 주택의 인도와 주민등록을 마친 당일 또는 그 이전에 임대차계약증서상에 확정일자를 갖춘 경우 우선변제권은 대항력과 마찬가지로 주택의 인도와 주민등록을 마친 다음 날을 기준으로 발생한다.

대항요건(인도 + 주민등록)	+	확정일자		우선변제권 효력발생시기
2월 1일		2월 2일	➡	2월 2일
2월 1일		2월 1일	➡	2월 2일 0시
2월 2일		2월 1일	➡	2월 3일 0시

④ 일정한 금융기관이 임차권과 별도로 보증금채권만을 양수한 경우에도 우선변제권이 인정된다.

⑤ 대항력과 우선변제권을 겸유한 경우
　㉠ 대항력을 주장할 수도 있고 배당에 참가하여 보증금의 우선변제를 받을 수도 있다.
　㉡ 경매절차에서 배당요구를 하였다고 하더라도 그 순위에 따른 배당이 실시된 경우, 보증금 전액을 배당받을 수 없었던 때에는 잔액에 관하여 경락인에게 대항하여 이를 반환받을 때까지 임대차관계의 존속을 주장할 수 있다.
　㉢ 다만, 우선변제권은 1차 경매에서 소멸하며, 후행경매절차에서는 대항력을 주장할 수 있을 뿐 우선변제권을 행사할 수 없다.

참고 📖 대항요건을 갖추었더라도 확정일자가 없으면 경매시 우선변제를 받을 수 없다는 점에 유의하여야 한다.

참고 📖 보증금의 일부만을 지급하고 대항요건과 확정일자를 갖춘 다음 나머지 보증금을 나중에 지급하였다고 하더라도 대항요건과 확정일자를 갖춘 때를 기준으로 임차보증금 전액에 대해서 우선변제권이 인정된다.

참고 📖 일정한 금융기관에게 인정하는 것이지 일반 사인에게는 적용되지 않는다.

참고 📖 만일 임차권보다 선순위의 저당권이 있었다면 임차권은 경매로 소멸하는 것이므로 보증금 전액을 배당받지 못했더라도 경락인에게 대항할 수 없다.

> **판례** 주택임차인이 대항력을 갖추고 전세권등기도 한 경우
>
> 1. 주택임차인으로서의 우선변제를 받을 수 있는 권리와 전세권자로서 우선변제를 받을 수 있는 권리는 근거규정 및 성립요건을 달리하는 별개의 것이므로, 「주택임대차보호법」상 대항력을 갖춘 임차인이 임차주택에 관하여 전세권설정등기를 경료하였다거나 전세권자로서 배당절차에 참가하여 전세금의 일부에 대하여 우선변제를 받은 사유만으로는 변제받지 못한 나머지 보증금에 기한 대항력 행사에 어떤 장애가 있다고 볼 수 없다(대판 93다39676).
> 2. 「주택임대차보호법」상 임차인으로서의 지위와 전세권자로서의 지위를 함께 가지고 있는 자가 그중 임차인으로서의 지위에 기하여 경매법원에 배당요구를 하였다면 배당요구를 하지 아니한 전세권에 관하여는 배당요구가 있는 것으로 볼 수 없다.

⑥ 배당요구
 ㉠ 원칙적으로 주택임차인은 우선변제권을 행사함에 있어서 배당요구를 하여야 하며, 배당요구를 하지 않아 배당에서 제외되었다면 후순위 채권자에게 부당이득의 반환을 청구할 수 없다.
 ㉡ 그러나 임차주택에 대하여 스스로 강제경매를 신청하였다면 우선변제권을 인정받기 위하여 배당요구의 종기까지 별도로 배당요구를 하지 않아도 된다.

(2) 소액보증금의 최우선변제(보증금 중 일정액의 보호)
 ① 요건: 소액임차인은 대지를 포함한 임차주택의 경매대금에서 보증금 중 일정액을 다른 담보물권자보다 우선하여 변제받을 권리가 있다. 이 경우 임차인은 주택에 대한 경매신청등기 전에 대항요건을 갖추어야 한다. 대항요건을 갖추는 것으로 족하며 확정일자는 갖추지 않아도 된다.

참고 「주택임대차보호법 시행령」 부칙의 '소액보증금의 범위변경에 따른 경과조치'를 적용함에 있어서 신축건물에 대하여 담보물권을 취득한 때를 기준으로 소액임차인 및 소액보증금의 범위를 정하여야 한다.

② 적용범위(2023년 2월 21일부터)

구분	우선변제를 받을 임차인의 범위 (시행령 제11조)	우선변제를 받을 보증금 중 일정액의 범위 (시행령 제10조)
서울특별시	보증금 1억 6,500만원 이하	5,500만원
「수도권정비계획법」에 따른 과밀억제권역(서울특별시 제외), 세종특별자치시, 용인시, 화성시 및 김포시	보증금 1억 4,500만원 이하	4,800만원
광역시(「수도권정비계획법」에 따른 과밀억제권역에 포함된 지역과 군지역 제외) 안산시, 광주시, 파주시, 이천시 및 평택시	보증금 8,500만원 이하	2,800만원
그 밖의 지역	보증금 7,500만원 이하	2,500만원

③ 임차인의 보증금 중 일정액이 주택가액의 2분의 1을 초과하는 경우에는 주택가액의 2분의 1에 해당하는 금액까지만 우선변제권이 있다(시행령 제10조 제2항).

판례 소액보증금

1. 토지에 저당권이 설정된 후에 신축된 주택의 소액임차인은 대지로부터 우선변제를 받을 수 있는지 여부(소극)

   통상적으로 건물의 임대차에는 당연히 그 부지부분의 이용을 수반하는 것인 점 등을 종합하여 보면, 대지에 관한 저당권의 실행으로 경매가 진행된 경우에도 그 지상건물의 소액임차인은 대지의 환가대금 중에서 소액보증금을 우선변제받을 수 있다고 할 것이나, 이와 같은 법리는 **대지에 관한 저당권설정 당시에 이미 그 지상건물이 존재하는 경우에만 적용될 수 있는 것이고**, 저당권설정 후에 비로소 건물이 신축된 경우에까지 공시방법이 불완전한 소액임차인에게 우선변제권을 인정한다면 저당권자가 예측할 수 없는 손해를 입게 되는 범위가 지나치게 확대되어 부당하므로, 이러한 경우에는 소액임차인은 대지의 환가대금에 대하여 우선변제를 받을 수 없다고 보아야 한다(대판 99다25531).

2. 미등기 건물의 소액임차인이 대지의 매각대금으로부터 우선변제를 받을 수 있는지 여부(적극)

    대항요건 및 확정일자를 갖춘 임차인과 소액임차인에게 우선변제권을 인정한 「주택임대차보호법」 제3조의2 및 제8조가 미등기 주택을 달리 취급하는 특별한 규정을 두고 있지 아니하므로, 대항요건 및 확정일자를 갖춘 임차인과 **소액임차인의 임차주택 대지에 대한 우선변제권에 관한 법리는 임차주택이 미등기인 경우에도 그대로 적용된다.** … 위 규정이 미등기 주택의 경우에 소액임차인의 대지에 관한 우선변제권을 배제하는 규정에 해당한다고 볼 수 없다(대판 전합 2004다26133).

3. 주택임대차 성립 당시 임대인의 소유였던 대지가 타인에게 양도되어 임차주택과 대지의 소유자가 서로 달라지게 된 경우, 임차인이 대지의 환가대금에 대하여 우선변제권을 행사할 수 있는지 여부(적극)

    대항요건 및 확정일자를 갖춘 임차인과 소액임차인은 임차주택과 그 대지가 함께 경매될 경우뿐만 아니라 임차주택과 별도로 그 대지만이 경매될 경우에도 그 대지의 환가대금에 대하여 우선변제권을 행사할 수 있고, 이와 같은 우선변제권은 이른바 법정담보물권의 성격을 갖는 것으로서 임대차 성립시의 임차목적물인 임차주택 및 대지의 가액을 기초로 임차인을 보호하고자 인정되는 것이므로, 임대차 성립 당시 임대인의 소유였던 대지가 타인에게 양도되어 임차주택과 대지의 소유자가 서로 달라지게 된 경우에도 마찬가지이다(대판 전합 2004다26133).

4. 점포 및 사무실로 사용되던 건물에 근저당권이 설정된 후 그 건물이 주거용 건물로 용도변경된 경우, 이를 임차한 소액임차인이 근저당권자에 대하여 우선변제권이 있는지 여부(적극)

    점포 및 사무실로 사용되던 건물에 근저당권이 설정된 후 그 건물이 주거용 건물로 용도변경되어 이를 임차한 소액임차인도 특별한 사정이 없는 한 「주택임대차보호법」 제8조에 의하여 보증금 중 일정액을 근저당권자보다 우선하여 변제받을 권리가 있다(대판 2009다26879).

(3) 임차권자의 경매신청(집행개시요건의 특례)

① 임차인이 임대인에 대하여 제기하는 보증금반환청구소송에서 「소액사건심판법」의 일부조항을 준용하여 절차를 간이하게 하고 있다(제13조).

② 주택임차인은 임차물의 반환을 하지 않고도 임차주택에 대하여 강제집행을 개시할 수 있다(보증금을 수령할 때에는 양수인에게 인도하여야 한다).

(4) 임차권등기명령

① 의의: 임대차가 **끝난 후 보증금이 반환되지 아니한 경우 임차인**은 임차주택의 소재지를 관할하는 지방법원·지방법원지원 또는 시·군 법원에 임차권등기명령을 신청할 수 있다. 임차권등기명령의 신청을 기각하는 결정에 대하여 임차인은 항고할 수 있다(제3조의3 제1항·제4항).

② 효력

㉠ 임차인이 임차권등기명령에 의한 등기 이전에 이미 대항력 또는 우선변제권을 취득한 경우에는 임차권등기 이후에 대항요건을 상실하더라도, 즉 이사를 가거나 주민등록을 이전하더라도 이미 취득한 대항력 또는 우선변제권을 상실하지 아니한다(제3조의3 제5항 단서).

㉡ 임대차가 종료된 후 보증금을 반환받지 못한 임차인이 임차권등기명령의 집행에 의한 등기를 경료한 때에는 대항력과 보증금의 우선변제권을 취득한다(제3조의3 제5항).

㉢ 임차권등기명령의 집행에 의한 **임차권등기가 경료된 주택을 그 이후에 임차한 임차인은 소액보증금의 최우선변제를 받을 수 없다.**

㉣ 임차인은 임차권등기명령의 신청과 그에 따른 임차권등기와 관련하여 든 비용을 임대인에게 청구할 수 있다(제3조의3 제8항).

㉤ 임차권등기명령에 의하여 임차권등기를 한 임차인은 **배당요구 없이도** 당연히 배당받을 채권자에 속한다.

㉥ 임대인의 임대차보증금반환의무와 임차권등기명령에 의한 임차인의 임차권등기말소의무는 동시이행관계가 아니다.

㉦ 임차권등기명령에 의한 등기가 보증금반환채권의 소멸시효 중단사유가 될 수 없다. 따라서 임차권등기명령에 의한 등기가 되어 있더라도 10년이 경과하면 임차인의 보증금반환채권은 소멸한다.

㉧ 임차권등기명령에 의한 등기는 임차권등기명령 결정이 임대인에게 송달되기 전에도 실행될 수 있다(제3조의3 제3항).

참고 등기 신청 후에 점유를 이전하였다면 나중에 등기가 되더라도 종전 대항력은 상실한 것이며 등기된 때로부터 새로운 대항력이 발생한다.

참고 최우선변제가 인정되지 않을 뿐이며 대항력과 일반 우선변제권은 인정된다.

참고 임차권등기 관련 비용은 소송비용액 확정절차를 거쳐야 상환받을 수 있는 것이 아니라 상계의 자동채권으로 삼는 등의 방법으로 비용상환청구권을 행사할 수 있다.

5 존속기간의 보장 제32회, 제34회, 제35회, 제36회

(1) 최단기간의 보장

① 기간을 정하지 아니하거나 2년 미만으로 정한 주택임대차는 그 기간을 2년으로 본다. 다만, 임차인은 2년 미만으로 정한 기간이 유효함을 주장할 수 있다.

② 존속의제: 임대차기간이 끝난 경우에도 임차인이 보증금을 반환받을 때까지는 임대차관계가 존속되는 것으로 본다(제4조 제2항).

참고 임대인은 주장할 수 없다.

(2) 법정갱신(묵시적 갱신)

① 임대인이 임대차기간이 끝나기 6개월 전부터 2개월 전까지의 기간에 임차인에게 갱신 거절의 통지를 하지 아니하거나 계약조건을 변경하지 아니하면 갱신하지 아니한다는 뜻의 통지를 하지 아니한 경우에는 그 기간이 끝난 때에 전 임대차와 동일한 조건으로 다시 임대차한 것으로 본다. 임차인이 임대차기간이 끝나기 전 2개월 전까지 통지하지 아니한 때에도 또한 같다.

② 법정갱신이 되면 기간은 2년으로 간주된다. 따라서 임대인은 2년을 보장하여야 하나 임차인은 언제든지 해지의 통지를 할 수 있으며, 임대인이 해지의 통지를 받은 날부터 3개월이 지나면 임대차는 소멸한다(제6조의2 제2항).

③ 2기의 차임액에 달하도록 차임을 연체하거나 그 밖에 임차인으로서의 의무를 현저히 위반한 임차인에게는 법정갱신이 인정되지 않는다.

기출 임대차계약이 적법하게 묵시적 갱신된 경우, 그 존속기간은 2년으로 보지만 임차인은 언제든지 임대인에게 계약해지를 통지할 수 있다. 제36회

(3) 계약갱신요구권(계약갱신청구권)

① 임대인은 임차인이 임대차기간이 끝나기 6개월 전부터 2개월 전까지 사이에 행하는 계약갱신 요구에 대하여 정당한 사유 없이 이를 거절하지 못한다. 다만, 다음의 경우에는 갱신요구를 거절할 수 있다.

  ㉠ 임차인이 2기의 차임액에 해당하는 금액에 이르도록 차임을 연체한 사실이 있는 경우
  ㉡ 임차인이 거짓이나 그 밖의 부정한 방법으로 임차한 경우
  ㉢ 서로 합의하여 임대인이 임차인에게 상당한 보상을 제공한 경우
  ㉣ 임차인이 임대인의 동의 없이 목적 주택의 전부 또는 일부를 전대(轉貸)한 경우

참고 임대차계약의 갱신을 요구하면 임대인에게 갱신거절 사유가 존재하지 않는 한 임대인에게 갱신요구가 도달한 때 갱신의 효력이 발생한다.

ⓜ 임차인이 임차한 주택의 전부 또는 일부를 고의나 중대한 과실로 파손한 경우
ⓑ 임차한 주택의 전부 또는 일부가 멸실되어 임대차의 목적을 달성하지 못할 경우
ⓢ 임대인이 다음의 어느 하나에 해당하는 사유로 목적 주택의 전부 또는 대부분을 철거하거나 재건축하기 위하여 목적 주택의 점유를 회복할 필요가 있는 경우
  ⓐ 임대차계약 체결 당시 공사시기 및 소요기간 등을 포함한 철거 또는 재건축계획을 임차인에게 구체적으로 고지하고 그 계획에 따르는 경우
  ⓑ 건물이 노후·훼손 또는 일부 멸실되는 등 안전사고의 우려가 있는 경우
  ⓒ 다른 법령에 따라 철거 또는 재건축이 이루어지는 경우
ⓞ 임대인(임대인의 직계존속·직계비속을 포함한다)이 목적 주택에 실제 거주하려는 경우

> **참고** 갱신요구권이 행사된 주택을 양수한 자도 실거주를 이유로 임차인의 갱신요구를 거절할 수 있는지 여부(적극)
>
> 임차인이 갱신요구를 할 당시의 임대인뿐만 아니라 임대인의 지위를 승계한 임차주택의 양수인도 그 주택에 실제 거주하려는 경우 위 갱신거절 기간 내에 임차인의 갱신요구를 거절할 수 있다(대판 2021다266631).

ⓩ 그 밖에 임차인이 임차인으로서의 의무를 현저히 위반하거나 임대차를 계속하기 어려운 중대한 사유가 있는 경우
② 임차인의 계약갱신요구권은 1회에 한하여 행사할 수 있으며 이로 인하여 갱신되는 임대차의 존속기간은 2년으로 본다.
③ 임대인은 갱신된 임대차에 대하여 해지통지를 할 수 없으나 임차인은 언제든지 해지의 통지를 할 수 있으며 임대인이 해지의 통지를 받은 날부터 3개월이 지나면 임대차는 소멸한다.
④ 갱신요구권 행사에 의해 갱신되는 임대차는 전 임대차와 동일한 조건으로 다시 계약된 것으로 보며 차임과 보증금은 연 5% 범위에서 증감할 수 있다. 다만, 특별시·광역시·특별자치시·도 및 특별자치도는 관할구역 내의 지역별 임대차 시장 여건 등을 고려하여 연 5%의 범위 내에서 증액청구의 상한을 조례로 달리 정할 수 있다.

참고 임대인(임대인의 직계존속·직계비속을 포함한다)이 목적 주택에 실제 거주하려는 경우에 해당한다는 점에 대한 증명책임은 임대인에게 있다.

참고 임차인은 언제든지 계약의 해지통지를 할 수 있고, 해지통지 후 3개월이 지나면 그 효력이 발생하며, 이는 계약해지의 통지가 갱신된 임대차계약 기간이 개시되기 전에 임대인에게 도달하였더라도 마찬가지이다.

⑤ 손해배상: 임대인(임대인의 직계존속·직계비속을 포함한다)이 목적주택에 실제 거주하려는 경우에는 임차인의 계약갱신요구를 거절할 수 있다. 다만, 이를 이유로 갱신요구를 거절한 임대인이 갱신되었을 기간이 만료되기 전에 정당한 사유 없이 제3자에게 목적 주택을 임대한 경우 임대인은 갱신거절로 인하여 임차인이 입은 손해를 배상하여야 한다.

> 참고 이 경우 손해배상액은 법률이 정하는 여러 금액 중에서 큰 금액으로 한다.

6 기타

(1) 차임증감청구권
① 차임증감청구권은 형성권으로서 행사 후 즉시 그 효력이 발생한다.
② 차임 또는 보증금의 증액청구는 임대차계약 또는 약정한 차임 등의 증액이 있은 후 1년 이내에는 하지 못한다.
  ㉠ 증액하는 경우에는 약정한 차임 등의 20분의 1(5%)의 금액을 초과하지 못한다.
  ㉡ 임대차계약이 종료된 후 재계약을 하거나 또는 임대차계약 종료 전이라도 당사자의 합의로 차임 등이 증액된 경우에는 적용되지 않는다.

(2) 월차임 전환시 산정률의 제한(제7조의2)
다음의 ①과 ② 중 낮은 비율을 적용한다.
① 「은행법」에 따른 은행에서 적용하는 대출금리와 해당 지역의 경제 여건 등을 고려하여 대통령령으로 정하는 비율(연 1할)
② 한국은행에서 공시한 기준금리에 대통령령으로 정하는 이율(연 2.0%)을 더한 비율

(3) 임차권의 승계
① 사실혼관계자의 승계: 임차인이 상속인 없이 사망한 경우에는 그 주택에서 가정공동생활을 하던 사실상의 혼인관계에 있는 자가 임차인의 권리와 의무를 승계한다.
② 2촌 이내의 친족과 공동승계
  ㉠ 임차인이 사망한 때에 사망 당시 상속인이 그 주택에서 가정공동생활을 하고 있지 아니한 경우에는 그 주택에서 가정공동생활을 하던 사실상의 혼인관계에 있는 자와 2촌 이내의 친족이 공동으로 임차인의 권리와 의무를 승계한다.

ⓒ 상속권자가 사망한 임차인과 가정공동생활을 하고 있다면 임차권은 상속권자에게 상속되고 사실혼관계자에게 승계되지 않는다.
③ 임차인이 사망한 후 1개월 이내에 임대인에 대하여 반대의사를 표시한 경우에는 사실혼관계자에게 승계되지 않는다.

> **예제**
>
> 1. 甲은 2023.1.5. 乙로부터 그 소유의 X주택을 보증금 2억원, 월 임료 50만원, 기간은 계약일로부터 1년으로 정하여 임차하는 내용의 계약을 체결하고, 당일 乙에게 보증금을 지급함과 동시에 X주택을 인도받아 주민등록을 마치고 확정일자를 받았다. 다음 중 「주택임대차보호법」의 적용에 관한 설명으로 <u>틀린</u> 것은? (다툼이 있으면 판례에 따름)
> 제34회
>
> ① 甲은 2023.1.6. 오전 영시부터 대항력을 취득한다.
> ② 제3자에 의해 2023.5.9. 경매가 개시되어 X주택이 매각된 경우, 甲은 경매절차에서 배당요구를 하지 않아도 보증금에 대해 우선변제를 받을 수 있다.
> ③ 乙이 X주택을 丙에게 매도하고 소유권이전등기를 마친 경우, 乙은 특별한 사정이 없는 한 보증금반환의무를 면한다.
> ④ 甲이 2기의 차임액에 달하는 차임을 연체하면 묵시적 갱신이 인정되지 않는다.
> ⑤ 묵시적 갱신이 된 경우, 갱신된 임대차계약의 존속기간은 2년이다.
>
> **해설** ② 주택임차인은 우선변제권을 행사함에 있어서 배당요구를 하여야 하며, 배당요구를 하지 않아 배당에서 제외되었다면 후순위 채권자에게 부당이득반환을 청구할 수 없다(대판 2001다70702). 다만, 임차권등기명령에 의한 등기가 되어 있거나 임차인이 스스로 경매를 신청한 경우에는 배당요구를 하지 않아도 보증금에 대해 우선변제를 받을 수 있다.
> ① 주택임대차는 그 등기가 없는 경우에도 임차인이 주택의 인도와 주민등록을 마친 때에는 그 다음 날(익일)부터 제3자에 대하여 효력이 생긴다. 즉, 대항요건을 갖추면 다음 날 오전 0시부터 대항력을 취득한다(대판 99다9981).
> ③ 임차주택의 양수인은 임대인의 지위를 승계한 것으로 본다(제3조 제4항). 즉, 종전의 임대인은 임대차관계에서 탈퇴하고 양수인 기타 임대할 권리를 승계한 자 등이 임대차에서 발생하는 모든 지위를 승계하게 된다. 따라서 임차보증금반환채무도 양수인에게 이전되며, 그에 따라 종전의 임대인은 그 채무를 면하게 된다(대판 95다35616).
> ④ 2기의 차임액에 달하도록 연체하거나 그 밖에 임차인으로서의 의무를 현저히 위반한 임차인에 대하여는 묵시적 갱신에 관한 규정을 적용하지 아니한다(제6조 제3항).
> ⑤ 제6조 제2항
>
> **정답** ②

2. 甲은 乙의 저당권이 설정되어 있는 丙소유의 X주택을 丙으로부터 보증금 2억원에 임차하여 즉시 대항요건을 갖추고 확정일자를 받아 거주하고 있다. 그 후 丁이 X주택에 저당권을 취득한 다음 저당권실행을 위한 경매에서 戊가 X주택의 소유권을 취득하였다. 다음 설명 중 옳은 것은? (다툼이 있으면 판례에 따름) 제28회

① 乙의 저당권은 소멸한다.
② 戊가 임대인 丙의 지위를 승계한다.
③ 甲이 적법한 배당요구를 하면 乙보다 보증금 2억원에 대해 우선변제를 받는다.
④ 甲은 戊로부터 보증금을 전부 받을 때까지 임대차관계의 존속을 주장할 수 있다.
⑤ 丁이 甲보다 매각대금으로부터 우선변제를 받는다.

해설 ① 경매시에 모든 저당권은 소멸한다.
②④ 경매목적 부동산이 경락된 경우에는 소멸된 선순위 저당권보다 뒤에 등기되었거나 대항력을 갖춘 임차권은 함께 소멸하는 것이고, 따라서 그 경락인은 「주택임대차보호법」 제3조에서 말하는 임차주택의 양수인 중에 포함된다고 할 수 없을 것이므로 경락인에 대하여 그 임차권의 효력을 주장할 수 없다(대판 99다59306). 즉, 경매로 임차권은 소멸되므로 경락인 戊는 임대인의 지위를 승계하지 않으며, 甲은 戊에게 임대차관계의 존속을 주장할 수 없다.
③⑤ 배당의 순위는 乙 – 甲 – 丁의 순서에 따른다.

정답 ①

제1장 메타인지 학습체크

01 「주택임대차보호법」은 본법의 규정보다 [① 임차인 / ② 임대인]에게 불리한 약정은 그 효력이 없다.

02 주택임대차는 그 등기가 없는 경우에도 임차인이 주택의 인도와 [① 주민등록을 / ② 주민등록과 확정일자를] 마친 때에는 그 다음 날부터 제3자에 대하여 효력이 생긴다.

03 주민등록의 신고는 [① 행정청에 도달 / ② 행정청이 수리]한 경우에 비로소 신고의 효력이 발생한다.

04 소유자가 주택을 매도하고 그 주택을 다시 임차한 경우에는 소유권이전등기 [① 즉시 / ② 다음 날부터] 대항력을 취득한다.

05 주택의 임차인이 「주택임대차보호법」상의 대항력을 갖춘 후 임차주택의 소유권이 양도된 경우 임차인은 [① 양도인 / ② 양수인]에 대해서 임대차보증금의 반환을 청구하여야 한다.

06 A가 甲의 저당권과 乙의 저당권 사이에 대항요건을 갖추고 점유하였으나 乙의 경매신청으로 경매가 이루어진 경우에 A는 경락인에게 대항할 수 [① 있다. / ② 없다.]

07 주택임차인은 우선변제권을 행사함에 있어서 배당요구를 하여야 하며, 배당요구를 하지 않아 배당에서 제외되었다면 후순위 채권자에게 부당이득반환을 청구할 수 [① 있다. / ② 없다.]

08 임차인은 보증금 중 일정액을 다른 담보물권자보다 우선하여 변제받을 권리가 있는데, 이 경우 임차인은 주택에 대한 경매신청의 등기 전에 [① 대항요건을 / ② 대항요건과 확정일자를] 갖추어야 한다.

09 주택임차인은 그 주택을 [① 인도하여야 / ② 인도하지 않고도] 임차주택에 대하여 강제집행을 개시할 수 있다.

정답

01 ① 02 ① 03 ② 04 ② 05 ② 06 ② 07 ② 08 ① 09 ②

10 임대차가 [① 존속 중 / ② 종료된 후] 보증금을 반환받지 못한 임차인은 임차주택의 소재지를 관할하는 지방법원·지방법원지원 또는 시·군법원에 임차권등기명령을 신청할 수 있다.

11 기간의 정함이 없거나 기간을 2년 미만으로 정한 주택임대차는 그 기간을 2년으로 본다. 다만, [① 임차인 / ② 임대인]은 2년 미만으로 정한 기간이 유효함을 주장할 수 있다.

12 법정갱신이 되면 임대차의 존속기간은 2년으로 본다. 그러나 [① 임차인 / ② 임대인]은 언제든지 해지의 통지를 할 수 있다.

13 임차인은 1회에 한하여 [① 2년 / ② 4년]을 존속기간으로 하는 갱신을 요구할 수 있다.

14 임차인이 [① 2기 / ② 3기]의 차임액에 해당하는 금액에 이르도록 차임을 연체한 사실이 있는 경우에 한하여 임대인은 임차인의 갱신요구를 거절할 수 있다.

15 임대인 또는 임대인의 [① 2촌 이내의 친족 / ② 직계존속·직계비속]이 목적주택에 실제 거주하려는 경우에는 임차인의 갱신요구를 거절할 수 있다.

정답

10 ② 11 ① 12 ① 13 ① 14 ① 15 ②

제2장 상가건물 임대차보호법

「주택임대차보호법」과 다른 점을 위주로 이해해 두어야 한다. 본법의 적용범위, 대항요건과 우선변제의 요건을 주택임대차와 비교하여야 하며, 특히 계약갱신요구제도와 권리금 회수기회 보유제도를 정확하게 정리해 두어야 한다.

❶ 주택임대차보호법과의 비교

구분	「주택임대차보호법」	「상가건물 임대차보호법」
적용범위	① 자연인과 일정한 범위의 법인 ② 주거용 건물의 전부 또는 일부의 임대차, 미등기 전세 ③ 일시사용을 위한 임대차에는 적용되지 않음	① 사업자등록의 대상이 되는 상가건물의 임대차 중 보증금이 일정액 이하인 경우에 적용 ② 보증금이 일정액을 초과하는 경우에도 대항력과 계약갱신요구제도, 권리금보호, 차임연체와 해지, 폐업으로 인한 임차인이 해지권에 관한 규정은 적용 ③ 일시사용을 위한 임대차에는 적용되지 않음
대항력	주택의 인도와 주민등록을 마친 다음 날부터 대항력 발생	건물의 인도와 사업자등록을 신청한 다음 날부터 대항력 발생
우선변제권	대항요건과 임대차계약증서상의 확정일자를 갖춘 경우에 인정	대항요건과 관할 세무서장으로부터 임대차계약서상의 확정일자를 갖춘 경우에 인정
집행개시 요건의 특례	경매를 신청하는 경우에 반대의무의 이행 또는 이행의 제공을 집행개시의 요건으로 하지 아니함	
임차권등기명령	임대차가 종료된 후 보증금을 반환받지 못한 임차인은 임차건물의 소재지를 관할하는 지방법원·지방법원지원 또는 시·군 법원에 신청할 수 있음	
보증금 중 일정액의 보호 (소액보증금의 최우선 변제)	① 서울: 1억 6,500만원 ⇨ 5,500만원 ② 과밀억제권: 1억 4,500만원 ⇨ 4,800만원 ③ 광역시 등: 8,500만원 ⇨ 2,800만원 ④ 기타 지역: 7,500만원 ⇨ 2,500만원	① 서울: 6,500만원 ⇨ 2,200만원 ② 과밀억제권: 5,500만원 ⇨ 1,900만원 ③ 광역시 등: 3,800만원 ⇨ 1,300만원 ④ 기타 지역: 3,000만원 ⇨ 1,000만원
	대지를 포함하는 주택가액의 2분의 1의 범위에서 인정(경매신청등기 전에 임차인이 대항요건을 갖추어야 함)	대지를 포함하는 건물가액의 2분의 1의 범위에서 인정(경매신청등기 전에 임차인이 대항요건을 갖추어야 함)
존속기간 보장	최단기간 2년 보장	최단기간 1년 보장

법정갱신	① 임대인: 만료되기 6개월 전부터 2개월 전까지 ② 임차인: 만료되기 2개월 전까지 ③ 기간: 2년, 임차인은 언제든지 해지통고 (임대인 ×) ⇨ 3개월 지난 후 소멸	① 임대인: 만료되기 6개월 전부터 1개월 전까지 ② 임차인: 규정 없음(만료일까지 가능) ③ 기간: 1년, 임차인은 언제든지 해지통고 (임대인 ×) ⇨ 3개월 지난 후 소멸
계약갱신의 요구	1회에 한하여 존속기간 2년의 갱신요구권을 행사할 수 있음	최초 임대차기간을 포함한 전체 임대차기간이 10년을 초과하지 않는 범위 내에서만 행사
차임증감청구권	증액은 연 5% 이내	증액은 연 5% 이내
월차임 전환시 산정률의 제한	연 10% 또는 기준금리 + 2.0% 중 낮은 비율	연 12% 또는 기준금리 × 4.5 중 낮은 비율
임차권의 승계	사실혼관계에 있는 배우자에게 일정한 범위 내에서 임차권의 승계를 인정	규정 없음

② 주요 내용

(1) 적용범위 제32회, 제33회, 제34회, 제36회

① 본법은 사업자등록의 대상이 되는 상가건물의 임대차에 적용한다. 친목·자선단체 사무실 등은 「상가건물 임대차보호법」의 적용대상이 아니다.

> **판례** 「상가건물 임대차보호법」 적용대상인 '상가건물 임대차'의 의미 및 이러한 '상가건물'에 해당하는지의 판단기준
>
> 「상가건물 임대차보호법」이 적용되는 상가건물 임대차는 사업자등록대상이 되는 건물로서 임대차목적물인 건물을 영리를 목적으로 하는 영업용으로 사용하는 임대차를 가리킨다. 그리고 「상가건물 임대차보호법」이 적용되는 상가건물에 해당하는지는 공부상 표시가 아닌 건물의 현황·용도 등에 비추어 영업용으로 사용하느냐에 따라 실질적으로 판단하여야 하고, 단순히 상품의 보관·제조·가공 등 사실행위만이 이루어지는 공장·창고 등은 영업용으로 사용하는 경우라고 할 수 없으나 그곳에서 그러한 사실행위와 더불어 영리를 목적으로 하는 활동이 함께 이루어진다면 「상가건물 임대차보호법」 적용대상인 상가건물에 해당한다(대판 2009다40967).

② 보증금이 일정액 이하인 경우
  ㉠ 「주택임대차보호법」과의 두드러진 차이는 모든 상가건물 임대차를 보호하는 것이 아니며, 사업자등록의 대상이 되는 상가건물의 임대차라 하더라도 대통령령이 정하는 보증금액을 초과하는 임대차에 대하여는 적용하지 않는다. 그 보증금의 한도는 다음과 같다.

> **참고** 임차인이 임차목적물을 사실행위와 더불어 영리를 목적으로 하는 활동이 이루어지는 공장으로 사용하였다면, 「상가건물 임대차보호법」의 적용대상이 된다.

구분	대통령령이 정하는 보증금 (시행령 제2조)
서울특별시	9억원
「수도권정비계획법」에 따른 과밀억제권역 (서울특별시 제외) 및 부산광역시	6억 9,000만원
광역시(「수도권정비계획법」에 따른 과밀억제권역에 포함된 지역과 군지역, 부산광역시 제외), 세종특별자치시, 파주시, 화성시, 안산시, 용인시, 김포시 및 광주시	5억 4,000만원
그 밖의 지역	3억 7,000만원

> **참고** 서울에서 보증금 7억원, 차임 220만원의 상가임대차를 하고 있다면 환산한 보증금은 7억원 + (220만원 × 100) = 9억 2,000만원이므로 「상가건물 임대차보호법」이 적용되지 않는다.

ⓒ 환산보증금: 「주택임대차보호법」과는 달리 순수하게 보증금만을 따지는 것이 아니라 보증금 외에 차임이 있는 경우에는 그 차임액에 「은행법」에 따른 은행의 대출금리 등을 고려하여 대통령령으로 정하는 비율(1분의 100)을 곱하여 환산한 금액을 포함하여야 한다.

③ 대통령령이 정하는 보증금액을 초과하는 임대차는 본법이 적용되지 않지만, 다음의 규정에 대해서는 보증금의 액수와 상관없이 적용된다.

㉠ 제3조(대항력 등)에 관한 규정은 적용된다. 따라서 보증금액이 일정액을 초과해도 건물을 인도받고 사업자등록을 신청한 때에는 그 다음 날부터 제3자에 대하여 효력이 생긴다. 또한 임차건물의 양수인은 임대인의 지위를 승계한 것으로 본다.

㉡ 10년을 초과하지 않는 범위 내에서 인정되는 계약갱신요구제도가 적용된다.

㉢ 권리금 회수기회 보호에 관한 규정도 보증금의 액수와 상관없이 적용된다.

㉣ 보증금액이 일정액을 초과하더라도 임차인의 차임연체액이 2기가 아닌 3기의 차임액에 달하는 때에 임대인은 계약을 해지할 수 있다.

㉤ 보증금의 액수와 상관없이 제11조의2(폐업으로 인한 임차인의 해지권)가 적용된다. 따라서 임차인은 「감염병의 예방 및 관리에 관한 법률」에 따른 집합 제한 또는 금지 조치를 총 3개월 이상 받음으로써 폐업한 경우에는 임대차계약을 해지할 수 있으며, 임대인이 계약해지의 통고를 받은 날부터 3개월이 지나면 효력이 발생한다.

> **참고** 따라서 이 5가지(㉠~㉤) 이외의 규정(예 우선변제권, 존속기간 보장, 임차권등기명령, 집행개시요건의 예외 등)은 적용되지 않는다.

> **참고** 환산보증금이 일정액을 초과하는 임대차에서 기간을 정하지 않은 경우, 임차인의 계약갱신요구권은 인정되지 않는다.

④ 본법은 목적 건물의 등기하지 아니한 전세계약에 관하여 이를 준용한다.
⑤ 본법은 자연인은 물론 법인에 대하여도 적용한다.

⑥ 본법은 일시사용을 위한 임대차임이 명백한 경우에는 적용하지 아니한다(제16조).

(2) 임대차는 그 등기가 없는 경우에도 임차인이 건물의 인도와「부가가치세법」제8조,「소득세법」제168조 또는「법인세법」제111조에 따른 사업자등록을 신청하면 그 다음 날부터 제3자에 대하여 효력이 생긴다.

(3) 임차권은 임차건물에 대하여「민사집행법」에 따른 경매가 실시된 경우에는 그 임차건물이 매각되면 소멸한다. 다만, 보증금이 전액 변제되지 아니한 대항력이 있는 임차권은 그러하지 아니하다(제8조).

(4) 보증금의 우선변제
① 대항요건(건물의 인도와 사업자등록의 신청)을 갖추고 관할 세무서장으로부터 임대차계약서상의 확정일자를 받은 임차인은「민사집행법」에 따른 경매 또는「국세징수법」에 따른 공매시 임차건물(임대인 소유의 대지를 포함한다)의 환가대금에서 후순위 권리자나 그 밖의 채권자보다 우선하여 보증금을 변제받을 권리가 있다. 사업자등록은 대항력 또는 우선변제권의 취득요건일 뿐만 아니라 존속요건이기도 하므로, 배당요구의 종기까지 존속하여야 한다.
② 임차인은 임차건물을 양수인에게 인도하지 아니하면 보증금을 받을 수 없다(제5조 제3항).

판례 사업자등록

1. 「상가건물 임대차보호법」상의 대항력 및 우선변제권을 유지하기 위하여는 건물을 직접 점유하면서 사업을 운영하는 전차인이 그 명의로 사업자등록을 하여야 한다.
2. 「상가건물 임대차보호법」상 대항력을 인정받기 위하여 사업자등록이 갖추어야 할 요건
사업자등록신청서에 첨부한 임대차계약서상의 임대차목적물 소재지가 당해 상가건물에 대한 등기부상의 표시와 불일치하는 경우에는 특별한 사정이 없는 한 그 사업자등록은 제3자에 대한 관계에서 유효한 임대차의 공시방법이 될 수 없다. 또한 건물의 일부분을 임차한 경우, 그 사업자등록이 제3자에 대한 관계에서 유효한 임대차의 공시방법이 되기 위하여는 사업자등록 신청시 그 임차부분을 표시한 도면을 첨부하여야 한다.

참고 임차인이 폐업신고를 하였다가 다시 같은 상호 및 등록번호로 사업자등록을 하였다면, 처음의 대항력은 유지되지 않고 소멸하며 새롭게 대항력이 인정된다.

Tip
1. 대항요건: 인도 + 사업자등록
2. 우선변제요건: 인도 + 사업자등록 + 확정일자
   ✔ 즉, 아무리 대항요건을 갖추었어도 확정일자를 받지 않았다면 대항력은 별론으로 하고 경매시 우선변제를 받을 수 없다.

참고 임차인이 보증금반환청구소송의 확정판결에 따라 경매를 신청하는 경우, 임차인의 건물명도의무이행은 집행개시의 요건이 아니다.

참고 다만, 사회통념상 도면 없이도 제3자가 해당 임차인이 임차한 부분을 구분하여 인식할 수 있을 정도로 특정이 되어 있다고 볼 수 있는 경우에는 도면을 첨부하지 않아도 된다.

(5) 소액보증금의 최우선변제(보증금 중 일정액의 보호)

① 임차인은 보증금 중 일정액을 다른 담보물권자보다 우선하여 변제받을 권리가 있다. 이 경우 임차인은 건물에 대한 경매신청의 등기 전에 대항요건을 갖추어야 한다(제14조).

② 적용범위

구분	우선변제를 받을 임차인의 범위 (시행령 제6조)	우선변제를 받을 보증금 중 일정액의 범위 (시행령 제7조)
서울특별시	6,500만원 이하	2,200만원
「수도권정비계획법」에 따른 과밀억제권역 (서울특별시 제외)	5,500만원 이하	1,900만원
광역시(「수도권정비계획법」에 따른 과밀억제권역에 포함된 지역과 군지역 제외), 안산시, 용인시, 김포시 및 광주시	3,800만원 이하	1,300만원
그 밖의 지역	3,000만원 이하	1,000만원

③ 소액임차인의 범위를 결정하는 보증금은 순수보증금이 아니라 환산보증금을 말한다.

④ 우선변제를 받을 임차인 및 보증금 중 일정액의 범위와 기준은 임대건물가액(임대인 소유의 대지가액을 포함한다)의 2분의 1의 범위 안에서 정한다.

Tip 가액의 3분의 2가 아님에 유의하여야 한다.

⑤ 임차권등기명령의 집행에 따른 임차권등기를 마친 건물을 그 이후에 임차한 소액임차인은 보증금 중 일정액을 우선변제받을 권리가 없다(제6조 제6항).

(6) 임대차기간 제32회, 제35회

① 최단기간의 보장: 기간을 정하지 아니하거나 기간을 1년 미만으로 정한 임대차는 그 기간을 1년으로 본다. 다만, 임차인은 1년 미만으로 정한 기간이 유효함을 주장할 수 있다(제9조 제1항).

② 존속의제: 임대차가 종료한 경우에도 임차인이 보증금을 돌려받을 때까지는 임대차관계는 존속하는 것으로 본다(제9조 제2항).

참고 보증금을 반환받을 때까지 임차목적물을 계속 점유하면서 사용·수익한 임차인은 종전 임대차계약에서 정한 차임을 지급할 의무를 부담할 뿐이고, 시가에 따른 차임에 상응하는 부당이득금을 지급할 의무를 부담하는 것은 아니다.

③ 묵시의 갱신(법정갱신)
  ㉠ 임대인이 임대차기간이 만료되기 6개월 전부터 1개월 전까지 임차인에 대하여 갱신 거절의 통지 또는 조건의 변경의 통지를 하지 아니한 경우에는 그 기간이 만료된 때에 전 임대차와 동일한 조건으로 다시 임대차한 것으로 본다. 이 경우에 임대차의 존속기간은 1년으로 본다(제10조 제4항).
  ㉡ 임차인에 대해서는 별도의 갱신거절 통지의 기간의 규정이 없으므로 임차인이 임대차기간이 만료되기 1개월 전부터 만료일 사이에 갱신거절의 통지를 한 경우 해당 임대차계약은 묵시적 갱신이 인정되지 않고 임대차기간의 만료일에 종료한다고 보아야 한다.
  ㉢ 묵시의 갱신(법정갱신)이 된 경우에 임차인은 언제든지 임대인에 대하여 계약해지의 통고를 할 수 있고, 임대인이 그 통고를 받은 날부터 3개월이 지나면 효력이 발생한다(제10조 제5항).

(7) 계약갱신요구권 제34회

① 임대인은 임차인이 임대차기간이 만료되기 6개월 전부터 1개월 전까지 사이에 계약갱신을 요구할 경우 정당한 사유 없이 거절하지 못한다. 다만, 다음의 경우에는 갱신요구를 거절할 수 있다(제10조 제1항).
  ㉠ 임차인이 **3기**의 차임액에 해당하는 금액에 이르도록 차임을 연체한 사실이 있는 경우
  ㉡ 임차인이 거짓이나 그 밖의 부정한 방법으로 임차한 경우
  ㉢ **서로 합의하여** 임대인이 임차인에게 상당한 보상을 제공한 경우
  ㉣ 임차인이 임대인의 동의 없이 목적 건물의 전부 또는 일부를 전대한 경우
  ㉤ 임차인이 임차한 건물의 전부 또는 일부를 고의 또는 **중대한 과실**로 파손한 경우
  ㉥ 임차한 건물의 전부 또는 일부가 멸실되어 임대차의 목적을 달성하지 못할 경우
  ㉦ 임대인이 다음의 어느 하나에 해당하는 사유로 목적 건물의 전부 또는 대부분을 철거하거나 재건축하기 위하여 목적 건물의 점유를 회복할 필요가 있는 경우
    ⓐ **임대차계약체결 당시** 공사시기 및 소요기간 등을 포함한 철거 또는 재건축계획을 임차인에게 구체적으로 고지하고 그 계획에 따르는 경우

> **참고** 임대차기간 중 어느 때라도 차임이 3기분에 달하도록 연체된 사실이 있다면 임대인은 계약갱신 요구를 거절할 수 있고, 반드시 임차인이 계약갱신요구권을 행사할 당시에 3기분에 이르는 차임이 연체되어 있어야 하는 것은 아니다.

ⓑ 건물이 노후·훼손 또는 일부 멸실되는 등 안전사고의 우려가 있는 경우
ⓒ 다른 법령에 따라 철거 또는 재건축이 이루어지는 경우
ⓓ 그 밖에 임차인이 임차인으로서의 의무를 현저히 위반하거나 임대차를 존속하기 어려운 중대한 사유가 있는 경우

> **판례** 환산보증금이 일정액을 초과하는 임대차에서 기간을 정하지 않은 경우, 임차인이 계약갱신요구권을 행사할 수 있는지 여부(소극)
>
> 「상가건물 임대차보호법」 기간을 정하지 않은 임대차는 그 기간을 1년으로 간주하지만(제9조 제1항), 대통령령으로 정한 보증금액을 초과하는 임대차는 위 규정이 적용되지 않으므로, 원래의 상태 그대로 기간을 정하지 않은 것이 되어 「민법」의 적용을 받는다. 「민법」에 따라 이러한 임대차는 임대인이 언제든지 해지를 통고할 수 있고 임차인이 통고를 받은 날로부터 6개월이 지남으로써 효력이 생기므로, **임대차기간이 정해져 있음을 전제로 기간 만료 6개월 전부터 1개월 전까지 사이에 행사하도록 규정된 임차인의 계약갱신요구권은 발생할 여지가 없다**(대판 2021다233730).

② 임차인의 계약갱신요구권은 최초의 임대차기간을 포함한 전체 임대차기간이 10년을 초과하지 않는 범위 내에서만 행사할 수 있다(제10조 제2항).
③ 갱신되는 임대차는 전 임대차와 동일한 조건으로 다시 계약된 것으로 본다.
④ 임대인의 동의를 받고 전대차계약을 체결한 전차인은 임차인의 계약갱신요구권 행사기간 이내에 임차인을 대위하여 임대인에게 계약갱신요구권을 행사할 수 있다(제13조 제2항).
⑤ 임차인의 갱신요구권에 관하여 전체 임대차기간을 10년으로 제한하는 규정은 법정갱신에 대하여는 적용되지 아니한다. 따라서 법정갱신이 되는 경우 임대차기간이 10년을 초과할 수도 있게 된다.
⑥ 임차인의 차임연체액이 3기의 차임액에 달하는 때에는 임대인은 계약을 해지할 수 있다(제10조의8).

(8) 차임의 증감청구권과 월차임 전환시 산정률의 제한
① 차임증감청구권
㉠ 차임 증액의 경우에는 청구 당시의 차임 또는 보증금의 100분의 5(5%)의 금액을 초과하지 못한다.
㉡ 임대차계약 또는 약정한 차임 등의 증액이 있은 후 1년 이내에는 증액청구를 하지 못한다.
② 월차임 전환시 산정률의 제한(㉠과 ㉡ 중 낮은 비율 적용)
㉠ 「은행법」에 따른 은행에서 적용하는 대출금리 및 해당 지역의 경제 여건 등을 고려하여 대통령령으로 정하는 비율(연 1할 2푼)
㉡ 한국은행에서 공시한 기준금리에 대통령령으로 정하는 배수(4.5배)를 곱한 비율

(9) 건물의 임대차에 이해관계가 있는 자는 건물의 소재지 관할 세무서장에게 자료의 열람 또는 제공을 요청할 수 있다. 이때 관할 세무서장은 정당한 사유 없이 이를 거부할 수 없다.

(10) 권리금의 회수기회 보호
① 원칙
㉠ 임대인은 임대차기간이 끝나기 6개월 전부터 임대차 종료시까지 다음에 해당하는 행위를 함으로써 임차인이 권리금을 지급받는 것을 방해하여서는 아니 된다(제10조의4 제1항). 그러나 계약갱신요구의 거절가능사유(제10조 제1항 각 호의 사유)가 있는 경우에는 임대인은 이러한 의무를 부담하지 않는다.
ⓐ 임차인이 주선한 신규임차인이 되려는 자에게 권리금을 요구하거나, 임차인이 주선한 신규임차인이 되려는 자로부터 권리금을 수수하는 행위
ⓑ 임차인이 주선한 신규임차인이 되려는 자로 하여금 임차인에게 권리금을 지급하지 못하게 하는 행위
ⓒ 임차인이 주선한 신규임차인이 되려는 자에게 상가건물에 관한 조세, 공과금, 주변 상가건물의 차임 및 보증금 그 밖의 부담에 따른 금액에 비추어 현저히 고액의 차임과 보증금을 요구하는 행위
ⓓ 그 밖에 정당한 사유 없이 임대인이 임차인이 주선한 신규임차인이 되려는 자와 임대차계약의 체결을 거절하는 행위

참고 p.389의 (7) ①의 ㉠~㉤에 해당하는 사유를 말한다.

ⓒ 전대인과 전차인 사이에는 권리금의 회수기회 보호에 관한 규정이 적용되지 않는다.
② 위반시의 효과
　　㉠ 임대인이 앞 ①의 ㉠의 사항을 위반하여 임차인에게 손해를 발생하게 한 때에는 그 손해를 배상할 책임이 있다. 이 경우 그 손해배상액은 신규임차인이 임차인에게 지급하기로 한 권리금과 임대차 종료 당시의 권리금 중 낮은 금액을 넘지 못한다.
　　ⓒ 임차인의 손해배상청구권은 임대차가 **종료한 날부터 3년 이내**에 행사하지 아니하면 시효로 소멸한다.
③ 예외: 다음의 어느 하나에 해당하는 경우에는 신규임차인과의 임대차계약의 체결을 거절할 수 있다(제10조의4 제2항).
　　㉠ 임차인이 주선한 신규임차인이 되려는 자가 보증금 또는 차임을 지급할 자력이 없는 경우
　　ⓒ 임차인이 주선한 신규임차인이 되려는 자가 임차인으로서의 의무를 위반할 우려가 있거나, 그 밖에 임대차를 유지하기 어려운 상당한 사유가 있는 경우
　　ⓒ 임대차목적물인 상가건물을 **1년 6개월** 이상 영리목적으로 사용하지 아니한 경우
　　㉢ 임대인이 선택한 신규임차인이 임차인과 권리금계약을 체결하고 그 권리금을 지급한 경우
④ 적용 제외: 다음의 어느 하나에 해당하는 상가건물 임대차의 경우에는 권리금 보호에 관한 규정을 적용하지 아니한다(제10조의5).
　　㉠ 임대차목적물인 상가건물이 「유통산업발전법」 제2조에 따른 대규모점포 또는 준대규모점포의 일부인 경우(다만, 「전통시장 및 상점가 육성을 위한 특별법」 제2조 제1호에 따른 전통시장은 제외한다)
　　ⓒ 임대차목적물인 상가건물이 「국유재산법」에 따른 국유재산 또는 「공유재산 및 물품관리법」에 따른 공유재산인 경우

참고 종전 소유자인 임대인이 임대차 종료 후 상가건물을 영리목적으로 사용하지 아니한 기간이 1년 6개월에 미치지 못하는 사이에 상가건물의 소유권이 변동된 경우 ⇨ 합산하여 1년 6개월이 되면 정당한 사유 인정

> **판례** 권리금에 관한 판례

1. 최초의 임대차기간을 포함한 전체 임대차기간을 초과하여 임차인이 계약갱신요구권을 행사할 수 없는 경우에도 임대인은 권리금 회수기회 보호의무를 부담하여야 한다.
2. 임차인이 임대인에게 권리금 회수 방해로 인한 손해배상을 구하기 위해서 원칙적으로는 신규임차인을 주선하였어야 하지만 반드시 임차인이 신규임차인이 되려는 자를 주선하여야 하는 것은 아니다.
3. 권리금 회수 방해로 인한 손해배상책임이 성립하기 위하여 임차인이 신규임차인과 권리금 계약을 체결하였어야 하는 것은 아니다.

예제

1. 乙은 식당을 운영하기 위해 2023.5.1. 甲으로부터 그 소유의 서울특별시 소재 X상가건물을 보증금 10억원, 월 임료 100만원, 기간은 정함이 없는 것으로 하여 임차하는 상가임대차계약을 체결하였다. 「상가건물 임대차보호법」상 乙의 주장이 인정되는 것을 모두 고른 것은? (다툼이 있으면 판례에 따름) 　제34회

   ㉠ X상가 건물을 인도받고 사업자등록을 마친 乙이 대항력을 주장하는 경우
   ㉡ 乙이 甲에게 1년의 존속기간을 주장하는 경우
   ㉢ 乙이 甲에게 계약갱신요구권을 주장하는 경우

   ① ㉠　　　　　　　　　　② ㉢
   ③ ㉠, ㉡　　　　　　　　④ ㉡, ㉢
   ⑤ ㉠, ㉡, ㉢

   해설 ㉠ (○), ㉡ (×) 환산보증금이 일정액을 초과하는 경우(서울시: 9억원)에는 「상가건물 임대차보호법」이 적용되지 않는다. 다만, 보증금의 액수와 상관없이 대항력 등, 계약갱신요구권, 권리금 회수기회의 보호, 차임연체와 해지, 폐업으로 인한 임차인의 해지권에 관한 규정은 적용된다. 따라서 최단기간 보장 규정은 적용되지 않으므로 기간약정이 없는 경우 임차인은 1년의 존속기간을 주장할 수 없다.
   ㉢ (×) 「상가건물 임대차보호법」 기간을 정하지 않은 임대차는 그 기간을 1년으로 간주하지만(제9조 제1항), 대통령령으로 정한 보증금액을 초과하는 임대차는 위 규정이 적용되지 않으므로, 원래의 상태 그대로 기간을 정하지 않은 것이 되어 「민법」의 적용을 받는다. 「민법」에 따라 이러한 임대차는 임대인이 언제든지 해지를 통고할 수 있고 임차인이 통고를 받은 날로부터 6개월이 지남으로써 효력이 생기므로, 임대차기간이 정해져 있음을 전제로 기간 만료 6개월 전부터 1개월 전까지 사이에 행사하도록 규정된 임차인의 계약갱신요구권은 발생할 여지가 없다(대판 2021다233730).　　　　　**정답 ①**

2. 「상가건물 임대차보호법」에 관한 설명 중 틀린 것은? (다툼이 있으면 판례에 따름)
   ① 상가임차인을 보호하기 위하여 사업자등록의 대상이 되는 모든 건물에 이 법이 적용된다.
   ② 임차인이 우선변제권을 가지려면 배당요구의 종기까지 사업자등록은 존속하고 있어야 한다.
   ③ 상가건물을 전대한 임차인이 대항력 및 우선변제권을 유지하기 위하여는 전차인이 그 명의로 사업자등록을 하여야 한다.
   ④ 일시사용을 위한 임대차임이 명백한 상가건물에는 이 법이 적용되지 않는다.
   ⑤ 상가건물임대차에서 대항력이 인정되기 위하여는 임대차계약서상의 임대차 목적물 소재지가 당해 상가건물에 대한 등기부상의 표시와 일치하여야 한다.

   해설 ① 대통령령이 정하는 보증금액을 초과하지 않는 상가건물의 임대차에 한하여 「상가건물 임대차보호법」이 적용된다. 서울특별시는 9억원, 수도권 중 과밀억제권역 및 부산광역시는 6억 9,000만원, 광역시(과밀억제권역에 포함된 지역과 군지역, 부산광역시는 제외), 세종시, 파주시, 화성시, 안산시, 용인시, 김포시 및 광주시는 5억 4,000만원, 그리고 그 밖의 지역은 3억 7,000만원 이하이다. **정답** ①

제2장 메타인지 학습체크

01 「상가건물 임대차보호법」은 사업자등록의 대상이 되는 모든 상가건물에 적용[① 된다. / ② 되는 것은 아니다.]

02 보증금액이 일정액을 초과하는 임차인의 차임연체액이 [① 2기 / ② 3기]의 차임액에 달하는 때에 임대인은 계약을 해지할 수 있다.

03 상가가 전대차된 경우에 「상가건물 임대차보호법」상의 대항력 및 우선변제권을 유지하기 위해서는 [① 임차인 / ② 전차인]이 그 명의로 사업자등록을 하여야 한다.

04 대항요건을 갖추고 관할 [① 구청장 / ② 세무서장]으로부터 임대차계약서상의 확정일자를 받은 임차인은 보증금의 우선변제권을 가진다.

05 「상가건물 임대차보호법」상 우선변제를 받기 위해서는 상가건물의 대항요건인 사업자등록은 [① 경매신청 전 / ② 배당요구의 종기]까지 존속하고 있어야 한다

06 최우선변제를 받을 임차인 및 보증금 중 일정액의 범위와 기준은 임대건물가액(임대인 소유의 대지가액을 포함한다)의 [① 2분의 1 / ② 3분의 1]의 범위 안에서 정한다.

07 「상가건물 임대차보호법」상 상가임대차의 최단존속기간은 [① 1년 / ② 2년]이다.

08 임차인의 계약갱신요구권은 최초의 임대차기간을 포함한 전체 임대차기간이 [① 5년 / ② 10년]을 초과하지 않는 범위 내에서만 행사할 수 있다

09 임차인이 임차한 건물의 전부 또는 일부를 고의 또는 [① 경과실 / ② 중과실]로 파손한 경우에는 임대인은 계약갱신요구를 거절할 수 있다.

정답

01 ② 02 ② 03 ② 04 ② 05 ② 06 ① 07 ① 08 ② 09 ②

제2장 메타인지 학습체크

10 「상가건물 임대차보호법」상 차임증액의 경우에는 청구 당시의 차임 또는 보증금의 [① 100분의 5 / ② 100분의 9]의 금액을 초과하지 못한다.

11 임차인의 갱신요구권에 관하여 전체 임대차기간을 10년으로 제한하는 규정은 법정갱신에 대하여 적용 [① 된다. / ② 되지 아니한다.]

12 권리금회수기회 방해로 인한 임대인의 손해배상액은 신규임차인이 임차인에게 지급하기로 한 권리금과 임대차 종료 당시의 권리금 중 [① 낮은 / ② 높은] 금액을 넘지 못한다.

13 임차인의 손해배상청구권은 [① 임대차가 종료한 날 / ② 방해가 있었던 날]로부터 3년 이내에 행사하지 아니하면 시효로 소멸한다.

> **정답**
>
> **10** ①   **11** ②   **12** ①   **13** ①

제3장 집합건물의 소유 및 관리에 관한 법률

> 분량이 많은 단원이지만 보통 1문제만 출제되고 있고, 이해하여야 하는 부분보다 암기하여야 하는 부분이 더 많으므로 빈출되는 중요부분을 위주로 정리하는 것이 효과적이다.

❶ 건물의 구분소유 제32회, 제33회, 제34회, 제36회

1. 전유부분

(1) 의의

전유부분이란 구분소유권의 목적인 건물부분을 말한다.

(2) 요건

① 구조상·이용상의 독립성
② 소유자의 구분행위(시기나 방식의 제한이 없음): 구조상·이용상의 독립성을 갖추었다는 사유만으로 당연히 구분소유권이 성립된다고 할 수는 없고, 소유자의 구분행위가 있어야 비로소 구분소유권이 성립된다.

> **참고** 구분소유의 성립을 인정하기 위하여 반드시 집합건축물대장의 등록이나 구분건물의 표시에 관한 등기가 필요한 것은 아니다.

판례 구분소유의 성립

1. 구분소유의 성립을 인정하기 위하여 반드시 집합건축물대장의 등록이나 구분건물의 표시에 관한 등기가 필요한지 여부(소극)

   1동의 건물에 대하여 구분소유가 성립하기 위해서는 객관적·물리적인 측면에서 1동의 건물이 존재하고, 구분된 건물부분이 구조상·이용상 독립성을 갖추어야 할 뿐 아니라, 1동의 건물 중 물리적으로 구획된 건물부분을 각각 구분소유권의 객체로 하려는 구분행위가 있어야 한다. 여기서 <u>구분행위</u>는 건물의 물리적 형질에 변경을 가함이 없이 법률관념상 건물의 특정부분을 구분하여 별개의 소유권의 객체로 하려는 일종의 법률행위로서, <u>그 시기나 방식에 특별한 제한이 있는 것은 아니고 처분권자의 구분의사가 객관적으로 외부에 표시되면 인정된다.</u> 따라서 구분건물이 물리적으로 완성되기 전에도 건축허가신청이나 분양계약 등을 통하여 장래 신축되는 건물을 구분건물로 하겠다는 구분의사가 객관적으로 표시되면 구분행위의 존재를 인정할 수 있고, 이후 1동의 건물 및 그 구분행위에 상응하는 <u>구분건물이 객관적·물리적으로 완성되면 아직 그 건물이 집합건축물대장에 등록되거나 구분건물로서 등기부에 등기되지 않았더라도 그 시점에서 구분소유가 성립한다</u>(대판 전합 2010다71578).

2. 구분건물로 등재되었으나 물리적 독립성이 없는 건물을 낙찰받은 경우, 소유권 취득 여부(소극)

> 1동의 건물의 일부분이 구분소유권의 객체가 될 수 있으려면 그 부분이 이용상은 물론 구조상으로도 다른 부분과 구분되는 독립성이 있어야 한다. 이러한 구분소유권의 객체로서 적합한 물리적 요건을 갖추지 못한 건물의 일부는 그에 관한 구분소유권이 성립할 수 없다. 그와 같은 건물부분이 건축물관리대장상 독립한 별개의 구분건물로 등재되고 등기부상에도 구분소유권의 목적으로 등기되어 있어 이러한 등기에 기초하여 경매절차가 진행되어 매각허가를 받고 매수대금을 납부하였다 하더라도, 그 상태만으로는 그 등기는 효력이 없으므로 매수인은 소유권을 취득할 수 없다(대판 2015다3471).

2. 공용부분

(1) 의의

공용부분이란 전유부분 이외의 건물부분, 즉 전유부분에 속하지 아니하는 건물의 부속물 및 규약 또는 공정증서에 의하여 공용부분으로 된 부속의 건물을 말한다. 공용부분에는 구조상(법정·당연) 공용부분과 규약상 공용부분 두 가지가 있다.

① 구조상(법정·당연) 공용부분: 건물의 구조상 공용에 제공되는 부분을 말한다. 예를 들어 건물의 승강기, 복도, 계단, 아파트지하실, 지하주차장 등이 있으며 별도의 등기는 필요하지 않다.

② 규약상 공용부분: 본래는 전유부분의 대상이 될 수 있으나 규약이나 공정증서로써 공용부분이 된 부분을 말한다. 이 경우에는 등기부에 공용부분이라는 취지를 등기하여야 한다(「집합건물의 소유 및 관리에 관한 법률」 제3조 제2항, 제3항, 제4항).

(2) 공용부분의 귀속

공용부분은 원칙적으로 구분소유자 전원의 공유에 속한다. 다만, 일부 구분소유자만의 공용에 제공되는 것임이 명백한 공용부분은 그들 구분소유자의 공유에 속한다.

(3) 공용부분의 사용
　① 각 공유자는 공용부분을 그 용도에 따라 사용할 수 있다(제11조).
　② 다른 구분소유자의 동의 없이 구분소유자가 공용부분을 배타적으로 사용하는 경우, 다른 구분소유자는 보존행위로서 그 인도를 청구할 수는 없으나 지분권에 기초하여 공용부분에 대한 방해제거를 청구할 수 있으며 부당이득의 반환을 청구할 수 있다.

(4) 공유자의 지분권
　각 공유자의 지분은 그가 가지는 전유부분의 면적의 비율에 따른다(제12조 제1항). 다만, 규약으로써 달리 정할 수 있다(제10조 제2항).

(5) 전유부분과 공용부분에 대한 지분의 일체성
　① 공유자의 공용부분에 대한 지분은 그가 가지는 전유부분의 처분에 따른다(제13조 제1항).
　② 각 공유자는 그가 가지는 전유부분과 분리하여 공용부분에 대한 지분을 처분할 수 없다(절대적 일체성).
　③ 공용부분은 전유부분과 당연히 함께 이전하므로 공용부분에 관한 물권의 득실변경은 등기가 필요하지 않다(제13조 제3항).
　④ 집합건물의 공용부분은 취득시효에 의한 소유권 취득의 대상이 될 수 없다.

Tip 대지사용권은 예외적으로 규약에 의한 분리처분이 가능한 것과 비교하여 학습하여야 한다.

(6) 공용부분의 관리·변경
　① 공용부분의 관리
　　㉠ 공용부분의 변경을 제외한 공용부분의 관리에 관한 사항은 통상의 집회결의로써 결정한다. 다만, 보존행위는 각 공유자가 단독으로 할 수 있다(제16조 제1항).
　　㉡ 구분소유자의 승낙을 받아 전유부분을 점유하는 자는 집회에 참석하여 그 구분소유자의 의결권을 행사할 수 있다.
　② 공용부분의 변경
　　㉠ 원칙
　　　ⓐ 공용부분의 변경에 관한 사항은 관리단집회에서 구분소유자의 3분의 2 이상 및 의결권의 3분의 2 이상의 결의로써 결정한다(제15조 제1항).
　　　ⓑ 공용부분의 변경이 다른 구분소유자의 권리에 특별한 영향을 미칠 때에는 그 구분소유자의 승낙을 받아야 한다(제15조 제2항).

ⓛ 예외: 다음의 사항은 통상의 집회결의로써 결정할 수 있다.
　　ⓐ 공용부분의 개량을 위한 것으로서 지나치게 많은 비용이 드는 것이 아닐 경우
　　ⓑ 「관광진흥법」에 따른 휴양 콘도미니엄업의 운영을 위한 휴양 콘도미니엄의 공용부분 변경에 관한 사항의 경우
ⓒ 권리변동 있는 공용부분의 변경
　　ⓐ 건물의 노후화 억제 또는 기능 향상 등을 위한 것으로 구분소유권 및 대지사용권의 범위나 내용에 변동을 일으키는 공용부분의 변경에 관한 사항은 관리단집회에서 구분소유자의 5분의 4 이상 및 의결권의 5분의 4 이상의 결의로써 결정한다.
　　ⓑ 다만, 「관광진흥법」 제3조 제1항 제2호 나목에 따른 휴양 콘도미니엄업의 운영을 위한 휴양 콘도미니엄의 권리변동 있는 공용부분 변경에 관한 사항은 구분소유자의 3분의 2 이상 및 의결권의 3분의 2 이상의 결의로써 결정한다.

(7) 공용부분의 부담·수익과 공용부분에 발생한 채권의 효력

① 각 공유자는 규약에 달리 정한 바가 없으면 그 지분의 비율에 따라 공용부분의 관리비용과 그 밖의 의무를 부담하며 공용부분에서 생기는 이익을 취득한다(제17조).
② 또한 공유자가 공용부분에 관하여 다른 공유자에 대하여 가지는 채권은 그 특별승계인에 대하여도 행사할 수 있다(제18조).

(8) 흠(하자)의 추정

전유부분이 속하는 1동의 건물 설치 또는 보존의 흠으로 인하여 다른 자에게 손해를 입힌 경우에는 그 흠은 공용부분에 존재하는 것으로 추정한다(제6조).

> **기출** 관리단은 관리비 징수에 관한 유효한 규약이 없더라도 지분비율에 따라 공용부분의 관리비를 그 부담의무자인 구분소유자에게 청구할 수 있다. 제36회

판례 관리비 관련 판례

1. 관리단은 관리비 징수에 관한 유효한 관리단규약 등이 존재하지 않더라도, 「집합건물의 소유 및 관리에 관한 법률」 제25조 제1항 등에 따라 적어도 공용부분에 대한 관리비는 이를 그 부담의무자인 구분소유자에 대하여 청구할 수 있다고 봄이 상당하다.
2. 아파트의 특별승계인은 전 입주자의 체납관리비 중 **공용부분**에 관하여는 이를 승계하여야 한다고 봄이 타당하다.

3. 구분소유권이 순차로 양도된 경우, 각 특별승계인들은 이전 구분소유권자들의 채무를 중첩적으로 인수한다고 봄이 상당하므로, 현재 구분소유권을 보유하고 있는 최종 특별승계인뿐만 아니라 그 이전의 구분소유자들도 구분소유권의 보유 여부와 상관없이 공용부분에 관한 종전 구분소유자들의 체납관리비채무를 부담한다.
4. 공용부분 관리비에 대한 **연체료**는 특별승계인에게 승계되는 공용부분 관리비에 포함되지 않는다.

3. 대지사용권

(1) 의의 및 요건
① 대지사용권이란 구분소유자가 그의 전유부분을 소유하기 위하여 건물의 대지에 대하여 가지는 권리를 말한다(제2조 제6호).
② 대지사용권은 통상적으로 소유권인 것이 보통이지만, 그 밖에 지상권, 임차권, 전세권 등도 대지사용권이 될 수 있다.

(2) 전유부분과 대지사용권의 일체성
① 구분소유자의 대지사용권은 그가 가지는 전유부분의 처분에 따른다(제20조 제1항).
② 구분소유자는 규약으로써 달리 정하는 경우가 아니라면 그가 가지는 전유부분과 분리하여 대지사용권을 처분할 수 없다(상대적 일체성).
③ 이러한 분리처분금지는 그 취지를 등기하지 아니하면 선의로 물권을 취득한 제3자에 대하여 대항하지 못한다(제20조 제2항·제3항).

참고 규약이나 공정증서로 다르게 정하였다는 특별한 사정이 없는 한 대지사용권을 전유부분과 분리하여 처분할 수 없으며, 이를 위반한 대지사용권의 처분은 법원의 강제경매절차에 의한 것이라 하더라도 무효이다.

(3) 구분소유권매도청구권
대지사용권을 갖지 않은 구분소유자가 있는 경우에 전유부분의 철거를 청구할 권리를 가진 자는 그 구분소유자에 대하여 구분소유권을 시가로 매도할 것을 청구할 수 있다(제7조).

(4) 집합건물에서 전유부분 면적 비율에 상응하는 적정 대지지분을 가진 구분소유자는 그 대지 전부를 용도에 따라 사용·수익할 수 있는 적법한 권원을 가지므로, 구분소유자 아닌 대지 공유자는 그 대지 공유지분권에 기초하여 적정 대지지분을 가진 구분소유자를 상대로는 대지의 사용·수익에 따른 부당이득반환을 청구할 수 없다.

참고 구분소유자 중 자신의 전유부분 면적 비율에 상응하는 적정 대지지분보다 부족한 대지지분(과소 대지지분)을 가진 구분소유자는 부당이득반환의무를 부담하는 것이 원칙이다.

2 담보책임 제36회

(1) 집합건물을 건축하여 분양한 자의 담보책임에 관하여 「민법」의 수급인의 담보책임에 관한 규정을 준용한다. 「민법」이 규정한 담보책임보다 분양자에게 불리한 특약은 할 수 있으나, 매수인에게 불리한 특약은 그 효력이 없다.

(2) 집합건물의 하자에 관하여 분양자 외에 시공자도 구분소유자에 대하여 직접적 담보책임을 지도록 규정하고 있다.

(3) 하자담보추급권은 집합건물의 수분양자가 집합건물을 양도한 경우 양도 당시 양도인이 이를 행사하기 위하여 유보하였다는 등의 특별한 사정이 없는 한 현재의 집합건물의 구분소유자에게 귀속한다.

(4) 수분양자는 집합건물의 완공 후에도 분양목적물의 하자로 인하여 계약의 목적을 달성할 수 없는 때에는 분양계약을 해제할 수 있다.

> 참고 담보책임의 기산점
> 1. 전유부분: 구분소유자에게 인도한 날
> 2. 공용부분: 「주택법」이나 「건축법」에 따른 사용검사일 또는 사용승인일

3 관리단 및 관리인 제33회, 제35회, 제36회

(1) 관리단
  ① 관리단의 당연설립: 관리단은 어떠한 조직행위를 거쳐야 비로소 성립되는 단체가 아니라 구분소유관계가 성립하는 건물이 있는 경우 당연히 그 구분소유자 전원을 구성원으로 하여 성립되는 단체이다. 관리단의 법적 성질은 권리능력 없는 사단에 해당한다.
  ② 관리단의 구성원
    ㉠ 관리단은 구분소유자 전원을 구성원으로 하여 성립되며, 전세권자나 임차인은 구성원이 아니다.
    ㉡ 미분양된 전유부분의 구분소유자도 관리단의 구성원이 된다.
    ㉢ 분양대금을 완납하였음에도 분양자 측의 사정으로 소유권이전등기를 경료받지 못한 수분양자도 관리단의 구성원이 되어 의결권을 행사할 수 있다.

> 참고 정당한 권원 없는 사람이 집합건물의 공용부분이나 대지를 점유·사용하는 경우, 구분소유자뿐만 아니라 관리단도 위 사람을 상대로 부당이득반환을 구하는 소를 제기할 수 있다.

(2) 임시관리인
  ① 구분소유자, 그의 승낙을 받아 전유부분을 점유하는 자, 분양자 등 이해관계인은 선임된 관리인이 없는 경우에는 법원에 임시관리인의 선임을 청구할 수 있다.
  ② 임시관리인은 선임된 날부터 6개월 이내에 관리인 선임을 위하여 관리단집회 또는 관리위원회를 소집하여야 한다.

> 참고 임시관리인을 선임하지 아니하면 손해가 생길 염려가 있어야 하는 것은 요건이 아니다.

③ 임시관리인의 임기는 선임된 날부터 관리인이 선임될 때까지로 하되, 관리인의 임기(2년의 범위에서 규약으로 정함)를 초과할 수 없다.

(3) 관리인
① 구분소유자가 10인 이상일 때에는 관리인을 선임하여야 한다.
② 관리인은 구분소유자일 필요가 없으며, 그 임기는 2년의 범위에서 규약으로 정한다.
③ 관리인에게 부정한 행위나 그 밖에 그 직무를 수행하기에 적합하지 아니한 사정이 있을 때에는 각 구분소유자는 그 해임을 법원에 청구할 수 있다.
④ 관리인은 대내적으로 집합건물의 관리업무를 총괄하고 대외적으로는 관리단을 대표하는 업무집행기관이다.
⑤ 관리인의 대표권은 제한할 수 있으나, 이로써 선의의 제3자에게 대항할 수 없다.
⑥ 관리인은 매년 1회 이상 구분소유자 및 그의 승낙을 받아 전유부분을 점유하는 자에게 그 사무에 관한 보고를 하여야 한다.
⑦ 회계감사: 전유부분이 150개 이상으로서 대통령령으로 정하는 건물의 관리인은 법률이 정하는 감사인의 회계감사를 매년 1회 이상 받아야 한다. 다만, 관리단집회에서 구분소유자의 3분의 2 이상 및 의결권의 3분의 2 이상이 회계감사를 받지 아니하기로 결의한 연도에는 그러하지 아니하다.

기출 구분소유자가 10인 이상일 때에는 관리단을 대표하고 관리단의 사무를 집행할 관리인을 선임하여야 한다.
제36회

(4) 관리위원회
① 관리단에는 규약으로 정하는 바에 따라 관리위원회를 둘 수 있으며, 관리위원회는 관리인의 사무집행을 감독한다.
② 규약으로 달리 정하지 않는 한 관리위원회의 위원은 구분소유자 중에서 관리단집회의 결의에 의하여 선출한다.
③ 규약에서 달리 정한 바가 없으면, 관리인은 관리위원회의 위원이 될 수 없다.

Tip 관리위원회의 위원은 점유자가 아님에 주의하여야 한다(임차인은 위원이 될 수 없다).

④ 규약 및 집회

1. 규약

(1) 규약의 설정·변경·폐지

규약의 설정·변경 및 폐지는 관리단집회에서 구분소유자의 4분의 3 이상 및 의결권의 4분의 3 이상의 찬성을 얻어서 행한다(제29조 제1항). 다만, 규약의 설정·변경 및 폐지가 일부의 구분소유자의 권리에 특별한 영향을 미칠 때에는 그 구분소유자의 승낙을 받아야 한다.

(2) 규약의 효력

규약은 결의에 관여한 구분소유자뿐만이 아니라 그의 포괄승계인, 특정승계인에게도 효력이 있다. 또한 구분소유자의 승낙을 받아 전유부분을 점유하는 전세권자, 임차인 등도 구분소유자가 규약 또는 집회결의에 따라 부담하는 의무와 동일한 의무를 진다(제42조).

2. 집회

(1) 집회의 결의는 구분소유자는 물론이고 점유자와 특별승계인에게도 효력이 있다.

(2) 집회의 종류

① 정기관리단집회: 관리인은 매년 회계연도 종료 후 3개월 이내에 정기관리단집회를 소집하여야 한다(제32조).

② 임시관리단집회

㉠ 관리인은 필요하다고 인정한 때에는 관리단집회를 소집할 수 있으며, 또한 구분소유자의 5분의 1 이상이 회의의 목적 사항을 구체적으로 밝혀 관리단집회의 소집을 청구하면 관리인은 관리단집회를 소집하여야 한다. 이 정수(定數)는 규약으로 감경할 수 있다.

㉡ 청구가 있은 후 1주일 내에 관리인이 청구일부터 2주일 이내의 날을 관리단집회일로 하는 소집통지절차를 밟지 아니하면 소집을 청구한 구분소유자는 법원의 허가를 받아 관리단집회를 소집할 수 있다.

(3) 집회 소집의 통지

① 관리단집회를 소집하려면 관리단집회일 1주일 전에 회의의 목적사항을 구체적으로 밝혀 각 구분소유자에게 통지하여야 한다. 다만, 이 기간은 규약으로 달리 정할 수 있다(제34조 제1항).

② 전유부분을 여럿이 공유하는 경우에 ①의 통지는 의결권을 행사할 자(그 자가 없을 때에는 공유자 중 1인)에게 통지하여야 한다(제34조 제2항).

(4) 소집절차의 생략

관리단집회는 구분소유자 전원이 동의하면 소집절차를 거치지 아니하고 소집할 수 있다(제35조).

(5) 집회의 결의

관리단집회는 소집통지를 할 때에 명시한 사항에 관하여서만 결의할 수 있다(제36조 제1항).

① 의결권: 각 구분소유자의 의결권은 규약에 특별한 규정이 없는 경우에는 전유부분 면적의 지분비율에 따른다(제37조 제1항). 전유부분을 여럿이 공유하는 경우에는 공유자는 관리단집회에서 의결권을 행사할 1인을 정한다(제37조 제2항, 강행규정).

② 의결방법: 의결권은 서면이나 전자적 방법(전자정보처리조직을 사용하거나 그 밖에 정보통신기술을 이용하는 방법으로서 대통령령으로 정하는 방법을 말한다)으로 또는 대리인을 통하여 행사할 수 있다(제38조).

　㉠ 통상의결정족수: 관리단집회의 의사는 「집합건물의 소유 및 관리에 관한 법률」 또는 규약에 특별한 규정이 없으면 구분소유자의 과반수 및 의결권의 과반수로써 의결한다.

　㉡ 특별의결정족수

1/5 이상	2/3 이상	3/4 이상	4/5 이상
임시집회의 소집	ⓐ 공용부분의 변경 ⓑ 회계감사의 면제	ⓐ 규약의 설정·변경·폐지 ⓑ 의무위반자에 대한 조치(사용금지청구·경매명령청구·해제 및 인도청구) ⓒ 서면 또는 전자적 방법에 의한 결의(관리단집회의 결의와 동일한 효력)	ⓐ 재건축의 결의(단, 콘도는 2/3) ⓑ 재건축 결의내용의 변경 ⓒ 권리변동 있는 공용부분의 변경(단, 콘도는 2/3) ⓓ 건물가격의 1/2을 초과하는 일부멸실시 공용부분의 복구

참고 전원의 동의로 소집된 관리단집회는 통지되지 않은 사항에 대해서도 의결할 수 있다.

참고 만일 1인을 정하지 못하였다면 의결권을 행사할 수 없다.

❺ 의무 위반자에 대한 조치

(1) 청구권자

관리인 또는 관리단집회의 결의로 지정된 구분소유자

Tip 👉 각 구분소유자가 아님에 유의하여야 한다.

(2) 의무를 위반한 구분소유자에 대한 조치

① 공동의 이익에 반하는 행위의 정지 등의 청구: 소송을 제기하기 위하여는 관리단집회의 결의가 있어야 한다(제43조 제2항).

② 전유부분의 사용금지청구: 사용금지의 청구는 구분소유자의 4분의 3 이상 및 의결권의 4분의 3 이상의 관리단집회의 결의가 있어야 한다.

③ 경매명령청구: 경매를 명할 것을 법원에 청구하기 위하여는 구분소유자의 4분의 3 이상 및 의결권의 4분의 3 이상의 관리단집회의 결의가 있어야 한다.

(3) 의무를 위반한 점유자에 대한 조치

① 공동의 이익에 반하는 행위의 정지 등 청구

② 계약의 해제 및 인도청구

㉠ 구분소유자의 4분의 3 이상 및 의결권의 4분의 3 이상의 관리단집회의 결의가 있어야 한다.

㉡ 전유부분을 인도받은 자는 지체 없이 그 전유부분을 점유할 권원이 있는 자에게 인도하여야 한다(제46조 제3항).

❻ 재건축 및 복구

(1) 재건축

① 재건축 결의

㉠ 재건축 결의는 구분소유자의 5분의 4 이상 및 의결권의 5분의 4 이상의 결의에 의한다(제47조 제2항).

㉡ 다만, 「관광진흥법」 제3조 제1항 제2호 나목에 따른 휴양 콘도미니엄업의 운영을 위한 휴양 콘도미니엄의 재건축 결의는 구분소유자의 3분의 2 이상 및 의결권의 3분의 2 이상의 결의에 따른다(제47조 제2항 단서).

ⓒ 재건축은 구건물과 신건물 사이에 동일·유사성을 요구하지 않는다. 따라서 「집합건물의 소유 및 관리에 관한 법률」상 주거용 집합건물을 철거하고 상가용 집합건물을 신축하는 것과 같이 건물의 용도를 변경하는 형태의 재건축 결의도 다른 법령에 특별한 제한이 없는 한 허용된다.

> **판례** 재건축 관련 판례
>
> 1. 재건축비용의 분담에 관한 사항을 정하지 아니한 재건축결의의 효력 – 무효
>   재건축비용의 분담에 관한 사항은 구분소유자들로 하여금 상당한 비용을 부담하면서 재건축에 참가할 것인지, 아니면 시가에 의하여 구분소유권 등을 매도하고 재건축에 참가하지 않을 것인지를 선택하는 기준이 되는 것이고, 재건축결의의 내용 중 가장 중요하고 본질적인 부분으로서, **재건축의 실행단계에서 다시 비용 분담에 관한 합의를 하지 않아도 될 정도로 그 분담액 또는 산출기준을 정하여야 하고 이를 정하지 아니한 재건축결의는 특별한 사정이 없는 한 무효이다**(대판 98다15996).
> 2. 단지 내 여러 동의 건물 전부를 일괄하여 재건축하는 경우 – 각 건물마다 결의
>   「집합건물의 소유 및 관리에 관한 법률」 소정의 재건축결의는 하나의 단지 내에 있는 여러 동의 건물 전부를 일괄하여 재건축하고자 하는 경우에도 개개의 각 건물마다 있어야 한다(대판 2000다24061).
> 3. 재건축조합의 조합규약이나 총회에서 신축 상가건물의 권리 귀속 등에 관한 사항을 재건축조합과 상가조합원들 간의 협의 내지 약정을 거쳐 대의원회에서 인준하는 방식으로 결정하도록 하는 것이 허용되는지 여부(원칙적 소극) 및 그 허용요건
>   「민법」상의 비법인사단인 재건축조합이 **재건축결의의 내용을 변경함에 있어서는** 그것이 구성원인 조합원의 이해관계에 미치는 영향에 비추어 재건축결의시의 의결정족수를 규정한 「집합건물의 소유 및 관리에 관한 법률」 제47조 제2항을 유추적용하여 **조합원 5분의 4 이상의 결의가 필요하고**, 원칙적으로 조합규약이나 총회에서 이러한 재건축결의사항의 변경을 조합의 대의원회가 일방적으로 결정할 수 있도록 그 권한을 위임할 수는 없다(대판 2008다53430).

② 재건축 참가 여부의 최고
  ㉠ 재건축 결의가 있으면 집회를 소집한 자는 지체 없이 그 결의에 찬성하지 아니한 구분소유자에 대하여 그 결의 내용에 따른 재건축에 참가할 것인지 여부를 회답할 것을 서면으로 촉구(최고)하여야 한다(제48조 제1항).

   ⓒ 촉구(최고)를 받은 구분소유자는 촉구를 받은 날부터 2개월 이내에 회답하여야 한다. 기간 내에 **회답하지 아니한 경우** 그 구분소유자는 **재건축에 참가하지 아니하겠다는 뜻**을 회답한 것으로 본다(제48조 제2항, 제3항).
  ③ 매도의 청구: 재건축 결의에 찬성한 각 구분소유자, 재건축의 결의 내용에 따른 재건축에 참가할 뜻을 회답한 각 구분소유자 또는 매수지정자는 재건축에 참가하지 아니하는 뜻을 회답한 구분소유자에게 구분소유권과 대지사용권을 시가로 매도할 것을 청구할 수 있다.

(2) 복구

재건축이 기존 건물을 철거하고 건물을 신축하는 것임에 비하여 복구는 일부멸실된 건물을 원상으로 회복시키는 것을 말한다.
① 건물가격의 2분의 1 이하 멸실시의 복구: 각 구분소유자는 멸실한 공용부분과 자기의 전유부분을 복구할 수 있다(제50조 제1항).
② 건물가격의 2분의 1 초과 멸실시의 복구: 관리단집회는 구분소유자의 5분의 4 이상 및 의결권의 5분의 4 이상으로 멸실한 공용부분을 복구할 것을 결의할 수 있다(제50조 제4항).

> **예제**
>
> **1.** 「집합건물의 소유 및 관리에 관한 법률」상 집합건물의 전부공용부분 및 대지사용권에 관한 설명으로 틀린 것은? (특별한 사정은 없으며, 다툼이 있으면 판례에 따름)
>
> 제34회
>
> ① 공용부분은 취득시효에 의한 소유권 취득의 대상이 될 수 없다.
> ② 각 공유자는 공용부분을 그 용도에 따라 사용할 수 있다.
> ③ 구조상 공용부분에 관한 물권의 득실변경은 등기가 필요하지 않다.
> ④ 구분소유자는 규약 또는 공정증서로써 달리 정하지 않는 한 그가 가지는 전유부분과 분리하여 대지사용권을 처분할 수 없다.
> ⑤ 대지사용권은 전유부분과 일체성을 갖게 된 후 개시된 강제경매절차에 의해 전유부분과 분리되어 처분될 수 있다.
>
> **해설** ⑤ 「집합건물의 소유 및 관리에 관한 법률」 제20조의 규정내용과 입법취지 등을 종합하여 볼 때, 경매절차에서 전유부분을 낙찰받은 사람은 대지사용권까지 취득하는 것이고, 규약이나 공정증서로 다르게 정하였다는 특별한 사정이 없는 한 대지사용권을 전유부분과 분리하여 처분할 수는 없으며, 이를 위반한 대지사용권의 처분은 법원의 강제경매절차에 의한 것이라 하더라도 무효이다(대판 2009다26145).

① 공용부분에 대하여 취득시효의 완성을 인정하여 그 부분에 대한 소유권 취득을 인정한다면 전유부분과 분리하여 공용부분의 처분을 허용하고 일정 기간의 점유로 인하여 공용부분이 전유부분으로 변경되는 결과가 되어 「집합건물의 소유 및 관리에 관한 법률」의 취지에 어긋나게 된다. 따라서 집합건물의 공용부분은 취득시효에 의한 소유권 취득의 대상이 될 수 없다고 봄이 타당하다(대판 2011다78200).
② 각 공유자는 공용부분을 그 용도에 따라 사용할 수 있다(제11조). 지분비율로 사용하는 것이 아니라는 점에 주의하여야 한다.
③ 공용부분은 전유부분과 당연히 함께 이전하므로 공용부분에 관한 물권의 득실변경은 등기가 필요하지 아니하다(제13조 제3항).
④ 구분소유자는 그가 가지는 전유부분과 분리하여 대지사용권을 처분할 수 없다. 다만, 규약으로써 달리 정한 경우에는 그러하지 아니하다(제20조 제2항). **정답 ⑤**

2. 「집합건물의 소유 및 관리에 관한 법률」에 관한 설명으로 옳은 것은?
  ① 대지 위에 구분소유권의 목적인 건물이 속하는 1동의 건물이 있을 때에 공유자는 자신의 지분의 범위에서 해당 대지의 분할을 청구할 수 있다.
  ② 건물에 대하여 구분소유관계가 성립되면 구분소유자는 건물 및 그 대지와 부속시설의 관리에 관한 사업의 시행을 목적으로 하는 관리단을 구성할 선택권을 갖는다.
  ③ 관리인에게 부정한 행위나 그 밖에 그 직무를 수행하기에 부적합한 사정이 있을 때에는 각 구분소유자는 그 해임을 법원에 청구할 수 있다.
  ④ 공용부분에 관한 물권의 취득은 등기를 하여야 한다.
  ⑤ 구분소유자가 공동이익에 반할 염려가 있는 행위를 할 경우에는 각 구분소유자는 그 행위의 정지 등을 청구할 수 있다.

  해설 ③ 관리인에게 부정한 행위나 그 밖에 그 직무를 수행하기에 적합하지 아니한 사정이 있을 때에는 각 구분소유자는 관리인의 해임을 법원에 청구할 수 있다(제24조 제5항).
  ① 대지 위에 구분소유권의 목적인 건물이 속하는 1동의 건물이 있을 때에는 그 대지의 공유자는 그 건물 사용에 필요한 범위의 대지에 대하여는 분할을 청구하지 못한다(제8조).
  ② 건물에 대하여 구분소유관계가 성립되면 구분소유자 전원을 구성원으로 하여 그 건물과 그 대지 및 부속시설의 관리에 관한 사업의 시행을 목적으로 하는 관리단을 구성한다(제23조). 즉, 관리단은 당연설립되며, 구분소유자는 당연구성원이 된다.
  ④ 전유부분과 공용부분은 절대적 일체성을 가지므로 공용부분은 별도의 등기를 하지 않는다(제13조 제3항).
  ⑤ 각 구분소유자가 아니라 관리인 또는 관리단집회의 결의로 지정된 구분소유자가 청구할 수 있다(제43조 제1항). **정답 ③**

제3장 메타인지 학습체크

01 구분소유의 성립을 인정하기 위하여 반드시 집합건축물대장의 등록이나 구분건물의 표시에 관한 등기가 필요[① 하다. / ② 한 것은 아니다.]

02 공용부분 중 [① 당연 / ② 규약상] 공용부분은 공용부분의 취지를 등기하여야 한다.

03 전유부분이 속하는 1동의 건물의 설치 또는 보존의 흠으로 인하여 타인에게 손해를 가한 때에는 그 흠은 [① 전유부분 / ② 공용부분]에 존재하는 것으로 추정한다.

04 각 공유자는 공용부분을 그 [① 용도 / ② 지분비율]에 따라 사용할 수 있다.

05 공용부분의 변경에 관한 사항은 원칙적으로 관리단집회에서 구분소유자 및 의결권의 각 [① 3분의 2 / ② 4분의 3] 이상의 결의로써 결정한다.

06 건물의 노후화 억제 또는 기능 향상 등을 위한 것으로 구분소유권 및 대지사용권의 범위나 내용에 변동을 일으키는 공용부분의 변경에 관한 사항은 구분소유자 및 의결권의 각 [① 4분의 3 / ② 5분의 4] 이상의 결의로써 결정한다.

07 구분소유자는 [① 관리인이 / ② 규약으로] 달리 정하는 경우가 아니라면 그가 가지는 전유부분과 분리하여 대지사용권을 처분할 수 없다.

08 분양대금을 완납하였음에도 분양자 측의 사정으로 소유권이전등기를 경료받지 못한 수분양자는 관리단의 구성원이 될 수 [① 있다. / ② 없다.]

09 구분소유자가 [① 5인 / ② 10인] 이상일 때에는 관리단을 대표하고 관리단의 사무를 집행할 관리인을 선임하여야 한다.

10 임시관리인은 선임된 날부터 [① 6개월 / ② 1년] 이내에 관리인 선임을 위하여 관리단집회 또는 관리위원회를 소집하여야 한다.

정답

| 01 ② | 02 ② | 03 ② | 04 ① | 05 ① | 06 ② | 07 ② | 08 ① | 09 ② | 10 ① |

11 전유부분이 [① 100개 / ② 150개] 이상으로서 대통령령으로 정하는 건물의 관리인은 법률이 정하는 감사인의 회계감사를 매년 1회 이상 받아야 한다.

12 관리인의 사무집행을 감독하기 위하여 관리위원회의 위원은 규약에 달리 정하지 않는 한 [① 구분소유자 / ② 구분소유자 또는 점유자] 중에서 관리단집회 결의에 의하여 선출한다.

13 규약의 설정·변경 및 폐지는 관리단집회에서 구분소유자 및 의결권의 각 [① 3분의 2 / ② 4분의 3] 이상의 찬성을 얻어 행한다.

14 관리인은 매년 회계연도 종료 후 [① 3개월 / ② 6개월] 이내에 정기관리단집회를 소집하여야 한다.

15 관리단집회는 구분소유자 [① 5분의 4 이상 / ② 전원]이 동의하면 소집절차를 거치지 아니하고 소집할 수 있다.

16 전유부분을 여럿이 공유하는 경우에 공유자는 관리단집회에서 의결권을 행사할 1인을 정하는데, 이때에 의결권 행사자 1인을 정한다는 이 규정은 [① 임의규정 / ② 강행규정]에 해당한다.

17 「집합건물의 소유 및 관리에 관한 법률」상 주거용 집합건물을 철거하고 상가용 집합건물을 신축하는 것과 같이 건물의 용도를 변경하는 형태의 재건축결의는 원칙적으로 허용[① 된다. / ② 되지 않는다.]

18 재건축비용의 분담에 관한 사항을 정하지 아니한 재건축결의의 효력은 [① 유효 / ② 무효]이다.

19 재건축의 결의가 있으면 집회를 소집한 자는 지체 없이 그 결의에 찬성하지 아니한 구분소유자에 대하여 그 결의내용에 따른 재건축에 참가할 것인지 여부를 회답할 것을 [① 서면 / ② 구두 또는 서면]으로 촉구하여야 한다.

정답

11 ② 　 12 ① 　 13 ② 　 14 ① 　 15 ② 　 16 ② 　 17 ① 　 18 ② 　 19 ①

제4장 가등기담보 등에 관한 법률

회독 Check 1회 2회 3회

💬 사적 실행방법으로 경매와 귀속청산을 인정할 뿐 처분청산은 인정하지 않으므로 귀속청산의 실행절차를 정확하게 이해하여야 한다. 이 장은 사례문제로 출제될 수 있으므로 적용범위와 귀속청산에서 선순위·후순위 권리자와의 관계를 정확히 이해하여야 한다.

1 가등기담보 등에 관한 법률의 적용범위 제32회, 제33회, 제34회, 제36회

(1) 「가등기담보 등에 관한 법률」은 차주가 차용물에 갈음하여 다른 재산권을 이전할 것을 예약한 모든 비전형담보계약에 적용된다. 따라서 비전형담보계약이라면 가등기담보뿐만 아니라 양도담보, 매도담보(환매, 재매매예약) 등 어떠한 명목을 불문하고 이 법률의 규율을 받는다.

(2) 소비대차에 부수해서 비전형담보를 설정한 경우에 한하여 「가등기담보 등에 관한 법률」이 적용된다
  ① 소비대차가 아닌 매매대금채권, 공사대금채권 등을 담보하기 위하여 가등기 또는 소유권이전등기가 된 경우에는 적용되지 아니한다.
  ② 소비대차로 인한 차용금채권과 매매대금채권을 함께 담보할 목적으로 가등기가 설정되었으나, 후에 매매대금채권이 변제되고 차용금반환채권만이 남게 되면 「가등기담보 등에 관한 법률」이 적용된다.

> **판례** 「가등기담보 등에 관한 법률」의 적용 여부
> 1. 「가등기담보 등에 관한 법률」은 차용물의 반환에 관하여 다른 재산권을 이전할 것을 예약한 경우에 적용되는 것이므로, 공사잔대금의 지급을 담보하기 위하여 체결된 양도담보계약에 기하여 소유권이전등기를 구하는 경우에는 같은 법이 적용되지 않는다(대판 96다31116).
> 2. 「가등기담보 등에 관한 법률」은 차용물의 반환에 관하여 다른 재산권을 이전할 것을 예약한 경우에 적용되므로 금전소비대차나 준소비대차에 기한 차용금반환채무 이외의 채무를 담보하기 위하여 경료된 가등기나 양도담보에는 위 법이 적용되지 아니하나, 금전소비대차나 준소비대차에 기한 차용금반환채무와 그 외의 원인으로 발생한 채무를 동시에 담보할 목적으로 경료된 가등기나 소유권이전등기라도 그 후 후자의 채무가 변제 기타의 사유로 소멸하고 금전소비대차나 준소비대차에 기한 차용금반환채무의 전부 또는 일부만이 남게 된 경우에는 그 가등기담보나 양도담보에 「가등기담보 등에 관한 법률」이 적용된다(대판 2003다29968).

(3) 담보부동산에 대한 **예약 당시 가액이 차용액과 이에 붙인 이자를 합산한 액수를 초과하는 경우에만 적용된다.** 만일 목적물에 선순위 저당권이 있는 때에는 예약 당시의 목적물의 가액은 그 저당권의 피담보채권액을 공제한 나머지 액수를 기준으로 한다.

(4) 「가등기담보 등에 관한 법률」은 부동산소유권 이외에 등기·등록할 수 있는 권리의 취득을 목적으로 하는 담보계약에도 적용된다. 그러나 전세권·저당권·질권을 목적으로 하는 경우에는 적용되지 아니한다(「가등기담보 등에 관한 법률」 제18조).

(5) 채권담보의 목적으로 등기·등록이 되지 않은 경우에는 「가등기담보 등에 관한 법률」이 적용되지 않는다.

> **참고** 가등기담보부동산의 예약 당시 시가가 그 피담보채무액에 미달하는 경우에는 청산금 평가액의 통지를 할 필요가 없다.

❷ 가등기담보권의 실행 제32회, 제33회, 제35회, 제36회

가등기담보권의 실행에는 권리취득에 의한 실행과 경매에 의한 실행의 두 가지 방법이 있고, 가등기담보권자는 둘 중 하나를 임의로 선택할 수 있다.

1. 경매에 의한 실행(공적 실행)

(1) 경매가 실행된 경우 그 순위에 관하여는 가등기담보권을 저당권으로 보고, 그 가등기를 마친 때에 저당권설정등기가 행하여진 것으로 본다(제13조).

(2) **경매가 실행되면 가등기담보권은** 순위에 따라 우선변제를 받으므로 **당연히 소멸한다.**

(3) 피담보채권의 범위는 저당권의 피담보채권 범위와 동일하다.

(4) 법원은 부동산에 대한 강제경매 등의 개시결정이 있는 경우에는 해당 가등기가 담보가등기인 때에는 그 내용과 채권의 존부, 원인 및 금액을, 담보가등기가 아닌 때에는 해당 내용을 법원에 신고하도록 적당한 기간을 정하여 최고하여야 한다.

(5) 집행법원이 정한 기간 안에 채권신고를 하지 않은 가등기담보권자는 매각대금을 배당받지 못한다.

2. 권리취득에 의한 실행(사적 실행)

가등기담보권의 사적 실행에 있어서 채권자가 청산금의 지급 이전에 본등기와 담보목적물의 인도를 받을 수 있다거나 청산기간이나 동시이행관계를 인정하지 아니하는 '처분정산'형의 담보권 실행은 「가등기담보 등에 관한 법률」상 허용되지 아니한다.

(1) 실행절차

(2) 실행통지

① 통지사항: 청산금의 평가액을 통지하여야 한다.
   ㉠ 채권자는 그가 통지한 청산금의 금액에 관하여 다툴 수 없다(제9조). 또한 평가한 결과 청산금이 없다고 인정되는 경우에는 그 뜻을 통지하여야 한다(제3조 제1항).
   ㉡ 채권자가 나름대로 평가한 청산금의 액수가 객관적인 청산금의 평가액에 미치지 못한다고 하더라도 담보권 실행의 통지로서의 효력이나 청산기간의 진행에는 아무런 영향이 없다.

② 통지의 시기·상대방 및 방법
   ㉠ 통지의 시기: 변제기 이후이어야 하며, 변제기 이후라면 언제라도 상관없다.
   ㉡ 통지의 상대방: 청산금의 평가액을 채무자 등에게 통지하여야 한다. 이때 채무자 등이란 채무자, 물상보증인, 담보가등기 후에 소유권을 취득한 제3자(제3취득자)를 말하며, 이들 모두에게 통지하여야 한다(제2조 제2호, 제3조 제1항).
   ㉢ 통지의 방법: 제한 없다(서면이나 구두 모두 가능).

③ 채무자 등 이외의 권리자에 대한 통지: 채권자는 실행통지가 채무자 등에게 도달하면 지체 없이 후순위 권리자(담보가등기 후에 등기된 전세권자, 저당권자, 가등기담보권자, 등기담보권자)와 담보가등기 후에 등기한 제3자(대항력 있는 임차권자 포함)에게 실행통지의 사실·내용 및 그 도달일을 통지하여야 한다(제6조 제1항·제2항).

(3) 청산

① 청산의무: 가등기담보권자(채권자)는 실행통지 당시의 목적물가액에서 채권액을 뺀 금액을 청산금으로써 채무자 등에게 지급하여야 한다(제4조 제1항). 청산의무의 발생시기는 청산기간이 만료한 때이다. 즉, 실행통지가 채무자 등에게 도달한 날로부터 2개월이 지난 때이다.

② 청산방법: 채권자가 목적물의 가액에서 채권액을 공제한 나머지를 반환하고 그 목적물의 소유권을 취득하는 귀속청산방법을 인정하며, 처분청산은 인정하지 않는다.

③ 청산금

> 청산금 = 실행통지 당시의 목적물의 가액 − (피담보채권액 + 선순위 담보권의 채권액 + 선순위 대항력 있는 임차권의 보증금 등)

㉠ 청산금액은 실행통지 당시의 목적부동산의 가액에서 그 시점의 피담보채권액을 뺀 차액이다.

㉡ 목적부동산의 가액에서 공제할 것은 피담보채권액뿐만 아니라 선순위 담보권자의 채권과 선순위 대항력이 있는 임차권의 보증금도 포함된다. 다만, 후순위 담보권자의 채권액은 고려할 필요가 없다.

㉢ 청산절차를 거쳐 소유권이전의 본등기를 마친 경우, 본등기를 위해 지출한 절차비용과 취득세 등은 청산금에서 공제할 수 없다.

④ 청산금의 면제특약: 채무자 등이 채권자에 대하여 청산금의 지급을 면제하거나 청산절차를 배제하는 특약은 무효이다. 다만, 청산기간이 지난 후에 하는 청산금면제특약은 제3자의 권리를 침해하지 않는 것이라면 유효하다(제4조 제4항).

(4) 청산금의 청구권자

채무자, 물상보증인, 제3취득자, 후순위 권리자 등이 청산금의 청구권자이다.

① 후순위 권리자는 청산기간이 지난 후 청산금이 채무자에게 지급되기 전에 자기 채권의 명세와 증서를 제시하여 그 변제를 가등기담보권자에게 청구할 수 있다(제5조 제1항).

② 청산금채권이 압류되거나 가압류된 경우에 채권자는 청산기간이 지난 후 이에 해당하는 청산금을 채무이행지를 관할하는 지방법원이나 지원에 공탁하여 그 범위에서 채무를 면할 수 있다(제8조 제1항).

③ 후순위 권리자는 청산기간에 한정하여 그 피담보채권의 변제기 도래 전이라도 담보목적 부동산의 경매를 청구할 수 있다(제12조 제2항).

④ 담보가등기 후에 대항력 있는 임차권을 취득한 자에게는 청산금의 범위에서 동시이행의 항변권에 관한 「민법」 제536조를 준용한다(제5조 제5항).

(5) 채무자 등의 말소청구권

① 원칙: 채무자 등은 청산금채권을 변제받을 때까지 그 채무액(반환할 때까지의 이자와 손해금을 포함한다)을 채권자에게 지급하고 그 채권담보의 목적으로 마친 소유권이전등기나 가등기의 말소를 청구할 수 있다.

② 예외: 그 채무의 **변제기가 지난 때부터 10년이 지나거나** 또는 **선의의 제3자가 소유권을 취득한 경우**에는 말소를 청구할 수 없다(제11조).

> **기출** 甲이 청산절차를 거치지 않고 X토지에 관하여 2025.6.15. 본등기를 마친 다음, 선의의 丙에게 2025.8.1. 소유권이전등기를 마친 경우, 2025.6.15.부터 甲 명의의 본등기도 소급하여 확정적으로 유효해진다.
> 제36회

(6) 소유권의 취득

청산절차를 완료하기 전까지 사용·수익권은 가등기담보(양도담보)설정자에게 있다.

① 양도담보
 ㉠ 청산금이 없는 경우: 청산기간 만료시에 소유권을 취득한다.
 ㉡ 청산금이 있는 경우: 청산기간이 지난 후 청산금을 지급하거나 또는 공탁함으로써 소유권을 취득한다.

② 가등기담보
 ㉠ 청산금이 없는 경우: 채권자는 청산기간이 지난 후에 즉시 가등기에 기한 본등기를 청구할 수 있다.
 ㉡ 청산금이 있는 경우: 청산금을 그 청구권자에게 지급하거나 공탁함으로써 가등기에 기한 본등기를 청구할 수 있다.

> **참고** 가등기담보권자의 청산금의 지급과 채무자 등의 이전등기 및 목적물의 인도는 동시이행관계에 있다.

(7) 가등기담보권의 소멸

① 소유권 이전에 의한 소멸: 청산절차를 거쳐 목적 부동산의 소유권이 채권자에게 이전한 때에는 가등기담보권은 소멸한다.

② 경매에 의한 소멸: 가등기담보권이 설정되어 있는 부동산에 관하여 강제경매 또는 담보권실행경매가 행하여지는 경우에는 그 매각으로 가등기담보권은 소멸한다(제15조).

③ 기타의 원인에 의한 소멸: 채무의 변제, 목적물의 멸실에 의해서도 가등기담보권은 소멸한다. 또한 피담보채권이 시효로 소멸하면 가등기담보권도 소멸한다. 그러나 가등기담보권이 독립해서 시효로 소멸하지는 않는다.

> **판례** 청산과정에서의 문제

1. 가등기담보채권자가 가등기담보권을 실행하기 이전에 그의 계약상의 권리를 보전하기 위하여 가등기담보채무자의 제3자에 대한 선순위 가등기담보채무를 대위변제하여 구상권이 발생하였다면 특별한 사정이 없는 한 이 구상권도 가등기담보계약에 의하여 담보된다고 보는 것이 상당하다.
2. 청산절차를 위반하고 경료한 본등기는 무효이나, 후에 청산절차를 완료하면 유효등기가 될 수 있다.
3. 채무자 등에게 실행통지를 하였다는 사실을 후순위 권리자에게 통지하지 않은 것은 후순위 권리자에게 대항할 수 없다는 의미이지, 청산절차가 무효가 된다는 것을 의미하는 것은 아니다.

예제

1. 「가등기담보 등에 관한 법률」이 원칙적으로 적용되는 것은? (단, 이자는 고려하지 않으며, 다툼이 있으면 판례에 따름) 　　제34회

① 1억원을 차용하면서 부동산에 관하여 가등기나 소유권이전등기를 하지 않은 경우
② 매매대금채무 1억원의 담보로 2억원 상당의 부동산 소유권이전등기를 한 경우
③ 차용금채무 1억원의 담보로 2억원 상당의 부동산에 대해 대물변제예약을 하고 가등기한 경우
④ 차용금채무 3억원의 담보로 이미 2억원의 다른 채무에 대한 저당권이 설정된 4억원 상당의 부동산에 대해 대물변제예약을 하고 가등기한 경우
⑤ 1억원을 차용하면서 2억원 상당의 그림을 양도담보로 제공한 경우

해설 ③ 소비대차에 부수하여 대물변제예약을 하고 가등기를 하였으며 담보부동산에 대한 예약 당시 가액이 차용액을 초과하는 경우이므로 「가등기담보 등에 관한 법률」이 적용된다.
① 채권담보의 목적으로 등기·등록이 되지 않은 경우에는 「가등기담보 등에 관한 법률」이 적용되지 않는다. 따라서 채권자가 채무자와 담보계약을 체결하였지만 담보목적 부동산에 관하여 가등기나 소유권이전등기를 마치지 아니한 경우에는 '담보권'을 취득하였다고 할 수 없으므로, 이러한 경우에는 「가등기담보 등에 관한 법률」 제3조, 제4조는 원칙적으로 적용될 수 없다(대판 2011다106778).
② 소비대차에 부수하여 대물변제예약을 하고 비전형담보를 설정한 경우에 한하여 「가등기담보 등에 관한 법률」이 적용된다. 따라서 소비대차가 아닌 매매대금채권·공사대금채권 등을 담보하기 위하여 가등기 또는 소유권이전등기가 된 경우에는 적용되지 아니한다.
④ 담보부동산에 대한 예약 당시 가액이 차용액과 이에 붙인 이자를 합산한 액수에 미치지 못하는 경우에는 「가등기담보 등에 관한 법률」이 적용되지 않으므로 동법에 의한 청산절차가 요구되지 않는다. 만일 목적물에 선순위 저당권이 있는 때에는 예약 당시의 목적물의 가액은 그 저당권의 피담보채권액을 공제한 나머지 액수를 기준으로 한다(대판 2005다61140).

⑤ 목적물에 대하여 등기·등록을 할 수 없는 경우, 즉 목적물이 동산이나 주식인 경우에는 그 적용이 없다. **정답 ③**

2. 甲은 乙의 X토지에 대하여 가등기담보권을 취득하였으나, 乙은 변제기에 채무를 이행하지 않고 있다. 다음 설명 중 <u>틀린</u> 것은? (다툼이 있으면 판례에 의함)

제25회

① 甲은 X토지의 경매를 청구할 수 있다.
② 제3자가 경매로 X토지의 소유권을 취득한 경우, 甲의 가등기담보권은 소멸한다.
③ 甲이 담보계약에 따른 담보권을 실행하여 X토지의 소유권을 취득하기 위해서는 청산절차를 거쳐야 한다.
④ X토지의 후순위 권리자는 청산기간에 한정하여 그 피담보채권의 변제기 도래 전이라도 X토지의 경매를 청구할 수 있다.
⑤ 청산기간 전에 乙의 다른 채권자의 강제경매로 제3자가 X토지의 소유권을 취득한 경우에도 甲은 가등기에 기한 본등기를 청구할 수 있다.

해설 ⑤ 가등기담보가 설정되어 있는 부동산에 대해 경매가 실행되면 가등기담보권은 저당권으로 보게 되므로 경매로써 당연히 소멸한다. 따라서 경매로 제3자가 X토지의 소유권을 취득하였다면, 이미 가등기담보는 소멸하였으므로 甲은 가등기에 기한 본등기를 청구할 수 없다. **정답 ⑤**

3. 甲은 乙에 대한 금전채권을 담보할 목적으로 乙소유의 X부동산에 가등기를 하였고, 그 후 丙이 그 부동산에 저당권을 취득하였다. 다음 설명 중 옳은 것은?
① 甲은 변제기가 도래한 때에 청산금이 없는 경우에는 즉시 가등기에 기하여 본등기를 청구할 수 있다.
② 甲의 청산금 평가액이 객관적 가액에 미치지 못하면 실행통지로서의 효력이 없다.
③ 甲이 청산금의 지급을 지체한 경우에도 乙은 청산기간이 지난 후에는 이자 등이 포함된 채무액을 변제하고 등기말소를 청구할 수 없다.
④ 丙은 청산기간에 한정하여 그 피담보채권의 변제기가 도래하기 전이라도 X부동산의 경매를 청구할 수 있다.
⑤ 丙의 담보권 실행으로 X부동산이 丁에게 매각된 경우에도 甲의 담보가등기 권리는 소멸하지 않는다.

해설 ④ 후순위 권리자는 청산기간에 한정하여 그 피담보채권의 변제기 도래 전이라도 담보목적 부동산의 경매를 청구할 수 있다(제12조).
① 청산금이 없더라도 즉시 본등기를 청구할 수는 없으며, 그 취지를 통지하고 청산기간이 지나야 한다.

② 채권자가 가등기담보권을 실행하여 그 담보목적 부동산의 소유권을 취득하기 위하여 채무자 등에게 하는 담보권 실행의 통지에는, 채권자가 주관적으로 평가한 통지 당시의 목적 부동산의 가액과 피담보채권액을 명시함으로써 청산금의 평가액을 채무자 등에게 통지하면 족한 것으로서, 채권자가 이와 같이 나름대로 평가한 청산금의 액이 객관적인 청산금의 평가액에 미치지 못한다고 하더라도 담보권 실행통지의 효력이나 청산기간의 진행에는 아무런 영향이 없다.
③ 채무자 등은 정당하게 평가된 청산금을 지급받을 때까지 목적 부동산의 소유권이전등기 및 인도채무의 이행을 거절하면서 피담보채무 전액을 채권자에게 지급하고 채권담보의 목적으로 마쳐진 가등기의 말소를 구할 수 있다(대판 96다6974, 6981).
⑤ 담보가등기를 마친 부동산에 대하여 경매 등이 행하여진 경우에는 담보가등기권리는 그 부동산의 매각에 의하여 소멸한다(제15조).

정답 ④

제4장 메타인지 학습체크

01 매매대금채권·공사대금채권 등을 담보하기 위하여 가등기 또는 소유권이전등기가 된 경우에 「가등기담보 등에 관한 법률」이 적용[① 된다. / ② 되지 아니한다.]

02 담보부동산에 대한 예약 당시 가액이 차용액과 이에 붙인 이자를 합산한 액수에 [① 미달하는 / ② 초과하는] 경우에는 「가등기담보 등에 관한 법률」이 적용되지 않는다.

03 양도담보나 가등기담보가 설정된 경우 일반적으로 담보물에 대한 사용·수익권은 [① 담보권자 / ② 담보설정자]에게 있다.

04 「가등기담보 등에 관한 법률」상 비전형담보의 사적 실행에 따른 청산방식으로는 [① 귀속청산 / ② 처분청산]이 인정된다.

05 채권자는 채무자 등에게 실행통지를 하여야 하며, 통지 후 [① 2개월 / ② 3개월]의 청산기간이 경과하였을 때에, 청산금의 지급과 동시이행으로 본등기와 인도를 받음으로써 소유권을 취득한다.

06 채권자는 그가 통지한 청산금의 금액에 관하여 다툴 수 [① 있다. / ② 없다.]

07 청산금의 평가액이 객관적 가액에 미치지 못한 경우, 청산절차가 무효가 [① 된다. / ② 되는 것은 아니다.]

08 「가등기담보 등에 관한 법률」상 실행통지는 방식의 제한이 [① 있다. / ② 없다.]

09 청산금은 실행통지 당시의 목적부동산가액에서 피담보채권액뿐만 아니라 [① 선순위 담보권자 / ② 후순위 담보권자]의 채권액을 공제한 차액이다.

정답
01 ②   02 ①   03 ②   04 ①   05 ①   06 ②   07 ②   08 ②   09 ①

10 후순위 권리자는 청산기간에 한정하여 그 피담보채권의 [① 변제기 도래 전이라도 / ② 변제기가 도래하여야] 담보목적 부동산의 경매를 청구할 수 있다.

11 채무자 등은 [① 청산기간 / ② 청산금을 변제받을 때]까지 그 채무액을 채권자에게 지급하고 그 채권담보의 목적으로 마친 소유권이전등기나 가등기의 말소를 청구할 수 있다.

12 채무의 변제기가 지난 때부터 [① 5년 / ② 10년]이 지나거나 선의의 제3자가 소유권을 취득한 경우에는 채무자 등은 말소를 청구할 수 없다.

13 담보가등기는 경매가 실행되면 순위와 상관없이 당연히 [① 존속 / ② 소멸]한다.

정답

10 ①   **11** ②   **12** ②   **13** ②

제5장 부동산 실권리자명의 등기에 관한 법률

대부분 사례문제로 출제되므로 각 유형별로 법률관계를 정리해 두어야 한다. 특히 3자 간 등기명의신탁(중간생략형)과 계약형 명의신탁(위임형)의 법률관계가 자주 출제되므로 이를 명확하게 파악하여야 한다.

① 의의

명의신탁약정은 부동산에 관한 소유권 기타 물권을 보유한 자 또는 사실상 취득하거나 취득하려고 하는 자(실권리자)와 타인과의 사이에서 대내적으로 실권리자가 부동산에 관한 물권을 보유하거나 보유하기로 하고 그에 관한 등기는 그 타인의 명의로 하기로 하는 약정을 말한다.

② 무효인 명의신탁 제32회, 제33회, 제34회, 제35회, 제36회

(1) 명의신탁약정은 무효로 하며, 명의신탁약정에 따라 행하여진 등기에 의한 부동산 관련 물권변동은 무효로 한다.

(2) 위 무효는 제3자에게 대항하지 못한다. 제3자란 수탁자 명의의 등기에 기초하여 이해관계를 맺은 자를 말하며, **선의·악의를 불문한다.**

> **판례** 「부동산 실권리자명의 등기에 관한 법률」 제4조 제3항에서 정한 '제3자'의 범위
>
> '제3자'는 명의신탁약정의 당사자 및 포괄승계인 이외의 자로서 명의수탁자가 물권자임을 기초로 그와 사이에 직접 새로운 이해관계를 맺은 사람으로서 소유권이나 저당권 등 물권을 취득한 자뿐만 아니라 압류 또는 가압류채권자도 포함하고 그의 선의·악의를 묻지 않는다. 이러한 법리는 특별한 사정이 없는 한 명의신탁약정에 따라 형성된 외관을 토대로 다시 명의신탁이 이루어지는 등 연속된 명의신탁관계에서 최후의 명의수탁자가 물권자임을 기초로 그와 사이에 직접 새로운 이해관계를 맺은 사람에게도 적용된다(대판 2019다272725).

참고 명의신탁관계가 성립하기 위하여 명의수탁자 앞으로 새로운 소유권이전등기가 행하여지는 것이 반드시 필요한 것은 아니다.

(3) 양자 간(이전형) 명의신탁

신탁자(甲)가 자기 명의로 되어 있는 부동산을 명의신탁약정에 의하여 수탁자(乙)에게 소유권이전등기를 해주는 경우를 말한다.

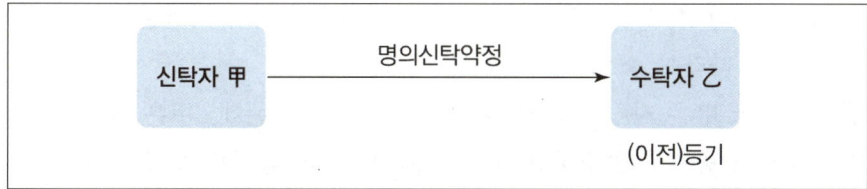

① 명의신탁약정과 수탁자 명의의 이전등기는 무효이다.
  ㉠ 甲은 乙에게 등기의 말소를 청구하거나, 진정명의회복을 원인으로 한 이전등기를 청구할 수 있다.
    ✔ 甲은 乙을 상대로 부당이득반환을 원인으로 한 소유권이전등기를 청구할 수 없다.
  ㉡ 명의신탁을 해지하고 등기의 말소를 청구할 수는 없다(무효인 명의신탁이므로).
② 「부동산 실권리자명의 등기에 관한 법률」이 규정하는 명의신탁약정은 그 자체로 선량한 풍속 기타 사회질서에 위반하는 경우에 해당한다고 단정할 수 없다. 따라서 무효인 명의신탁약정에 기하여 타인명의 등기가 마쳐졌다는 이유만으로 그것이 당연히 불법원인급여에 해당한다고 볼 수 없다(대판 2003다41722).

(4) 3자 간 등기명의신탁(중간생략형 명의신탁)

신탁자(甲)가 매도인(丙)으로부터 부동산을 매수하면서 자신 앞으로 등기를 이전하지 않고 미리 약정한 대로 수탁자(乙)에게로의 이전등기를 매도인(丙)에게 부탁하여 매도인(丙)에서 직접 수탁자(乙)에게로 이전등기가 경료되는 경우를 말한다.

① 甲과 乙의 명의신탁약정은 무효이다.
② 甲과 丙의 매매계약 자체는 유효하다.

③ 丙에서 乙로의 소유권이전등기는 실체관계 없이 이전된 것으로 무효이다. 따라서 소유권은 여전히 丙에게 있다.
④ 결국 甲은 자신 명의로 등기를 받아와야 하는데, 甲은 丙을 대위하여 乙의 등기를 말소하고 이어서 丙에게 매매를 원인으로 한 이전등기를 청구하여 자신 앞으로 등기를 하게 된다.

> **판례** 3자 간 명의신탁에서 명의신탁자의 실명화방법
>
> 「부동산 실권리자명의 등기에 관한 법률」 소정의 유예기간 경과에 의하여 기존 명의신탁약정과 그에 의한 등기가 무효로 되면 **명의신탁 부동산은 매도인 소유로 복귀하므로 매도인은 명의수탁자에게 무효인 명의수탁자 명의의 등기의 말소를 구할 수 있게 되고,** 한편 같은 법은 매도인과 명의신탁자 사이의 매매계약의 효력을 부정하는 규정을 두고 있지 아니하여 위 유예기간 경과 후로도 **매도인과 명의신탁자 사이의 매매계약은 여전히 유효하므로,** 명의신탁자는 위 매매계약에 기한 매도인에 대한 소유권이전등기청구권을 보전하기 위하여 매도인을 대위하여 명의수탁자에게 무효인 명의수탁자 명의의 등기의 말소를 구할 수 있다(대판 99다21738).

⑤ 甲은 乙을 상대로 부당이득반환을 원인으로 하는 소유권이전등기를 청구할 수 없다.
⑥ 명의수탁자인 乙이 자의로 명의신탁자인 甲에게 바로 경료해 준 소유권이전등기는 실체관계에 부합하는 등기로서 유효하다.

(5) 3자 간 계약명의신탁(위임형 명의신탁)

신탁자(甲)가 수탁자(乙)에게 명의신탁약정을 하고 매수자금을 지급한 후에 수탁자(乙)가 자신의 이름으로 매도인(丙)과 매매계약을 하고 이전등기를 하는 경우이다.

① 매도인이 악의인 경우
- ㉠ 매도인이 악의였던 경우에는 물권변동이 무효로 된다. 따라서 乙 앞으로의 등기는 무효이다.
- ㉡ 丙의 동의 내지 승낙이 없는 한 매수인의 지위가 당연히 甲에게 귀속되는 것은 아니다.

> **판례** 계약형 명의신탁에서 매도인이 악의인 경우 신탁자의 매도인에 대한 등기청구 가능 여부
>
> 어떤 사람이 타인을 통하여 부동산을 매수함에 있어 매수인 명의 및 소유권이전등기 명의를 타인명의로 하기로 약정하였고 매도인도 그 사실을 알고 있어서 그 약정이 「부동산 실권리자명의 등기에 관한 법률」 제4조의 규정에 의하여 무효로 되고 이에 따라 매매계약도 무효로 되는 경우에, 매매계약상의 매수인의 지위가 당연히 명의신탁자에게 귀속되는 것은 아니지만, 그 무효 사실이 밝혀진 후에 계약상대방인 매도인이 계약명의자인 명의수탁자 대신 명의신탁자가 그 계약의 매수인으로 되는 것에 대하여 동의 내지 승낙을 함으로써 부동산을 명의신탁자에게 양도할 의사를 표시하였다면, 명의신탁약정이 무효로 됨으로써 매수인의 지위를 상실한 명의수탁자의 의사에 관계없이 매도인과 명의신탁자 사이에는 종전의 매매계약과 같은 내용의 양도약정이 따로 체결된 것으로 봄이 상당하고, 따라서 이 경우 명의신탁자는 당초의 매수인이 아니라고 하더라도 매도인에 대하여 별도의 양도약정을 원인으로 하는 소유권이전등기청구를 할 수 있다(대판 2001다32120).

② 매도인이 선의인 경우
- ㉠ 甲과 乙의 명의신탁약정은 무효이다.
- ㉡ 乙 앞으로의 이전등기는 유효하다.
- ㉢ 乙의 등기가 유효하므로 乙에게 소유권이 귀속되는데, 이 경우에 甲은 명의신탁약정이 무효임을 이유로 부당이득반환으로 등기를 이전받을 수 있는지가 문제된다.
    - ⓐ 「부동산 실권리자명의 등기에 관한 법률」 시행 전에 이루어진 명의신탁의 경우: 법 시행 전에 이른바 계약명의신탁에 따라 선의의 소유자로부터 명의수탁자 앞으로 소유권이전등기가 경료되고, 같은 법 소정의 유예기간이 경과하여 명의수탁자가 당해 부동산의 완전한 소유권을 취득한 경우, 명의신탁자는 수탁자에게 부동산 자체의 부당이득반환을 청구할 수 있다는 것이 판례의 태도이다.

참고 매도인이 악의인 경우 신탁자는 매도인의 동의나 승낙이 없는 한 매도인에게 등기를 청구할 수 없다.

ⓑ 「부동산 실권리자명의 등기에 관한 법률」 시행 후에 이루어진 명의신탁의 경우: 계약명의신탁약정이 법 시행 후인 경우에는 명의신탁자는 애초부터 당해 부동산의 소유권을 취득할 수 없었으므로 위 명의신탁약정의 무효로 인하여 명의신탁자가 입은 손해는 당해 부동산 자체가 아니라 명의수탁자에게 제공한 매수자금이라는 것이 판례의 태도이다.

> **판례** 계약형 명의신탁에서 주요 판례
>
> 1. 부동산경매절차에서 부동산을 매수하려는 사람이 매수대금을 자신이 부담하면서 다른 사람의 명의로 매각허가결정을 받기로 약정하여 그에 따라 매각허가가 이루어진 경우, 경매목적 부동산의 소유권을 취득하는 자는 명의인이며, 매수대금의 실질적 부담자와 명의인 간에 명의신탁관계가 성립한다.
> 2. 이때에 경매목적물의 소유자가 명의신탁약정 사실을 알았다고 하더라도 그 사정만으로 명의인의 소유권 취득이 무효가 되는 것은 아니다.
> 3. 경매대금의 부담자와 경락받은 수탁자와의 소유명의이전약정 또는 처분대금반환약정은 무효이다.
> 4. 이른바 계약명의신탁에 있어 명의신탁자가 명의수탁자에 대하여 가지는 매매대금 상당의 부당이득반환청구권에 기하여 유치권을 행사할 수 없다.

❸ 적용의 배제와 특례

(1) 적용의 배제

다음의 경우에는 명의신탁약정으로 보지 않는다(제2조 제1호).
① 채무의 변제를 담보하기 위하여 채권자가 부동산에 관한 물권을 이전받거나 가등기하는 경우(양도담보, 가등기담보)
② 부동산의 위치와 면적을 특정하여 2인 이상이 구분소유하기로 하는 약정을 하고 그 구분소유자의 공유로 등기하는 경우(상호명의신탁)
③ 「신탁법」 또는 「자본시장과 금융투자업에 관한 법률」에 따른 신탁재산인 사실을 등기한 경우

(2) 적용의 특례

종교단체와 종중재산의 명의신탁, 법률혼관계인 부부 간의 명의신탁에 있어서는 그것이 조세포탈, 강제집행의 면탈 또는 법령상 제한의 회피를 목적으로 하지 않는 경우에는 명의신탁약정의 무효, 과징금, 이행강제금, 벌칙 등에 관한 규정을 적용하지 아니한다(제8조).

참고 배우자 일방의 사망으로 부부관계가 해소되었다 하더라도 그 명의신탁약정은 사망한 배우자의 다른 상속인과의 관계에서도 여전히 유효하게 존속한다.

즉, 종교단체와 종중, 부부 간의 명의신탁은 종래의 판례이론에 따라 명의신탁약정이 유효하고 이로 인한 등기의 효력도 인정된다.

> **판례** 「부동산 실권리자명의 등기에 관한 법률」 적용의 특례
>
> 1. 부부간의 명의신탁의 특례에 사실혼 배우자도 포함되는지 여부 – 부정
>   「부동산 실권리자명의 등기에 관한 법률」 제5조에 의하여 부과되는 과징금에 대한 특례를 규정한 같은 법 제8조 제2호 소정의 '배우자'에는 사실혼관계에 있는 배우자는 포함되지 아니한다.
> 2. 명의신탁등기가 「부동산 실권리자명의 등기에 관한 법률」에 따라 무효가 된 후 신탁자와 수탁자가 혼인하여 그 등기명의자가 배우자로 된 경우, 같은 법 제8조 제2호의 특례가 적용되는지 여부 – 인정
>   어떠한 명의신탁등기가 「부동산 실권리자명의 등기에 관한 법률」에 따라 무효가 되었다고 할지라도 그 후 신탁자와 수탁자가 혼인하여 그 등기의 명의자가 배우자로 된 경우에는 조세포탈, 강제집행의 면탈 또는 법령상 제한의 회피를 목적으로 하지 아니하는 한 이 경우에도 특례를 적용하여 그 명의신탁의 등기는 당사자가 혼인한 때로부터 유효하게 된다고 보아야 한다.

(3) 유효한 명의신탁의 법률관계

① 적법한 명의신탁에 있어서 내부적으로는 명의신탁자에게 소유권이 있고, 외부적으로는 명의수탁자에게 소유권이 있다. 따라서 신탁자는 등기 없이도 수탁자에 대해 소유권을 주장할 수 있다. 그러나 수탁자는 신탁자에 대하여 소유권을 주장할 수 없다.

② 명의수탁자가 처분한 경우에 원칙적으로 제3자는 선의·악의를 묻지 않고 소유권을 취득한다. 그러나 제3자가 명의수탁자의 배임행위에 적극 가담한 경우에는 「민법」 제103조의 반사회질서의 법률행위에 해당하여 무효가 되며, 이 경우에 명의신탁자는 직접 말소등기를 청구할 수 없고 수탁자를 대위하여 제3자에게 말소등기를 청구할 수 있다(이중매매의 법리 확대).

③ 재산을 타인에게 신탁한 경우 대외적인 관계에 있어서는 수탁자만이 소유권자로서 그 재산에 대한 제3자의 침해에 대하여 배제를 구할 수 있으며, 신탁자는 수탁자를 대위하여 수탁자의 권리를 행사할 수 있을 뿐 직접 제3자에게 신탁재산에 대한 침해의 배제를 구할 수 없다.

> **참고** 신탁자는 그 부동산을 처분할 권한이 있으므로 이를 매도한 경우에 「민법」 제569조 소정의 타인의 권리의 매매라고 할 수 없다.

예제

1. 甲은 법령상 제한을 회피하기 위해 2019.5. 배우자 乙과 명의신탁약정을 하고 자신의 X건물을 乙명의로 소유권이전등기를 마쳤다. 이에 관한 설명으로 틀린 것은?
제31회

① 甲은 소유권에 의해 乙을 상대로 소유권이전등기의 말소를 청구할 수 있다.
② 甲은 乙에게 명의신탁해지를 원인으로 소유권이전등기를 청구할 수 없다.
③ 乙이 소유권이전등기 후 X건물을 점유하는 경우, 乙의 점유는 타주점유이다.
④ 乙이 丙에게 X건물을 증여하고 소유권이전등기를 해준 경우, 丙은 특별한 사정이 없는 한 소유권을 취득한다.
⑤ 乙이 丙에게 X건물을 적법하게 양도하였다가 다시 소유권을 취득한 경우, 甲은 乙에게 소유물반환을 청구할 수 있다.

해설 ⑤ 양자 간 등기명의신탁에서 명의수탁자가 신탁부동산을 처분하여 제3취득자가 유효하게 소유권을 취득하고 이로써 명의신탁자가 신탁부동산에 대한 소유권을 상실하였다면, 명의신탁자의 소유권에 기한 물권적 청구권, 즉 말소등기청구권이나 진정명의회복을 원인으로 한 이전등기청구권도 더 이상 그 존재 자체가 인정되지 않는다. 따라서 그 후 명의수탁자가 우연히 신탁부동산의 소유권을 다시 취득하였다고 하더라도 명의신탁자가 신탁부동산의 소유권을 상실한 사실에는 변함이 없으므로, 여전히 물권적 청구권은 그 존재 자체가 인정되지 않는다(대판 2010다89814). 즉, 丙에게 X건물을 적법하게 양도된 시점에서 甲은 소유권을 상실하게 되므로 더 이상 물권적 청구권을 행사할 수 없다는 의미이다.
정답 ⑤

2. 甲은 법령상의 제한을 피하여 乙소유의 X부동산을 매수하고자 자신의 친구 丙과 X부동산의 매수에 관한 명의신탁약정을 체결하였다. 그에 따라 2021년 5월 丙은 乙과 X부동산 매매계약을 체결하고, 甲의 자금으로 그 대금을 지급하여 丙명의로 등기이전을 마쳤다. 이에 관한 설명으로 틀린 것은? (다툼이 있으면 판례에 따름)
제32회

① 甲과 丙 사이의 명의신탁약정은 무효이다.
② 乙이 매매계약 체결 당시 그 명의신탁약정이 있다는 사실을 알았다면 丙은 X부동산의 소유권을 취득할 수 없다.
③ 乙이 매매계약 체결 당시 그 명의신탁약정이 있다는 사실을 몰랐다면, 그 후 명의신탁약정 사실을 알게 되었어도 丙은 X부동산의 소유권을 취득한다.
④ 丙이 X부동산의 소유권을 취득한 경우 甲은 丙에게 제공한 X부동산의 매수자금 상당액을 부당이득으로 반환청구할 수 있다.
⑤ X부동산의 소유권을 유효하게 취득한 丙이 명의신탁약정 외의 적법한 원인에 의하여 甲 앞으로 X부동산에 대한 소유권이전등기를 마친다고 해도 그 소유권이전등기는 무효이다.

해설 ⑤ 명의수탁자가 명의수탁자의 완전한 소유권 취득을 전제로 하여 사후적으로 명의신탁자와의 사이에 위에서 매수자금반환의무의 이행에 갈음하여 명의신탁된 부동산 자체를 양도하기로 합의하고 그에 기하여 명의신탁자 앞으로 소유권이전등기를 마쳐준 경우에는 그 소유권이전등기는 새로운 소유권 이전의 원인인 대물급부의 약정에 기한 것이므로 특별한 사정이 없는 한 유효하고, 대물급부의 목적물이 원래의 명의신탁부동산이라는 것만으로 유효성을 부인할 것은 아니다(대판 2014다30483). 즉, 丙이 명의신탁약정 외의 적법한 원인에 의하여 甲 앞으로 X부동산에 대한 소유권이전등기를 마쳤다면 그 소유권이전등기는 유효가 될 수 있다.

정답 ⑤

3. 2026.1.17. 甲은 친구 乙과 명의신탁약정을 하였다. 그 후 甲은 丙소유의 X토지를 매수하면서 丙에게 부탁하여 乙명의로 소유권이전등기를 하였고, X토지는 현재 甲이 점유하고 있다. 다음 설명 중 옳은 것을 모두 고른 것은? (다툼이 있으면 판례에 따름)

> ㉠ 甲은 乙에게 부당이득반환을 원인으로 소유권이전등기를 청구할 수 있다.
> ㉡ 甲은 丙을 대위하여 乙명의 등기의 말소를 구할 수 있다.
> ㉢ 甲과 乙 간의 명의신탁약정 사실을 알고 있는 丁이 乙로부터 X부동산을 매수하고 이전등기를 마쳤다면, 丁은 특별한 사정이 없는 한 그 부동산을 취득한다.

① ㉠
② ㉡
③ ㉠, ㉢
④ ㉡, ㉢
⑤ ㉠, ㉡, ㉢

해설 ㉠ (×) 이른바 3자 간 등기명의신탁의 경우「부동산 실권리자명의 등기에 관한 법률」에서 정한 유예기간 경과에 의하여 그 명의신탁약정과 그에 의한 등기가 무효로 되더라도 명의신탁자는 매도인에 대하여 매매계약에 기한 소유권이전등기청구권을 보유하고 있어 그 유예기간의 경과로 그 등기명의를 보유하지 못하는 손해를 입었다고 볼 수 없다. 또한 명의신탁 부동산의 소유권이 매도인에게 복귀한 마당에 명의신탁자가 무효인 등기의 명의인인 명의수탁자를 상대로 그 이전등기를 구할 수도 없다. 결국 3자 간 등기명의신탁에 있어서 명의신탁자는 명의수탁자를 상대로 부당이득반환을 원인으로 한 소유권이전등기를 구할 수 없다(대판 2008다55290).
㉡ (○) 등기명의신탁(중간생략형 명의신탁)의 경우 신탁자는 자신에게 소유권이전등기를 하기 위해서는 매도인을 대위하여 수탁자를 상대로 등기말소를 구하고 다시 매도인을 상대로 매매계약에 기한 소유권이전등기를 청구하여야 한다(대판 2001다61654).
㉢ (○) 명의신탁약정의 무효는 제3자의 선의·악의를 불문하고 대항할 수 없다(「부동산 실권리자명의 등기에 관한 법률」제4조 제3항). 즉, 제3자는 선·악을 불문하고 보호되므로 丁은 특별한 사정이 없는 한 소유권을 취득한다.

정답 ④

제5장 메타인지 학습체크

01 명의신탁약정에 따른 등기로 이루어진 부동산에 관한 물권변동은 [① 유효 / ② 무효]로 한다.

02 부동산의 특정된 부분을 2인 이상이 구분소유하면서 공유로 등기하는 소위 상호명의신탁은 「부동산 실권리자명의 등기에 관한 법률」이 무효로 하는 명의신탁약정에 해당[① 한다. / ② 하지 않는다.]

03 명의신탁약정의 무효와 이에 따르는 물권변동의 무효는 제3자에 대한 대항력이 없으며, 여기에서 제3자는 [① 선의인 자에 한한다. / ② 선·악을 불문한다.]

04 무효인 명의신탁약정에 기하여 타인 명의의 등기가 마쳐진 경우, 불법원인급여에 해당[① 한다. / ② 하지 않는다.]

05 3자 간 등기(중간생략형) 명의신탁이 있었던 경우 소유권은 [① 매도인 / ② 수탁자]에게 있다.

06 3자 간 등기(중간생략형) 명의신탁의 경우에 신탁자는 [① 직접 / ② 대위하여] 수탁자 등기의 말소를 청구할 수 있다.

07 3자 간 등기(중간생략형) 명의신탁에서 신탁자는 수탁자를 상대로 부당이득반환을 원인으로 한 소유권이전등기를 구할 수 [① 있다. / ② 없다.]

08 계약형 명의신탁에서 매도인이 악의였던 경우에는 수탁자와 체결된 매매계약과 물권변동은 [① 유효 / ② 무효]로 된다.

09 계약형 명의신탁에서 매도인이 선의였던 경우에는 그 소유권은 [① 매도인 / ② 수탁자]에게 있다.

정답
01 ②   02 ②   03 ②   04 ②   05 ①   06 ②   07 ②   08 ②   09 ②

10 「부동산 실권리자명의 등기에 관한 법률」 시행 이후에 이루어진 계약형 명의신탁의 경우, 신탁자는 부당이득으로 수탁자에게 [① 매수자금 / ② 부동산 자체]의 반환을 청구할 수 있다.

11 신탁자로부터 자금을 받아 경매에 참가하여 수탁자가 경락을 받아 등기하였을 때에 경매목적물의 소유자가 명의신탁약정 사실을 알았던 경우에 그 등기는 [① 유효 / ② 무효]이다.

12 부동산에 관하여 부부 간의 명의신탁약정에 따른 등기가 있는 경우 그것이 조세 포탈 등을 목적으로 한 것이라는 점은 [① 추정된다. / ② 예외에 속한다.]

13 과징금에 대한 특례가 인정되는 배우자는 사실혼 관계에 있는 배우자가 포함[① 된다. / ② 되지 않는다.]

정답

10 ①   **11** ①   **12** ②   **13** ②

2026
메가랜드 공인중개사

표준 이론서
1차 민법 및 민사특별법

발행일 2025년 12월 1일 초판 1쇄
편 저 메가랜드 부동산교육연구소
발행인 윤용국
발행처 메가엠디(주)
등 록 제322-2007-000308호(2007.12.12.)
주 소 (06657) 서울특별시 서초구 반포대로 81, 2층
전 화 1833 - 3329
팩 스 02 - 6918 - 3792

정 가 43,000원
ISBN 978-89-6634-963-0(14320)
　　　　978-89-6634-960-9(14320)(1차 세트)

잘못 만들어진 책은 구입하신 서점에서 교환해 드립니다.
본 책의 내용은 사전고지 없이 변경될 수 있습니다.

Copyright ⓒ 메가엠디㈜
* 이 책에 대한 저작권은 메가엠디㈜에 있습니다.
* 이 책은 저작권법에 따라 보호받는 저작물이므로 무단전재와 무단복제 및 배포를 금지하며
  책 내용의 전부 또는 일부를 이용하려면 반드시 저작권자와 출판권자의 서면동의를 받아야 합니다.
* 메가랜드는 메가엠디㈜의 부동산 교육 전문 브랜드입니다.